《苏州通史》编纂委员会 ◇ 编

苏州通史

中华人民共和国卷
（1949—1978）

王玉贵 吴晨潮 ◇ 主编

学术总顾问

戴　逸

学术顾问

李文海　张海鹏　朱诚如　汝　信
茅家琦　段本洛　熊月之

总主编

王国平

苏州大学出版社
Soochow University Press

图书在版编目(CIP)数据

苏州通史.中华人民共和国卷.1949—1978/《苏州通史》编纂委员会编;王玉贵,吴晨潮主编.—苏州:苏州大学出版社,2019.3
 ISBN 978-7-5672-2510-7

Ⅰ.①苏… Ⅱ.①苏… ②王… ③吴… Ⅲ.①苏州—地方史—1949—1978 Ⅳ.①K295.33

中国版本图书馆 CIP 数据核字(2018)第 263264 号

苏州通史　中华人民共和国卷(1949—1978)

主　　编	王玉贵　吴晨潮
篆　　刻	陈道义
责任编辑	张　凝
装帧设计	唐伟明　吴　钰
出版发行	苏州大学出版社
地　　址	苏州市十梓街 1 号
邮　　编	215006
电　　话	0512-67481020　65222617(传真)
网　　址	http://www.sudapress.com
邮　　箱	sdcbs@suda.edu.cn
印　　刷	苏州工业园区美柯乐制版印务有限责任公司
开　　本	787 mm×1 092 mm　1/16　印张 24　字数 431 千
版　　次	2019 年 3 月第 1 版 2019 年 3 月第 1 次印刷
书　　号	ISBN 978-7-5672-2510-7
定　　价	120.00 元

版权所有　侵权必究

本卷作者

王玉贵	吴晨潮	周建平	涂海燕	张秀芹
刘振明	宋立春	夏万根	盛震莺	王艳艳
肖又勤	陈 斌	郑丙浩	查燕华	赵金涛
顾 业	靳海鸥	蔡洵颖	陈 丽	江祝霞
马海涛	李 婧	丁启清	徐虹霞	陶维娜
洪 松	董 婧	周 峰	毛 铭	王 浩
任惠英

序

在苏州市委、市政府领导和市委宣传部的组织实施下,经过长达十年的努力,皇皇16卷本的《苏州通史》即将出版,实在可喜可贺。

盛世修史,是中华民族的优良传统。伴随着经济的发展和社会的进步,2002年8月,党中央、国务院郑重做出了启动国家清史纂修工程的重大决定。在国家清史纂修工程的成功示范下,不少地方政府也开始组织力量,对本地区的历史文化进行深入挖掘和梳理,编纂区域性通史即是其中的重要途径。

苏州是我国重要的历史文化名城,在2 500多年的发展史上,苏州先民创造了光辉灿烂的地方文化,成为中华文化的重要组成部分。宋代以来,苏州就有"人间天堂"的美誉。明清时期的苏州,在很多方面都达到了中国封建社会发展的顶峰。当今的苏州,作为改革开放的前沿,在经济、社会和文化诸方面都取得了令人瞩目的成就,综合实力位居全国前列。深入挖掘苏州的历史文化内涵,总结苏州发展的得失成败,是历史赋予当今苏州人的光荣使命。《苏州通史》在这种背景下应运而生。

十年来,在苏州市委、市政府和市委宣传部的大力支持下,总主编王国平教授带领课题组的数十位专家学者,心怀高度的历史责任感,反复切磋,努力钻研,通力合作,高质量地完成了《苏州通史》的撰写,堪称"十年磨一剑"。可以说,这部《苏州通史》系统地厘清了苏州发展的历史脉络,全面展现了苏州丰厚的文化积淀,是第一部完全意义上的苏州通史。我认为,这部《苏州通史》不但可以作为苏州城市的文化名片,也可以作为爱国主义教育的乡土教材。

古人云:"鉴于往事,有资于治道。"对于一个国家如此,对于一个地区何尝不是如此。相信《苏州通史》的出版,必将会为苏州的进一步发展提供强大精神力量。

苏州是我魂牵梦萦的家乡。八年前,我曾为《苏州史纲》作序;八年后的今天,又躬逢《苏州通史》出版的盛事,何其幸哉!对于家乡学术界在苏州历史文化研究方面取得的历史性跨越,我感到由衷的喜悦,故赘述如上,谨以为序。

戴 逸

2017年10月25日

绪　言

苏州是中国重要的历史文化名城。早在一万多年前,太湖的三山岛就已出现了光辉灿烂的旧石器文化,成为中华文明的摇篮之一。商代末年,泰伯奔吴,带来了先进的中原文化。此后,吴国在此立国。吴王阖闾时期,兴建了吴大城,吴国也渐臻强盛,最终北上称霸。秦汉时期,今苏州地区纳入统一王朝的治理,经过孙吴政权的经营和东晋南朝的发展,到唐代中叶,苏州已经成为中国的经济中心之一。宋元时期,苏州的经济文化得到长足发展。到明清时期,苏州的发展水平已臻历史巅峰,成为全国著名的经济和文化中心,影响直至今日。晚清至民国时期,苏州逐渐从传统走向现代。中华人民共和国成立后,特别是改革开放以来,苏州再度强势崛起,成为当今中国发展最快、率先基本建成高水平全面小康社会的地区之一,创造了新的奇迹。这是苏州历史进程的主要脉络,构成了《苏州通史》的主线。

作为第一部完全意义上的苏州通史,我们希望能够以16卷的体量,系统完整地厘清苏州历史发展的脉络,全方位地展现苏州政治、军事、经济、社会、文化各方面的历史风貌。《苏州通史》撰写所涉及的主要内容与问题说明如下:

一、《苏州通史》的时空界定

1. 时间界定:苏州的历史包括这一区域的史前史。今日苏州所辖吴中区的太湖三山岛,早在一万多年前就出现了旧石器文化,这就成了《苏州通史》的起点。《苏州通史》的时间下限为公元2000年。

2. 政区空间界定:兼顾政区空间的现状与历史,以现行行政区域为基准,详写;历史行政区域超越现行行政区域部分,在相关历史时期中略写。

二、《苏州通史》的体例

参照中国传统史书编撰体例,借鉴国家清史纂修工程的《清史》主体设计,《苏州通史》主体部分为导论以及从先秦至中华人民共和国时期的历史(分为若干阶段的断代史),另设人物、志表、图录等三部分。人物、志表、图录中的内容是对通史部分相关内容的补白与补强。

《苏州通史》共分16卷。第1卷为导论卷,第2卷为先秦卷,第3卷为秦汉至隋唐卷,第4卷为五代宋元卷,第5卷为明代卷,第6卷为清代卷,第7卷为中华民国卷,第8卷为中华人民共和国卷(1949—1978),第9卷为中华人民共和国卷(1978—2000);第10卷为人物卷(上),第11卷为人物卷(中),第12卷为人物卷(下),第13卷为志表卷(上),第14卷为志表卷(下),第15卷为图录卷(上),第16卷为图录卷(下)。

三、"导论卷"的结构与内容

"导论卷"为丛书首卷,包括苏州历史地理概要、苏州史研究概述以及苏州史论三个部分。

"导论卷"上篇为苏州历史地理概要。在对苏州各历史时期地理环境要素演变做分期分类的基础上,重点对苏州历史沿革地理和苏州历史自然地理演变做概要性叙述,主要包括苏州历史气候与生态变迁、苏州地质与地貌变迁、苏州古城水道变迁、苏州历史建置沿革以及苏州城池防务沿革。

"导论卷"中篇为苏州史研究概述。《苏州通史》是学术界业已取得的研究成果的集中体现。对于苏州各个时期历史的研究,学术界已有或多或少的成果,并以著作、论文等为载体展现世间。《苏州通史》的作者们充分关注和汲取了这些宝贵的学术营养。"导论卷"的苏州史研究概述,分别列举并适当评述了先秦、秦汉至隋唐、五代宋元、明代、清代、中华民国、中华人民共和国等历史时期苏州史的研究成果。

"导论卷"下篇为苏州史论。按照通史的体例,正文中不可能就论题展开详细的专题性论述,这些相关论述即构成了"导论卷"下篇的苏州史论。这些专题论述有:《春秋吴国国号及苏州城市符号的"吴"及其溯源》《秦汉至隋唐时期吴城所辖行政区域及政治地位的变迁》《五代宋元时期来苏移民问题》《明代苏州地位论纲》《晚清苏州的现代演进》《民国以降苏州经济社会发展的传统规定性》《人民公社时期苏州农村社队工业的兴起与发展》《改革开放时期苏州经济发展的三次跨越》,大体上覆盖了苏州历史发展进程中的一些重要节点。

四、自先秦至中华人民共和国各卷的章节体系

自先秦至中华人民共和国各卷是通史的主体,分为 8 卷断代史。各卷采用纵横结合的结构,根据本卷所跨时段的政治经济发展状况,划分若干客观发展阶段为若干章,主要写政治、军事、经济状况;另设社会一章,主要写整个时段苏州人口家族、宗教信仰、民风节俗等;另设文化一章,主要写科学技术、教育、文化艺术等。这样,以"X+2"模式架构和贯通 8 卷断代史。

自先秦至中华人民共和国共 8 卷的章节体系,展示了苏州历史进程的主要脉络,体现了《苏州通史》的主线。各卷设章如下:

先秦卷 第一章,远古文明;第二章,泰伯南奔与立国勾吴(泰伯至寿梦);第三章,从徙吴至强盛(诸樊至吴王僚时期);第四章,"兴霸成王"与吴大城建筑(阖闾时期);第五章,从称霸到失国(夫差时期);第六章,战国时期的吴地;第七章,吴国社会状况;第八章,吴国的文化。

秦汉至隋唐卷 第一章,秦汉时期的苏州;第二章,六朝时期的苏州;第三章,隋唐时期的苏州;第四章,秦汉至隋唐时期的苏州社会;第五章,秦汉至隋唐时期的苏州文化。

五代宋元卷 第一章,五代苏州从混战走向稳定;第二章,北宋苏州的稳固与发展;第三章,南宋苏州的复兴与繁华;第四章,元代苏州的持续发展;第五章,五代宋元时期苏州的社会组织与社会生活风俗;第六章,五代宋元时期苏州的文化。

明代卷 第一章,洪武时期苏州社会恢复性发展;第二章,建文到弘治时期苏州社会持续性发展;第三章,正德到崇祯时期苏州社会转型性发展;第四章,明代苏州社会生活;第五章,明代苏州文化。

清代卷 第一章,恢复、发展与繁荣(顺治至乾隆年间);第二章,衰退与剧变(嘉庆至同治初年);第三章,变革与转型(同治初年至宣统年间);第四章,社会风貌;第五章,文化成就。

中华民国卷 第一章,民初情势;第二章,革命洗礼;第三章,近代气象;第四章,战争浴火;第五章,社会生活;第六章,文化教育。

中华人民共和国卷(1949—1978) 第一章,向社会主义过渡;第二章,全面探索的十年;第三章,"文化大革命"的十年内乱;第四章,在徘徊中前进的两年;第五章,社会变迁;第六章,文教、卫生事业的曲折发展。

中华人民共和国卷（1978—2000） 第一章，全面拨乱反正和改革开放启动时期；第二章，推进改革开放和加快发展时期；第三章，深入改革开放和现代化建设勃兴时期；第四章，和谐多彩的社会生活；第五章，与时俱进的文化建设。

五、人物、志表、图录各卷的编排

人物卷 《苏州通史》第10—12卷为人物卷（上）（中）（下），所录人物共1 600余人（含附传），包括苏州籍人士、寓居苏州有影响的非苏州籍人士，以及主要活动在外地的有影响的苏州籍人士。所录人物主要按人物生卒年排序。

志表卷 《苏州通史》第13—14卷为志表卷（上）（下），志表合一，分为建置、山川、水利、城市、街巷桥梁、园林、乡镇、人口、财政、职官、教育、藏书、文学、新闻出版、绘画、书法篆刻、音乐、昆曲、评弹、工艺美术、宗教、物产、风俗、古建筑、会馆公所、古迹等共26章。

图录卷 《苏州通史》第15—16卷为图录卷（上）（下），所录历史图片按政区舆图、军政纪略、衙署会所、城池胜迹、乡镇名景、水陆交通、市政设施、农林水利、工矿企业、店铺商社、苏工苏作、园林园艺、科学技术、科举教育、文学艺术、报纸杂志、书法绘画、文献藏书、文化设施、文娱体育、医疗卫生、风俗民情、宗教信仰、慈善救济、人物图像、故居祠墓等共26类编排。各类图片基本按图片内容发生时间排序。图录卷共收录图片2 000余幅，每幅图片均附扼要的文字说明。

《苏州通史》的人物、志表、图录等卷与其他相关的人物传记、方志、专业志、老照片等著作体裁有别，详略不同，其内容取舍取决于丛书的学术需求。

六、苏州元素的体现

苏州通史，所以能区别于其他地区的通史，在于展现了苏州悠久的历史发展过程中形成的历史文化特色，这些特色又是通过其独特的元素来体现的。为此，《苏州通史》的撰写，对历史进程中的苏州元素予以重点关注与剖析。诸如三山旧石器文化、太湖与苏州水系、伍子胥建城、三国东吴、范仲淹与"先天下之忧而忧，后天下之乐而乐"、苏州府学、"苏湖熟，天下足"、"上有天堂，下有苏杭"、吴门画派、吴门医派、昆曲评弹、园林、丝绸、顾炎武与"天下兴亡，匹夫有责"、姑苏繁华、明清苏州状元、苏福省、冯桂芬与"中学为体，西学为用"、苏州洋炮局、东吴大学、社队企业、"苏南模式"、苏州工业园区等，都会在相关各卷进行重点论述。

绪 言

从2007年撰写《苏州史纲》算起,至2010年《苏州通史》立项,再至2018年《苏州通史》付梓,整整十一年。若谓十年磨一剑,绝非虚语。

十余年里,我们怀抱美好的愿望,希望这部《苏州通史》能够成为第一部完全意义上的苏州通史,系统完整地厘清苏州历史发展的脉络,全方位地展现苏州政治、军事、经济、社会、文化各方面的历史风貌。希望这部《苏州通史》能够成为苏州城市的一张靓丽名片,展现苏州历史文化的丰厚积淀,展现当今苏州发展的辉煌成就,也在一定程度上展现苏州社会科学界在本土历史文化研究方面的学术成就。希望这部《苏州通史》能够成为苏州历史文化资源开发利用的一个坚实基础。

为此,《苏州通史》作者力求城市通史体系创新,力求新史料应用及史实考证的创新,力求观点提炼与论述创新,力求《苏州通史》能够达到同类通史的最高水平。

为此,《苏州通史》作者严格把握了保障学术水平的几个环节,诸如开题研讨、专题研讨、结项研讨、书稿外审、总主编审定、编委会审定等。在通史撰写过程中,熊月之、崔之清、姜涛、周新国、范金民、李良玉、戴鞍钢、马学强、张海林、王健、王永平、孟焕民、徐伟荣、汪长根、吴云高、卢宁、邓正发、涂海燕、陈其弟、陈嵘、尹占群、林植霖、张晓旭等专家学者参与了书稿的审阅,并提出了宝贵的意见与建议。

为此,苏州市领导还聘请了全国史学界及相关领域权威学者戴逸、李文海、张海鹏、朱诚如、汝信、茅家琦、段本洛、熊月之等先生担任学术顾问,并聘请戴逸先生担任总顾问。非常感谢他们听取相关事宜的汇报,并不吝赐教。

《苏州通史》作为市属重大社科研究项目,十余年来,得到苏州市委、市政府的高度重视和大力支持。先后担任中共苏州市委书记的王荣同志、蒋宏坤同志、石泰峰同志、周乃翔同志,以及先后担任苏州市市长的阎立同志、曲福田同志、李亚平同志等,都对《苏州通史》的研究编纂工作给予关心、指导和帮助。作为《苏州通史》编纂的主管部门,苏州市委宣传部历任部长徐国强同志、蔡丽新同志、徐明同志、盛蕾同志、金洁同志,历任分管副部长高志罡同志、孙艺兵同志、陈雪嵘同志、黄锡明同志等接续发力,从各方面为《苏州通史》编纂团队排忧解难,提供条件,创造了从容宽松的工作氛围。苏州市委宣传部副部长、市文明办主任缪学为同志和市社科联主席刘伯高同志积极支持项目立项和研究,并从资金等方面提供保障。苏州市委宣传部工作人员洪晔、吕江洋、徐惠、刘纯、刘锟、陆怡、盛征、陈华等同志先后参与了具体组织和协调推进工作。谨此致谢。

《苏州通史》杀青之际，掩卷而思著作之艰辛，能不感慨系之？感慨于《苏州通史》课题组各位同仁十余年来付出的难以言表与计量的刻苦与辛劳，感慨于众多学者专家审读各卷书稿所给评价与建议的中肯与宝贵，感慨于苏州市委宣传部历任领导对《苏州通史》从立项到出版全程的悉心呵护与大力支持，感慨于苏州大学领导从我们承接任务到付梓出版所给予的支持和关心，感慨于社会各界对《苏州通史》方方面面的关注与期待。

　　历经十余年打磨，《苏州通史》即将面世。果能得如所愿，不负领导希望，不负社会期待，不负同仁努力，则不胜欣慰之至！

王国平

2018年10月于自在书房

目 录

引　言 / 001

第一章　向社会主义过渡（1949年4月—1956年8月） / 001

第一节　人民政权的建立和巩固 / 003
一、人民政权的建立和对旧政权的接管 / 003
二、中共及群团各级组织的建立和整顿 / 008
三、剿匪肃特 / 018
四、取缔反动会道门 / 023
五、土地改革 / 024
六、镇压反革命运动 / 031
七、"三反""五反"运动 / 034
八、企业和社会的民主改革 / 040

第二节　地方经济的恢复 / 042
一、接管官僚资本企业 / 042
二、恢复农业生产 / 043
三、扶持工商业和手工业的发展 / 046

第三节　"三大改造"的基本完成 / 050
一、学习和宣传过渡时期总路线 / 050
二、农业合作化运动的发动 / 051
三、资本主义工商业改造的开展 / 063
四、手工业社会主义改造的基本完成 / 069

第四节 "一五"期间的经济和政治 / 073
一、国民经济发展第一个五年计划的编制和执行 / 073
二、"一五"期间的其他经济活动及成就 / 083
三、民主建政工作 / 087
四、审干、肃反运动的开展 / 094

第二章 全面探索的十年(1956年9月—1966年4月) / 099

第一节 "二五"建设的开局和"左"倾失误的发生 / 101
一、"二五"计划的编制 / 101
二、整风运动和反右派斗争 / 103

第二节 "大跃进"和人民公社化运动 / 110
一、"大跃进"运动的发动及其具体表现 / 110
二、农村人民公社化运动 / 120
三、城市人民公社的尝试 / 125
四、对"左"倾失误的局部纠正与反复 / 127

第三节 贯彻执行国民经济调整"八字"方针 / 140
一、工业经济的调整和工业学大庆运动的兴起 / 140
二、农村政策的调整和农业学大寨运动的开展 / 143
三、精简职工,压缩城镇人口 / 155
四、其他领域的调整 / 157
五、调整的主要成效 / 161

第四节 "社会主义教育运动"的开展 / 168
一、农村"四清"运动 / 168
二、城市"五反"运动 / 172

第三章 "文化大革命"的十年内乱(1966年5月—1976年10月) / 175

第一节 "文化大革命"动乱局面的形成 / 177
一、"文化大革命"蔓延苏州 / 178
二、红卫兵运动的兴起 / 180

三、苏州市"一·二六"夺权和各县夺权 / 184

四、苏州地区的武斗 / 186

第二节 革委会的建立和"斗、批、改"运动 / 189

一、各级革委会的建立和社会秩序的初步稳定 / 189

二、"革命大批判"和"清理阶级队伍" / 190

三、"一打三反"和深挖"五一六"运动 / 192

四、知识青年上山下乡和城镇居民下放农村 / 193

五、"五七干校"的成立和干部下放 / 195

第三节 极左思潮的纠正与反复 / 196

一、对极左思潮的初步抵制与抗争 / 196

二、清查林彪集团在苏州的活动 / 198

三、政治、经济等领域的有限调整 / 199

四、"批林批孔"和混乱局面的再度出现 / 202

第四节 整顿方针的贯彻和"文化大革命"的结束 / 204

一、1975年的短暂整顿 / 204

二、"文化大革命"的结束 / 207

第五节 "文化大革命"中的苏州经济 / 210

一、经济建设的艰难发展 / 210

二、社队企业的大发展 / 215

第四章 在徘徊中前进的两年(1976年11月—1978年12月) / 219

第一节 思想政治上初步拨乱反正 / 221

一、揭批江青反革命集团及其帮派的斗争 / 221

二、落实政策和冤假错案的初步平反 / 225

第二节 社会经济的调整与恢复 / 227

一、工业生产较快增长 / 227

二、农业生产稳步前进 / 229

三、社队企业加快发展 / 231

第五章　社会变迁 / 233

第一节　宗教信仰的变化 / 235
一、宗教民主改革与宗教活动的变化 / 235
二、岁时节令与民间信仰的流变 / 248

第二节　肃清不良风气和户籍管理制度的确立 / 250
一、禁娼、肃毒、禁赌 / 250
二、户籍管理的加强与城乡二元社会结构的形成 / 252

第三节　社会救助事业的发展 / 260
一、建国初期的社会救助 / 260
二、计划经济体制下的社会救助 / 261

第四节　民众生活的变化 / 266
一、《婚姻法》的宣传与贯彻 / 266
二、民众日常生活的变化 / 268

第六章　文教、卫生事业的曲折发展 / 273

第一节　文教事业的改造和发展 / 275
一、文教事业的改造与初步发展 / 275
二、"文化大革命"期间的文教事业 / 285
三、文教事业的拨乱反正 / 287

第二节　传统文化与园林的保护和开放 / 290
一、传统艺术形式的整理和改造 / 290
二、园林的保护和开放 / 293

第三节　科学技术的发展 / 294
一、农业工具革新和机械化 / 295
二、工业科技成果的推广与运用 / 301
三、科技普及和研究工作 / 304

第四节　卫生事业的发展 / 307
一、地方流行性疾病的防治 / 307

  二、卫生医疗体系的建立 / 313

结　语 / 316

附　录 / 319

  一、苏州历史大事年表(1949—1978) / 319

  二、苏州行政区划沿革(1949—1978) / 346

参考文献 / 348

后　记 / 361

引 言

苏州地处钟灵毓秀的江南水乡,不仅是一座历史悠久的文化名城,也是一方具有光荣传统的革命热土。纵观整个新民主主义革命时期,苏州人民与国内外敌人展开了不屈不挠的斗争。大革命时期,苏州人民积极投入大革命的洪流,追求民主进步,反抗军阀暴政;土地革命战争时期,国民党反动统治下的苏州,城市罢工罢市、农村抗租抗捐此起彼伏;抗日战争时期,苏州人民不屈服于日伪统治,不断掀起抗日救亡的热潮;在历经种种艰难曲折后,进入解放战争时期,苏州终于迎来了胜利的曙光。

辽沈、淮海、平津三大战役的胜利,加速了全国解放的进程,迎接解放成为中共苏州地下党的主要任务。为粉碎国民党的欺骗性宣传,尽力争取一切可以争取的对象留在苏州迎接解放,中共苏州地下党采取多种方式加强宣传工作:收听电台广播,了解新形势,发布战局信息;办刊物、发传单、贴标语,宣传党的各项政策;发动政治攻势,呼吁文教、科技、工商等各界人士以保护财产、安守本职的实际行动迎接苏州解放。与此同时,遵照上级指示,中共苏州地下党组织动员广大人民群众开展护厂、护校斗争:引导和帮助主要行业成立"护厂队""纠察队",保护工厂企业的设备财产;动员和团结大中学校师生采用讨论会、活报剧、黑板报等形式,进行广泛的反迁校宣传,粉碎国民党当局的迁校企图。中共苏州地下党有针对性地开展的宣传、护厂、护校等工作收到明显成效,打破了新闻封锁,安定了人心,维护了社会治安,为接应解放军进城、迎接苏州解放做好了充分准备。

1949年4月20日,南京国民党政府拒绝接受《国内和平协定(最后修正案)》。4月21日,毛泽东、朱德发出《向全国进军的命令》。同日凌晨,中国人民解放军在西起湖口、东至江阴的千里战线上发起进攻,强渡长江,挥师江南。在解放军横渡长江之时,中共苏州地下党领导组织广大群众,或收缴武器,保卫地方治安;或控制要道,接应大军过江;或积极支前,保证后勤供应。4月26日下午,解放军第三野战军29军指挥所和85师师部进抵浒墅关,做出攻城部署。经过激烈战斗,29军分别从平门、阊门、金门、娄门入城。4月27日清晨6时40分,苏州古城和吴县解放。当日,民盟苏州地下支部印发了大量《光明报》号外,报道苏州解放这个特大喜讯。工人、学生、市民纷纷涌上街头,载歌载舞,庆祝苏州解放。4月27日下午,苏常昆太武工队进入常熟城,宣告常熟解放。4月29日,29军挺进吴江,吴江解放。5月12日,解放军第三野战军发起上海战役外围战。当日深夜,太仓解放。次日,昆山解放。至此,苏州全境解放,历史从此翻开了崭新的一页。

第一章 向社会主义过渡(1949年4月—1956年8月)

1949年4月27日,古城苏州解放,揭开了苏州历史的新篇章。苏州陆续成立各级中共组织和人民政权,建立新的经济秩序,开展抗美援朝运动,巩固新生的人民政权;逐步进行土地改革和其他新民主主义改革,完成民主革命遗留的任务;贯彻新民主主义经济方针,相继开展了农业互助合作、民主建政、"三反"与"五反"运动、文化社会事业的改革和党的建设等各项工作,全面恢复和发展国民经济。在此基础上,从1953年起,苏州宣传贯彻过渡时期总路线,展开了以工业化为主体的大规模经济建设。至1956年,苏州国民经济发展的第一个五年计划进展顺利,对农业、手工业和资本主义工商业的社会主义改造基本完成,苏州确立了社会主义基本制度。其间,苏州的政治、经济、文化和社会事业都获得了长足发展。

第一节 人民政权的建立和巩固

随着各级中共组织和人民政权的建立,苏州全面展开城市接管工作,党的工作重心逐步由乡村转移到城市。各地陆续开展支援前线、剿匪肃特、废除保甲制度、镇压反革命、取缔反动会道门、稳定经济秩序等工作,巩固新生政权;组建国营经济,统一财经,建立新的经济秩序。其间,全国掀起轰轰烈烈的抗美援朝运动,苏州人民也积极投身其中。

一、人民政权的建立和对旧政权的接管

(一)人民政权的建立

1949年3月初,根据中共中央《关于调度准备随军渡江南进干部的指示》精

神,中共华中工作委员会从山东胶东地区、江苏两淮[1]、盐阜地区等地抽调1 000余名干部到苏北如皋县白蒲镇进行集中培训,为苏州人民政权的建立做好组织准备。这批南下干部按接管对象分为3个大队:一大队接管苏州行政区[2]各县,二大队接管警察系统,三大队接管苏州城区。在此基础上,初步组建苏州各级党政领导班子。组织准备工作完成后,转入学习培训阶段。培训内容以中共中央和中共中央华东局(简称华东局)有关江南城市接管的方针政策为主。同时,针对苏州各地接管工作,南下干部还学习了地下党编印的地情资料《苏州概况》[3],对苏州国民党党、政、军、警、特分布情况以及社会经济各个方面概况都有了初步的了解和掌握。培训历时1个月,至4月中旬结束。4月24日,南下干部渡江。苏州解放后,这批南下干部与地下党干部会师,按原定部署履职工作,着手建立各级党政机关。

4月27日,苏南行政公署(简称苏南行署)将吴县城区单独划出,设立苏州市。同时,设立苏州行政区,辖区为苏州市、吴县、常熟、昆山、吴江、太仓6县(市)。4月30日,根据中国人民解放军华东军区司令部、政治部命令,成立中国人民解放军华东军区苏州市军事管制委员会(简称市军管会),韦国清任主任,宫维桢、李干成、惠浴宇等12人为委员。市军管会下设军事、政务、财政、文教、公安等部及公共房产管理委员会。市军管会作为军事管制时期苏州市最高权力机关,统一领导全市军事、行政等各项工作。同日,中共苏州地方委员会(以下简称地委)和苏州行政区专员公署(以下简称专署)成立[4],宫维桢任地委书记,李干成任专员。地委下设组织部、宣传部、民运部等部门;专署下设民政处、财经处、建设处等机构。同日,中共苏州市委员会(以下简称市委)和苏州市人民政府(以下简称市政府)成立,惠浴宇任市委书记兼市长。市委下设组织部、宣传部、统战部等部门;市政府下设税务局、教育局、民政局等机构。

随着之前在如皋县白蒲镇成立的各县县委、县政府领导班子的进驻,专区各县的党政机关陆续建立。4月29日,常熟县委、县政府正式对外办公。4月30日,常熟市军事管制委员会宣布成立。后划常熟县城区为市,县、市分治,常熟市委、市政府不设立办事机构,由县委、县政府统一领导管理,县领导兼任市领导。

---

[1] 两淮指淮阴、淮安,现淮阴区、楚州区。
[2] 新中国成立前夕,中央决定江苏暂不设省,而设立南京市和苏北、苏南两个行政区。苏南行政区下辖镇江、常州、苏州和松江4个行政区及无锡直辖市。4月26日,苏南行政公署成立。4月28日,苏南区党委成立。
[3] 苏州行政区各县地下党分别编印了各县概况。
[4] 专署成立后,苏州行政区简称专区。

5月1日,吴县党政机关成立。5月3日,吴江县党政机关成立。5月13日,昆山县党政机关成立。5月14日,太仓县党政机关成立。

为尽快恢复社会秩序,避免混乱,苏州仍按旧有行政区划建立基层人民政权,但重新建立和调整了基层政权机关。全区国民党区、镇、乡等各级政权机关全部撤销,原区长、镇长、乡长一律免职。在基层政权机关的人员组成上,区政权机关主要由在如皋县白蒲镇组建的区级班子组成,每区多则10人,少则6人;各区机构均有地下党员和群众积极分子参加。镇、乡政权机关人员组成情况比较复杂,地下党基础良好的地方由地下党员、群众积极分子组成;地下党基础薄弱的地方由区干部兼任,并审查录用国民党镇、乡机关工作人员;没有地下党基础的地方由群众积极分子、开明士绅组成。5月3日,苏州市按原13镇[1]区划分别建立镇政府。至5月15日,吴县、常熟、吴江3县正式委派了区长、镇长、乡长;昆山、太仓两县稍后也完成了基层人民政权建立工作。在各级基层人民政权建立初期,由于接管干部人数十分有限,苏州全区2 684保、3.81万甲的保甲长,除了极少数民愤极大的被撤换外,绝大部分仍然参与支前、征粮、抗洪救灾等工作。

(二) 对旧有党政机关的接管

在人民政权建立的同时,还对旧有党政机关进行了接管。中共华东局拟定的《关于接管江南城市工作的指示》,经中央批复后于1949年4月1日发出,为江南广大地区解放后顺利完成接管指明了方向。市军管会与地、市各级党政机关在认真学习领会中央和华东局有关城市接管文件精神的基础上,遵循"各按系统,自上而下,原封不动,先接后分"的接管方针,按照先城市后乡村、以城市为主兼顾乡村的步骤对苏州展开全面接管。

苏州市的接管工作由市军管会统一领导。市军管会下设的军事、政务、公安、文教、财经等部及公共房产管理委员会负责对口接收旧政权各系统;专署财经、公安、教育等机构分别配合市军管会相应部门进行接管工作;市政府各机关干部和原地下党干部根据组织安排参与接管工作,按照分工进驻各待接管单位开展工作。

自5月开始,市军管会、专署、市政府各部门按照预定方针和步骤,开始对国

---

[1] 13个镇指东吴、南园、西城、北街、中山、中和、胥江、金阊、葑溪、齐溪、娄江、裕棠和虎丘。1949年8月,镇政府全部撤销,设立东、南、西、北、中5个区,各自成立区公所,作为市政府的派出机构。

民党驻苏州的党、政、军、警机关及财经、建设、文教等系统进行全面接管。接管工作按照3个步骤进行：首先召集被接管单位全体人员召开会议，宣布接管方针政策和各项具体规定；然后由原机构负责人对机构资财、档案等造具清册，按系统分门别类清点上交；最后根据原国民党各机关和单位的地位、作用、资产、人员的多寡，有重点地组织力量对上交资财、档案进行验收。一些被接管单位存在只交出账面资财、档案，暗藏的则尽量不交或少交的情况，国民党党、团、特机构尤其严重。针对这一情况，接管工作人员发动群众对接管工作进行监督：对中下层人员进行耐心细致的宣传教育，鼓励他们主动揭露真实情况；对上层人员重申接管政策，施加一定压力，最终实现清楚、彻底的接收与移交。在接管过程中，接管工作人员遵循"边接收、边管理"的方针，在清点资财、档案的同时坚持照常工作、生产、上课等，尽可能保证整个社会正常运转。

到6月初，市军管会军事部共接管了国民党驻军的军械、军需仓库等7处；政务部接管了国民党各级党政机关，包括国民党江苏省省属机关；公安部接管了国民党法院、警察局、监狱、看守所等部门；文教部接管了国民党文化教育系统，包括30余所中等专科以上学校、130余所小学及民众教育馆、图书馆、公共体育场等文化服务机构。

在接管原国民党机关、学校、企业等单位的同时，也接收了大量旧公教人员。正确对待这些旧公教人员是成功接管的重要环节。市军管会对被接管单位人员进行全面登记，根据不同情况进行相应处理：少数反动分子予以撤职开除或依法惩办；大多数人员予以留用并分配工作；一时无适当工作可分配的，或送各类学校、培训班学习，或协助转业另谋出路。为照顾留用人员的实际生活，实行"原职、原薪、原岗位"政策，让他们继续发挥一技之长。留用人员一开始普遍对党和政府采取不信任的冷淡抵制态度，尤其是曾经参加过反动党、团、特组织的人员，害怕"秋后算账"。但是，随着各项建设事业的顺利发展，留用人员目睹了党和政府为维护社会秩序、恢复国民经济所做的巨大努力，感受到党员干部身上所体现的艰苦朴素、廉洁奉公的优良作风，逐步消除了误解和偏见，安心投入工作。

常熟县(市)的接管工作由常熟市军管会、地委、专署统一领导，常熟县(市)委、县(市)政府协助进行。专区其余各县则由县委、县政府负责当地接管工作，重点放在较大的城镇与企业，另有地委、专署派代表接收重要工矿企业。

至6月中旬，苏州共接收了239个国民党机关单位，其中接管142个，撤销80个，移交苏南区7个，遣回原地10个，接管工作基本结束。在整个接管过程中，党员干部自觉执行党的政策，严格遵守党的纪律，在大量钱物资财从他们手中经过的情况下,始终做到毫厘不差。这和国民党在抗战胜利后的"劫收""五子登科"等腐败现象形成了鲜明对比,赢得了苏州广大人民群众的衷心拥护。

(三)废除保甲制度

在建立新政权和接管旧政权的同时,还废除了保甲制度。保甲制度是国民党政府进行反动统治的基层组织,是统治压迫人民群众的反动工具。保甲编组以户为单位,设户长;十户为甲,设甲长;十甲为保,设保长。如果其中一户被发现有"为匪、通匪、纵匪"的情形,联保各户均要实行连坐。保甲长负责执行国民党当局的各项政令,如清查户口、征兵抽丁、设立团练、巡查警戒等。很多保甲长本身就是地痞恶霸,在保甲制度下,趁机依附国民党当局,欺压百姓,甚至暗中进行特务活动。解放初期,为顺利完成接管、支前、抢险救灾、征粮等各项任务,苏州暂时保留了保甲制度,对保甲长采取既限制又使用的做法,逐步教育、发动群众改造基层政权。根据1949年1月3日中共中央《关于新解放城市对旧保甲人员的处理办法的通知》精神,苏州各地相继召开群众大会,群众通过身边真实事例对一些保甲人员的剥削压迫行径进行控诉,揭露了保甲制度的反动性。一方面要求保甲人员自觉接受群众监督,洗心革面,立功赎罪;另一方面向群众说明党和政府对保甲制度的态度,号召群众对保甲人员进行监督,如发现其有违法行为,及时予以揭发制止。一些保甲人员在党和群众的宣传攻势下主动坦白悔过,表示愿意立功赎罪。但大部分保甲人员对党和政府的命令阳奉阴违、敷衍塞责,使党和政府的各项政策难以有效贯彻落实。其中少数人仍旧恶习难改,继续为非作歹、欺压群众。在这种情况下,地委和专署、市委和市政府下决心推行彻底的户政改革,逐步取消保甲制度以及建立在此基础上的户口管理办法,建立便民利民的新户口管理制度。

从7月开始,苏州开展整理普查户口工作,掌握户口情况,为废除保甲制度做准备。全市各界相继召开群众大会,进行广泛深入的宣传动员。广大群众认识到新的户口管理制度与国民党的户口管理制度有着本质区别,打消了对"查户口"的怀疑顾虑,明确了党的户口管理政策。在此基础上,苏州市公布户口管理整顿办法,拟定户口登记呈报表格,全面普查核对户口。专区各县(市)也普遍开展户口普查宣传动员和户口登记工作。苏州户口普查历时两个多月,至9月底结束。

1949年年底,地委和专署提出全面废除保甲制度,划小区乡,以乡为单位建立基层政权。1950年2月,苏州市选择慕家花园派出所辖区进行试点,随后分3

批在全市逐步展开废除保甲制度、建立居民小组工作。至10月,全市有27个派出所辖区实行户政改革,共废除160个保,2 700个甲,建立了2 460多个居民小组,普遍订立居民公约,并按派出所辖区情况,以300至400户为限划分出287个户籍专任区,实行户口专门管理。专区各县(市)大都从试点工作入手,有步骤地废除保甲制度,建立基层群众自治组织。在广泛宣传废除保甲制度、划小区乡意义的基础上,召开村民大会,宣布当选村(组)长的资格和条件。接着由村民民主选举产生村长和村行政委员会领导全村工作;各村(组)每30人选举代表1人,再由代表选举产生乡(村、组)长和乡行政委员会,下设生产、调解、优恤等各种专门委员会。10月,苏州户政改革基本结束,由原来的36个区255个乡,调整为54个区640个乡,彻底废除了保甲制度及其户口管理办法,实现了对基层政权的初步改造。

保甲制度的废除和基层政权的改造,密切了党和政府与人民群众的联系,有利于党的各项方针政策的贯彻,为苏州国民经济的恢复奠定了坚实的政治基础。

二、中共及群团各级组织的建立和整顿

(一)中共基层组织的建立和整顿

新中国成立前夕,中共苏州工作委员会是在苏州城区活动的主要地下党组织,隶属中共上海局领导,张云曾担任负责人,共有地下党员200多人。1949年4月27日下午,中共苏州地下党负责人、上海局外县工作委员会负责人与解放军部队首长、南下干部负责人会面,研究商讨城市接管、南下党组织和地下党组织会师等重要事项。经过充分磋商,4月29日,南下干部和地下党干部会师大会召开。会上,市军管会和地、市党政领导发表讲话,充分肯定地下党干部长期以来所做的重要贡献,号召南下干部和地下党干部互相尊重,互相学习,加强团结,共同做好接管工作。为发挥地下党干部的重要作用,各级党政领导班子里都配备了地下党干部。至6月底,全区有22名地下党干部担任区委正副书记、正副区长,54名地下党干部担任乡、镇长。

苏州解放后,出于工作需要和客观条件限制,基层中共党支部和党员名单并未立即向群众公开。随着形势发展和各项工作的顺利开展,中共党支部公开化的条件逐步具备。10月,中共苏南区党委召开组织工作会议,讨论部署各地基层党支部的公开化工作。地委随即召开各县(市)组织部部长及地专直属机关的

组织工作会议,制订全区党支部公开化实施计划。根据实施计划,各级中共党委分别选择个别党支部进行试点。通过试点,各级党委取得了中共党支部公开化的经验,总结出一些行之有效的做法,如加强宣传教育、公开化工作与日常行政性工作相结合等。中共党支部公开前,各级党委加强对党员和群众的宣传教育,如组织党员学习党章等材料、向群众做关于党的历史和知识的报告等,使党内外都能够认识到党支部公开化的必要性和重要意义。等到条件成熟时,各个支部召开有群众代表参加的支部大会,正式宣布公开支部。在支部大会上由支部书记宣读党员名单,做支部工作总结报告。每个党员干部依次总结检讨自身缺点与不足,虚心听取群众批评、建议。整个公开化工作从1949年12月初开始,至1950年2月基本完成。中共党支部公开化后,党员与群众的关系更加密切,党支部的战斗堡垒作用得到增强。

解放初期,中共的组织建设和党员管理比较混乱,特别是基层党支部不健全,许多来自苏北、山东等地的党员干部语言交流困难,对苏州当地情况也不熟悉。有些党员组织生活不正常、组织纪律松懈,党内存在不团结现象,甚至出现少数党员贪图享受、违法乱纪等问题。为熟悉地方情况,解决各种问题,更好地开展工作,苏南区党委于1949年6月召开组织工作会议,布置组织建设任务,提出要加强党员干部的思想作风建设,整顿支部组织。根据上级布置,地委、市委立即着手基层党组织的整顿工作,根据苏州实际情况制订出具体步骤和方法,要求所有党员干部不论职务高低都要参加组织整顿。

整顿工作的重点首先放在城市。城市党支部整顿工作主要集中在两个方面:建立和调整支部和总支,正常开展组织生活;发现并培养群众积极分子,加强积极分子政治学习,为以后发展党员打下基础。未整顿前,苏州市党组织有总支1个,下辖支部12个,党员416名。从6月开始,全市以镇、部门为单位建立党支部或党小组,由上而下地建立临时性党组织机构配合接收工作。至8月上旬,全市共建立党委[1]、政府[2]、职工[3]和青工[4]4个总支,下辖支部39个,党员576人,统属组织部领导。同时,建立请示汇报制度,了解和掌握党员的思想动态;定期组织党员和积极分子开展政治学习,内容以党章、党纲为主。各支部整顿后,原先组织机构不健全、组织生活不正常等问题初步得到纠正。党的组

---

[1] 党委总支包括市委会支部、报社支部、文工团支部。
[2] 政府总支包括市府支部、公安支部、5个分局支部。
[3] 职工总支包括职工队支部、工厂支部。
[4] 青工总支包括青工队支部、青年团支部、学校支部。

织日益健全,广大党员通过开展组织生活,进行批评和自我批评,消除了各种不良思想。在城市党支部整顿工作取得显著进展后,从1950年1月起,整顿工作重点转向农村,在调整农村区、乡行政区划的同时,结合中心任务和群众运动对农村党组织进行整顿,使党员在工作实践中接受教育。如利用秋征评选模范,利用冬防冬赈和民兵集训等活动对党员和积极分子加强宣传教育,发动他们积极参与生产救灾、土地改革、镇压反革命等中心工作,在实践中接受锻炼和考验。在宣传教育的基础上,整顿和发展党组织,对个别党员的问题和错误及时做出处理,确保组织的纯洁性;对积极分子进行考察培养,确定发展对象。通过整顿,党员的思想作风、政策水平、工作能力都得到了提高,有党员3人以上的地方大都建立了党支部或党小组,至1950年9月,全区有支部301个,初步建立了支部的各项制度。

干部鉴定是支部整顿工作的重要环节。为了解和掌握每个党员干部的基本情况,教育和改造党员干部,苏南区党委要求开展党员干部思想作风鉴定工作,建立档案,整理材料,以此作为对党员干部进行教育、改造、使用与提拔的依据。地委通过召开全区县(市)委书记、县(市)长会议和地专机关大会,传达苏南区党委有关指示,使各级党员干部明确鉴定工作的重要意义。各级领导纷纷做动员报告,带头做鉴定。在领导的带动下,各单位结合形势发展、工作任务的性质以及干部在思想上存在的各种问题,有领导、有计划、有步骤地进行鉴定准备和思想动员。鉴定工作按3个步骤展开,首先进行个人自我鉴定,再以党小组为单位开展批评与自我批评,最后由支部或鉴定委员会提出结论并交部门领导审查批准。具体操作中,注重鉴定工作与各地、各部门实际工作相结合,有效避免形式主义、走过场现象。至1950年5月,鉴定工作基本结束。通过鉴定,加强了同志间的了解与团结,批判和肃清了错误思想,提高了广大党员干部的思想认识和工作能力,为迎接更加艰巨的任务做好了思想和组织准备。另外,各级党组织也借助鉴定,深入了解与掌握了党员干部过去的历史情况及政治面貌,甚至检查出少数干部叛党脱党、贪污腐化的问题。

经过初步整顿,苏州基层党组织机制得到建立健全。原先基本没有党支部的广大农村,很多地方建立了支部并开始逐步开展正常的组织生活。县(市)、区的支部组织经过整顿改选,形式主义、强迫命令等恶劣作风明显得到改善,组织纪律松懈、违反政策的现象也大大减少,党员干部在遵守制度纪律、提高工作效率、端正工作态度等方面有了明显进步。在整顿的同时,通过吸收部分在运动中经受住考验的人员入党,培养和提拔部分干部并充实到各级党政领导机关和工会、农会等群众组织中,增强了党组织的战斗力和凝聚力。

中共基层组织建立后不久,为纯洁组织和端正作风,随即开展了整风和整党运动。

新中国成立后,中共的组织和党员队伍扩展很快,但不少党员干部的思想认识落后于形势发展,仍习惯于用老方法、老模式来处理新情况、新问题,尚不能适应党的工作重心转向生产建设和城市工作的需要。如部分干部因胜利而滋生骄傲自满情绪,在工作中摆老资格,命令主义、官僚主义有所滋长;一些新党员未受过有组织有计划的教育培训,缺乏工作经验,思想作风也不纯;少数党员干部甚至违反党的方针政策,贪污腐化,违法乱纪。1950年5月1日,中共中央发出《关于在全党全军开展整风运动的指示》,要求全党上下进行一次大规模的整风运动,从而达到密切党和人民群众的关系、继续保持和发扬党的优良传统和作风的目的。按照华东局和苏南区党委指示,全区于8月15日展开整风运动,对地、县(市)、区各级党员领导干部在工作中存在的不良倾向和作风进行整顿,重点整顿官僚主义和命令主义。地委相继召开地专机关、县(市)区干部扩大会议等,地委主要领导在会上做工作报告和个人整风检查总结,号召党员干部对地委领导展开批评,最后针对问题制订改进方案并交大会讨论通过。随后,各地各部门按照地委部署,全面展开整风运动。上级机关和领导干部的整风以官僚主义为重点,基层机关与普通干部的整风以命令主义为重点,各部门与个人根据实际情况,相应整顿贪污腐化、享乐堕落、居功自傲、无组织无纪律以及统战工作中的宗派主义、迁就主义等不良倾向。

整风运动分为3个步骤:在学习领会相关文件精神的基础上,领导干部做动员报告,率先作个人检查;在领导的带头下,一般人员提高对整风运动的认识,端正整风态度,结合个人思想情况开展批评与自我批评,做出个人小结;各部门在个人小结的基础上,对实际工作展开民主检查,分析情况,找出工作中的突出问题,并针对这些问题制订整改方案。为保证整风运动取得良好效果,9月,地委组成多个检查组,分赴各地各部门检查整风情况,纠正了少数领导干部对整风重要性认识不足、不愿开展批评与自我批评等问题。至10月,苏州整风运动基本结束。广大党员干部在整风运动中受到深刻教育,政策水平与群众观念均有所加强。通过整风运动,初步转变了工作作风,提高了工作效率,在一定程度上克服和纠正了官僚主义、命令主义、事务主义以及骄傲自满、居功自傲等错误思想。

整风运动初步解决了党政机关和党员干部中存在的作风问题,但由于时间较短,尚未较好地解决组织和思想不纯的问题。为继续保持党的纯洁性,不断提高党的战斗力,中央决定从1951年下半年开始,用3年时间完成整党任务。根据全国组织工作会议精神和苏南区党委关于整党建党的指示,地委成立整党委员会,将整党建党列为中心工作。为提高整党工作的针对性和有效性,地委于1951年8月对全区基层党组织和党员队伍开展摸底调查。调查结果显示,全区共有支部316个,党员4506人,约占全区总人口的0.14%。全区党组织规模还比较小,党员人数不多,分布不平衡。摸底调查情况反映,全区党组织和党员队伍总体上是纯洁的,广大党员干部在各级党委领导下,在新中国成立以来各项中心工作和群众运动的考验中,较好地完成了党交给的各项任务,但也有少数党员党性不纯、觉悟不高,存在着各种突出问题。因此,既要对全体党员进行普遍深入的教育整顿,同时也需要大力发展党组织和新党员。

根据摸底调查情况,地委于8月25日制定了《关于整党建党的工作计划》,决定在1952年年内对全区基层党组织进行普遍整顿。根据整顿与发展相结合、以发展为重点的方针,针对不同单位党组织情况制定了不同的整党目标。地、县(市)、区直属机关在1952年上半年首先基本完成整党工作;工厂、学校以建党为主,培训积极分子,进行共产主义和党的知识教育;农村情况复杂,年内完成整党任务。根据地委部署,专区各县(市)从9月开始进行整党试点。市委选择市政府机关、苏州面粉厂两个支部作为整党试点单位。试点工作按以下步骤展开:先学习整党文件,总结支部工作,然后对全体党员进行审查、鉴定与处理,最后改选支部。至1951年年底,全区试点工作基本结束。各试点支部党务工作明显改进,党员的思想政治觉悟显著提高。在开展试点工作的同时,全区大力培养骨干力量,为整党建党运动的全面展开打好组织基础。为系统化、规范化地加强整党建党骨干教育,创办了地委党校、市委党校和县党训班。各级党校采取大会报告、小组讨论、参观调研、个人总结等多种形式培训整党建党骨干。培训内容包括共产主义理论、党的基本知识和整党建党的相关政策等。通过培训,这些骨干明确了整党建党工作的意义和方向,提高了工作能力和水平。1952年2月3日,中共中央发出《关于"三反"运动应和整党运动结合进行的指示》。全区根据中央指示精神,结合"三反"运动展开整党。各级党委对所有党员进行认真审查和登记,清除了部分犯有严重错误和达不到党员标准的党员。在"三反"运动中,各级党委号召党员干部对党忠实,积极开展批评与自我批评,主动检查报告自身错误并检举揭发他人问题,针对暴露出的问题提出解决方案。通过开展填表登记活动,掌握党员基本情况,将那些存在党性不纯、政治历史问题不清、未达到党员标准等问题的党员清除出党。随着"三反"运动的结束,1953年上半年,全区党组织整顿工作基本结束。

地委在整顿党组织的同时,根据中共中央新解放区的建党方针,积极慎重地建立新支部,发展新党员。在建党过程中,苏州没有以大规模公开化的方式快速发展新党员,而是有计划地发现、培养积极分子,在经过多次群众运动和中心工作考验的基础上,对确实具备条件的入党积极分子进行个别、慎重的发展。1952年6月,地委召开组织工作会议,制订建党计划,研究部署建党工作,明确发展党组织和新党员的具体方针和步骤。专区各县(市)结合自身情况制订建党计划。全区把发展新党员与整顿党组织相结合,在已有党组织的地方,以整顿为主,适度发展新党员;对未建立党组织的地方,则在广大群众、积极分子中广泛进行党纲、党章的宣传,选拔与教育培养对象,做好建党各项准备工作。为有效贯彻实施建党计划,地委经常召开县(市)委负责人会议,就建党工作中遇到的具体问题和困难,交流经验,共同研究解决方法。全区建党工作自6月开始,分3个阶段进行。首先,充实各县(市)组织部门,根据任务和目标,调整配备组织干部,并对组织干部进行培训,内容以党员标准及新党员接收程序为主,为建党工作的开展打下组织基础。其次,选拔和培养积极分子。积极分子须符合成分好、历史清白、政治觉悟高、经受住多次运动锻炼考验等条件。绝大多数积极分子来自工人、贫下中农及知识分子,他们因在抢险救灾、增产捐献等中心工作中表现突出而被群众推选出来。党组织对这些积极分子进行了仔细审查、考验和登记,掌握其政治历史情况和家庭背景,确保挑选出真正具有政治前途的培养对象。之后,把这些培养对象送到党校、工人干部学校、青年干部学校、建党培训班等场所接受较为系统、正规的培训。学习内容包括毛泽东思想、党的基本知识以及国际国内形势发展等。教育和引导这些培养对象开展思想斗争,克服自身缺点和不足,逐步树立共产主义世界观、人生观、价值观和为人民服务的意识。最后,吸收入党。通过全面考察,对已达到入党标准的积极分子,按照"成熟一个,发展一个"的方式,召开支部大会,吸收入党。这些新党员在经过短期训练后一般被提拔为干部,根据工作需要由组织上统一调配到各条战线上去。至1952年年底,全区发展新党员4 595人,新建支部739个。全市发展新党员1 173人,新建支部77个。

在中共整党建党运动中,广大党员干部受到深刻的党性教育,理论水平、政策水平得到提升,工作作风、生活作风有了进一步改善。党员队伍日渐壮大,党的基层组织更加纯洁,党群、干群关系进一步密切,为贯彻执行党在过渡时期的路线、方针、政策和全面展开社会主义建设打下了坚实的组织基础。

（二）人民团体的建立

新中国成立后，为了更有效地联系、组织和发动广大群众，苏州着手对原有社团进行规范登记和筹建各人民团体的工作。随着群众觉悟普遍提高和民主政治的推进，苏州工会组织、青年团组织、民主妇女联合会、农民协会等人民团体相继建立。

工会组织的建立。1949年5月1日，市军管会召开职工代表座谈会，惠浴宇出席会议并听取职工代表对党和政府工作的意见，会上很多代表提出了"取消旧工会，组织新工会"的迫切要求。市军管会于5月13日下令停止吴县总工会及下属工会活动，对其档案文件进行接管；组织职工队进驻全市各主要工厂，进行时事政治宣传教育，发动工人恢复生产，并依靠工人积极分子筹备组建基层工会。5月18日，市军管会召开全市职工代表会议，与会代表140人。会议成立了市职工总会筹备委员会（简称市工筹会）。市工筹会成立后，大力推进基层工会建设，健全组织体系。10月19日，市工筹会召开第一次工作会议，提出加强政治教育，放手发动群众，全面组织工会。在基层调研的基础上，市工筹会研究制定了按产业系统发展基层工会的计划。选择基础较好的行业、企业先行试点，通过在工人群众中进行工会性质与作用的宣传教育，提高工人思想觉悟，培养工人积极分子，试点取得经验后全面展开。11月1日，全市第一个新工会——苏州市电讯局工会成立。随后，店员工会、搬运工会、邮政工会、建筑工会、手工业工会等相继成立，工会会员迅速发展到1.8万多人。除了推进自身组织建设外，市工筹会还积极协助市委、市政府发展生产。1950年2月2日，市工筹会召开扩大会议，明确这一时期工会的主要工作是向工人群众宣传党和政府复工复业的各项方针政策，发动工人群众开展生产节约运动。3月22日，市工筹会做出《决心把生产自救提到主要地位并贯彻到工作中去》的紧急决议，要求各下属工会有计划地领导工人开展生产自救。同时，在企业内部推动民主改革，协调劳资矛盾，维护工人正当权益。在私营企业中开展劳资协商工作，至1950年9月，全市有26个单位建立了劳资协商会议制度，签订协议60件。在国营企业中，对工人群众积极开展阶级教育，培养工人阶级的主人翁意识，提高他们的生产积极性，组织职工群众参加企业民主管理，开展生产竞赛。1950年12月10日，苏州市第一届工人代表大会召开，与会代表360人。大会决定正式成立市总工会，通过了市总工会章程及《关于组织抗美援朝、保家卫国宣传委员会的决议》等8项决议，共选出执行委员会委员37人。这一时期，专区各县（市）工会也逐步建立起来。1949年7月至11月,在各县委领导下,各县(市)成立了县总工会筹备委员会。1950年10月,苏南总工会筹委会苏州分区办事处成立。1951年2月,常熟市总工会成立,其他各县总工会(工会联合会)于1954年至1955年相继成立。

青年团组织的建立。解放初期,市委对原地下团组织进行审查、整顿,并建立基层团支部,加强团员学习教育,在此基础上,于1949年5月建立苏州市新民主主义青年团工作队。7月23日,苏州市新民主主义青年团夏令营总支部成立,进行公开建团的各项准备工作。同日,苏州市第一个团支部——社教支部正式对外公开。8月,市委召开青年工作扩大会议,决定在青年学生、职工中公开建团。10月28日,中国新民主主义青年团苏州市工作委员会(以下简称团市工委)成立。团市工委积极贯彻苏南青年工作会议决议精神,全力推进团组织建设,采取团员训练班、短期轮训班等形式大规模培养团干部和青年积极分子。基层团组织发展迅速,至1949年年底,苏州市共建立了67个基层团组织,有团员2 000余人。在市委和上级团工委的领导下,团市工委领导全市团员积极参与各项中心工作,切实发挥了党的忠实助手作用。为加强团员教育工作,团市工委通过定期开展团课、团日活动等,提高团员对青年团的性质、作用的认识,提升思想觉悟,增强组织观念。同时,利用讲座、通讯、墙报等宣传阵地,向全市广大青年进行宣传教育,发动他们积极投身抗美援朝、生产建设等各项中心工作。在抗美援朝运动中,有近5 000名青年响应市委和团市工委号召,报名参加军事干部学校。在城乡物资交流工作中,全市有95%的青年店员踊跃参加宣传工作。在生产建设中,广大团员发挥模范带头作用,做出了显著贡献。如国营中蚕丝厂复整车间团员改进工作方法,毛丝报废量从每天每人平均一两降低到三钱;新华丝厂团员创造扬返间循环工作法,每人挡车从13台增至18台。同时,青年团也成为培养党员干部的摇篮。至1951年年底,有774名团员入党,各级团组织向党政机关输送基层干部1 271人。1951年11月7日,中国新民主主义青年团苏州市第一次代表大会召开,代表400余人。大会决定正式成立青年团苏州市委员会,选举产生执行委员会委员17人。青年团的组织也随着各项中心工作的开展逐步巩固和壮大。至1952年11月,全市共有团员1.02万人,基层组织285个。专区建团工作也在地委和各县(市)委领导下取得了显著进展。1949年10月,中国新民主主义青年团苏南区苏州地方工作委员会成立。至1950年1月,全区5个县团工委辖团支部181个,团员5 249人。

民主妇女联合会的建立。解放初期,全市妇女群众除少数女知识分子和女工外,以传统家庭妇女为主。为提高妇女地位,实现男女平等,发动和组织妇女参与经济建设和社会活动,市委决定组织成立苏州市民主妇女联合会。1949年12月16日,苏州市各界妇女代表会议召开,出席代表252人。会上成立了苏州市民主妇女联合会筹备委员会(简称市妇筹会),选举委员35人。市妇筹会成立后,根据全国妇联、苏南区妇联指示与本市实际情况,制定全市妇女工作方针与任务,积极号召与广泛组织全市妇女群众投身抗美援朝、爱国卫生、增产节约等运动。市妇筹会广泛发动妇女签订爱国公约,组织妇女到医院慰问志愿军伤病员。市妇筹会注重发挥家庭妇女的主力军作用,宣传卫生清洁对社会和家庭的重要性,破除"打扫要选好日子"等迷信思想和陈规陋习。全市妇女通过订立爱国卫生公约,开展卫生竞赛,掀起卫生大扫除的高潮,使全市卫生环境焕然一新。在增产节约运动中,全市女工劳动生产率普遍提高。国营中蚕丝厂每个女工管理机器数由13台上升到18台,织布女工的次布率由7%下降到2%。为搞好生产自救,市妇筹会还根据妇女自身条件和能力,采取灵活多样的方式,先后组织1 824名家庭妇女参加制鞋、洗衣、缝纫、编织等临时性手工劳动。另外,市妇筹会还大力宣传、贯彻落实《婚姻法》,协助法院处理婚姻纠纷,支持与鼓励受封建婚姻压迫折磨的妇女起来斗争。为解除职业妇女的后顾之忧,让她们安心从事生产建设,市妇筹会在全市范围内联系开办各类托儿所,共收儿童1 540人;配合卫生部门建立妇幼保健站,多次举办妇幼卫生讲座和妇幼卫生展览会。1951年8月3日,苏州市第一次妇女代表大会召开,与会代表310人。大会决定正式成立苏州市民主妇女联合会,并通过了市民主妇女联合会章程,选举产生执行委员会委员41人。专区各县特别是农村的广大妇女群众,通过积极参加抗美援朝、土地改革等运动,促进了自身的解放。各县(市)、区、乡纷纷成立妇女代表委员会,妇女群众已成为一支不可忽视的力量。至1951年年底,专区和各县(市)均成立了妇筹会,全区妇联会员发展至28.67万人,占全区妇女总数的17.96%。至1952年年底,常熟市、太仓县和昆山县相继建立县(市)妇联。其后,其他县也都建立了县妇联。

农民协会的建立。为进一步将广大农民群众组织发动起来,全区各县于1949年7月至9月间,先后召开县农民代表会议,选举成立县农民协会筹备委员会(简称农筹会)。各县农筹会成立后积极发展基层农民协会(简称农会)组织。至1950年上半年,全区56个区全部成立了区农会,完成基层政权改造的527个乡也成立了乡农会,会员总数发展到70.84万人,占农村人口的27.5%。各级农会组织的建立,为全区进一步发动农民、在农村贯彻落实党的各项方针政策打下了基础。专区各级农会组织成立后,积极协助党委和政府开展农村工作,在减租减息、抢险救灾、夏征秋征、民主反霸、生产防荒、废除保甲制度等各项工作中取得显著的成绩。在各县(市)农筹会的积极推动下,随着广大农民政治觉悟的提高,1950年至1951年间,专区各县(市)纷纷召开农民代表大会,成立县(市)农会。1951年3月8日,苏州市郊首届农民代表大会召开。大会号召全面展开郊区土地改革工作,决定正式成立市农民协会,选举产生市农会委员会。土地改革期间,全区进一步发动农民,加强整顿和发展各级农会组织,为土地改革做好组织准备。各县(市)结合土地改革准备工作,根据各地实际情况对农会组织进行整顿。大部分农会的领导成分较好,组织机制健全,干部作风正派,但也有少数农会存在领导成分不纯、组织建设不健全、个别干部作风恶劣等问题。针对这些情况,各地主要采取以下措施:加强教育引导,提高阶级觉悟,培养干部和积极分子;加强内部整顿,淘汰落后分子,纯洁领导成分;建立健全组织机制,落实集体领导和民主管理。通过整顿,密切了农会会员与普通群众的联系,纠正了关门主义和形式主义的偏向,广大农民和农会会员的阶级觉悟普遍提高,促进了农会组织的进一步巩固和发展。在土地改革运动中,全区涌现出大批积极分子,农会规模也迅速扩大,威信空前提高。至1951年3月,农会会员发展至111.66万人。各级农会协同政府开展土地改革运动;带领农民兴修水利、改良农具、增积肥料、精耕细作,发展农业生产;发动农民开展爱国增产竞赛运动和互助合作运动。农会在组织农业生产和广泛参与广大农村政治、社会改革中发挥了重要作用。

(三) 统一战线工作的开展

统一战线是中国共产党领导中国革命和建设的三大法宝之一,其本质是团结一切可以团结的力量。新中国成立后,苏州十分重视发展人民民主统一战线,团结和动员各民主党派、无党派人士等各界爱国人士,积极参与苏州各项建设。1951年2月,市委成立统一战线工作部,加强对统战工作的领导。同年6月,地委建立统一战线工作部。统一战线工作部作为主管统一战线工作的职能部门,在地委、市委领导下,以"了解情况,掌握政策,协调关系,安排人事"为主要职责,贯彻统战工作的方针政策。

各民主党派是统一战线的重要组成部分。苏州是各民主党派成立地方组织较早的地区之一。中国民主同盟(简称民盟)于1948年10月秘密成立苏州支部,并与中共地下组织取得联系,相互配合,共同开展反对国民党反动派的斗争。苏州解放后,民盟于1949年7月成立民盟苏州市分部临时工作委员会,进行盟务整理,开展盟务活动。中国民主建国会(简称民建)于1951年5月成立苏州市分会筹备委员会。中国农工民主党(简称农工党)于1951年11月成立苏南区苏州市直属小组,1952年4月成立苏州市支部,11月成立中国农工民主党苏南区常熟市支部。九三学社于1952年成立苏州支社筹备委员会。1952年9月,市委召开统战工作会议,传达贯彻第三次全国统战工作会议《关于民主党派工作的决定》,明确各民主党派发展成员的方针和主要对象。如民盟以文教界中上层知识分子为主,民建以工商业资本家及其代表人物为主,农工党以中上层经济建设人员及专业技术人员为主,九三学社以科学技术界的高中级知识分子为主。各民主党派认真贯彻"以中上层为主""着重工作,在工作中适当发展""巩固与发展相结合"的组织发展方针,成功发展一批新成员。至1952年年底,在苏州市建立组织的4个民主党派共有成员253人[1]。工商业联合会(简称工商联)是党领导的具有统一战线性质的人民团体和民间商会。1949年至1951年,专区各县(市)在接收和改组旧商会的基础上相继成立工商业联合会筹备委员会或筹备处。1949年11月20日,苏州市成立工商业联合会筹备委员会,由121名委员组成。

苏州解放初期的统一战线工作,主要围绕民主党派和民主人士展开,团结各民主党派和无党派民主人士以及他们所联系的资产阶级、城市小资产阶级和同这部分人员相联系的知识分子,带动他们参加国家政治生活和经济建设事业。不少民主党派、无党派人士都出任各级政府及政府组成部门的领导职务,在工作岗位上有职有权,独立领导各自部门的工作。苏州较好地贯彻和落实同党外民主人士长期合作的政策,团结了一切可以团结的力量,调动了各方面的积极因素,为实现各个时期不同的中心任务服务。

三、剿匪肃特

苏州解放前夕,国民党当局在撤离南逃时,有计划地布置、遗留下大批武装匪特,形成了吴县胡肇汉等"七大系统"[2]。具体见下表:

---

[1] 其中民盟128人,民建72人,农工党30人,九三学社23人。
[2] "七大系统"指分别以苏州城区顾伟、吴县胡肇汉、太湖金阿山、常熟县安慰南、吴江县凌培元、太仓县陆京士及昆山县沈霞飞为首的七大系统匪特。

表 1-1　各县残匪统计表

县别	番号	负责人	人数	枪支数	活动地点	性质	备注
吴江县	胡白龙残部［称民主联军江南推进纵队二队，下辖马凯、季介成（季沐东）、王世泉、纪向尊］	胡白龙 张国忠	200（10月份统计为100人）	不明	吴江南部浙江嘉兴交界盛泽、黎里一带	政治背景不明	大部已收缴，张国忠率残部退入嘉善地区
吴江县	徐光明残部［自称人民解放军（江南）先遣队］	徐光明	不明	不明	苏浙边境	不明	
吴江县	周正刚残部	周子刚 周吉	240	不明	周庄、屯村及淀山湖	不明	部分收缴、部分遁入嘉善境内
吴江县	陈大瑶部（原伪顽吴江人民自卫队）	陈大瑶 吴瑞兰	600		严墓以西、吴兴交界地带	军统武装	大部收缴、少数流散
吴江县	李登成（李子龙）		50	步枪30支	吴江南部江浙边界		
吴江县	时正午（时林奎）［下辖杨佳生（杨官材）、周德林（周纪峰）］		60	机枪1支、步枪30支、短枪12支	浙江边界平湖北门太塘及吴江震泽一线		湖北人，伪三师九十团连长、台塘乡长是时正午的把兄弟。
吴县	胡肇汉残部	不明	30	步枪20支、短枪5支、汤姆及卡宾各2支	阳城（澄）湖	特务武装	隐蔽活动，未抢劫
吴县	庞山湖股匪	不明	100	长枪80支、机枪2挺	淞北区及庞山湖、九里湖一带	不明	抢劫三四次，每次抢数十户
吴县	徐金根匪部	徐金根（又名小豆腐）	20	不明	光福善人桥山区	一般土匪	经常扰乱、抢劫
吴县	蔡三乐残部	蔡三乐	20	不明	光福一带	一般土匪	已交（缴）械投诚
吴县	吴明岗		10	短枪3支、卡宾枪1支	望亭以西与无锡、吴县交界处		

(续表)

县别	番号	负责人	人数	枪支数	活动地点	性质	备注
常熟县	包汉年部	包汉年	40	长枪10支、短枪20支	形山一带	毛森系特务	分散活动,间或抢劫
	浒浦彭匪	不明	不明	不明	浒浦江一带	不明	最近分散隐蔽,未有活动
	昆城乡散匪	不明	不明	不明	五区与城区交界地带	不明	数十人间或抢劫
	张礼刚(下辖安尉南、朱家南、尹德良、倪岳三)		100		练塘区归政乡及无锡游口一线、顾山王庄、江阴长泾一线	反共忠义救国军常熟区专员、京沪杭挺进纵队	
	张阿六		60	机枪2支、步枪30支、短枪20支	常熟白茆等地活动	海匪	
	金屏南		60	步枪40支、短枪6支	莫城一带	政治匪	
昆山县	沈霞飞残部[下辖何×飞(吴一飞)]	不明	60	机枪2挺	流窜于淞江分区两侧,具体在南庞山湖边杨湘泾石浦一线及青浦边界	特务武装	
	梁阿富		30		巴城湖一线	政治土匪	
	王群		20	机枪1支、步枪10支、短枪4支、汤姆枪1支	陈墓以东,周庄以南一带		

资料来源:苏州市档案馆藏,(中共)苏州地委:《一个月来(1949年5月)工作情况汇报》(1949年)6月3日;苏南军区苏州军分区司令部参谋长柴荣生、副参谋长秦云:《匪情综合通报》,1949年10月11日。档号H1-1-1949-1。

说明:李登成、时正午、吴明岗、张礼刚、张阿六、金屏南、梁阿富、王群部为10月份统计。

这些匪特竭力网罗反动分子,扩充武装,利用革命秩序尚未完全巩固、社会治安环境较为混乱的时机负隅顽抗,严重威胁新生人民政权的巩固和人民群众生命财产的安全。他们的主要活动方式有:(1)政治上麻痹群众,散布谣言。如说:共产党军队要去台湾,以此影响新兵情绪;中国出了三个大汉奸,汪精卫降日,蒋介石附美,毛泽东依靠苏联,三个人本质都一样,唯缺真命天子;共产党先甜后苦,不久要征鸡税,每月30个鸡蛋;太平洋上苏美已打起来了。(2)散布谣言,威胁家属。如太仓二连一江北籍班长受谣言威胁和家属拖累开了小差。(3)利用接合部弱点大肆活动。1949年9月下旬,黎里区7名土匪携2支驳壳枪、2支白朗宁手枪,在三里桥塘路口抢劫航船;25日上午12时许,黎东乡有土匪送密条,要陆寿山出大米10石,陶顺兴出大米15石,北胜圩有密条要倪宝兴出大米10石,要求3天送到正义家茶馆。黎里正南三里路30多名土匪,携快枪2支、驳壳枪2支、长枪2支在25日夜里抢劫10余家。芦墟区芦墟镇北塘尾子协丰米行26日晚11时被11名土匪抢去大米24袋12石、长短衣32件、绒线衣2件等。城厢区26日午夜,太湖渔民陈全高,被3名土匪(二男一女)抢劫,陈妻被杀;吴江南部沈茂莹、耿荣郡、纪全官等被勒索大米30余石。9月29日上午,太仓横泾区汤西口外,对江崇明老鼠沙中扫射机枪,抢两条船。(4)收割电线,枪杀少数工作人员。如8月27日,吴江严墓区电线被割。22日,太仓城南码头5根电杆被拆。9月初,58师军用电线被剪。30日夜,太仓浏河东南刘新乡有土匪用机枪向浏河镇扫射。[1]

在社会治安面临严峻考验的形势下,市军管会于7月召开治安会议,研究部署苏州社会治安工作,做出尽快遣返国民党军散兵游勇、集中力量围剿肃清武装匪特的决议。

苏州市在解放伊始就着手进行遣返国民党散兵游勇的工作。1949年5月,市警备司令部[2]在市区设立国民党游散官兵收容所3处,要求国民党游散官兵到收容所进行登记,并交出武器弹药及一切军用物资。至7月,共收容遣返国民党游散官兵4 600余人。从8月开始,遣返工作由市公安部门负责接手继续进行。市公安部门向保甲长、户籍警收集资料,并发动群众进行检举,最后确定遣返对象。至11月,市公安部门共收容遣返国民党游散官兵653人。

1949年7月16日,为加强对剿匪肃特工作的领导,经苏南区党委批准,地委成立专区剿匪治安工作委员会,各县分别成立剿匪治安委员会,负责调集力量铲除匪患。8月中旬,苏南军区召开第二次剿匪工作会议,要求在9月至11月间完成消灭主要武装匪特的任务。剿匪部队与公安机关密切配合,组成小分队深入各地特别是匪特活动猖獗地区,对群众进行宣传教育。群众自发建立起防匪防特武装自卫组织,承担侦查放哨、递送情报等任务。剿匪主力部队、公安部门和群众组织相互配合,对武装匪特展开军事清剿。至1949年年底,全市共遣散流

---

[1] 苏州市档案馆藏,苏南军区苏州军分区司令部参谋长柴荣生、副参谋长秦云:《匪情综合通报》,1949年10月11日。档号H1-2-1949-2。
[2] 苏州市警备司令部于1949年5月15日成立。

落在苏州的散兵游勇5 200余人,俘获匪特分子5 100余人,缴获枪支1 900余支。[1]城市的匪特分子在遭到沉重打击后,向太湖沿湖地区流窜,分散于山区、水网等地。

太湖剿匪是剿匪肃特工作中的重点与难点。太湖流域长年匪患不止,太湖中的西山、冲山、漫山等岛屿,一直是盗匪隐匿出没之处。官、兵、匪、霸长期勾结,狼狈为奸,掳掠奸淫,无恶不作。当地广泛流传的一句俗语道:"拔不完田里的稗草,捉不完太湖里的强盗。"解放军渡江前,国民党当局在太湖周边地区,有计划地布置和派遣了大批武装匪特,这些匪特与太湖惯匪互相勾结,危害乡里。7月,苏南区党委、苏南行署、苏南军区联合发出《关于开展太湖地区肃清残匪、发动群众建设政权工作的决定》,同时成立了太湖剿匪委员会。行政上设太湖区特派员行政办事处,下设西线、南线两个湖边办事处。军事上设太湖剿匪指挥部,苏州、常州、湖州分别设立东线、西线、南线分指挥部,统一指挥部署苏州、常州、湖州3个军分区和太湖沿岸7个县的县区武装剿匪工作。7月13日,剿匪指挥部召开剿匪会议,制订剿匪的具体战略部署。为快速、彻底清剿太湖匪特,华东军区调集原苏南军区警备第4团、警备第19团和苏南军区警备第3团共11个营,配合沿湖各县、区地方武装进行清剿。剿匪参战部队贯彻"军事进攻、政治瓦解和发动群众相结合"的方针,针对匪特分散于山区、水网处,采取"以分散对分散,以隐蔽对隐蔽"的灵活战术,实行以大部队外线围剿和小分队内线进剿相结合的作战方法。同时,加强与各地公安、民兵武装的联系,相互交换情报,密切配合,共同剿匪。党政机关和剿匪部队还注意发动群众参与剿匪。除了利用报纸、电台大力宣传剿匪的方针、政策、意义外,部队还深入群众,帮助群众生产救灾,因势利导进行宣传。在剿匪部队大力宣传发动下,太湖沿岸群众纷纷提供情报,主动为部队带路。

自1949年5月至1950年12月间,全区共歼灭、俘获匪特3 400余人,缴获枪支2 000余支。[2]至1951年初,太湖地区的武装匪特已基本肃清。此后,又通过开展镇压反革命运动,清查逮捕了一些隐匿的零散匪特,历史上太湖地区绵延不绝的匪患从此根除。为巩固剿匪成果,加快太湖地区经济社会发展,1950年4月,恢复设立太湖区行政办事处(首次成立于1949年7月,后一度撤销),对

---

[1] 中共苏州市委党史工作办公室:《中国共产党苏州九十年纪事》,中共党史出版社2012年,第61页。

[2] 中共苏州市委党史工作办公室:《中国共产党苏州九十年纪事》,中共党史出版社2012年,第62页。

太湖地区进行统一管理。太湖区行政办事处相当于县级机构,辖原属吴县的东山区、西山区、横泾区和武进县的马山区(包括太湖中所有岛屿)。随着苏州展开民船民主改革,打击封建渔霸,组建渔业互助组,大力发展渔业生产,不断提高渔民的政治觉悟和生活水平,太湖匪特赖以生存的社会土壤被彻底铲除。

四、取缔反动会道门

解放初期,苏州市的反动会道门有10余种,道首305人,道徒3万余人;专区反动会道门有13种,道首1 025人,道徒10万余人。其中,以一贯道组织最大,人数最多,危害也最大。反动会道门利用封建迷信,骗取钱财,奸污妇女,毒害民众。许多患病群众因相信其"施法医病"而贻误治疗,甚至丧命。反动会道门首要分子与国民党政府特务机关关系密切,一些道首本身就是反动机关的特务。新中国成立后,这些反动道首仍执迷不悟,抗拒国家政策法令,勾结匪特,散布反动言论,扰乱社会治安,危害人民群众利益,妨碍国家生产建设顺利开展。虽然苏州在镇压反革命运动中逮捕了一批罪大恶极的道首,也查封了其道产、道具,但并未彻底摧毁其组织体系,部分道首仍继续作恶。如1950年4月4日,常熟县练塘区龚庄乡发生一贯道道徒残害6岁男童的恶性事件。广大人民群众对此十分愤慨,迫切要求全面取缔反动会道门。1952年9月,在镇压反革命运动取得显著成绩的基础上,苏州全面展开取缔反动会道门工作。

1953年1月31日,市军管会发出《关于取缔反动会道门的布告》,宣布一贯道、后天道、先天道等反动会道门为非法组织,予以取缔;罪大恶极的首要分子,予以逮捕,查封其道产,并按情节轻重,依法惩处;主动登记、坦白悔悟且有立功表现者,予以宽大处理;被欺骗参加反动会道门的退道群众,公开声明退道后则免予追究;抗拒坦白、破坏登记、阻碍退道或登记后继续进行不法活动者,依法严惩不贷。反动会道门具有相当的欺骗性和迷惑性,许多道徒因受其封建迷信思想侵害而不敢或不愿登记退道。针对这一情况,全市广泛开展宣传教育活动。运用电影、展览会、群众大会等多种形式,阐明政策,揭露反动会道门的邪恶本质。苏州市召开群众大会3 888场,参加群众达31万余人次;举办"取缔反动会道门展览会",参观群众达8万余人次;放映电影《一贯害人之道》,观看群众达9万余人次。经过深入宣传,群众普遍受到教育,破除了迷信,积极揭露和批判了反动会道门;许多道徒也提高了觉悟,主动履行登记手续,坦白交代问题,有些还检举揭发道首和其他道徒。

从1953年1月28日开始,专区先后宣布取缔一贯道、同善社、一心天道等7种较大的反动会道门组织。之后基于群众揭发,取缔范围扩大到九宫道、天德道等17种反动会道门组织。2月17日,专区开始办理反动会道门办道人员的登记工作。各县(市)广泛发动群众,组织宣传队伍,采用黑板报、漫画、横幅等形式在街巷里弄开展宣传活动,对广大群众,尤其是会道门信徒进行教育劝导。在舆论压力下,反动会道门道徒纷纷宣布退出组织,到有关部门登记,悔过自新。随后各地召开处理大会,坦白认罪的道徒基本得到了宽大处理。

至1953年3月,苏州取缔会道门运动基本结束。据苏州市及常熟县(市)、昆山县、吴江县统计,在取缔反动会道门运动中自动退出会道门8.2万人,登记自首4 136人。各级党委在全面取缔反动会道门的同时,广泛开展破除封建迷信的宣传教育活动,提高群众的思想觉悟,苏州各地巫婆、神汉、算命先生、风水阴阳师等也随之销声匿迹。详见下表:

表1-2 取缔反动会道门情况

名称	取缔年月	名称	取缔年月
一贯道	1950.4	天真门	1958.4
后天九宫道	1953.1	济公坛	1958.4
先天道(天先道、佛力保家会)	1953.1	净行社	1960.9
同善社(孔圣社、五色圣神会)	1953.1	修慎养性坛	1960.9
红三教(红门三教、红三堂)	1953.1	三宝门	1960.9
中华理教会(理门、理教)	1953.1	吴公社	1960.9
一心天道龙华圣教会	1953.1	天元坛	1960.9
崇德社	1953.1	乐善台	1960.9
无为门(粢团教)	1953.1	先天门	1960.9
中教道义社	1953.1	博济社	1960.9
宗教哲学研究会(皈依道)	1953.1	三茅社	1960.9
圣贤大道	1953.1	大刀会(太极道)	1960.9
真耶稣教	1953.1	进修莲社	1960.9
震旦佛学院(中华红卍字会)	1956	竹露莲社	1960.9
中华黄卍字会	1956	西天佛门道	1960.9
天仙道	1956		

五、土地改革

(一)土改前的准备

苏州近代工商业较为发达,农村租佃关系和阶级关系情况比较复杂,主要表现在:一是阶级关系复杂,地主大多住在城镇,兼营工业、商业者较多;不少城市工商业者又在农村购置土地;城市的知识分子、民主人士中也有一些人在农村占有土地并出租;城市中一些劳动者在郊区也有少量土地出租。二是租佃关系复杂,田地权益一般分为"田底权""田面权"[1],农民凭借"田面权"也能分享土地收益。三是公地[2]的大量存在,弱化了阶级对立,虽然这些公地实际上大都操纵在地主阶级手中,但由于地主与租种学田、族田的佃农具有亲属血缘关系,封建剥削被蒙上了亲情的面纱。就整体而言,地主与农民的阶级矛盾不如苏北及全国其他地方尖锐,但少量地主占有大量土地的现象仍很普遍。常熟、吴县、吴江、太仓和昆山5县地主土地占总土地(含公地)比例分别为38.79%、43.32%、31.85%、47.42%和54.82%。土地最集中的是太仓县大众乡,地主占总户数的2.24%,人口占2.83%,却占有82.59%的土地。[3]该县的地主人均占有土地面积(37.83亩),为贫雇农(人均占有0.84亩)的45倍。[4]除正常收取地租外,地主还采用押租、预租、虚田实租、无偿劳役、放高利贷等形式对农民进行额外的经济剥削。

表1-3 常熟的高利盘剥

名称	俗称	期限	剥削程度	
			一般利率	最高利率
放债米	粒半头	6个月至10个月	1担米还1担5斗	1担还2担
卖青苗	捉麦账 捉米账	1个月至3个月	比普通市价低30%	比普通市价低50%
放豆饼	借饼	—	10块加2块	10块加4块
放过洋	押头鸟	10天为期,利上加利	日息5%	日息10%

资料来源:潘光旦、全慰天:《谁说"苏南无封建"?》,《人民日报》1951年5月8日,第3版。

此外,在高利盘剥方面,苏州农村还有"糙三斛""母子债""翻头粮""乘风浪""印子钱"等名称[5],以及"一粒半"(也称"粒半头",即年初借1石米,年终

---

[1] "田底权"是土地的所有权,为地主所有;"田面权"是土地的使用权,为佃户所有。两者皆可独立进行买卖。佃户可以凭借"田面权"获得土地收益。
[2] 公地主要包括学田、族田、慈善团体土地、宗教性土地和农场土地。
[3] 中国共产党苏南区党委农村工作委员会:《苏南土地改革文献》(内部资料),第480—481页。但各地地主占有土地的比例相差较大,如张家港市李巷乡等地,地主只占有23%的土地。见《李巷村志》编纂委员会:《李巷村志》,凤凰出版社2015年,第166页。邻近的妙桥乡39户地主则占有2392亩土地,占全乡土地的44.69%。见《妙桥镇志》编纂委员会编:《妙桥镇志》,广陵书社2014年,第141页。
[4] 太仓市史志办公室:《中共太仓地方史(第二卷)》(1949—1978),中共党史出版社2012年,第34页。
[5] 陈惠康:《江南农村的一场变革——通安、望亭乡农业合作化运动研究》,苏州大学出版社1998年,第10—13页。

归还时要加 5 斗利息)、"利滚利"、"豆饼换米"(耕种季节借豆饼,每担折合 4 斗米;秋熟还账时,加收 50%的利息,要还 6 斗米)、"麦换米"(夏收时,米贵麦贱,将所借出的米折成麦,1 石米折合 2 石麦;秋收时,米贱麦贵,将麦折成米归还,一石麦等于一石米)等形式。[1]

地主广泛参与政治统治,专区 5 个县 49 个乡 1 089 户地主中,参加政治性组织的有 423 户,占 38.8%。地主还依附政权,建立"收租局""租栈""田业公会"等组织,私设公堂,对欠租农民采用拷打、游街、站笼、跪方砖等残酷手段逼租。新中国成立后,苏州普遍开展减租减息工作,虽大大减轻了农民的负担,但由于土地为地主所有,农民生产积极性仍然受到很大抑制。为促进生产力的进一步发展,继续完成民主革命的遗留任务,有必要彻底废除封建土地所有制。1950年,苏州农村工作虽仍以减租减息为中心,但各级干部更加重视减租的政治意义,展开减租反霸斗争,不断提高群众觉悟,为土地改革创造条件。

1950 年 3 月,华东军政委员会发出《华东区土地改革实施办法的规定》及《关于土地改革准备工作的指示》,决定在两年内完成华东地区土地改革任务。4 月,苏南区党委发出《关于苏南地区土地改革准备工作计划(草案)》,要求苏南地区普遍开展土地改革的准备工作。地委随后召开常委会议,学习贯彻华东军政委员会和苏南区党委的指示精神,研究部署土地改革的各项前期准备工作。

根据地委部署,苏州着手进行土地改革前期准备工作。一是消除匪患,安定秩序。新中国成立后,通过废除保甲制度、划小区乡、改造乡村政权等措施,建立并逐步巩固了县、区、乡各级人民政权。通过剿匪肃特、镇压反革命运动等工作,基本肃清了苏州农村反革命残余势力,为土地改革营造了没有匪患的环境。二是训练干部。为保证土地改革的顺利进行,减少和克服干部官僚主义和命令主义的工作作风,加强了对参加土地改革干部的培训。1950 年 6 月中旬至 10 月底,地委、县委共举办土地改革训练班 3 期,培训干部 6 247 人,培训的主要内容为土地改革的政策与调查研究方法等。三是建立和健全基层组织。根据《华东区土地改革实施办法》《苏南区土地改革实施办法》等文件精神,苏州各县相继成立土地改革委员会,作为土地改革的指导机关;组织土地改革工作队,以有农村工作经验的干部为骨干,吸收一般干部、青年学生、农民积极分子、失业工人等,负责土地改革的具体工作。大力发展农会和地方武装,至 1950 年年初,全区共发展农会会员 56 万余人,民兵 15 万人。针对农会中少数人存在的作风不纯、

---

[1]《李巷村志》编纂委员会:《李巷村志》,凤凰出版社 2015 年,第 167—168 页。

觉悟不高、立场不稳等现象,各地对农会进行了整顿。整顿工作以各级农会原有组织为基础,整顿内容包括清除个别落后分子、纯洁领导成分、进行民主选举、发展会员和加强干群团结等。四是充分发动群众。在减租减息的基础上,开展土地改革的宣传,提高群众觉悟,使广大群众认识到土地改革的必要性。专区各县普遍召开区、乡农民代表大会,围绕土地改革展开讨论,让土地改革总路线、总方针更深入人心。大力开展反封建宣传和教育,通过诉苦、算账等方式提高群众的阶级觉悟。农会会员和普通群众经过宣传教育活动后,对土地改革的愿望与要求更加强烈。

(二)土地改革的展开

1950年6月,作为指导土地改革的基本法律政策依据,《中华人民共和国土地改革法》的颁布,标志着新解放区土地改革运动的开始。根据中央关于新解放区土地改革的各项指示,地委发出《苏州行政区土地改革的计划与部署(草案)》,对全区[1]的土地改革工作进行规划部署。

在地委和专署的统一领导下,专区各县的土地改革工作分3个阶段开展。第一阶段为典型试验阶段。从1950年8月中旬开始,地委和专署选择常熟县大义区的4个乡,各县也分别选择1个乡进行典型试验。为取得更丰富成熟的经验,培养更多土地改革骨干分子,各县在第一批典型试验结束后,又选择30个乡进行第二批的扩大化典型试验,至10月16日,典型试验全部结束。这一阶段基本完成了147个乡的土地改革工作。在典型试验取得经验的基础上,10月20日,地委发出《苏州专区土地改革计划与部署修正草案》,进一步为各县的土地改革工作指明方向。第二阶段为局部展开阶段。结合当年秋征工作,全区展开249个重点乡的土地改革工作。开始由于秋征任务繁重,干部力量配备不足,土地改革工作未能按原定计划如期完成。1951年1月初,地委和各县委召开干部扩大会、农民代表会议,重新调配力量,点面结合推进工作,最终顺利完成了该阶段任务。第三阶段为全面展开阶段。从1951年1月中下旬开始,在全区范围内进行大规模的土地改革。至3月初,剩余353个乡的土地改革工作基本完成。同时,各县土地财产的没收征收、分配工作也按计划如期完成。

土地改革具体分为3个步骤:一是发动群众,斗争地主。1951年1月初,地

---

[1] 此处全区不包括吴县和苏州市郊。吴县作为苏南行政区试点,由苏南区党委直接领导部署土地改革工作。苏州市郊按照政务院1950年11月公布的《城市郊土地改革条例》部署土地改革。

委按照苏南区党委指示,召开各级干部扩大会议和区、乡农民代表会议,联系实际情况,学习领会华东局"有领导地放手发动群众,大胆展开运动"、苏南区党委"放手发动群众,组织土地改革运动高潮"等指示,研究具体推进的措施与方法。按照地委和专署的部署,各县纷纷组织土地改革工作队,深入农村进行调研与发动农民。土地改革工作队深入田间地头,走家串户,进行调查研究;宣传政策,掌握农村社会阶级情况;引导、启发、提高广大农民群众的思想觉悟,发现、培养积极分子。但是,很多贫雇农出于各种顾虑,不愿或不敢起来与地主做斗争,导致有些地方的土地改革运动进展缓慢。针对这一情况,各地以一批恶霸与不法地主为反面典型,通过诉苦、公审,揭露其恶行,发动群众展开斗争。各地经常性地召开公审会、斗争会、诉苦会等群众大会。在会上,农民纷纷起来控诉地主恶霸的罪行,有的取出地主杀人留下的血衣作为证据,有的把被地主打残的臂膀伸给大家看,七八十岁的老人亦上台讲述悲惨遭遇。土地改革期间,全区召开全乡以上的各类群众大会1 827次,参加农民达170.8万人次。通过诉苦大会,广大农民认识到自己贫穷的根源在于地主的封建剥削,激发起对地主阶级的仇恨。伴随着农民阶级意识的觉醒和阶级觉悟的提高,农民纷纷起来斗地主。轰轰烈烈的农民斗争打垮了妄图对抗土地改革的少数顽固地主,广大贫下中农占据了农村社会的主导地位,有力地推动了土地改革的深入进行。其间,少数恶霸地主跑到城市散布流言蜚语,攻击土地改革,致使城市知识分子、民主人士受到蒙蔽,对土地改革的必要性产生怀疑。针对这种情况,地委和专署决定组织城市居民,尤其是民主人士,到农村实地观摩土地改革,以土地改革的真实情况取得他们的支持,建立城乡的反封建统一战线。1951年1月上中旬,苏州市及各县城镇召开各界人民代表会议,向各界群众报告农村土地改革进展情况,并通过工会、学联、工商联等组织,有计划地发动与组织工人、教师、学生、民主人士和工商界人士下乡参观土地改革,争取他们的支持拥护,进一步壮大农民声势,孤立顽固地主。苏州还先后接待了6批从中央、华东等地来苏州参观土地改革的各界代表团,向中央和全国其他地方的人士介绍苏州的土地改革情况。除组织群众实地参观土地改革外,地委和专署还举办土地改革展览会,对城市居民进行教育。3月,太仓县、昆山县、苏州市等地先后举办土地改革展览会,其中苏州市仅半个月参观群众就达9万余人次。

二是划分阶级,确定成分。这是正确贯彻土地改革政策的关键。专区各级党组织根据政务院《关于划分农村阶级成分的决定》,向群众宣传阶级划分政策,阐明阶级划分标准。各地以解放时占有土地的数量、种类、经营时间、经营手段为依据,围绕有无剥削、田主是否参加劳动、劳动的形式与数量等关键问题确定成分,逐家逐户核实登记。阶级划分时,先由各家各户自报成分,再由村农会小组、村农会、乡农会逐级评议审定,最后张榜公示。初步完成阶级划分后,地委和专署组织专人进行复查,发现部分地区在划分阶级时出现错划、漏划现象,如昆山县北五区错划地主26户,漏划地主19户;太仓岳王区漏划地主7户。这固然与个别地区土地关系复杂、成分划分困难有关,但也存在土地改革部分工作人员因经验不足造成偏差,以及个别工作人员徇私舞弊、包庇地主的情况。针对这些错划漏划现象,地委与各县委及时进行了纠正,对干部与工作人员严明工作纪律,明确政策界限,加强思想教育和业务指导,取得了实效。

三是没收征收、分配土地财产。阶级成分确定后,下一步工作是没收征收与分配土地财产。根据党的土地改革政策,对地主的多余土地彻底予以没收,查封耕畜、农具、房屋、粮食等多余财产;对富农和小土地出租者的土地、城市工商业者在农村的土地、公地等,采取协商的办法,向土地所有者讲明国家有关政策,征得其同意后进行征收。在土地改革工作队的指导下,村级农会成立登记、查封、验收、保管等小组,负责具体执行。至3月上旬,全区没收征收土地314.35万亩、房屋18.71万间、家具53.75万件、粮食156.21万公斤和农具33.24万件。[1]没收征收土地财产工作告一段落后,在土地改革工作队的协助下,各乡、村农会负责分配土地财产的具体工作。村农会分配小组制订方案,经群众评议、乡农会批准后,按照雇农、贫农、中农的顺序进行土地财产的分配。没收征收的土地主要分配给无地、少地的贫农和雇农,以及部分拥有少量土地的中农,地主也按照平均标准分得一份土地;对房屋、家具、农具等财产,也依照类似标准进行了分配。

各县土地改革工作基本完成时,苏州市郊着手进行土地改革。1951年2月20日,市委和市政府根据政务院《城市郊土地改革条例》的精神,制订了《苏州市郊土地改革计划(草案)》。由于市郊土地种类多,情况复杂,市郊土地改革工作采取谨慎与稳步前进方针,从2月开始先在2个乡进行典型试验,在取得经验

---

[1] 中共苏州市委党史工作办公室:《中国共产党苏州地区历史大事记》,中共党史出版社2013年,第24页。需要说明的是,关于土改成果,存在不同的统计数据。据1951年3月底地委扩大会议提供的材料,全区共没收征收土地290.69万亩、房屋7.16万间、家具59.24万件、粮食82.9万公斤、农具30.21万件、耕畜3 199头。见中共苏州市委党史工作办公室:《中国共产党苏州党史大事记》,中国文史出版社2000年,第20页。另一说:全区共没收征收土地320.98万亩、房屋15.23万间、家具61.17万件、粮食1 103.36万公斤、农具40.54万件。见中共苏州市委党史工作办公室:《中国共产党苏州历史(第二卷)》(1949—1978),中共党史出版社2014年,第43页。

后,于3月全面展开。3月17日,市土地改革委员会成立,派土地改革工作队进驻各乡,领导市郊的土地改革工作。与各县土地改革相比,市郊土地改革有以下特点:一是根据政务院的《城市郊土地改革条例》,市郊土地改革对私营工商业者在郊区用于经营工商业的土地财产予以保护,对公地和荒地予以征收,对小土地出租者予以照顾。二是市郊土地改革对茶花[1]花农作了特别安排。鉴于茶花生产的特殊性,除反革命分子的花园地、花厢、花树等茶花生产资料收归国家所有,地主出租的花园地予以没收交给经营者使用外,其余一律不动。凡以茶花生产为主要收入的均称花农,不再另划成分。三是在土地分配上,市郊土地改革也与县、区有明显差异。考虑到城市工业和其他事业的发展需要占用郊区大量土地,根据《城市郊土地改革条例》,市郊土地改革中没收征收的土地是归国家所有的,再由郊区各级农会统一分配给无地少地的农民使用。农民对市郊土地只有使用权而没有所有权。5月,市郊土地改革基本结束,没收征收土地3.1万余亩、房屋330间、家具310件和农具480件。[2]

（三）土地改革的完成

根据华东局《关于结束土地改革及争取1951年底全部完成土地改革的指示》中提出的检查土地改革成效的5项标准[3],地委和专署在完成土地财产的分配后,采取派出检查组重点检查与群众自发检查相结合的办法,以乡为基本单位,进行土地改革的复查工作。复查结果显示:大部分乡村群众发动充分,基层干部在政治历史、思想作风上都比较纯洁,能够自觉地按照土地改革法规执行划分阶级成分、征收与分配土地财产等各项工作,群众总体比较满意。但也有少数乡村存在群众发动不够充分、干部思想作风不纯、土地财产分配不公等问题。地委和专署对复查中发现的问题十分重视,组织力量对土地改革工作薄弱的乡村进行整顿,严格按照政策纠正错划、漏划阶级成分的现象,重新进行土地财产的没收征收与分配。对漏划的地主,坚决按政策没收其多余土地与财产;对错划成

---

[1] 茶花特指苏州用于窨茶的香花。苏州虎丘一带栽培香花,初供欣赏、佩戴、装饰庭园。后因盛产茶叶,香花作为香料,用于窨茶,改称茶花。用于窨茶的主要是茉莉花、代代花、白兰花。至1949年,茶花花农发展到2 000余户,从业者逾万人。
[2] 中共苏州市委党史工作办公室:《中国共产党苏州党史大事记》,中国文史出版社2000年,第20页。
[3] 5项标准具体是:有无逃亡漏网或逃亡回归的恶霸及不法地主未经法办者;土地改革后地主有无反攻复辟者;有无漏划、错划阶级成分而尚未依法改正者;被没收征收土地财产有无未分配处理者及有无不公平、不合理现象;干部在土地改革中有无包庇地主及多得好处现象。

分的,重新确定成分,如有被错误没收的土地、财产,一律予以返还补偿。在检查补课阶段,全区重新没收土地1.53万亩、房屋7 695间、粮食113.6万公斤、耕牛321头、农具1.9万件、家具6.11万件。

土地改革工作进入收尾阶段后,各地紧密结合农业生产,有计划、有步骤地进行整理土地面积、发放土地证工作。5月16日,专区成立发证整籍委员会,各县、区、乡也成立发证整籍委员会,统一负责整理土地面积、发放土地证的工作。

在大力宣传"一份土地,一份产权""老实申报,产权牢靠"的基础上,通过申请登记、民主评议、统一田亩等工作,对农民的土地、房屋等财产,依据政策确定产权,最后由各级政府颁发产权证书。在发证过程中,各级发证整籍委员会针对历史上存在的一些产权纠纷,经过认真细致的实地调查和文件整理,核实了过去长期混乱的土地面积,查处了一些黑田,妥善处理了历史遗留的农民之间的土地、房屋纠纷问题,加强了农民的团结。除昆山县、苏州市郊因生产季节关系分为2期外,其他各县发证工作均分3期进行。至10月底,全区734个乡的土地发证整籍工作全部完成,标志着全区土地改革工作的胜利结束。

土地改革完成后,全区共有农民47.54万户、140.42万人分得了土地等生产资料,占全区总户数的68.67%和总人口的45.39%。以苏州市郊为例,贫农人均占地由改革前的0.22亩提高到1.17亩,雇农由0.58亩提高到1.62亩。

六、镇压反革命运动

苏州市曾为国民党重点控制城市之一,各类反动组织众多。解放后,市军管会发出通告,宣布中国国民党、三民主义青年团、中国青年党、民主社会党等党团及其所属特务机关为反动组织,责令其停止一切活动,立即解散,所属人员进行登记,听候处理。随后集中对各类反革命分子进行清剿搜捕,初步安定了社会秩序。解放初期政策上强调"宽大为怀",导致"破案虽多,镇压不够",不少反革命分子被宽大处理后,又继续从事反革命破坏活动;而剿匪肃特也只是清剿了武装匪特,对于隐藏潜伏的匪特未给予有效的打击。据镇压反革命运动开展前的调查,苏州市残存的特务、土匪、恶霸、反动党团骨干分子及反动会道门头子等反革命骨干分子有2 000余人。这些反革命分子阴谋复辟,或组织反革命地下武装;或袭击、暗杀党政军人员;或打入人民内部进行"策反";或破坏交通通信设施;或实施绑票、勒索、抢劫等,进行各种破坏活动,扰乱社会治安。随着朝鲜战争的爆发,反革命分子气焰更加嚣张,加大了破坏力度,企图搞垮新生的人民政权。

中共中央于1950年10月10日发出《关于镇压反革命活动的指示》,从12

月开始在全国大张旗鼓地开展镇压反革命运动,重点打击特务、土匪、恶霸、反动党团骨干分子及反动会道门头子。根据中央指示精神,苏州迅速展开镇压反革命运动。苏州市的镇压反革命运动经过了3个阶段。

第一阶段,对反动党、团、特务人员再次进行登记。苏州市刚解放时进行的党、团、特人员登记工作虽然取得了一定成绩,但比较粗糙,有相当一部分人员未登记入册。为进一步了解、掌握新中国成立前的反动组织及其所属人员情况,挽救反动党、团、特组织中愿意悔改自新的人员,1951年1月20日,市军管会颁布了《关于反动党、团、特务人员申请登记实施办法》,根据"坦白从宽,抗拒从严"的方针,从1月23日开始,再次开展对反动党、团、特务分子的登记、规劝与检举工作。苏州市成立了反动党、团、特务人员登记工作委员会,并抽调干部200人、治安积极分子500人,培训后组成登记组。全市群众自发成立各类劝导、宣传小组900余个,成员5 000余人,运用活报剧、演说等多种形式开展宣传。在强大的宣传攻势下,许多反动党、团、特务人员消除顾虑,主动登记,交出反动证件、武器等。登记工作于2月3日结束,全市申请登记的反动党、团、特务人员共1 373人。

第二阶段,发动群众公审,实施集中逮捕。2月,根据《中华人民共和国惩治反革命条例》精神,苏州市镇压反革命运动向纵深推进。市委和市政府选择勾结反动会道门、破坏土地改革等4个突出案件,通过群众大会进行公审公判,进一步调动群众推进镇压反革命运动的积极性。4月13日,在虎丘召开了5万余群众参加的公审大会,到会群众对反革命分子的罪行极为愤慨,要求党和政府予以严惩。中旬,镇反运动全市行动总指挥部成立,各派出所成立行动分队,组织力量,进行调查摸底。在进行充分动员和搜集证据材料后,4月27日夜11时,镇反运动全市行动总指挥部下令全城戒严,进行逮捕行动。翌日凌晨5时逮捕行动结束,集中逮捕反革命分子800余人。4月29日,市三届二次各界人民代表会议第一次扩大会议召开。会议通过了关于加强镇压反革命运动的决议;成立了由各界代表25人组成的苏州市反革命案件审查委员会,协助政府处理反革命案件;建立各界各级肃清反革命委员会。5月5日,市协商委员会制定公布了《苏州市社会各基层单位肃清反革命委员会组织办法》。各级肃清反革命委员会的成立推动了群众性的控诉、检举运动深入开展。至5月底,全市召开各类群众控诉会1 418场,参加人数达17万人次;群众递送检举揭发材料847件。群众的检举揭发充实了在审罪犯的犯罪证据,提供了漏网反革命分子的线索,有利于政法机关进一步掌握敌情。

第三阶段,收缩巩固,清理积案。为了巩固已经取得的成果,防止出现偏差,中央决定采取收缩的政策。1951年5月8日,中共中央发出《关于对犯有死罪的反革命分子应大部采取判处死刑缓期执行政策的决定》。同月,全国第三次公安会议提出收缩方针。为防止偏差,同时因势利导,扩大战果,市委及时传达学习中央的精神,全面贯彻执行收缩方针,促进镇压反革命运动稳妥进行。6月3日,市三届二次各界人民代表会议召开第二次扩大会议,制定《苏州市处理被检举反革命分子办法》并将此作为具体执行规范。6月5日,市委制定《清理反革命分子财产工作计划》,并成立反革命分子财产清理委员会,对反革命分子财产进行有计划有步骤的清理没收。这一期间,市委和市政府进一步发动群众,开展清理积案、审理在押人员、组织劳动改造和落实管制等工作。在清理积案的过程中,市委、市政府既重视群众的揭发检举,又重视调查取证,重证据而不轻信口供,反对逼、供、信,对罪行较轻、愿意悔改者采取宽大为怀的方针。7月,市公安局根据上级指示,决定将各基层单位建立的"肃清反革命委员会"改组为"治安保卫委员会",其主要职责是做好经常性的治安保卫工作、协助公安机关深入核查群众所检举的材料以及监督改造被管制的反革命分子。至11月底,全市共成立街道治安保卫委员会203个,为基层治安保卫工作打下了坚实的基础。市人民法院在1951年年内先后召开4次宣判大会,对各类反革命分子进行宣判,其中19人被判处死刑。至1952年6月,全市打击特务、土匪、恶霸、反动党团骨干分子、反动会道门头子等5个方面的反革命骨干分子1 978人,镇压反革命运动基本结束。

专区各县(市)也分3个阶段开展镇压反革命运动,组织学习中央和地委关于镇压反革命的指示精神,充分发动群众,对反动党、团、特务人员进行登记。各县(市)多次召开公审大会,逮捕审判了一批反革命分子。1951年6月,专区镇压反革命运动进入集中处理积案和追捕在逃要犯的阶段。各县(市)抽调专人与民主党派、群众团体代表共同组成清理积案委员会,采取调查、审讯和群众揭发检举相结合的方法,严格执行中央制定的各项政策,纠正了部分案件处理过程中的偏差。在运动中,各县(市)大部分基层单位建立了治安保卫委员会。从1950年11月至1951年10月底,全区共打击了9 947名反革命分子,占5个方面敌人总数的76%,其中判处死刑2 698名,判处死缓133名;关押4 356名,管制2 760名,其中土匪占总数的77%,恶霸占80.2%,特务占40%,反动党团骨干分子占35.7%,反动会道门头子占12.2%。[1]以上比例说明,有不少反革命分子的身份是多重的。此后,镇压反革命运动的重点逐渐转向沿湖、沿江等地区以及镇反不彻底的城镇与乡村。

镇压反革命运动是在人民政权建立之初,敌我矛盾还很突出的情况下进行的一场尖锐的对敌斗争。这场运动有力地打击了国民党反动派在苏州残余的反革命势力,巩固了新生政权,保卫了人民生命、财产安全,为土地改革和经济恢复工作的顺利进行提供了保障。

七、"三反""五反"运动

(一)"三反"运动

1951年12月1日和12月8日,中共中央分别发出《关于实行精兵简政、增产节约、反对贪污、反对浪费和反对官僚主义的决定》和《关于反贪污斗争必须大张旗鼓地去进行的指示》,"三反"运动就此在全国各地迅速展开。根据苏南区党委的具体部署,地委和专署、市委和市政府决定在党政机关与人民团体中建立精简节约委员会,负责组织领导精简节约运动。地委成立了以地委书记周一峰为主任委员的专区整编节约委员会[2],下设地委机关、专署机关、公安机关3个分会,并设立总会及各分会检查组;市委成立了以市长王东年为主任委员的市精简节约委员会[3],下设秘书处、宣传处、检察处。地专机关共有22个单位、1015人投入运动;苏州市共有86个单位、9544人投入运动。运动从1951年12月开始,至1952年6月基本结束,分为学习教育与思想动员、民主检查与集中"打虎"[4]、追赃定案与组织处理、思想教育与制度建设4个阶段。

学习教育与思想动员阶段。各县(市)各部门集中传达地委、市委关于开展"三反"运动的会议精神,开展学习讨论。各地各部门组织力量,汇集材料,研究制定运动推进方案。在党政机关内部广泛深入地进行"三反"教育,揭露并驳斥阻碍运动的错误思想。针对干部中存在的"怕报复""怕挨整""怕得罪人"等思

---

[1] 中共苏南区苏州地方委员会:《关于贯彻第四次全国公安会议决议的今后6个月工作计划》,1951年11月12日,苏州市档案馆藏,档号H1-1-1957-7。
[2] 专区整编节约委员会后改称专区节约检查委员会。
[3] 市精简节约委员会后改称市节约检查委员会。
[4] "虎"指贪污犯,"打虎"指查处重大贪污案件。根据贪污金额对贪污犯进行分类:贪污金额在100元至1000元之间称为"小老虎";1000元至10000元之间称为"中老虎";10000元以上称为"大老虎"。

想顾虑及消极抵抗、无所谓等错误态度展开讨论和批判,以提高认识,端正态度。组织全体工作人员学习毛泽东在全国政协一届三次会议上的讲话及《人民日报》社论,坚定积极投入运动的信心和决心。通过学习讨论,广大党员干部充分认识到了中华人民共和国成立以来机关内部贪污、浪费、官僚主义问题的严重性。1950年至1951年,地专机关和各县(市)处理的案件中,贪污案件374件,涉案人员544人,贪污金额达10.69万元;苏州市处理贪污分子426人,涉及金额近6万元。因浪费而造成的财产损失也非常严重。据花纱布、盐业、百货、土产4个公司的不完全统计,因资金周转、商品流转运输等原因造成的损失达16余万元。因管理不善,各地粮库损失达30.73万元。党员干部面对这些贪污浪费的事实,感触良多,思想认识受到了一次深刻洗礼,为进一步深入开展"三反"运动打下坚实的思想基础。

民主检查与集中"打虎"阶段。"三反"运动自1952年1月3日开始进入民主检查阶段。地委和专署、市委和市政府相继召开会议,地委代理书记孙加诺、副专员鲁琦、市委书记李凌、市长王东年等领导分别代表地委、专署、市委、市政府作自我检查和动员报告,号召群众进行检举控告,并告诫一切犯有贪污问题的人员自动坦白。由于领导带头检查,运动迅速展开,所有参加运动的单位均无例外地进行民主检查。运动贯彻"首长负责、领导干部亲自动手、充分发扬民主"的原则,进行自上而下、自下而上和同级相互间的检查。运动中,各级领导以身作则,自我检查,开展批评与自我批评。领导的带头和对一些贪污腐化、压制民主的干部的处理,使广大干部群众消除了思想顾虑,参与运动的热情和积极性被充分调动起来。从领导干部到勤杂人员,从党内到党外,掀起了坦白、检举、揭发的热潮。经过全面动员、深入教育、群众协助、重点突破等步骤,许多贪污分子坦白自新,仅10天,专区节约检查委员会就收到坦白、检举、揭发信140多件。

民主检查告一段落后,运动的重点转向反贪污"打虎"。凭借之前运动中所掌握的各类线索,地委和专署、市委和市政府决定全面发动攻势,掀起反贪污"打虎"高潮。根据苏南区党委的要求,制订了苏州"打虎"计划。各县(市)及人口在5 000人以上的40个乡镇均制定了"打虎"计划,相继召开中共苏州市第二次代表会议、地专机关党代表会议,进行宣传动员,号召对贪污分子进行围剿。各部门响应号召,纷纷制定"打虎"具体计划和措施。专区、市节约检查委员会根据前阶段运动中掌握的贪污线索,经过细致排查,以"只可疑错,不可攻错"为标准,确定要打的"老虎",抽调骨干力量组成"打虎队",分头围剿"老虎"。"打虎队"追查线索,收集真凭实据,做到重事实证据,重调查研究,重检举材料与本人坦白材料的一致性。市政府、税务局、公安局等分别召开数千人参加的坦白检举大会,广泛发动干部群众揭发贪污分子。同时,向贪污分子阐明政策,指明出路,劝其坦白。根据上级指示精神,贯彻惩办与教育相结合的政策,对坦白检举的贪污分子按情节轻重与坦白程度分别做出处理:对坦白者给予从轻或免于处分的处理;对贪污情节严重,又拒不坦白,或与不法资本家订立"攻守同盟"者,给予当场逮捕等从严从重惩处。这种做法既有效地震慑了贪污分子,也使其中一些中小贪污分子主动坦白交代。这些人经过坦白交代、检举揭发,放下了思想包袱,也孤立了抗拒坦白的大贪污分子,为集中力量围剿"大老虎"创造了有利条件。然而,在运动高潮中也出现了一些问题,主要是因政策宣传不够、经验不足、控制不严及对运动的复杂性认识不深,产生了程度不同的打过头、扩大化现象。在具体斗争中,方法单一生硬,急躁贪功,采用"大会压小会挤"、车轮疲劳战术等高压手段,甚至出现逼、供、信等极端现象。专区、市节约检查委员会发现上述问题后,及时给予了制止、纠正。

追赃定案与组织处理阶段。1952年3月至6月,对已经揪出的"老虎",集中力量进行定性定案,并做好追缴赃款赃物的工作。各单位负责领导对"老虎"进行深入细致的教育,反复阐明政策,召开各种类型的座谈会、学习会,要他们做好"六交"[1]工作,开展批评与自我批评,给其最后机会交代清楚问题,争取宽大处理。根据政务院《关于"三反"运动中的贪污案件成立人民法庭进行审判的规定》,苏州各地普遍建立"三反"法庭,统一负责"三反"运动的定案工作。苏州市还成立了人民法庭检查委员会进行巡视检查,加强对法庭受理贪污案件的审判指导,为做出公正合理的判决提供保证。按照中央"过去从宽,今后从严""多数从宽,少数从严"的原则,对贪污分子给予应有的处分。苏州市核定贪污分子3 538人,其中免于处分的占80.86%;地专机关核定贪污分子397人,其中免于处分的占78.33%。在追赃定案与组织处理基本结束后,为纠正之前工作中的各种草率偏差,特别是处分及量刑标准上不够统一的问题,专区和苏州市分别组织成立"三反"工作结束委员会,本着实事求是、"不枉不纵"的政策精神,对犯错误人员及其处理结果进行复查定案,对运动中违反政策、无视纪律造成严重后果的事件及时查处。经过统一研究、反复审查、前后对比、内外参照,对处分明显不

---

[1] "六交"指:交代社会关系,包括家庭、亲友、商人、裙带关系;交代贪污的动机和目的;交代贪污的具体情况,包括贪污的时间、手法、过程、数目及赃款赃物的下落等;交代内外部的贪污同谋和关系人以及"攻守同盟";交出赃款赃物,补偿国家损失;交出各种贪污的凭证,如在私商入股的合同、契约、股票、借据、债券或其他赃款赃物的凭证等。

合适的人员重新调查处理,妥善解决了部分遗留问题。如市"三反"工作结束委员会对28项不合理的行政处分做出纠正等。

思想教育与制度建设阶段。为巩固运动成果,地委、市委根据中共中央《关于争取结束"三反"运动若干问题的指示》精神,决定加强思想教育与制度建设,按照共产党员标准对党员进行登记、审查和处理,从政治、思想、组织、作风、制度上巩固"三反"成果。针对激烈的"打虎"斗争后,某些党员干部产生的"怕负责""怕做财经工作""怕和资本家发生关系"等消极情绪和错误思想,根据苏南区党委指示,地委、市委对全体机关党员干部进行了一次系统的思想教育。此次教育活动由节约检查委员会具体领导,各单位党总支、支部协助。通过学习中央领导讲话、《解放日报》社论及有关财经工作文件,树立对财经工作的正确认识。在此基础上,地委和行署、市委和市政府召开机关全体工作人员大会,进行动员与部署。广大党员干部从总结"三反"工作、提高思想认识入手,交代个人社会关系,交代思想作风问题,划清思想界限,进行"三反"运动自我鉴定。地委、市委结合整党运动,制订完善党内生活制度、请示汇报制度、监督检查制度等各项规章制度,大力加强党的制度建设。至此,"三反"运动基本结束,工作重心转到生产建设方面。

专区各县(市)也根据地委关于"三反"运动和"打虎"的指示,积极开展"三反"各项工作,取得显著成绩。如太仓县查出贪污分子231人,贪污金额3.3万元;吴江县查出贪污分子272人,贪污金额2.06万元。

"三反"运动教育了干部,挽救了犯错误的同志,清除了贪污腐败分子,基本肃清了贪污腐化现象,制止与克服了浪费现象与官僚主义,树立起了国家工作人员廉洁、朴素、为人民服务的工作作风。同时,社会各界群众广泛参与,形成了厉行节约、艰苦奋斗、爱护国家财产的社会风气。

(二)"五反"运动

随着扶持和合理调整工商业方针政策的执行,民族工商业获得了前所未有的发展机遇。然而部分资本家唯利是图,甚至勾结、腐蚀国家工作人员,进行行贿、偷税漏税、盗窃国家财产、偷工减料、盗窃国家经济情报(通称"五毒")等不法活动。特别是"三反"运动中党政机关内部揭发出来的腐败受贿案件大多与不法资本家有关。如一些不法资本家暗中控制工商联及税收评议机构,并派遣专人负责腐蚀拉拢政府财经部门干部。资本家的不法行为不仅严重破坏了国家经济建设,而且损害了人民群众的切身利益。有资本家在生产用来救济苏北灾民的寒衣时,竟然用报纸做里子。1952年1月26日,中共中央发出《关于在城市中限期开展大规模的坚决彻底的"五反"斗争的指示》,要求在全国城市中迅速开展大规模的反行贿、反偷税漏税、反盗窃国家财产、反偷工减料、反盗窃国家经济情报的"五反"运动。苏州市的"五反"运动从1952年2月初启动,4月全面开展,至6月底结束。运动分为3个阶段。

宣传准备阶段。广泛开展宣传动员,形成强有力的社会舆论,发动检举"五毒"罪行。"五反"运动开始后,心存侥幸的不法资本家不仅不愿低头认罪、坦白交代,而且千方百计阻碍和破坏运动的发展,企图顽抗到底,蒙混过关。针对不法资本家的种种抵制顽抗行为,市委、市政府从运动一开始就特别注重发动群众,尤其是动员私营工商企业中的工人、店员参加运动。全市相继召开各界干部代表会议和工人代表会议,严肃批判不法资本家的"五毒"行为。在市委、市政府领导下,工会、青年团、妇联、民主党派、工商联等团体纷纷响应号召,积极组织学习宣传活动,并发动教师、学生、家庭妇女等深入街道里弄,开展宣传教育,有效地提高了群众的政治觉悟,使广大群众能够自觉地投身到运动中。为贯彻"依靠工人,团结职员"的方针,更好地推进"五反"运动,市委和市政府在市节约检查委员会下成立了"五反"总指挥部,直接负责领导组织全市各行各业的工人、店员向不法工商业者开展斗争。"五反"总指挥部下设纺织、轻工、食品、手工、机器制造等13个分指挥部,并向颜料、绸布等5个重点行业派驻工作组。总指挥部高度重视并充分发挥广大工人群众在"五反"运动中的主力军作用,召开多场坦白检举大会,组织工人、店员、会计等揭发不法工商业者的罪行,在会上出示不法资本家制作的假账、假发票、贿赂的钱物等证据,揭露运动开展后不法资本家以刀威胁、粥中放毒谋害工人等罪行。不法资本家在生产提供的抗美援朝物资中偷工减料、严重偷税漏税等不法行为也被揭发出来。在坦白检举大会上,切实贯彻"坦白从宽,抗拒从严"的政策,对坦白者给予从轻或免予处理;对罪行严重又拒不坦白者,坚决依法从严制裁,以分化瓦解违法犯罪的工商业者。针对不法工商业者对"五反"运动的抵制行为,防止其对检举揭发的工人打击报复,市政府适时宣布四项规定[1],责令不法工商业者坦白"五毒"罪行,推动了运动的深入发展。

全面展开阶段。劳资见面,联合审查,"五反"运动全面开展。根据政务院公布的《北京市人民政府在"五反"运动中关于工商户分类处理标准和方法》,将工

---

[1] 四项规定指:私营企业负责人不准请假离开企业;不准歇业、不准解雇职工、不准不发或少发工资、不准不开伙食,不准威胁利诱店员工人,不准与国家工作人员订立"攻守同盟";不得歇业或拖延开工开店日期;充分保障店员、职员、工人的检举权利。

商业户分为五类：守法户、基本守法户、半守法半违法户、严重违法户和完全违法户。在展开阶段中，总指挥部先对占私营工商业户主体的中、小工商业户进行审查，做出分类结论。通过劳资见面、联合审查的形式，审查处理了前3类[1]中9 553家中、小工商业户。经过这一阶段的审查，被处理的工商业户占全市私营工商业户总数的60%以上，形成并壮大了"五反"运动统一战线。接着，借鉴上海市的"五反"运动经验，采取互评互助、工人检举揭发、家属劝说等办法，集中力量斗争大工商业户。总指挥部直接组织105家大工商业户及工商界上层分子进行互评互助，各分指挥部以同样方式分别处理674家大工商业户。与此同时，采取团结、教育、改造的方针，处理之前遗留的3 528家中、小工商业户问题。

定案处理阶段。市节约检查委员会贯彻华东局指示，从资金、营业、利润、公家往来、坦白数、核定数等几方面进行分析对证，按"斗争严、处理宽、当严则严、当宽则宽"的原则，实事求是、合情合理地加以核定。最终核定全市守法户占35.71%、基本守法户占46.37%、半守法半违法户占15.8%、严重违法户占1.68%和完全违法户占0.44%。核定完成后，采取工商界制订退补计划、工人审查、市节约检查委员会批准的办法，根据情况，分期补退。经核定，需退补户为2 441户，退补金额为461.3万元，占工商界坦白金额的45.15%。

根据中央指示精神，"五反"运动首先在大中城市展开。随着"五反"运动形势的发展，中央决定小城市和大集镇不再进行"五反"运动[2]。因此，除常熟市[3]外，各县仅仅在"五反"运动开始时组织工商界人士进行了学习，尔后未再全面展开。

"五反"运动有力地打击了不法资本家严重的"五毒"行为，在工商业界普遍进行了一次守法经营教育。"五反"运动也是一场深刻的社会民主改革，充实整顿了工会组织，推动了在私营企业中建立工人监督和民主改革的进程，逐步建立了工人、店员对企业的监督管理制度，确立了新的劳资关系，巩固了工人阶级的领导地位。运动中，私营企业中的工人群众的阶级觉悟普遍得到提高，涌现出大批运动积极分子，全市有500余名青年工人被吸收入团，496人被吸收为党员发展对象。各级党委和政府基本掌握了全市私营工商业各方面的情况，如大、中、

---

[1] 前3类指守法户、基本守法户、半守法半违法户。
[2] 中共中央于1952年10月批转政务院副秘书长廖鲁言《关于结合"五反"运动和处理遗留问题的报告》，决定小城市和大集镇不搞"五反"运动，只对个别"五毒"罪行特别严重者加以适当处分。
[3] 常熟市"五反"运动最终核定：守法户占23%、基本守法户占53.7%、半守法半违法户占21.7%、严重违法户占1.3%和完全违法户占0.3%。

小工商业户比例,资金量,利润率,技术管理水平等,积累了对城市私营工商业监督管理的经验,为以后对私营工商业和资本家的社会主义改造创造了有利条件。但是,"五反"运动中曾普遍发生了程度不同的违法乱纪现象,如对运动对象进行剥掉衣服、罚跪、捆绑、吊打、拘禁等[1],导致一些工商业者产生恐慌情绪,出现抽逃资金、卖光吃光、躲藏隐蔽、停工停业、利诱毒害、畏罪自杀等不正常现象。最严重的当数苏州茶厂在"五反"期间,其负责人吕万春运用农村土改对待地主的做法来对待资本家,并责令与私方接近的领班进行坦白交代,对被认为不彻底的就施以敲打,或罚跪凳子边,或在小腿上架木棍,棍上站人,或打耳光,造成很多起严重的伤残和自杀事件。在斗争资本家的大会上,该负责人责问:"你们要钱还是要命?"资本家怕遭毒打,纷纷进行假坦白:有的茶厂全部资产仅2万元,资本家"坦白"交代的行贿数却达几十万元;1951年中茶公司全年在苏州加工的花茶总共才1 300担,资本家"坦白"偷窃的花茶即达1 900担。受害工人和资本家纷纷上书中共苏州市委、苏南区党委和中共中央。毛泽东在控告信上批示:"转苏南区党委调查处理。"《人民日报》曾为此专门发表消息和社论。[2] "五反"运动中的过火行为给苏州地区的社会经济生活带来一定的冲击。尤其是"五反"运动时值生产淡季,各级党组织集中精力发动群众,对生产不够重视,资本家也无心生产,导致全市许多私营工商业生产经营困难,失业、半失业人数大幅增加。针对这些问题,市委、市政府立即采取紧急措施,贯彻"五反、生产两不误方针",召开工商界会议,宣传政策,纠正工商界的各种错误思想和不当做法,组织城乡物资交流,稳定了工商界情绪,促使他们安心经营,搞好生产。随着华东、苏南城乡物资交流活动的开展,市场日益活跃,同时工会工作由斗争转向劳资协商,手工业、私营工商业经营状况逐渐走向好转。

八、企业和社会的民主改革

解放初期,为维持生产秩序,保证平稳过渡,对工矿企业的接管暂时采取了"原封不动,一律包下来"的政策,封建把头制、抄身制等旧的管理制度不可避免地残存下来。企业内部残存的反动把头势力依靠这些制度压制工人的政治热情和生产积极性,束缚了生产力的发展,工人群众普遍要求开展民主改革。根据中

---

[1] 参见刘亚:《检查报告》,1952年6月3日;周涛:《检查报告》,1952年6月9日;朱宏源:《检查报告》,1952年6月20日,等等。苏州市档案馆藏,档号A32-2-1956-74。
[2] 苏州市地方志编纂委员会编:《苏州市志》第三册,江苏人民出版社1995年,第1 241页。事件被揭露后,吕被逮捕法办。

共中央《关于清理厂矿交通等企业中的反革命分子和在这些企业中开展民主改革的指示》精神,地委于12月制定了在工矿企业发动工人群众全面深入开展民主改革运动的计划。

根据地委和专署的部署,市委和市政府决定首先进行废除封建把头制度的反把斗争,打倒长期控制压迫工人的封建残余势力,为进一步推进民主改革创造条件。1951年冬,市委和市政府选取建筑、搬运(人力车、三轮车)等5个重点行业进行民主反把斗争。12月20日至30日,全市先后召开了13次控诉大会,参加群众达2 683人次。通过反把斗争,处理了封建把头68人,肃清了残余的反革命分子,废除了工人群众深恶痛绝的封建把头制度。

随后,民主改革工作转向工矿企业内部。市委和市政府根据工矿企业的不同性质,研究部署改革计划。国营企业、公营企业和公私合营企业民主改革采取党委统一领导、行政号召支持、工会发动、青年团响应带头的方式,建立民主改革工作组织;私营企业则采取党委统一领导、工会出面、劳资协商的方式,但不建立民主改革工作组织。根据计划,苏州市工矿企业民主改革开始分批、有重点地展开。自1951年11月至1952年1月,首先在中蚕丝厂[1](国营)、苏州面粉厂(公营)、苏州电厂(公私合营)及大同兴造纸厂(私营)等4家不同类型的工厂进行民主改革试点,积累经验。2月至4月,选择苏纶纱厂、苏州纱厂、源康纱厂等10余家较大型企业重点推进。5月至6月,在其余工矿企业中全面展开。

各企业的民主改革分为准备、民主检查和自觉交代、制度组织建设3个阶段。准备阶段,先对企业的干部和工人积极分子进行培训,提高其思想觉悟和政策水平,发挥他们的骨干作用;再通过他们对广大工人群众进行深入广泛的发动教育。民主检查和自觉交代阶段,领导与群众相互之间开展批评与自我批评。一些有政治历史包袱和欺压过工人群众的人,深刻检讨了过去的反动思想,表达了争取改造的愿望。经过民主检查和自觉交代阶段,工人群众的阶级觉悟与生产积极性明显提高,团结意识也大大增强,涌现出一大批积极分子。在制度组织建设阶段,废除压迫工人、束缚生产力的封建落后的生产管理制度。教育广大工人自觉遵守劳动纪律,建立生产责任制。进一步整顿与健全基层党组织、青年团与工会组织,大力发展党员、团员和工会会员。在国营企业中建立健全职工代表会议和工厂管理委员会,一批运动中涌现出的积极分子被提拔到领导岗位上。

私营企业的民主改革工作进展则相对缓慢。从1952年10月起,私营企业

---

[1] 中蚕公司苏州第一实验丝厂接管后,更名为国营中蚕公司第一丝厂,简称国营中蚕丝厂。

进行民主改革补课工作。很多企业主主动参与民主补课工作,担任企业民主改革补课委员会委员,与工人群众共同协商企业中有关民主改革的重大问题,制订确保民主改革和发展生产两不误的各项规章措施。

专区工矿企业的民主改革于 1951 年 10 月开始,从 100 人以上的大企业到 50 人左右的中小企业,分批、分层次、有计划地展开。翌年 7 月,专区国营、公私合营企业及 50 人以上私营企业展开民主改革补课。至 1952 年年底,苏州有 39 家公营企业、50 家私营企业完成了民主改革,工矿企业民主改革工作基本完成。工矿企业民主改革调动了广大工人群众当家做主、发展生产的积极性,推动了企业管理的进步,为工业生产的恢复创造了必要的条件。

第二节 地方经济的恢复

一、接管官僚资本企业

随着人民政权的建立,迅速组建社会主义性质的国营经济,使之成为整个国民经济的领导成分,是建立新民主主义经济的重要步骤和关键举措。苏州主要通过城市接管过程中没收官僚资本企业来组建国营经济。

苏州解放不久,各级党委和政府根据"按照系统,原封不动,整套接收,逐步改造"的方针,对各种官僚资本企业进行没收、接管。首先对金融系统展开接管。1949 年 5 月 1 日,市军管会通知各家银行和旧税务局冻结账目,停止收付,并抄报解放日的统计表及各科目余额,同时宣布金圆券为非法货币,限于 5 月 13 日起停止流通。物价、票据、契约、账册等,一律以人民币为单位,严禁以银元为单位。考虑到广大群众的实际生活困难,市军管会决定于 5 月 9 日至 11 日以优惠比率收兑金圆券。财经部接管财经系统,包括国民党财经税务机关,苏州面粉厂、太湖煤矿公司等官僚资本企业,中央银行苏州分行、中国农民银行苏州分行等金融机构。公共房产管理委员会接管国民党政府机构及官僚政要苏州房产 215 处。另外,市军管会还会同专署建设处先后接收了国民党政府在苏州设立的水利部工程总局、长江水利工程总局堤闸工程处、太湖流域水利工程处以及原江苏省建设厅、省公路局等机构。

对官僚资本企业及各种公共企业,如工厂、矿山、铁路、邮电、轮船、电灯、自来水、仓库等则予以没收。市军管会向各官僚资本企业派驻代表,按照企业原属系统,自上而下,原封不动,整套接收。对所接收企业的财产和设备进行统一支配、管理,严禁分散资财。为保证企业正常生产和运转,对于技术人员和普通员工,采取一律留用政策。而管理层人员,如厂长、监工等,除个别反动破坏分子,则在工人群众的监督下,继续履行生产经营的管理职责,做到"原职、原薪、原制度"不变。在对官僚企业的接收过程中,接管工作人员普遍采取自上而下的系统接收与自下而上的工人职员审查检举相结合的方法,既责成企业原负责人办理移交手续,又召集企业工人会议或工人代表会议,宣传政策,发动工人群众配合接收工作。同时,注重接收工作与恢复工作相结合,保证接收企业生产正常进行、人员照常工作。

通过没收和接管官僚资本企业和公共企业,苏州市全面接管中央银行苏州分行、中国农民银行苏州分行、中央信托局苏州办事处等 11 家金融机构,建立了中国人民银行苏州支行;接管了中蚕公司苏州第一实验丝厂、苏州面粉厂和太湖煤矿公司 3 家官僚资本企业,同时接收了铁路、邮电等国民党官营机构。专区各县(市)也按照上级指示对辖区内各类官僚性质的金融企业、邮电运输企业、工矿企业等进行了接管,对原官僚资本企业的技术人员和管理人员,大部分留用,并给予原职原薪。

曾经控制苏州经济命脉的官僚资本,一经收归国有,国营经济就掌握了国民经济中大部分社会化的生产力。社会主义性质的国营经济在苏州经济总量中所占比重虽不大,但占据了核心领导地位。没收官僚资本、组建社会主义性质的国营经济,为苏州整个国民经济的恢复和发展奠定了基础。

除了接管旧的党、军、政机关和官僚资本外,还接收了大量军需民用物资,主要有:大米 243 225 798 斤 12 两,稻谷 6 576 863 斤,糙米 1 052 804.5 斤,面粉 106 袋,小麦 51 114 斤,黄金 24 两 3 钱 7 厘,长短枪 2 087 支,机枪 63 挺,汤姆枪 17 支,卡宾枪 14 支,小炮 3 门,炮弹 333 发,子弹 34 225 发,军衣 10 005 件,鞋子 86 588 双,汽船 9 艘,汽车 20 辆等。[1] 对这些物资的接收,在一定程度上缓解了进城初期的物资短缺问题。

二、恢复农业生产

苏州北靠长江,南临太湖,境内河湖交错,属亚热带季风气候,降雨集中于夏季,水患频仍,平均三四年就会发生一次程度不等的洪涝灾害。又因长期战乱,

---

[1] 中共苏州市委党史工作办公室:《苏州城市接管与社会改造》,中共党史出版社 2009 年,第 109 页。

各项水利设施严重失修,堰闸坍塌,圩堤破损,河湖堵塞,水患发生几率大增。解放初期,苏州农业生产的恢复工作是在不断战胜洪涝灾害的情况下进行的。

1949年7月初,苏州遭遇连续20多天的特大暴雨,长江、太湖水位猛涨,淹没农田93.96万亩。7月10日,地委、专署联合发出了《关于防汛工作的紧急指示》。指示下达后,各级党、政、军负责人纷纷深入一线进行检查督促,发动群众,积极开展抢险、修堤、护堤工作。7月13日,专区防汛救灾委员会成立,负责领导抢险救灾工作。专区各县(市)相继建立防汛救灾委员会,根据"以生产为主,结合救灾,以群众自救、社会互济为主,辅之以政府协助"[1]的方针,广泛进行动员,增强群众抢险救灾的信心与决心。专署派出干部和水利专家赴常熟县、太仓县等地检查海塘、江堤情况,各县(市)防险救灾委员会也组织人员对本地堤防情况进行检查。地委组织500多名党员干部,分赴吴县、太仓县等灾情严重地区指导救灾工作。各级党员干部以身作则,组织发动群众,开展抢险救灾、恢复生产等项工作。通过积极有效的抗灾工作,灾区迅速排除了80%以上的农田险情。

正当救灾工作稳步推进时,7月24日起,全区突遭持续20多个小时的强台风暴雨袭击,西起常熟县、东至太仓县的江堤海塘全面溃决,太湖水位暴涨,发生特大水灾。据不完全统计,全区共有210.52万亩低洼农田被淹,占耕地总面积的46.73%,灾情最严重的吴江县有一半农田被淹。全区有2 880人溺亡,3万多间房屋倒塌、被淹没,47.83万人无家可归。7月26日,地委、专署和军分区联合召开会议,发出抗击台风、抢险救灾的紧急指示,强调抢险救灾是全区的中心工作和紧急任务。各级党委、政府和部队,组织力量、调集资源、抢修圩堤、安置难民,全力投入到抢险救灾中去。为尽可能抢救农田,恢复农业生产,各级党委带领灾区群众全力进行被淹农田排水工作。针对群众和基层干部再次战胜台风信心不足的情况,各地党政领导加强教育动员,消除悲观消极思想,并以身作则,连续奋战在第一线,带头排水。地委和专署根据"先高后低,先近后远,救活不救死,上游照顾下游"的抢救原则,有重点地进行排水抢救,避免本位自私、不顾大局的倾向。灾区男女老少一起动手,运用抽水机、水车、风车,夜以继日不停排水,保住农田作物约170万亩,其中大部分是高产田。

1949年12月19日,政务院就全国各地出现大范围灾荒问题发出《关于生产救灾的指示》,1950年1月6日又发出《关于生产救灾的补充指示》,要求各级政

---

[1] "以生产为主,结合救灾,以群众自救、社会互济为主,辅之以政府协助"的方针是专区防汛救灾委员会第一次会议提出的。

府提高对救灾重要性的认识,切实开展生产救灾工作,采取措施帮助灾民度过灾荒。2月27日,中央救灾委员会成立并提出"生产自救,节约度荒,群众互助,以工代赈,并辅之以必要的救济"的救灾工作方针。根据中央指示精神,苏州各地把生产救灾工作作为压倒一切的中心工作。1950年春季,全区各地粮食短缺情况十分严重,缺粮断炊的灾民达36.4万人。3月13日,地委和专署抽调机关干部组成工作组,分赴常熟、昆山、太仓3县实地调研灾情。工作组深入灾区进行调查研究,与群众共商度荒办法。4月4日,专署建立生产救灾委员会,统一领导、协调全区生产救灾工作。为恢复和扶持农业生产,地委、专署联合成立了生产救灾巡视团赴各县进行检查指导。在救灾巡视团的指导下,灾区群众因地制宜地在春季农业生产中大量种植早熟作物,如马铃薯、青菜等,尽快解决灾区群众的口粮问题,以度灾荒。春耕准备期间,为了解决群众的生产生活困难,全区共发放柴油1万吨、稻种1.9万吨、棉种0.2万吨、豆饼3.25万吨等物资。由于副业生产周期短、受自然条件限制小,劳动力要求相对较低,对生产度荒积极有效,因此,苏州把开展副业生产作为生产度荒的重要措施。各地结合具体情况,因地制宜地发展各种副业生产,开展生产自救活动。如利用苏州水网密集的特点,发动群众捉鱼、捉虾及捕捞各类水产品;依靠本地民间工艺水平高超的优势,组织妇女纺纱、织布、织草包、织花边。另外,各地还依靠合作社、土产公司、供销社等国营商业,大量收购农副产品,帮助灾民解决资金与产品销售问题。

为帮助灾民渡过难关,苏州各地广泛开展互济互助、捐献救灾活动。专区各县(市)均建立宣传劝募团,发起宣传劝募周活动,提出"有粮出粮,有钱出钱,省一口救一命"等口号,掀起捐献救灾的热潮。至9月底,全区捐款3.5万元、粮食107吨,其中苏州市捐款1.2万元、粮食83吨。为确保救灾钱粮能迅速送到灾民手中,地委和专署对救济钱粮发放的原则、程序、对象做了详细规定,避免乱发乱用、平均分配和贪污截留等现象。各地发放钱粮时,首先召集灾民开会进行民主评议,通过个人自报、互评灾情,统计出需要救济的户数与人数;然后根据政府分配的钱粮数目,计算出每户每人应得救济数量;最后对每人每户应得的救济数量进行审查,审核无误后,尽快为灾民发放钱粮。

为避免水灾给农业生产和人民生命财产再次造成重大损失,地委、专署提出建设与救灾相结合,拨出大批经费,结合以工代赈,大规模兴修水利工程。1950年1月9日,专署召开水利会议,落实苏南区第一次水利工作会议确定的兴修水利工程计划。全5月底,太仓、常熟两县境内的海塘工程、常熟县沙洲区的江堤工程和各地的低田复圩工程已基本竣工,培修江堤、海塘、圩岸土方共计501.32万方,修建桩石工程13.1公里,动员灾民劳力达15.8万人,支付以工代赈粮食413.75万公斤。各县(市)也普遍组织群众进行修筑湖圩、桥梁、水闸等较大工程。水利工程竣工后,各地以圩作为基本单位,成立护堤组,轮流护堤排水;在堤岸上植树,巩固新修的堤岸。通过以工代赈、兴修水利,不但解决了部分灾民的生活困难,而且新建、修复了一些重要的水利工程,大大提高了苏州的防洪抗旱能力。

由于苏州生产救灾工作及时有效,农业生产得到迅速恢复。5月,政务院农业部春耕生产检查团到苏州调查生产救灾情况,在抽查常熟县两个区的春耕生产情况后,检查团充分肯定了苏州的生产救灾工作,认为苏州积极贯彻生产自救方针,灾民情绪稳定,基本生活得到保障,春耕工作进展顺利、成绩显著。

三、扶持工商业和手工业的发展

1950年春季,随着打击投机、平抑物价、统一财经等一系列措施的实施,苏州经济逐步向新民主主义经济转变。面对经济转轨,尤其是采取抑制通货膨胀的强力措施后,私营工商业生产经营出现严重困难。银根缩紧,物价平稳,市场虚假购买力消失,一些习惯在通货膨胀中囤积居奇的私营工商业者无法适应,停工企业甚多,造成苏州市场商品滞销、工厂停工、商店歇业。工业方面,全区纺织业仅苏州市3家勉强开工,常熟、太仓等县的纺织企业全部停工;苏州市区的染织业几乎全部停工;丝织业、碾米业、铁工业等主要行业亦普遍停工。商业方面,米行几乎全部歇业,绸布业亦大部分关门。苏州市及专区各县(市)都出现大量商家拆分店面、化整为零、场外交易以逃避税收等情况。严峻的形势表明对私营工商业的调整已成为亟待解决的中心工作。1950年6月,根据党的七届三中全会对克服全国经济困难与调整私营工商业的重要指示,地委和专署、市委和市政府以发展生产为中心,从调整公私关系、劳资关系、产销关系入手,扶持发展私营工商业。

根据公私兼顾的原则,积极调整公私关系。苏州逐步对私营工商企业采取加工订货、统购包销、代销经销、发放贷款、调配物资、调整税收等扶持措施,帮助私营工商企业克服困难,恢复和发展生产。工业方面,国营企业加大对私营企业的加工订货和收购包销,以扶助私营企业维持生产,并逐步将其纳入国家计划轨道。棉纺、粮食、面粉、丝织、榨油等主要行业都得到加工订货扶助。比如,市花纱布公司从1950年7月起有计划地逐步开展与扩大代纺代织业务,委托私营纱厂加工的织布达1.7万匹。至8月,国营企业委托市各家私营企业代纺棉纱3856件,加工稻子近15万吨、糙米4.5万吨、面粉30.56万袋。为帮助私营企业消化库存、回笼资金,国营企业以高于市场的牌价,收购私营工业、手工业滞销库存品。商业方面,调整公私经营范围。各国营公司相继调整经营范围,扩大私商经营领域。国营商业以批发为主,绝大部分零售商品由私营商业经营。如粮食公司撤销在苏州的所有代销店,成立了4个批发营业所。国营公司只收购粮食、主要经济作物、土特产品和出口商品,其余由供销合作社和私营商业收购。另外,还调整了国营贸易机构的批发、零售价格及起售点。粮食、土产、百货等国营公司于6月中旬调整批零差价,在兼顾生产者、消费者、中间商三方面利益的原则下,适当扩大零售价与批发价之间的合理差额并提高起售点。在税收和金融政策上也进行调整。各级税务部门简化稽征纳税手续,调整、裁并税种和税目,减轻私营工商业者的税收负担。适度放松银根,组织公私银行、钱庄对私营工商业扩大发放贷款以扶助其生产经营。1950年5月至8月,苏州市对私营企业的贷款总额从28万元增加到84万元。

以"劳资两利"为原则调整劳资关系。在确认工人阶级民主权利的基础上,使资本家能够获得合理利润。在规模较大的私营企业中大力推进劳资协商,建立劳资协商会议制度,解决劳资间的纠纷。号召工人努力生产,提高劳动生产率,协助资本家克服困难;提倡用协商方式解决劳资间的纠纷,协商不成,再由政府仲裁。1950年,苏纶纱厂、太和面粉厂、江南油厂、苏嘉湖汽车公司等41家私营企业相继建立了劳资协商会议制度。工人和企业主通过劳资协商会议缔结劳资协商集体合同,明确劳资双方的权利与责任、工时与休假、工资与劳保福利、奖励与处分等,有效缓和了私营企业内部的劳资矛盾。

按照"发展生产,繁荣经济"的要求,对产销关系进行调整,帮助私营企业根据市场的需求进行生产,克服生产的盲目性。市政府对各主要行业私营企业的生产经营状况和销售渠道进行调查研究,为国营企业开展加工订货、收购包销做好准备工作。市工商局派出干部到重点行业和企业加强指导。成立由干部、工人和资方联合参加的工厂管理委员会,共同研究制定产销计划,扩大产品销售,改善经营状况。为解决中小私营企业在资金、人力、设备等方面的困难,组织、协调工商业者建立联营机构。通过联合采购原料和统一调度人力、物资等方式有效降低了成本,提高了生产率。至1952年年底,全市有2 528家私营企业参加联营,先后组成各类联营机构68个。

在党和政府的大力扶助和劳资双方共同努力下,私营工商业很快得到恢复发展,从1949年到1952年,全市私营工业企业由442家发展到1 840家,私营工业总产值增长了95.65%;全区私营工业企业由1 651家发展到2 968家,私营工业总产值增长了63.55%。通过调整,一些关乎国计民生的行业得以进一步发展,如染织业由 74 家增至 88 家,针织业由 67 家增至 98 家;而一些不适应社会发展和群众需求的行业则逐步削减甚至被淘汰,如香烛商店由 215 家减至 148 家。在帮助私营工商业恢复和发展生产过程中,通过加工订货、统购包销、代销经销等国家资本主义形式,部分私营工商业的生产经营活动被间接地纳入了国家计划的轨道。国营经济的领导地位和国家调节国民经济的力量也在调整过程中得到进一步加强。

苏州手工业历来发达,产品种类繁多,手工艺品具有独特的地方色彩和民族风格。苏绣、宋锦、缂丝、玉雕、木刻等,在国内外久负盛名。但是,由于连年战乱和官僚资本的控制和剥削,手工业作坊大批倒闭。如纽扣企业从 1945 年的 100 多家减少至解放初的 10 多家。新中国成立后,手工业虽然获得了新生,但在 1950 年春,与私营工商业一样,面临着经济萧条、产品滞销、产能萎缩等困难。针对这些情况,苏州各地采取多种方式,积极扶持手工业恢复和发展。资金上,政府通过各大银行发放贷款,如银行一次性给予眼镜业贷款 2 万元。税收上,对手工业给予缓征或减免。购销上,通过组织城乡物资交流活动,解决手工业原料和产品销售问题。组织手工业者参加苏南、华北、东北等各大城市的城乡物资交流大会。通过交流,不少行业的产品扩大了销路,眼镜业、乐器业、纺织业等行业不但现货销售一空,还签订了业务购销合同。为进一步促进手工业发展,各地积极组织手工业联营。如吴江县盛泽镇联合各家纺织厂成立电机同业公会联营处,统一联系业务,安排生产及购销事宜,初步扭转了困难局面。

随着一系列扶持措施的实行,苏州手工业迅速恢复。如苏州市 1952 年手工业从业人数达到 2.8 万人,比 1949 年增长 42.1%;总产值达到 3 897 万元,比 1949 年增长 80.1%。手工业为城乡市场提供了大量的日用小商品、小农具,弥补了大工业的不足,为失业群众拓宽了就业渠道,对苏州经济发展、社会稳定起到重要作用。同时,初步建立了社会主义经济和个体手工经济之间的联系,为手工业的社会主义改造打下了基础。

为扶持工商业和手工业的发展,人民政权还积极开展城乡物资交流。1950 年,全国普遍出现市场萧条情况,一方面城市中工业品滞销,农副产品供应不足;另一方面农村中却农副产品积压,工业品匮乏。造成这种现象的主要原因,一是经历长期战争,道路不畅,流通环节梗阻,导致城乡、内外商品交换滞塞;二是朝鲜战争爆发后,以美国为首的西方国家对我国实行经济封锁和禁运,依赖出口的行业遭到很大打击。面对经济封锁和禁运,中央明确要求 1951 年的财经工作把扩大城乡交流摆在第一位,要求挖掘内部的潜力,依靠拉动国内需求来促进工农业的恢复和发展。

苏州经济一直具有较强的对外依附性,农村工业原料大部分出口国外,不少工业成品也靠外销,经济封锁对苏州影响尤为严重。如苏纶纱厂有相当一部分原料需依赖国外进口,产品也大部分外销南洋等地,经济封锁后,就陷入产品销路不畅、原料耗尽、资金枯竭的严重困境。早在接管之初,苏南区党委就意识到苏南地区经济的对外依附性,把沟通城乡关系、开展城乡物资交流,作为摆脱帝国主义经济控制、建立独立自主经济体系、自力更生的重要手段。根据中央和苏南区党委的要求,苏州各地着手扩大城乡物资交流,加强城乡联系,解决工业原料自给、工业品和农副产品销售问题。1951年的城乡物资交流工作以开展土特产品交流为重点。5月,苏州市土特产购销委员会成立,与专区其他县(市)土特产购销委员会密切联系,统一支配、调度资源。为扩大土特产品的交流,建立和发展土特产交易市场,短短一年间,苏州市就设立了南北货、丝绸、刺绣、火柴、肥皂等8大交易市场。另外,还积极参加土特产交流。1951年,苏州市参加苏南、苏北、南京等8个地区的土特产交流,购销总额达1 374.4万元。

1952年,苏州市继续把组织城乡物资交流作为重点工作。5月,市城乡物产交流促进委员会成立,协助政府促进城乡物资交流。城乡物资交流不仅巩固和扩大了已有成果,而且深入初级市场,建立起长期的物资双向交流机制,促进了城乡经济的进一步发展与繁荣。全市先后组织953个公营、私营企业参加全国各地举办的各层次市场交流会198个,购销额达1 137.6万元。8月至11月间,先后3次组织"下乡访问团",分赴吴县、昆山、常熟等县的40多个乡镇开展物资交流。9月25日,苏南第三次城乡物资交流大会在苏州市南门新市场召开,有93个行业、129个单位参加交流,达成交易4 896笔,购销额达383.6万元。

专区各县(市)相继成立土特产购销委员会,多次组织参加物资交流大会。1952年4月20日,专区土特产交流大会召开,常熟、吴江、太仓等县代表500余人参加,涉及丝织、绵绒、南北货等80多种行业,签订合同113笔,现货成交259笔,购销额达61.8万元。

城乡物资交流活动为苏州商品在福建、江西、陕西、河北、辽宁及新疆等地打开了市场。如生菜油原来存在着严重的滞销现象,生产陷于停滞状态,经过参加苏南、湖州、长兴、广德等地区的物资交流活动,生菜油开始销往全国各地。至1952年10月,苏州市基本上已无滞销商品,乐器、针织、石粉等行业还积极筹划扩大生产。城乡物资交流加强了城乡沟通,紧密了工农业联系,促进了各级市场的活跃与繁荣,为推动工农业的恢复和发展发挥了重要作用。

第三节 "三大改造"的基本完成

一、学习和宣传过渡时期总路线

1953年9月25日,《人民日报》公布了党在过渡时期的总路线,主要内容为:"从中华人民共和国成立,到社会主义改造基本完成,这是一个过渡时期。党在这个过渡时期的总路线和总任务,是要在一个相当长的时期内,逐步实现国家的社会主义工业化,并逐步实现国家对农业、对手工业和对资本主义工商业的社会主义改造。"此后,苏州地委、市委按照中央和省委的部署,先党内后党外、由点到面地组织总路线的学习宣传活动。

10月中旬,地委召开县(市)委书记会议,对总路线的主要内容进行传达,并对总路线的学习宣传做出部署。会后,专区[1]的总路线学习宣传活动有步骤地全面推开。各县(市)召开县(市)、区、乡三级干部扩大会议,对农村党员、基层干部进行总路线的教育。各乡召开各系统代表会议,培养宣传总路线的骨干与积极分子。这些骨干和积极分子组成宣传队,深入机关、厂矿企业、农村、学校,向广大干部群众宣传总路线。在学习宣传活动中,各地各单位把总路线的学习宣传与人民群众的切身体验、切身利益结合起来,采取回忆、对比的方法,发动群众算新社会翻身账,诉旧社会受剥削、受压迫的苦,使群众的社会主义思想觉悟逐步提高。如常熟市华联布厂党支部在学习宣传总路线时,把工人在旧社会与新社会的生活场景分别做成图片进行展览。工人看了展览后说:"想想过去,比比现在,一个是地狱,一个是天堂;社会主义的经济成分越多,我们的生活越好。"随着总路线向广大群众的大力宣传,专区的学习宣传活动逐渐推向高潮。经过几个月的宣传,总路线精神在全区家喻户晓,人民群众的政治觉悟普遍提高。在总路线学习宣传前,专区有52个落后乡。这些乡大部分领导薄弱,群众政治觉悟较低,党的各项政策难以及时有效地得到贯彻。通过总路线的学习宣传,至1954年3月,先后有45个乡跨入先进乡的行列。在总路线的鼓舞下,广大农民踊跃出售余粮,互助合作的积极性空前高涨。

---

[1] 1953年1月江苏省恢复建立之后,苏南行署苏州专员公署改称江苏省苏州专员公署(简称专署),为省政府的派出机关,属督导性质。专区管辖常熟市、常熟县、吴县、吴江县、太仓县、昆山县、无锡县、宜兴县、江阴县、太湖办事处(5月改为震泽县)等10县(市、处),苏州市划出为省直辖市。地委、市委均隶属省委领导。1954年11月,常熟市改为省直辖市,仍接受苏州专署督导。1956年2月,宜兴县划归镇江专区,原属镇江专区的武进县划归苏州专区。

市委通过党校和各种培训班对各级干部进行总路线的宣传教育,同时将全市群众划分为工人、农民、工商界人士、教科文卫人士、普通居民等5个群体,以工人与工商界人士作为重点对象进行宣传教育。回忆、对比新中国成立前后各方面的变化情况,仍然是主要的学习方式。通过回忆与对比,人们逐渐认识到社会主义制度的优越性,认识到只有走社会主义道路才能过上幸福美满的生活。在学习宣传总路线的过程中,广大工人掀起了增加生产、提高质量、降低成本、为国家工业化积累资金的生产热潮,积极推动了工农业生产。如苏州铁工厂工人在试制牛头刨床时,从每台需540个工时缩短到190个工时,提高生产效率近2倍。各级党组织从工商界人士的思想实际出发,结合总路线的学习宣传,教育团结工商界的进步人士,再由他们在广大工商业者中进行深入的总路线教育。通过对总路线的学习,资本家和私营企业主的政治觉悟显著提高,为开展私营工商业的社会主义改造奠定了思想基础。郊区农民响应党的号召,把余粮卖给国家,支持粮食统购统销,积极参与农业互助合作社。全市干部群众更以节约粮食、贯彻粮食计划供应等实际行动来拥护党在过渡时期的总路线。

二、农业合作化运动的发动

(一) 农业互助合作运动的初步发展

土地改革完成后,广大无地少地的农民分得了土地,生产积极性空前高涨。但由于缺乏耕畜、农具、资金等生产要素,加之生产手段落后,农业生产率仍然低下,农田亩产不高,且农民个体无法抵御天灾人祸的袭击。一旦受灾,农村又会因出卖土地、受高利贷盘剥等而出现贫富两极分化现象。这种情况下,不少农民要求组织起来,以集体的力量抵御自然灾害、克服生产困难。苏州农村原先就有较强的伴工[1]基础。既有临时性的黄霉班、车水班等[2],也有比较长期固定的统做、打混作等[3]。全区参加各种伴工形式的农民约占农民总人数的50%。为提高生产率、抵御自然灾害,防止农村的贫富两极分化,苏州借鉴老解放区农民组织起来发展生产的经验,教育与动员广大农民在原有互助习惯的基础上组织起来,围绕排涝、抗旱、积肥造肥以及抢收抢种等主要农活,积极开展劳动互

---

[1] 伴工指以工换工。
[2] 黄霉班、车水班等是临时性的伴工组织,一般是在播种、插秧、收割等农忙季节,由农民自动组织起来的,农忙一过,自行解散。
[3] 统做、打混作是长期性的伴工组织,大多建立在家族血缘基础之上,其互助关系一经确定一般不得自行变化。

助。互助生产提高了产量,增加了收入,广大农民从实践中体会到组织起来的优越性,进一步推动了互助组的发展和壮大。至1951年年底,全区共建立季节性互助组5 277个、常年性互助组545个。

1951年12月,中共中央做出《关于农业生产互助合作的决议(草案)》,要求已完成土地改革的地区把推进农业生产互助作为一件大事去做。1952年春,地委和专署、各县(市)委和政府根据中央指示精神,把发展互助组与爱国增产竞赛密切结合起来,相互推动,在全区范围内不断掀起互助生产运动的热潮。全区主要从加强宣传教育、培养骨干和加强领导等方面推进互助组工作,具体实践中注重把发展互助组与爱国增产竞赛相结合,宣传互助生产的典型,吸引更多的农民参与互助组。

为加强宣传教育,提高农民对互助合作的思想认识,各级党组织利用各种形式和渠道,向农村广大干部群众进行宣传教育,明确农村发展的方向和道路,使他们认识到组织起来不仅是当前生产上的需要,而且是将来走向社会主义合作化、集体化的必经之路。同时,紧密联系实际,批判一度滋长的急躁冒进倾向,如单纯追求数量,强迫群众编组;过早进行小组并大组,追求高级形式;盲目扩大公有财产,等等。农村党员和干部对组织起来发展生产的方针、政策和步骤有了进一步的认识,在实践中能够自觉纠正和停止急躁冒进的做法。

大力开展爱国增产竞赛活动,积极宣传互助生产的典型,把爱国增产竞赛与发展、巩固互助组结合起来,互相推动、共同发展。在爱国增产竞赛活动中,广大农民把改进耕作技术与发展副业生产相结合,订立增产计划,开展生产竞赛,更加积极地投入互助生产中。有些县、区建立了互助指导站,以先进互助组为核心,定期交流生产经验,对完成增产计划起到了很好的促进作用。通过增产竞赛、评比总结,互助组充分地显示出组织起来的优越性。入组农户的亩产量普遍比周边单干农户高出一至二成。吴县一农民参加互助组前亩产水稻170公斤,参加互助组后亩产水稻达到300公斤;常熟县一棉农参加互助组后亩产增长了60%以上。这些事实吸引了更多单干农民加入互助组。许多互助组经过竞赛,组员更加团结,组织更加巩固。参加互助组的农民,成为爱国增产竞赛运动的主力军和单干农民学习的榜样。

培训骨干,为进一步发展互助组打好组织基础。召开和举办互助组组长座谈会和骨干训练班,成为办好互助组的重要举措。通过深入宣传学习互助合作的方针、政策,提高互助组骨干和基层干部的思想觉悟和政策水平。1953年2月,地委和专署召开由互助组组长和农委干部参加的座谈会,培训互助组骨干。

通过座谈讨论,互助组间广泛交流经验,并针对一些共性问题,交换看法。经过交流,互助组间互相促进,加强了自身建设,也影响和带动了周边其他互助组和广大单干农户更好地组织起来。各县(市)也纷纷举办骨干训练班或互助组组长座谈会。至1953年年底,全区先后培训骨干和积极分子1.22万人。通过培训,培养了一大批互助组骨干,促进了互助组的巩固与发展。

加强领导,注意解决互助生产中的问题。地、县(市)、区各级在实行首长负责的情况下,分工一名领导专门负责,强化办事机构,经常研究互助生产中出现的新问题;总结推广典型经验,做到区区有标兵、乡乡有典型。各地注意贯彻阶级路线,坚定地依靠贫雇农,确立贫雇农的领导优势,团结中农,共同办好互助组。在互助组内普遍贯彻互利和平等原则,实行公平合理、简便易行的评工记分、清账理财办法。贯彻互助组内民主领导体制,重大问题的处理都经过组员民主讨论。这些措施保证了互助组的健康稳定发展。

至1952年年底,全区季节性互助组有5.17万个,比1951年增长8.8倍,入组农户35.2万户;常年性互助组发展更快,比1951年增长33.06倍,达到1.8万个,入组农户14.3万户。两种类型互助组入组农户占全区总农户的41.12%。1953年新年伊始,鉴于前段工作中出现的急躁冒进倾向,各级党组织利用春耕、夏忙的空隙对互助组进行了整顿。互助组在数量上有所减少,但质量却明显提高。至年底,全区互助组达到3.52万个,虽然只是1952年最多时的76%[1],但这些巩固下来的互助组成了后来发展互助组、农业合作社的基础和中坚力量。

(二)农业互助合作运动的进一步发展

1953年2月15日,中共中央通过《关于农业生产互助合作的决议》,要求在条件比较成熟的地区,有领导、有重点地发展初级农业生产合作社。苏州广大农民经过总路线的宣传教育,社会主义觉悟进一步提高,逐步认识到小农经济的脆弱性和不稳定性,认为互助组的形式已经不能满足生产的需求,开始积极要求组织农业生产合作社。

苏州开展对农业的社会主义改造,主要抓住农业合作化这个关键。在实施中按照中央提出的"积极发展、稳步推进、自愿互利"的原则,采取先试点再逐步推广的方法。地委和专署早在1952年5月就在市郊娄东乡王根兴互助组的基

---

[1] 中共苏州市委党史工作办公室:《中国共产党苏州历史(第二卷)》(1949—1978),中共党史出版社2014年,第70—71页。

础上,试办了第一个初级农业生产合作社,以摸索经验。在学习贯彻总路线后,全区除吴江、无锡两县因试办对象不够条件、中途转组,震泽县暂不试办外,常熟、太仓、昆山、吴县、江阴和宜兴6县各试办1个合作社,加上省委、地委试办的2个合作社,共8个农业合作社,参加农户215户,入股土地1 862亩。社内设正副社长各1人,会计1人,下设若干生产小队。农户入社,一般以耕地入股,留下一定数量的自留地。各县在试办过程中,按照"积极领导、稳步前进""只许办好,不许办坏"的方针,做好思想教育工作,建立筹备组织以领导办社和生产。其后,处理好社员最关心的土地入股、土地与劳动力的分红比例、耕牛与农具入股以及社内人事等问题。经过民主选举,选出合作社领导,宣布新社成立,迅速组织生产。经过试办,至1953年年底,据6个县级试办社统计,粮食产量比周边互助组高一成以上,增产增收的农户占6个社农户总数的91%。

在试办合作社的实践过程中,各县边试点边对试办合作社进行经验总结,为下一步工作打下基础。各试办合作社的普遍做法为:慎重选择办社对象,一般都有1至2个互助组作为基础。为加强领导,各县都选派得力干部(县委委员或区委书记)驻社帮助办社。把办社与组织生产结合起来,紧紧抓住发展生产、增加收入这一环节,一方面注重运用合作社的优越性,制订生产计划,组织生产行动,不断促进生产的发展;另一方面划好生产小队,给每个社员评定底分,按底分向合作社投资,推行定额计分,按"土四劳六"[1]比例进行年终分配,以充分发挥社员的生产积极性。建立健全财务制度,做到社内收支、社与社员的往来笔笔有据,账目简明清楚,并将账目按时公布,接受社员群众监督,从而使社员放心生产,合作社得到进一步巩固。

在试点基本成功后,苏州于1954年开始全面推广初级农业生产合作社。各地在新建合作社以前,整顿已有的合作社,总结办社经验,制订建社计划,分期训练1.23万名办社骨干,采取群众自报互评和领导审查批准相结合的办法,慎重选择办社对象和确定办社的次序。在办社过程中运用"层层抓点,连环带动"和"支部包,老社带"的方法,发动准备办社的群众到老社参观,由老社中的典型人物现身说法,讲解办社的方针、政策、做法和步骤等关键问题,解答群众提出的各种疑问,使其搞通思想,自愿办社。一些条件较好的老社,采用"请进社""送上门"的办法,具体帮助新社解决各种政策问题。全区建社工作进展较为顺利,一般只需15天左右即可建好一个新社。至1954年7月,全区已建成648个农业

---

[1] "土四劳六"指土地股(包括农具股)占四成和劳动力股占六成的分配比例。

生产合作社(另有 38 个自发社),包括 15 700 户农户,占总农户的 1.3%,全区 1 249 个乡中有 436 个乡建了社。互助组有 67 505 个,农户 536 545 户,占总农户的 44%,其中常年互助组约占 40%。最多的昆山已占 71%,占 50% 以上的有太仓、宜兴、江阴、常熟,占 40% 以上的有震泽、吴江,占 30% 以上的有吴县、无锡。[1] 9 月,全区组织起来的农户已占 58.23%。[2] 11 月,全区建成 3 107 个初级农业生产合作社,入社农户达 7.49 万户,占全区总农户的 6.68%。在合作社的带动下,互助组发展到 7.69 万个,入组农户达 73.76 万户,占全区总农户的 65.79%,入社、入组农户占全区总农户的 72.47%。市郊建立初级农业合作社 118 个,互助组 2 733 个,组织起来的农户占总农户的 72%。[3]

在农业合作社迅速发展的过程中,许多地方也出现过合作社解散和社员退社的现象,还出现了大批售卖耕畜、杀羊、砍树等现象,这些都与合作化运动大发展中农民怕财产归公有关。对此,1955 年 1 月 10 日,中共中央发出《关于整顿和巩固农业生产合作社的通知》,指出:合作化运动应基本转入控制发展、着重巩固的阶段。此后,地委和专署贯彻中央关于农业合作化运动"停止发展,全力巩固"的方针,对正在筹备的合作社与自发社严格审查,说服条件不符合者进行转组,对建社工作粗糙、社数多的地区,根据实际情况适当收缩合作社的数目,进一步宣传"自愿入社"的原则,在解决社内原有问题后,仍要求退社的,允许其退社。经过整顿,到 1955 年 5 月,全区共有农业生产合作社 2 643 个(已批准数)、互助组 76 861 个,渔业社会主义改造也已开始。具体见下表:

表 1-4 苏州专区互助合作组织概况统计表

县别			合计	常熟县	无锡县	江阴县	宜兴县	吴县	吴江县	昆山县	太仓县	震泽县
总农户			1 150 286①	239 923	154 019	188 516	142 292	122 492	111 543	75 491	81 890	27 625
农业生产合作社	已批准社	社数	2 643②	500	361	579	522	407	474	426	293	81
		户数	86 272	12 485	9 739	14 052	12 105	8 020	8 784	11 277	7 598	2 212
		占总农户%	7.5	5.24	6.32	7.45	8.5	6.54	7.87	14.93	9.2	8
	尚未批准		376		182	101	84				9	

---

[1]《孙(加诺)政委在县区干部扩大会上的报告(底稿)》,1954 年 7 月,苏州市档案馆藏,档号 H1-11-1-1954-12。

[2] 中共江苏省苏州地方委员会:《关于通过宪法草案宣传进行总路线补课教育情况的报告》,1954 年 9 月 19 日,苏州市档案馆藏,档号 H1-1-1954-13。

[3] 中共苏州市委党史工作办公室:《中国共产党苏州历史(第二卷)》(1949—1978),中共党史出版社 2014 年,第 129 页。

(续表)

县别		合计	常熟县	无锡县	江阴县	宜兴县	吴县	吴江县	昆山县	太仓县	震泽县
互助组情况	组数	76 861	15 352	10 297	10 852	9 901	8 578	8 523	5 933	5 649	1 776
	户数	740 068①	151 818	100 190	119 198	96 847	80 092	66 431	52 980	51 855	20 657
	占总农户%	66.2	64.77	65.65	62.7	68.06	66.83	59.45	71.87	74.41	81.71
信用合作情况	信用社 社数	795	126	95	149	90	85	69	65	84	32
	信用社 户数	641 617②	112 609	79 464	138 646	81 053	69 685	55 252	36 655	44 645	23 608
	信用组 组数	183③	19	71	2	27	23	9	4	19	12
	信用组 户数	33 765	6 935	6 293	1 225	5 578	4 684	1 068	653	6 377	952
	信用部	15	2	3	1		1	1	1	1	5
渔业生产合作情况	初级组 组数	158	3	40		18	19	9		58	11
	初级组 户数	1 384	280	304		129	104	62		450	55
	初级组 人数			1 270		812	345	151		1 900	
	中级组 组数	170	7			11		3		6	143
	中级组 户数	1 402	73			98		46		151	1 034
	中级组 人数					410		176		687	
	合作社 社数	1									1
	合作社 户数	15									15
供销合作	社数	114	16	28	12	18	8	11	8	7	6
	社员数	1 436 688	220 516	268 397	267 013	184 915	139 534	116 064	112 061	94 831	33 360

资料来源:《苏州专区各项基本数字统计·苏州专区互助合作组织概况统计表》(一、二),1955年5月25日,苏州市档案馆藏,档号H1-1-1955-19。

说明:①②③原件如此,正确的应为1 143 791,3 643,186。

7月底,全区合作社进一步发展到4 573个,入社农户11.66万户,占全区总农户的10.19%,互助组除加入合作社者外,共有6.92万个。参加社、组的农户,占全区总农户的73.3%。[1]已有的农业合作社基本得到了巩固。

(三)粮食实行统购统销

大规模经济建设开始后,全国城市人口和就业人数大幅增长,工业、外贸、城市消费用粮数量相应增加,而经济作物种植面积的扩大则使粮食种植面积相应减少,广大农民随着生活水平的提高,不仅要求吃得饱,而且希望家有余粮。这些情况致使粮食供应趋向不足。这时,不法粮商乘机套购粮食、哄抬物价、扰乱

---

[1] 中共苏州市委党史工作办公室:《中国共产党苏州历史(第二卷)》(1949—1978),中共党史出版社2014年,第130页。

市场。对此,1953年10月16日,中共中央做出《关于实行粮食的计划收购与计划供应的决议》,规定:在农村向余粮户实行粮食计划收购(以下简称"统购"),对城市居民和农村缺粮户实行粮食计划供应(以下简称"统销")。11月15日,中共中央做出《关于在全国实行计划收购油料的决定》,后来又对棉花和棉布实行计划收购和计划供应。这些政策是实现党在过渡时期总路线的重大措施,是在物资比较缺乏的情况下采取的必要的过渡性政策。

苏州与全国其他地方一样,随着城镇和工业企业人口的迅速增长,粮食的需求量也迅速增长。这时,苏州的部分资本家和富农开始抬高价格,与中国粮食公司抢购,甚至去苏北、安徽收购粮食,然后囤积,企图从粮食上获得暴利。这种行为严重威胁着粮食的正常供应和粮食价格的稳定。12月,地委和专署、市委和市政府传达了华东局和省委关于实行粮食统购的指示,对粮食统购工作进行部署,按照"多余多购,少余少购,不余不购"的原则,发动农民自报认售。粮食统购工作自此在苏州范围内有步骤、有计划地开展。各地召开党团支部会议、积极分子大会和村民大会等,进行粮食统购重要性的教育,宣传粮食收购的任务、政策、方法等。随后,培养积极分子带头卖余粮,由积极分子"分组包干""分户包干",做其他农民的思想工作。为了掌握粮食的实际情况,各地将纯稻区按照征购比例初步匡算出每区、每乡、每户的任务,棉粮杂区、花果区按照产粮乡的大小、消费定额、已卖粮食,初步匡算乡的任务。通过核算田亩数量、粮食产量摸清余粮的情况,掌握已经卖出、还能卖出粮食的情况,对征购粮食的数量反复校对、修正。针对部分自报认售不足的农户,则按摸底了解的情况由积极分子反复教育、协调,尽量争取协商成功,必要时适当开展评议。最后对每户出售的粮食进行核定批准,定案出榜公布。在粮食入仓以后,村、乡对统购工作总结经验教训,处理遗留问题。

为了更好地完成粮食统购工作,地委和专署制定《关于粮食计划收购(统购)的暂行办法(草案)》,对产粮区的收购标准按照不同作物的地理区划做出具体规定,其总的原则是以农业税税额为基准,分级确定收购计划。1953年粮食年度(1953年7月1日至1954年6月30日),全区征购粮食11.97亿公斤,比1952年度增加了3.41亿公斤。购销相抵,全区库存粮食7.76亿公斤,比1952年度增加了2.65亿公斤。这对支持城市、工矿区、经济作物区以及受灾地区的粮食供应起了一定的积极作用。

在统购工作进行的同时,各级部门十分注重对粮食销售工作的领导。过去,粮食市场由私商占主营渠道,尽管新中国成立初已经取得稳定物价的胜利,但农业生产条件尚未获得根本改善,因而农业产量无法迅速大幅提高,甚至因自然灾害还有波动。在农民对统购工作抱有怀疑乃至抵触情绪的情况下,只有统购而无统销,显然无法使国家仅凭经济手段就能掌握必要的粮食资源,以满足不断增长的客观需要。华东局和江苏省委指出:"农村实行统购,如不同时实行统销,必致左手进,右手出,徒劳无功","各地农村以在统购的同时或销前即开始实行统销为好"。中央指出:"只实行计划收购,不实行计划供应,就不能控制市场的销量。"1953年12月6日,苏州开始实行粮食统销,全市146户私营粮商纳入国家计划轨道,成为国家资本主义性质的经销、代销店,在全市范围内设立170个供应点实行粮食计划供应。12月20日后,统销工作迅速扩展到全区。

统销工作分两个步骤进行。第一步,在大范围进行过渡时期总路线宣传时,结合当地实际情况,进行粮食计划供应的教育。在城镇着重说明为保证人民生活和国家建设,稳定粮价,消灭粮食投机,必须实行粮食计划供应,只要不投机囤积、不做粮食生意、不浪费,确实需要者,国家保证供应。对农村统购后的余粮,允许农民自由存储和使用,可继续卖给国家或在农村间进行少量的互通有无的交易,对群众可能产生的怕供应不足、怕排队拥挤等顾虑进行解释。同时,做好一系列准备工作,如供应点、网的安排,供应量的确定,粮食的加工调拨,购粮证的印刷,一定预备粮的准备,经销业务手续的规定等。第二步,固定供应对象,不限数量与次数,有步骤地贯彻计划供应。居民用购粮证购买,只要是按照政策购买的,买多买少听其自便,但超过正常,需要过多者,在教育后予以约束。对渔民等流动人口,在防止投机套购转卖的情况下,指定地点予以供应。对缺粮户或特殊需要购粮的农民,凭乡政府特拟的介绍信到指定地点购买。在两县毗邻地区,先与邻县接洽谈妥供求事宜,以后再凭证向邻县拨还粮食。通过凭证购买粮食,摸清粮食消费定量,农村中的缺粮户、缺粮数,为进一步实行计划供应提供依据。对私营粮商,原则上应使其有着落、有饭吃,先利用其经销,再利用其代销。对有条件转业者动员其转业,跨行跨业者动员其不经营粮食,半农半商者动员其从事农业。对经营小杂粮者,在可控制的原则下,暂时保持不动。待大多数私营粮商安定下来后,通过经销过程中的考验和审查,予以分别处理,转为代销或淘汰,对私营粮店的失业职工做妥善安置。

粮食统购统销工作涉及面较广,情况较复杂,相关部门缺乏必要的心理准备,因而在开始的一段时间里出现不少问题。如在统购方面,不少地方在领导上普遍存在着强迫命令和违法乱纪行为。部分农民对统购政策不是很了解,为改善自己的生活,普遍有惜售心理,特别是富农甚至故意破坏统购政策。在统销方面,私营粮商和部分富农套购囤积,破坏统销,还出现了机关积压、浪费粮食等现象。针对这些情况,各级领导机关加大工作力度,及时处理出现的问题。先是整顿干部作风,对犯有严重违法乱纪和强迫命令错误、造成严重后果的干部给予必要的刑事处罚,对犯有轻微错误、后果不严重的干部则着重进行批评教育。接着,加大对破坏分子和富农破坏活动的打击力度,根据不同情况,分别予以处理,责令其退回抢购、套购的粮食。对有余粮的富农,动员其继续将粮食卖给国家或国家领导下的粮食市场。对落后农民加强教育,使其提高觉悟。对确实缺粮户在动员其想办法解决困难的前提下,给予必要的调剂。为从根本上解决粮食问题,各地改善劳动条件,重视激发农民的生产热情。粮食统购统销工作稳扎稳打,循序渐进,原先存在的问题逐步得到解决,如富农积极配合政府工作,主动拿出多买的粮食及家中存粮,干部经过教育普遍改进了工作作风。农村中的各项工作都有新的进展,农民的生产热情进一步提高。

1955年3月,中共中央和国务院发出《关于迅速布置粮食购销工作,安定农民生产情绪的紧急指示》,强调在农村实行"三定"[1]政策,即在每年春耕以前,以乡为单位,将全乡粮食的计划产量确定下来,向农民宣布国家计划在本乡征购和销售的粮食数字,使农民结合确定的指标,知道自己生产多少,国家收购多少,个人留用多少,缺粮户供应多少,做到心中有数。这是粮食统购统销政策的重要发展。专区在3月底进行"三定"试点,4月中旬全面推开。郊区的"三定"工作同步进行。1955年,全市定产农户3.97万户,定产粮食6 262.5万公斤;余粮户2.33万户,定购粮食2 187.5万公斤;缺粮户1.18万户,定销粮食548万公斤;自给户4 623户。

5月,中共中央政治局委员、书记处书记、国务院副总理陈云在苏州调查研究粮食统购统销等工作。陈云在谈到粮食问题时指出:"粮食的紧张情况在十五到二十年内不可能彻底解决,农村工作在十年内离不开粮食问题。中央很重视而且已在着手研究解决粮食问题的办法,希望苏州地委和专署对粮食统购统销问题也进行认真研究。"陈云还向陪同的地委和专署领导提出两个关于粮食统购统销的问题:"第一,每人全年粮食收入不满300斤的农户是否可以不交公粮、改交代金,免得交出又买进。这样的户数占多大比例?这样做,国家会不会因此减少收入?第二,调剂粮(即周转粮)可否不算统购任务,交由地方专管,以县为单位单独立账。调剂粮卖出后国家再供应,对于国家粮食收入来说是增加

---

[1] "三定"指定产、定购、定销。

了还是减少了？如是增加,能增加多少？"陈云在谈到领导作风问题时指出："领导干部掌握真实情况很重要。掌握了真实情况,自己心中有了数,就不怕别人叫。掌握真实情况的一个重要方法就是,向自己熟悉的地方和熟悉的人去了解。"[1]根据陈云对苏州等地调研的情况,国务院发布《农村粮食统购统销暂行办法》《市镇粮食定量供应暂行办法》,对"三定"政策做了更加详细的规定。

市人民委员会[2]于8月做出《关于进一步做好粮食统购统销工作,实行定量供应办法的决议》,决定从9月1日起城镇开始实行粮食定量供应。市委和市政府抽调机关干部在全市范围内进行人口登记核实,派出495名报告员,在工商企业、机关团体及居民中进行广泛宣传。城镇居民按劳动差别、年龄大小,分9等17个标准,采取"凭证记卡"的供应办法,实行以人定量供应。年底,市区城镇定量供应人口为40.17万人,平均每人每月定量13.45公斤。专区各城镇于9月1日开始对居民实行粮食定量供应,定量供应人口为78.25万人,平均每人每月定量16.25公斤。

继1953年对粮食实行统购统销以后,苏州于1954年对油料、棉花实行统购,其后又陆续对生猪、茶叶、烟草、黄麻等上百个农副产品实行派购,从而完成了对农副产品的全面垄断。对粮食等主要农产品统购统销决策的实施,一方面初步解决了人民经济生活中的吃、穿等问题,保持了市场物价的稳定,客观上支持了地方工业的发展,加速了社会主义改造的进程;另一方面割断了农民同市场的联系,在一定程度上限制了商品经济的发展。

（四）农业合作化运动的完成

1955年7月,中央召开省、市、自治区党委书记会议,毛泽东在会上做了《关于农业合作化问题》的报告。报告批评了在农业合作化问题上的"右倾保守思想",强调在全国农村中,新的社会主义群众运动的高潮即将到来。随后,苏州各级党组织立即以生产为中心,一面组织干部、群众学习会议精神,检查批判领导机关、领导干部中的"右倾保守思想",一面制订全面规划,认真巩固老合作社,积极发展新合作社,掀起了农业合作化运动的高潮。

10月,中共七届六中全会（扩大）通过了《关于农业合作化问题的决议》。苏州地委书记孙加诺在会上做了《我们完全有可能把农业生产合作社办得更多更

---

[1] 中共中央文献研究室：《陈云年谱》（中卷）,中央文献出版社2000年,第253页。
[2] 1955年3月,苏州市第一届人民代表大会第二次会议将苏州市人民政府改称苏州市人民委员会（简称市人委）。

好》的发言,决心把苏州已有的合作社办好,表示到1957年年底实现全区基本合作化。而后来的实践证明,苏州的合作化发展速度比当时孙加诺预计的快得多。至1955年年底,全区初级农业合作社已发展至2万余个,入社农户占总农户的一半。郊区的初级农业合作社发展到606个,入社农户占总农户的80%。其他非农业的个体劳动者也开展了互助合作运动,如市郊有各种形式的渔业互助组90个,初级形式的渔业生产合作社10个。由此,苏州基本实现了半社会主义性质的合作化。

地委和昆山县委根据地委和专署在昆山县茜墩区西宿乡试办初级农业生产合作社的经验,于10月14日联合写出《中共昆山县西宿乡支部是怎样领导全乡走向合作化的》总结材料,并向上级报送,后被改为《这个乡两年就合作化了》收入由中共中央办公厅编辑、毛泽东亲自审定的《中国农村的社会主义高潮》一书。12月,毛泽东为该文加了一段近600字的按语,对处在"晚解放区"的昆山西宿乡农民自觉要求走社会主义道路、"不是三年合作化,而是两年就合作化了""走到许多老解放区的前面去了",表示极大的赞赏和充分的肯定,指出:"群众中蕴藏了一种极大的社会主义的积极性。"[1]

中共中央于1956年1月提出的《1956年到1967年全国农业发展纲要(草案)》(简称"四十条")中强调:"对于一切条件成熟的初级社,应当分批分期地使它们转为高级社。不升级就妨碍生产力的发展。"这时,对资本主义工商业、手工业的社会主义改造已基本完成,广大农民被幸福的远景所鼓舞,情绪高涨,为早日过上幸福的社会主义生活,纷纷要求把初级社转变为以生产资料(主要是土地)集体所有、取消土地分红、推行定额包干和评工计分为特点的具有社会主义性质的高级社。同月,地委和专署为办好高级社做出具体部署,明确提出边学习边发展,深入一乡一社,及时发现和解决问题,总结经验并积极加以推广。各县(市)结合宣传"四十条",反复说明高级社的性质、好处、条件和政策,大规模开展升办高级社的宣传教育活动。其后,以自愿入社为原则,大力做好并社、扩社工作,为升办高级社做准备。小社并大社,这不仅为升办高级社创造了有利条件,而且集中体现了生产上的优越性。在升办高级社的过程中,县、区领导都派干部下基层调研,了解情况,对条件不具备的社,着重说明暂不升办的理由,指明以后努力的方向,争取及早升办,以此鼓励和安定群众情绪。

高级社建成以后,一方面,抓内部组织建设。高级社设正副社长各1人,会

---

[1] 中共中央文献研究室:《建国以来毛泽东文稿》第五册,中央文献出版社1991年,第514页。

计1至2人,下设若干个生产队,生产队设队长、会计、保管员、农技员各1人。另一方面,抓各项政策的落实。高级社的土地除给社员户留下1至3分不等的自留地外,其余都归集体所有。以生产队为核算单位,实行统一经营、统一劳动、统一记工,取消土地分红,实行按劳取酬、多劳多得的政策。大型农机、耕牛合理折价入社,根据经济发展状况逐年归还折价款。原初级社的公积金、公益金,一律转归高级社所有。

随着合作化运动的迅猛发展,合作社的生产内容繁多,管理工作复杂,部分干部缺乏经验,管理水平不高,加之群众对集体生产方式还不够习惯,致使合作社的生产管理一度出现了生产无秩序、责任不明确和劳动效率不高的混乱现象。为解决这些问题,地委和专署围绕农副业生产,以分配为重点,针对社内不同时期存在的主要问题,实行不同内容的整社。在整社过程中,苏州各地从实际出发,实事求是,存在什么问题就解决什么问题,不搞生搬硬套。新社建立后,一般一年整顿2至3次。第一次整社以建立生产秩序为主要内容。根据各个合作社的具体情况,从划分生产队入手,确定耕作区,统一调配耕牛、农具等生产资料,普遍推行"三包一奖"[1]办法。通过这次整社,有效克服了建社之初的混乱现象,生产走上了正常的发展轨道。

第二次整社以推行劳动规划和财务规划为主要内容。通过对土地、农活、劳动力的调查,根据各个季节劳动力余缺情况,制订劳动力使用计划和劳动力支出计划,做到人尽其才、各得其所。大力贯彻"勤俭办社"的方针,整顿财务,制订财务收支计划。通过这次整社,提高了劳动出勤率和劳动效率,扭转了铺张浪费的现象,进一步提高了社内的经营管理水平。有些地方把第一次整社与第二次整社的内容结合在一起进行,同样收到了良好效果。

第三次整社以夏季预分或秋季分配为主要内容来进行。各社一般根据"土四劳六"的分红比例(高级社按劳取酬)和少扣多分的原则,制订预分方案,向社员进行公布。根据地委和专署提出的保证90%以上社员增加收入、10%的社员不减少收入的精神,预分或决分的结果是增收的社员一般都超过90%,只有大约6%的社员减少收入。对于减少收入的社员,各个社从各方面给予适当照顾,或采取其他补助办法,以此稳定减收社员的情绪,调动多数社员的积极性。在三次整社过程中,凡涉及社内经济政策上存在的问题,由乡党支部提出解决方案,

---

[1] "三包一奖"指包工、包本(财)、包产,超产奖励。即根据社内的增产目标,按照土质、劳力状况,把产量、工分、成本包给生产队,根据包给生产队的产量指标,确定凡是超过产量的队在超产部分中提成给予奖励。

经上一级党委批准,再发动社员酝酿讨论,逐一处理,从而达到整社目的。

1956年是苏州建立高级农业生产合作社的第一年。自春季合作化高潮以后,紧接着进行数次整社工作,在勤俭办社、民主办社的方针指引下,苏州农村建立了正常的生产秩序和管理制度,在实行生产制度改革、推广先进技术和战胜自然灾害等方面,充分发挥出集体经营的优越性,从而保证了生产水平的提高。1956年,专区水稻籼改粳、早改晚、旱改水和单季改双季的面积达212万亩,比1954年、1955年两年改制面积的总和还多1倍,增积的自然肥料超过1955年的30%以上。全年兴修水利工程达3 500多万方,等于中华人民共和国建立后苏州7年水利工程总量的80%。虽然1956年自然灾害严重,但是通过采取改换良种、合理密植、防治病虫害等农业增产措施,全区粮食产量仍比1955年增加1.6亿多斤,加上发展副业生产,大部分社员增加了收入。一些过去生活无依靠的鳏寡孤独和其他困难户,生活上有了保障。群众歌颂高级社是"粮满仓、鱼满塘、人畜两兴旺"。

至1956年10月底,建立高级社2 936个,入社农户占64.1%;初级社4 177个,入社社员占33.2%;单干农户仅占2.7%[1]。年底,全区建立高级社3 632个,入社农户占总农户的77.8%,高级社的规模一般在二三百户,也有少数七八十户的小社和五百户以上的大社;初级社1 964个,入社农户占总农户的20.2%;两者相加共建立农业社5 596个,入社农户达总农户的98%。郊区采用重点试办和普遍办相结合的方法,从1956年1月到3月将原有606个初级社分3批建成135个高级社,入社农户占总农户的98.8%[2],基本实现了社会主义性质的合作化。至此,苏州对农业的社会主义改造基本完成,苏州农民从此走上集体化生产的道路,这是具有划时代意义的变革。

三、资本主义工商业改造的开展

(一) 公私合营工作的开展

通过土地改革和工商业的合理调整,国民经济迅速得到恢复,国营经济在国民经济中开始处于主导地位。从1953年下半年开始,国家扩大加工订货、统购

---

[1] 中共苏州地方委员会:《关于初级社并社升级工作情况的报告》,1956年10月19日,苏州档案馆藏,档号H1-1-1956-22。
[2] 中共苏州市委党史工作办公室:《中国共产党苏州历史(第二卷)》(1949—1978),中共党史出版社2014年,第139—140页。

包销的范围,私营工商业的自由市场更加萎缩,国营商业阵地迅速扩展。主要农产品陆续实施统购统销的政策,在很大程度上控制了以农产品为主要原料的私营工商业的货源渠道,私营企业普遍出现经营困难的状况。1954年1月,政务院财政经济委员会提出《关于有步骤地将10个工人以上的资本主义工业基本上改造为公私合营企业的意见》,决定资本主义工业改造的重点是有计划地扩展公私合营,实行国家同资本家在企业内部的联系与合作。

根据中共中央指示精神,市委和市政府、地委和专署在学习、宣传、贯彻过渡时期总路线的热潮中,本着循序渐进的原则,逐步推进工商业的公私合营改造。1953年12月,全市粮食店走上了国家资本主义道路。至1954年3月,全市绸布业18户、百货业12户、图书文具业2户分别与国营公司签订供销合同,使企业的生产经营纳入国家计划轨道,走上国家资本主义道路。1954年上半年,全市加工订货、收购经销的产值已占同期总产值的91.08%,其中棉纺、碾米、面粉、榨油、水泥、火柴等行业达到100%,制茶、造纸、丝织、染织等行业在95%以上。

为确保对资本主义工业改造的顺利进行,市委、市政府成立了调查办公室,从5月开始对全市私营10人以上的工业企业进行深入调查,8月制订了《苏州市私营10人以上工业进行社会主义改造方案》,为改造规模较大、有关国计民生的重要企业提供政策指导。方案提出,根据国家需要,从供、产、销平衡的可能性出发,计划在"一五"时期,公私合营企业123户,占总户数的25.89%。地委和专署于同月制订了《关于1955年对10人以上资本主义工业进行社会主义改造的计划》,结合专区的具体情况,贯彻中央关于发展公私合营企业"国家投入少量资金和少量干部,充分利用原有企业的资金、干部和技术"的方针,在需要、可能和自愿的原则下,按照先大后小、先易后难、先主要后次要的顺序分批改造资本主义企业。9月,苏州市首先选择苏纶纺织厂、苏州纱厂两家骨干企业实行公私合营,定名为"公私合营苏纶纺织染厂"。此后,光华水泥厂、红叶造纸厂、苏嘉湖汽车公司、第一染织厂等8家企业在1954年先后完成公私合营。

公私合营整个过程分为三个步骤。第一步,对准备合营的工厂进行调查,掌握工厂的股权、财产和生产经营等情况,拟订合营的实施计划。在此期间,由政府派出公方代表和私方代表进行谈判,协商合营的方法、人事安排、股权与财产处理等问题。第二步,政府派工作组进厂筹备有关合营事项。私方与工作组一起,深入职工群众,围绕合营的意义、政策和合营后的责任等内容,及时开展宣传教育,使职工提高认识、明确责任和做法。由工厂向政府申请公私合营,政府单独审批。第三步,按照实事求是、公平合理的原则对合营工厂的各项股金进行清点评估,做好清产定股工作,确定董事会人选,制定公私合营章程,最终完成合营。合营方式分4种类型:国家投入资金,派出干部给私营企业,实行公私合营;私私合并与公私合营同时进行,将领导机构和财务统一,科室仍保持原状;先经私私合并,然后实行公私合营;国营工厂与私营工厂合并,实行合营。私营企业进行公私合营改造后,公方占有相当股权,公私双方共同经营企业,实现社会主义成分同资本主义成分在企业内部的紧密合作。由于准备工作扎实、群众发动充分和统战工作细致,合营进展较为顺利,群众的政治觉悟和生产热情都有所提高,生产有所发展,初步显示出了公私合营企业的优越性。

在私营商业改造方面,按照先批发后零售的顺序,采取"逐步排挤、逐步代替"的政策,扩大国营商业的批发阵地,由国营商业控制主要商品的进货与销售,对粮食、食油、棉花、棉布等关系国计民生的重要商品,实行统购统销。对私营批发商,针对不同情况,分别采取"留""转""包"[1]等措施进行改造。对暂时维持存在的批发商,有条件地组织其联购、联销。通过改造,商业方面的国家资本主义比重显著上升。1954年,国营批发销售额占纯商业批发销售总额的76.55%,较1953年增加了16.21%。

对私营零售商的安排改造,贯彻"统筹兼顾、全面安排""一面维持、一面改造"的方针,通过批购、经销、代销等方式,使其依附于国营经济。一方面,采取各种措施,全面安排公私关系,使绝大部分私营零售商得到维持,营业额上升,困难面缩小;另一方面,又根据需要与可能进行改造。在1954年、1955年两年内,先后对绸布、茶叶、百货、南北货、肉品、新药、纸张、瓷器、文具、腌腊、五金、煤炭、糖果、酱工、图书等15个行业进行改造,加上已改造的粮食业,16个主要行业的零售额约占全市私营纯商业零售额的60%。

在逐步推进对资本主义工商业进行社会主义改造的过程中,曾反复出现限制与反限制、改造与反改造的矛盾和斗争。各地贯彻党对资产阶级"既团结又斗争、以斗争求团结"的方针,一面加强正面教育,一面坚持斗争,团结、争取私营工商业者。在1953年10月召开的苏州市第四届第四次各界人民代表会议上,许多代表严厉地批评私营工商业中"五反"斗争后又重犯的种种不法行为,认为私营工商业者应遵守政府法令,加强思想改造,接受人民监督,清除"五毒",真正发挥其经营上的积极性。苏州市人民法院先后多次召开宣判大会,对极少数严

---

[1] "留"指由国营商业委托代理批发。"转"指批发商的资金和人员转到其他部门,批零兼营的逐步转向零售。"包"指原批发商业主和从业人员,被安排到国营企业,发挥其业务上的一技之长。

重违法犯罪的私营工商业者依法做出判决。在此过程中,《新苏州报》陆续发表《加强对私营工商业者的爱国守法教育》《经销和代销米店的资本家应很好接受社会主义改造》等评论。经过各级党组织的团结教育,私营工商业者中愿意接受社会主义改造的进步力量逐步扩大,一批积极分子在社会主义改造中起了骨干带头作用。如私营振亚织物有限公司董事长陶叔南,带头敞开思想,现身说法,消除工商界的顾虑,在提出公私合营申请的同时,采取修建厂房等措施解决企业存在的问题,积极创造公私合营的有利条件,为工商界接受社会主义改造树立了榜样。

随着社会主义改造的推进和国营、合作社经济的发展,国民经济中的社会主义成分进一步扩大。至1955年年底,苏州市全民和集体的工业企业已发展到184家,产值占全市工业总产值的50.04%;公私合营企业27户,产值占私营工业总产值的45.88%。在私营大型工厂中,由国家加工订货、统购包销的占其总产值的93.63%,而工业生产中的主要原材料几乎全部为国家控制。专区各县(市)至1955年年底,有计划地扩展公私合营厂19户。私营商业改造方面,市区至1955年秋,先后改造123户,剩下的104户是对国计民生影响不大的小批发商,市场批发总额的90%以上和零售总额的34.25%已经掌握在国营、合作社营商业手中。国家资本主义形式的经销、代销占22.09%,纯粹私营商业占43.66%。交通运输业方面,苏嘉湖、新苏两家汽车公司已公私合营。工商业公私合营工作的顺利进行,为全行业合营奠定了扎实的基础。

(二)资本主义工商业社会主义改造的完成

1955年11月,中共中央通过《中共中央关于资本主义工商业改造的决议(草案)》,确定了推进全行业公私合营、实行和平赎买的重大方针。1956年1月,市里召开中共第四次代表会议,对中央指示进行了认真的传达和学习,指出进一步对资本主义工商业的社会主义改造是"大势所趋、人心所向",具体研究部署迎接对资改造高潮到来的准备工作。专区各县(市)召开党代表会议或党员、干部大会,贯彻部署对资改造工作。

为顺利开展对资改造工作,各地各部门采取边贯彻、边学习、边准备、边行动的办法,层层展开,全面掀起大规模的宣传教育活动,激发了广大群众进行社会主义改造的热情。职工群众热烈拥护对资本主义工商业的改造,在生产经营中表现出迎接改造高潮的积极性。如利和丝织厂工人保证在以后的工作中不生产次品。人民商场的店员提出"思想通、具体懂、实际动"的口号,表示以实际行动迎接合营。广大企业职工在各级党组织的教育引导下,提出"三好"——团结好、生产好、宣传教育好,"三不错"——贷款不弄错、账册单据不写错、年终盘点不点错等口号。企业职工不仅教育、促进资本家走上公私合营的道路,而且积极地搞好生产经营,发挥了工人阶级的主力军作用。为加强对工商界的思想教育,市委统战部组织 640 多名工商界人士和 4 000 多名私营工商业者,学习全国工商业联合会执行委员会有关工商业改造的文件。经过广泛深入的宣传教育和细致耐心的思想工作,工商界人士接受社会主义改造的觉悟普遍得到提高,积极投入认购公债、缴纳捐税、行业合营等工作中。

在广大干部群众的共同努力下,全市资本主义工商业的社会主义改造高潮逐步形成。市人委于 1 月 4 日首批批准 64 家丝织厂、28 家棉布店和人民商场内的 38 家私营商店实行全行业、全商场公私合营。随后,32 家私营染织厂的资本家到市纺织工业局呈送要求实行全行业公私合营的申请书。工商界接受改造的热情日益高涨,至 1 月 10 日,全市仅商业系统就有 20 多个行业的 1 417 户申请全行业公私合营。1 月 15 日,北京首先完成全行业公私合营的捷报传来,更加激发了全市工商业者要求合营的积极性。随着对资改造的迅速发展,各地调整了原定的改造规划和工作方法,决定先批准合营,再进行清产核资等。1 月 17 日,市人委认为,全市资本主义工商业向社会主义和平过渡的条件已经成熟,决定因势利导,批准全市 59 个行业 725 户私营工业户、78 个行业 3 188 户私营商业户,以及 43 户私营交通运输户全部实行全行业公私合营。至此,全市私营工商业户、交通运输业户已全部获批公私合营或合作化。1 月 18 日,全市各阶层 5 万余人在人民体育场举行庆祝大会。专区对资改造工作同步完成,全区共批准私营工业 1 014 户、蚕种场 39 户实行公私合营,私营商业 36 300 户实行公私合营或合作化。

1955 年 11 月 4 日,毛泽东乘专列去南方视察途中在苏州火车站停靠。地委书记孙加诺、副书记刘铁珊和市委书记吴仲邨、副市长惠廉等上车,向毛泽东汇报苏州开展农业合作化和资本主义工商业社会主义改造方面的工作情况。毛泽东对惠廉列举私营工商业者的积极作用和消极因素的事例和分析颇为注意。当惠廉汇报到苏州绝大多数私营工商业者都听党的话、拥护社会主义改造时,毛泽东说:"很好,很好!你们可以好好干下去嘛!"1956 年 12 月 7 日,毛泽东在同民建和工商联负责人的谈话中谈到苏州市对资改造情况时说:"苏州的一位女副市长,她先讲工商界有四条优点,再说缺点,先鼓励后批评,又鼓励又批评,很好。"[1]毛泽东对苏州资本主义工商业改造的关心和肯定,促进了苏州对资本主义工商业改造的顺利完成。

对资本主义工商业进行公私合营后,各地迅速组织清产核资、人事安排和经济改组等工作,以巩固与发展社会主义改造的成果。在清产核资方面,遵循国务院提出的"公平合理、实事求是"原则,对企业的实有财产进行全面复查和重点调整,做出估价,确定私方的股额,至1956年7月结束。清产核资中,妥善处理复杂的债务问题。其后,进行1953年至1955年盈余分配和定股付息。根据对市区公私合营企业1953年至1955年的盈余分析,作盈余分配的有1 017户,3年盈余总额1 907万元。1956年上半年应发放的股息,在8月底前发放了98.24%。专区公私合营企业清产核资、盈余分配、定股发息工作到1956年9月基本结束。全区合营企业分配盈余的共1 159户,盈余总额354.8万元,发放定息30.8万元,占应发数的84.4%,基本做到了按时足额发放。对历年盈余进行分配,解决了会员普遍存在的"前途好过,中途难熬"的顾虑,较好地落实了党的对私改造政策。

在人事安排方面,一些有突出贡献并在改造中起带头作用的民族资本家,相继担任政府部门领导人,原私营企业主雇佣的普通职员则按照"包下来""量才录用、适当照顾"的原则,得到妥善安排。工商界人士担任市、局级领导职务的,有副市长1人,局长1人,副局长3人。私方人员在企业中担任各级干部的占有相当比重。在工业系统,私方人员在厂长(经理)中占54.6%,科股长中占34.4%,车间主任中占37.6%,工程师中占61.5%。在商业系统,私方人员在公司经理中占27.5%,科股长中占21.9%,门市部主任中占62.6%。专区各县(市)对私方人员同样做了安排。工商界人士中有4人当选为副县长。全区工业系统安排私方人员798人,占总人数的67.12%。其中,担任经理、厂长、科股长、车间主任的430人,占总人数的53.88%。

经济改组是社会主义改造进程中艰巨复杂的重要一步,在改造高潮时一度出现盲目迁并的混乱现象。对全市在3月前迁并或集中生产经营的工商业户进行调查的结果显示,迁并合理、对生产经营有利、各类问题基本解决的占22.92%,应该迁并,但时间过早、户数过多、问题较多的占59.14%,迁并不合理、问题较多且一时难以解决的占17.94%。针对这些情况,各级党委统一认识、澄清思想,确定抓住生产经营这一主要环节搞好改造工作。对已迁并的,妥善处

---

[1]《毛泽东文集》第7卷,人民出版社1999年,第167页。

理,对生产不利的,进行纠正。同时,在调查研究的基础上,全面规划,有步骤地采取多种形式进行改组。经调整、合并,全市的工业企业改组为233户,其中国营26户,公私合营201户,合作社营6户。全区的工业企业由原来的608户改组为192户。工业企业的改组有效地改变了分散弱小、技术落后、工序不配套等状况,为企业发展增添了新的活力。在苏州乃至全国都有较大影响的东吴、振亚、光明、新苏四大丝织厂,就是在社会主义改造时期由59个小工场、小作坊改组改造发展起来的。商业方面,采取统一盈亏的合作组织或经销代销等形式,将原有的11 550户商店和小业主、小商贩改组为9 154户。市区商业网点在合营后重新进行调整,按2个商业区、7个商业片、14个商业段、61个商业店进行规划,撤并小店,发展综合型商店,扩大特色商店和老字号。由于资金、人员、物力相对集中,营业面积增加,经营情况普遍优于合营前。各行业以"为人民服务"为宗旨,彻底革除陈规陋习,提倡社会主义商业新风尚,开展优质服务和劳动竞赛,商业面貌焕然一新。

四、手工业社会主义改造的基本完成

(一) 手工业生产合作社的发展

经过解放初期一系列扶持措施的实行,苏州的手工业生产逐步得到恢复和发展。毛泽东对苏州手工业的发展也比较关注。1953年2月24日,在南京开往徐州的专列上,毛泽东接见了苏州市委书记刘中、市长李芸华,指出,苏州的手工业比较发达,苏绣、丝绸、木刻等颇有名气,都是面向全国的,其恢复生产对全国其他地方会产生良好的影响,应抓紧恢复生产的工作。毛泽东的关心和指示,鼓舞了苏州人民,促进了手工业的发展。

苏州手工业由个体劳动者构成,是在私有制基础上发展起来的小商品经济,其生产单位存在着小、散、老、差的行业特征。资金少、人力不足,难以使用先进技术;工序分散、设备陈旧,质量难以提高。这些情况导致了手工业生产的不稳定,制约着手工业经济的发展,影响了手工业者的生活。因此,从广大手工业者的利益出发,提高手工业的生产力,充分发挥其在国民经济中的作用,必须组织起来走社会主义道路。1951年6月8日,竹筷生产合作社正式成立,这是全市手工业合作运动的开端。至1952年年底,针织、毛巾、竹器、缝纫、纽扣、棕刷6个生产合作社相继成立。合作社建立初期,在资金、工具、设备、厂房等方面都存在一定困难。国营公司和市合作总社及时采取收购产品、加速货款回笼、组织供应原材料、帮助合作社与国营或合作商业部门建立正常的供销关系等措施,支持合作社生产。6个生产合作社初步显示出合作生产的优越性,在全市广大手工业者中树立了合作生产的榜样。

1953年11月,中华全国合作社联合总社召开第三次全国手工业生产合作会议,确定了对手工业进行社会主义改造的方针、组织形式、方法和步骤等。苏州手工业合作化运动,充分注意到行业复杂、分散、面广、变化多的情况,本着自愿互利的原则,积极领导,稳步发展。在合作化运动过程中,根据各行业的情况和特点,采取不同的组织形式和建社方法。对属于国家加工订货、适合集中生产的行业,按照行业分地区单独建社;对以自产自销为主、加工订货为辅的行业,采取适当集中、部分分散的方式建社;对修理等服务行业,保持分散经营、上门服务的传统方式。对手工业的社会主义改造采取生产合作小组、供销合作社、生产合作社[1]3种形式。至1954年年底,全市共有手工业生产合作社15个、供销合作社1个、生产合作小组15个,参加社、组的有1862人,组织起来的手工业劳动者占全市手工业劳动者总人数的6%,产值为95.5万元,占手工业总产值的2.2%。通过业务挂钩等形式,组织了46个生产联系小组,参加人员2463人。

合作社组织扩大以后,市委和市政府及时抓好已有合作社、组织巩固合作社的发展工作,特别对最早建立的6个生产合作社进行整顿提高,努力增加社员收入和公共积累,扩大其对合作化运动的政治影响。对手工业合作社的整顿,先是健全民主办社的制度,各社理事会定期研究布置工作,恢复社内民主生活,进一步密切干群关系,发挥社员当家做主的积极性。其后,建立生产责任制度、财务制度、收发保管制度和产品检验制度,在社员中逐步树立以社为家的思想,将合作社、组的工作纳入正常的轨道。1955年1月1日,苏州市成立手工业管理局和手工业生产合作社联合社筹备委员会,各区相继成立手工业科和区联合社办事处。手工业各级领导部门配备相当数量、具有较高素质的干部,工会、妇联、青年团的各级组织和国营商业部门密切配合,在社员中发展成员,培养骨干,加强政治和业务指导,从组织上加强对手工业社会主义改造的领导。市委和市政府先后召开四次手工业工作会议[2],为全市手工业的社会主义改造工作进一步统一

---

〔1〕 手工业生产合作小组,指有组织地接受订货和推销产品,不改变原有的生产方式和所有制关系,是对手工业改造的初级形式。手工业供销合作社,指在供销环节上组织起来,是改造手工业的过渡形式。手工业生产合作社,指生产资料部分或完全公有,生产由分散变为集中,部分实行或完全实行按劳分配,是对手工业改造的高级形式。

〔2〕 1954年1月22日全市召开首次手工业工作会议。1955年3月召开第二次手工业工作会议。1955年7月和10月,先后召开第三次和第四次手工业工作会议。

思想,推进合作化运动积极稳步地向前发展。至1955年年底,全市有手工业生产合作社、组129个,参加社、组的有7084人,占从业总人数的20.7%,产值为413.7万元,占手工业总产值的8.9%。[1]

随着手工业合作化事业的发展,其组织起来的优越性逐步得到体现,手工业为人民生活需要和为农业生产服务的作用得到了更好的发挥。如已组织起来的针织手工业者,1955年生产袜子5.75万打、毛巾2.75万打,分别是1954年产量的200.5%和104.9%。已组织起来的手工业者在产品质量、创新等方面显示出极大的优越性,给整个手工业的社会主义改造树立了旗帜。市刺绣工艺美术生产合作社从1954年8月开始,经过反复实践、刻苦钻研,到1955年10月绣制完成了我国第一幅双面绣落地插屏《五彩牡丹》。该绣品在1955年12月举行的江苏省手工业生产合作社联合社社员代表大会上展出,获得了省手工业联社颁发的一等奖。

专区各县(市)的纺织、印染、编织、酿造、铁器锻造、成衣等手工业较发达,匠铺遍及城乡各地。1952年起,与推行农业生产互助合作同步,组织手工业生产合作社和合作小组。根据中央关于手工业合作社"积极领导、稳步前进、统筹兼顾、全面安排"的方针和"从供销入手、实行生产改造"的步骤,按照自愿互利的原则,生产资料折价入股,股息分期陆续归还,社、组采取集体经营、分散经营、自负盈亏等形式。至1955年年底,全区有手工业合作社、组275个,参加社、组的有3.36万人,完成产值3677.6万元。

(二) 手工业合作化运动的高潮

随着农业合作化高潮的到来,手工业合作化运动迅速发展。在市委和市人委的发动下,手工业合作化运动在1956年1月上旬形成热潮,1.37万名手工业者主动申请参加合作社。市人委积极鼓励引导,1月12日批准打铁、笔套等10余个行业的1500名个体手工业劳动者实行全行业的合作化。1月17日,市人委又批准228个行业的1.96万名个体手工业者全部实行全行业合作化。

为改变手工业分布不合理的现象,充分挖掘手工业的发展潜力,在合作化高潮后,根据有利于群众、有利于生产发展以及原有合作社的基础情况,进行手工业经济的改组工作。至3月底,全市完成了手工业工具折价入股、工资和人事安

---

[1] 中共苏州市委党史工作办公室:《中国共产党苏州历史(第二卷)》(1949~1978),中共党史出版社2014年,第150页。

排等工作,解决了统一经营、集中或分散生产等问题,个体手工业4 615户已全部批准合作化。经重新组合,共组建手工业合作社313个,社员3.05万人(包括副业5 014人)。其中,生产合作社216个,2.83万人,占92.41%;供销合作社5个,608人,占2.24%;生产合作小组92个,1 632人,占5.35%。专区各县(市)对个体手工业的社会主义改造同步进行。到1956年3月底,全区建立社、组608个,参加社、组的有8.53万人。到1956年年底,全区共建立手工业生产合作社485个(包括供销合作社22个),生产合作小组191个,入社、入组人员占从业人员总数的90%以上,实现了供销和生产的全面合作,基本完成了对个体手工业的社会主义改造。此后,城镇手工业合作社(组)逐步发展为县属、区属集体工业企业,农村手工业合作社(组)发展为社办工业企业。手工业合作社(组)在改进设备、加强管理、提高劳动生产率、增加社员收入等方面显示出优越性。

苏州手工业的社会主义改造,坚持以集体所有制为主的组织形式,发扬手工业生产小型、多样的传统特色,实行按劳取酬、多劳多得的分配原则,开展技术革新和技术革命,逐步变手工操作为半机械化、机械化操作,部分为半自动化操作,企业的规模和经济实力不断增强,小商品生产队伍逐渐扩大,手工业的传统名牌产品得到恢复和发展。互助合作关系的建立,使分散、落后的个体手工业,变为集体所有制企业,促进了生产的发展,手工业成为苏州工业的一个重要组成部分。

社会主义改造是一场所有制方面的深刻变革,苏州的农业、手工业和资本主义工商业的社会主义改造任务比原计划提前完成,成功实现了对生产资料私有制的社会主义改造,以公有制为主要成分的社会主义经济基础与社会主义基本制度得以确立,几千年来阶级剥削的历史宣告结束,广大劳动人民成了社会和生产的主人,成了社会主义建设的根本力量。社会主义改造的完成,为苏州"一五"计划的提前实现创造了条件,初步体现出社会主义制度的优越性。"一五"计划如期提前实现后,全民所有制和劳动群众集体所有制这两种社会主义公有制形式,在国民经济中占据了绝对地位。集体所有制比重大、发展快,成为"一五"以后所形成的苏州经济一大特色。集体所有制企业具有灵活主动、进取心强等不同于全民所有制企业的优势。其存在和发展,不仅弥补了国家计划的不足,拾遗补阙,生产了一些社会急需的产品,而且对全民所有制企业来说,是一种竞争、促进和激励。

苏州社会主义改造中也出现了一些问题和偏差。如农业高级社规模过大,农业生产责任制未能认真执行。1956年以后,随着所有制结构趋向单一,忽视个体手工业、商业、餐饮业、修理服务业、小商小贩的经营特点和特殊作用,对他们实行过分的集中、合并,缩小了按市场需要自由生产经营的范围。企业实行"一切收入向上交,一切支出向上要",缺乏必要的经营管理的自主权等。这种高度集中的计划体制,其后很长一段时间在一定程度上制约了生产者的劳动热情和创造精神。工商业合营高潮中,一批原本属于劳动人民范畴的小商、小贩、小手工业者和其他劳动者在加入国营、公私合营企业后,被错当成资本家对待。在社会主义改造工作的后期,存在要求过高、工作过粗、急于求成等缺点。尽管如此,仍应充分肯定社会主义改造对苏州政治、经济、社会发展所起到的历史性的推动作用。这些成就,都是苏州干部群众团结一致,从实际出发,艰苦奋斗,开拓进取,克服前进道路上的困难所取得的,为苏州以后的发展打下了坚实基础。

第四节 "一五"期间的经济和政治

一、国民经济发展第一个五年计划的编制和执行

(一)"一五"计划的编制

党在过渡时期的总路线,是在一个相当长的时期内,逐步实现国家的社会主义工业化,逐步实现国家对农业、手工业和资本主义工商业的社会主义改造。而国民经济发展的第一个五年计划(1953年至1957年,简称"一五"计划),则是实现总路线的一个重大步骤,也是我国第一个有计划地进行经济建设的纲领。根据中央、省委的部署和要求,苏州市及专区各县(市)分别编制了国民经济发展的"一五"计划[1]。苏州市的"一五"计划至1955年8月编制完成,其主要指标如下[2]:

工业方面,全市大型工业总产值计划1957年比1952年增长40.42%,其中地方国营工业增长52.33%,公私合营工业增长4 326.66%,私营工业下降63.92%。计划1957年大型工业在全部地方工业中所占比重为64.77%,小型工业占14.03%,组织起来的手工业占6.97%,个体手工业占14.23%。在"一五"时期,大力推进对资本主义工业和手工业的社会主义改造。在大型工业中,

---

[1] 专区没有编制整体的"一五"计划。
[2] 苏州市计划委员会:《关于国民经济五年计划(草案)的编制说明》(1955年8月13日),见苏州市发展和改革委员会、中共苏州市委党史工作办公室:《社会主义建设时期苏州经济工作(1953—1966)》,中共党史出版社2008年,第43—51页。

地方国营、合作经营和公私合营工业的产值在全部工业总产值中所占的比重由1952年的19.71%上升到1957年的79.37%,同期私营工业的产值由80.29%下降到20.63%。在手工业中,组织起来的手工业的产值1957年比1953年增加37.5倍以上,所占比重由1953年的1.16%上升为1957年的32.91%,个体手工业的产值1957年比1953年增长1.28%,所占比重由1953年的98.84%下降到1957年的67.09%。为了使工业各项经济指标顺利实现,"一五"计划中明确了以下几方面的保障措施:在节约原料方面,克服浪费,寻找各种合适的代用品;在提高质量、降低成本方面,加强技术管理,不断提高产品质量、减少废品,节约企业管理费和车间经费;在利用地方资源方面,充分挖掘企业潜力,开发新产品,满足国家需要,积累资金;对资本主义工业的社会主义改造方面,根据稳步前进的方针,对有条件的企业逐步实行公私合营,把统筹安排与改组改造结合起来。

基本建设方面,计划在"一五"时期投资786.7万元,其中工业系统369.51万元,纺织工业系统171.92万元,城市公用事业245.27万元。计划五年内国家拨款364.62万元,企业自筹237.37万元,城市自筹184.71万元。根据国家重点建设的方针,结合全市原有基础,1956年、1957年以整顿、改造、维护为原则,在需要与可能的前提下做必要的投资。工业领域计划对红叶纸厂进行扩建,使1957年的日产量达到66吨;华盛纸厂的新闻凸版纸到1957年达到日产量8.5吨;其余各厂采取技术措施改善劳动条件、提高生产率,以安全生产为原则,花少量投资进行整顿。其中,纺织工业以整顿、改造为原则,仅在原有基础上增添必要的设备以提高产品质量、节约原材料和改善劳动条件,在安全生产和必要的生活福利等方面进行少量的投资。城市公用事业领域计划以维护为主,重点改善市区环境卫生。民生领域计划增加必要的供水设备和管道,特别是解决工厂区和劳动人民集居区的生活用水,以保证人民的生活需要,改善人民的物质生活条件。

农业生产方面,计划1957年水稻亩产280公斤、小麦亩产50公斤、油菜亩产44.75公斤,分别比1953年增长7.92%、56.25%和31%。由于地少人多,计划以大力提高单位面积产量为方针,采取兴修水利、改进技术、改良品种和增加积肥等措施,保证农业产量不断提高。根据中央"大力发展蚕丝生产"的方针,计划巩固、提高桑叶的单位产量,在不影响粮食增产的原则下,开垦山区、荒地建成新的桑园,改进养蚕技术,进一步提高蚕茧的质量与产量。

商业方面,根据国家"一五"计划对商品流转额的增加和各种经济比重变化的要求,结合全市工农业生产计划的增长情况、对私改造计划及以后市场发展的形势,计划全市总的流转额1955年较1954年增长2.06%,1956年较1955年增长1.91%。根据国家对资本主义商业改造的步骤,计划1955年采取逐步改进、逐步排挤的方针,对大部分批发商进行改造,到1957年批发业中国营占91.8%、合作社占6.76%、私营占1.44%。根据中央关于"第一个五年计划完成的时候,私营零售商有半数以上接受代购代销的任务,完成国家资本主义性质或合作性质的商业"的指示精神,零售业在1955年下半年安排比重的基础上,采取一面维持、一面改造的方针,计划到1957年各种国家资本主义形式的比重占32.61%。

交通运输业方面,根据工农业生产的发展程度、社会经济情况、人民物质生活水平及运输工具负担能力,参照以前的运输经验、各种经济类型的发展与改造前途等情况编制计划。"一五"计划初期,货物运输量的增幅较大。但自1955年开始,粮食减少粳籼对流,全面节约运动的开展引起基本建设用料大幅减少,加上部分货物在流通方式上的变化,总的物资运输趋势有了变化。预计1956年、1957年的运输量与1955年保持相等,或略有下降。由于人民经济生活水平逐步提高,以及名胜古迹的逐步开放致使来往游客增加,预计1955年后的客运量随之上升。根据"一五"时期的货运和客运情况,对全市私营轮船运输行的改造,计划继续参照其他地区的经验,在4年内(1955年至1958年)将全市24家私营轮船运输行按航线方向逐步合并成3家公私合营公司。对私营汽车业的改造,计划在1955年将私营新苏汽车公司并入已公私合营的苏嘉湖汽车公司。

教育方面,根据1955年至1957年全市的学龄儿童人数、每年的毕业人数及班级、教职员工与学生人数的相互比例等,计划到1957年基本实现学龄儿童全部入学的目标。"一五"计划初期,公立学校的发展速度较快,但后两年因毕业生较多,公立学校的发展速度有所减缓。据此,计划1955年公立学校增加85间教室,投资7万元;1956年增加74间教室,投资3.7万元;1957年增加75间教室,投资9 000元。计划城区初级小学逐步发展成完全小学,郊区条件较好、地点适中的初级小学改办为完全小学。1956年、1957年计划在阊门外和胥盘区各设立1所初级中学,原有的初级中学采取租借民房、举办二部制[1]或调整校舍等措施增加班级数。全市的民办学校原有3所,计划不再增加。而私立学校因校舍设备、师资、教学质量等基础较差,在群众中信誉不高,因此计划减缓私立学校的发展速度。

---

[1] 二部制指学校把学生分两部分轮流在校上课的教学组织形式。

市"一五"计划从全国平衡和地区供、产、销平衡出发,参照省"一五"计划主要产品产量的增长速度,贯彻中央"逐步实现对农业、手工业和资本主义工商业社会主义改造"的方针,在1955年计划预计完成的基础上编制而成。市"一五"计划考虑到充分利用地方资源、厉行节约、统筹兼顾、全面安排,所确定的指标和任务,既积极又留有余地,是一份稳妥可靠的计划。这些计划的如期实现,能在人力、物力、财力等各方面支援国家重点建设,使全市工业、农业和商业方面均有进一步的发展。但是,由于厂矿、交通运输、国营贸易等部门所执行的经济计划都是国家整个经济建设计划的一个组成部分,任何一个单位如果不能按时完成国家计划,都可能影响国家整个经济建设计划的实现,因此全面和超额完成市"一五"计划指标,在当时是一项艰巨的经济任务和政治任务。

地区各县也相继编制(或由专署下达)了国民经济发展的第一个五年计划。如太仓县从1954年8月开始编制"一五"计划。经过近两年的努力,于1956年5月编制完成,提出在"一五"时期要完成的主要任务是:以工农业生产为中心,确保增产指标胜利完成,力争超额完成,同时要大力开展多种经营,发展副业生产;进一步按照"全面规划,加强领导"的方针,完成农业的合作化,有步骤地进行对私营工商业、手工业的社会主义改造,保证社会主义经济在国家建设中的作用;有计划地发展文教、卫生事业以及完成国家各项税收任务等,提高人民的物质文化生活水平。具体指标为:在农业生产方面,到1957年,水稻播种面积增加到40万亩、单位产量增加到294公斤、总产量增加到11 760万公斤,分别为1952年的134%、135%、181%;小麦播种面积增加到24万亩、单位产量增加到113.5公斤、总产量增加到2 724万公斤,分别为1952年的135%、160%、215%;大元麦播种面积增加到21万亩、单位产量增加到108公斤、总产量增加到2 268万公斤,分别为1952年的202%、167%、337%;棉花播种面积增加到25万亩、单位产量增加到25公斤、总产量增加到625万公斤,分别为1952年的167.11%、151.79%、101%;油菜籽播种面积增加到9.5万亩、单位产量增加到75公斤、总产量增加到712.5万公斤,分别为1952年的504%、128%、641%。同时,大力开展多种经营,发展副业生产,1957年计划总收入达到500万元,为1952年的134%。计划还对水利、农具、肥料、病虫害防治、良种选育、发展畜牧业生产、改进耕作制度等方面提出了要求。在工业生产方面,计划要求总产值从1952年的3 101万元增加到1957年的5 087万元,为1952年的164%,占工农业总产值的比例由1952年的29.7%提高到1957年的37.8%。计划还对农业、手工业和私营工商业的社会主义改造以及文教卫生事业的发展等提出了具体要求。[1]

1956年10月,苏州专员公署下达了《昆山县发展国民经济第一个五年计划》,规定1957年全县粮食作物播种面积146万亩、单产177.75公斤、总产2.6亿公斤,油菜籽播种面积25.6万亩、单产40公斤、总产1 024万公斤,饲养黄牛5 532头、水牛1.91万头、绵羊2 304头、山羊2 306头、生猪7.19万头、渔产326.8万公斤,工业总产值3 094万元、电力54.24万度、砖3 861万块、瓦1 734.7万片、食用植物油478.7万公斤、面粉390万公斤、大米4 680万公斤、酿酒120.3万公斤;社会商品零售总额4 595.1万元。此外,计划还对教育、卫生等提出了具体目标。[2]

(二)"一五"计划的完成[3]

1953年至1957年的"一五"期间,苏州人民精神振奋,充分发挥建设社会主义社会的主动性与积极性,顺利完成对生产资料私有制的社会主义改造,积极开展增产节约运动,除农业及其相关产业因自然灾害的影响而未能如期完成计划指标外,"一五"计划的既定指标大部分顺利完成。

工业经济方面,市委和市政府带领全市人民认真贯彻党的七届二中全会所提出的"将消费城市变为生产城市"的方针,把建设重点放在发展工业经济方面。"一五"期间,苏州市工业发展主要进行了两个方面的工作:改组、兴建企业,提高生产社会化程度;开展技术革新,在已有的手工业基础上发展现代工业。对企业改组结合社会主义工商业改造一并进行,对分散落后的个体手工业、小工场、小作坊适当合并,合理分工,提高其生产社会化程度。改组改造不仅使生产关系适应了生产力的发展,而且伴随着改进设备、改革工艺、采用新技术、发展新产品,也极大促进了生产力的发展。苏州医疗器械厂的发展过程就很具有代表性。1956年对私改造中,该厂在63个小工场、小作坊的基础上合并组成,开始时只有一个工种——钳工,所使用的工具主要是锉刀、台虎钳之类的手工工具。改组改造后,生产组织、分工更趋合理,职工积极性相对提高;通过改进设备,革

---

[1] 太仓市史志办公室:《中共太仓地方史》第二卷(1949—1978),中共党史出版社2012年,第88—90页。
[2] 中共昆山市委党史研究室:《中共昆山地方史》第二卷(1949—1978),中共党史出版社2011年,第73页。
[3] 本小目市区部分的资料主要来源于苏州市统计局:《关于本市第一个五年计划执行情况的公报》,《新苏州报》,1958年5月7日。该公报又见苏州市发展和改革委员会、中共苏州市委党史工作办公室:《社会主义建设时期苏州经济工作(1953—1966)》,中共党史出版社2008年,第92—97页。

新技术,走工厂、医院、科研单位三结合之路,企业面貌较前发生很大变化。随着农业合作化高潮的到来,农业机械需求量也随之增加,苏州市农业机械生产能力不足的问题开始显露。为解决这一矛盾,全市90多家小型机械工厂,在以大带小、以先进带落后的原则下,分门别类合并组成了苏州机械厂、苏州农业机械厂和苏州农业药械厂。合并后3家工厂生产社会化程度得到提高,技术得到革新,仅1956年就生产出了喷雾器、饲料粉碎机等20多个涉农机械新品种。1957年5月,苏州农业机械厂一座8立方米小高炉炼出苏州历史上第一炉铁水,苏州钢铁冶炼工业迈出了历史性的一步。

除改组改造以外,苏州也开始兴建一批新型工业企业。1956年9月,国家在苏州动工兴建作为国家"一五"计划重点工程的望亭发电厂,第一期4台2.2万千瓦机组于1958年2月底建成并网发电,为苏州的经济建设提供了能源保障。1956年10月,安利化工厂着手兴建自动化的封闭车间,从一家月产有机玻璃30公斤的小厂,逐渐成长为国内有机玻璃3个主要产地之一。在1956年的生产高潮中生铁的需求量比1955年增加了一倍,而国家计划配给苏州市的生铁只是需求量的1/3。在这种情况下,当阳山、潭山等地发现小型铁矿后,苏州人民就起步建立地方炼铁工业,1957年4月开始兴建的苏州钢铁厂,让苏州拥有了第一座84立方米的洋高炉,该高炉于1958年4月点火投产。

经过5年的建设,全市经改组建成工业企业146个,新建扩建工业企业75个,苏州的现代工业雏形由此逐步形成。1957年,全市工业总产值达到3.36亿元,完成"一五"计划指标的128.27%,与1952年相比增长79.12%,平均每年递增12.25%,远远超过国家要求苏州市"一五"期间工业总产值增长32%的计划指标。其中,中央工业企业完成"一五"计划指标的118.64%,与1952年相比增长961.28%,平均每年递增60.29%;地方工业企业完成"一五"计划指标的130.4%,与1952年相比增长54.19%,平均每年递增9%。若按系统划分:重工业系统完成158.68%,保证了经济建设对生产资料的需要;轻工业系统完成142.41%,不仅较好地保证了城乡人民对工业消费品的需求,而且使苏州市一跃成为国内轻工业产品的主要生产地之一。工业系统各部门的发展,以化学、陶瓷、建材、造纸、金属加工、丝织等工业部门发展最快,列入"一五"计划的57项主要工业产品中,有44项超额完成计划。而食品、棉纺织工业中有13项因受农产品原料的限制,未能完成计划指标。为满足工农业生产和人民群众生活上的需要,全市在"一五"期间还试制并生产了生铁、喷雾器等96种新产品。

与此同时,全市工业在提高产品质量、节约原材料等方面,也取得很大成绩,工业利润有了大幅度增长:丝织品正品率由1952年的79.98%提高到1957年的90.29%;净麦出粉率由79.27%提高到84.30%;大米出米率由70.54%提高到74.09%;菜籽出油率由32.84%提高到37.70%;工业利润比1952年增加6.5倍,上缴数完成"一五"计划指标的101.59%,5年为国家积累7 195万元。全市工业结构也发生了较大变化:现代工业不断增长,工场手工业逐步向机器工业过渡,以及生产资料相关工业有了显著发展,消费资料相关工业受农产品原料的限制,发展较慢。与1952年相比,现代工业增长达117.06%,平均每年递增16.78%;工场手工业减少20.78%,平均每年递减2.83%。生产资料相关工业增长207.8%,平均每年递增25.33%;消费资料相关工业增长53.54%,平均每年递增9%。随着工场手工业逐步向机器工业过渡,以及生产技术水平的日渐提高,劳动生产率有了较快的提高,与1952年相比,工人劳动生产率提高了59.11%,平均每年递增9.71%。

苏州手工业历史悠久,具有独特的民族风格,在社会主义建设高潮和"百花齐放"方针的鼓舞推动下,过去被埋没的许多手工艺开始投入生产,一批造诣很深的老艺人把技术无私地贡献出来。中断多年的手工艺品"通草堆花"[1]重新恢复了生产;天鹅绒、象牙雕刻、竹刻、宋锦、缂丝宝带等手工业产品也重新与人们见面;美术陶瓷、人造宝石、地毯等新的手工业产品也开始出现。"一五"期间,手工业产值以年均13%的速度递增,超额完成"一五"计划所给予产值任务的45.79%。

由于工业生产的迅速发展,苏州市在江苏省的经济地位有了显著提高。全市工业总产值(包括手工业)占全省比重由1952年的6.9%提高到1957年的7.5%,地方工业产值占全省比重由1952年的8.4%提高到1957年的10.6%,手工业产值占全省比重由1952年的4.6%提高到1957年的6.2%。江苏省从此将苏州市列入工业生产城市行列,苏州市实现了由消费型城市到生产型城市的转变,与1949年前形成了鲜明的对比。1949年前,苏州由于地处南京和上海之间,加上适宜的地理环境,向来被视为达官贵人和通商大贾的后花园。1949年,市区工业总产值(含手工业)为7 346万元,社会商品零售额7 890万元,商业注册资本(含银钱业)大于工业资本,市内居住着大小地主约5 000户,为地主收

---

[1] "通草堆花"是用通草制作而成的一种传统手工艺品。由于"通草堆花"费工且难以获利,加之技艺要求较高,自清末民初逐渐衰落,到20世纪40年代全国已无人从事"通草堆花"的制作。在20世纪50年代社会主义建设高潮中,苏州的"通草堆花"重新恢复生产。

租的租栈达数百家,是一座商大于工、游资众多、就业不充分的"消费城市"。[1]

农业生产方面,"一五"期间,经过农业合作化运动,依靠集体经济的力量,广泛兴修水利,普及良种,改革耕作制度,发展农业机械,提高栽培技术和植保水平,改善生产条件,农业生产获得了新的生机。一是进行耕作制度变革。市郊与专区各县(市)一样,坚持以粮食作物为主,以提高土地产出率为目标,不断进行耕作制度变革,完成了"一熟改两熟、籼稻改粳稻、早稻改晚稻"的"三改"变革,在低洼淤区把一年只种一熟水稻的部分地区,全部改为两熟制,或一稻一麦,或一稻一油菜。二是开展农作物病虫害防治。红铃虫是棉花的主要害虫之一,1955年开始在种子仓库使用"666"农药、在棉田使用"1605"农药加以防治,取得较好效果;1956年开始实行晚粳晚播技术避螟,辅以"1605"农药防治,水稻白穗率逐年降低。三是加大水利建设力度。"一五"期间,对水利建设贯彻"小型为主、配套为主、自办为主"的方针,全面规划、分区治理,广泛发动群众,开展治水运动。四是农业生产服务体系开始建立。在市郊建立农业技术推广站,担负农业生产的技术指导工作,服务对象主要是集体生产组织;建立种子站,改变种子分散经营的状况,搞好良种调剂;市供销合作社逐步承担起农资供应的重任,先后设立生产资料经理部(批发站、批发公司),基层供销社也相应设立专业门市部,经营范围主要是肥料、农药、药械、农用薄膜、农具等农用物资。

然而与市"一五"计划对比,全市人民虽然进行了顽强的抗旱、防涝工作,对出现的灾情及时进行了抢救,但农业生产仍未能完全摆脱自然灾害的影响,没有完成计划指标,粮食总产量仅完成计划的70.91%,亩产量完成81.58%;油菜籽总产量完成89.24%,亩产量完成83.56%。其中,水稻受到的自然灾害较多,5年中的产量起伏很大,亩产量在237.3公斤至277.6公斤之间徘徊;小麦的亩产量在前4年逐年提高,至1956年提高到85.4公斤,但1957年受灾害影响,又下降到30.5公斤;油菜籽亩产逐年提高,1957年亩产达到50.1公斤。养殖业等副业生产也有较大发展,这对于农民收入的增加起到一定作用:养猪业饲养数量1957年比1952年增加1倍以上;养羊业饲养数量比1952年增加4倍多;鸡、鸭、鹅饲养数量比1952年增加60%左右;蚕茧产量逐年递减,1957年仅完成计划指标的53.49%,为1952年产量的72.44%。

商业方面,"一五"期间,随着工农业生产的发展,商业取得了较大的发展。全市社会商品零售额,在5年中除1954年农业歉收影响导致1955年商品零售

---

[1] 苏州市地方志编纂委员会:《苏州市志》第一册,江苏人民出版社1995年,第7页。

额略有下降外,其余年份均逐年扩大。1957年商品零售额比1952年增长40.3%,完成计划指标的116.23%。由于人民生活水平的提高,食品类占纯商业零售额比重由1952年的50.43%提高到1957年的57.31%,其中又以副食品最为突出,1957年副食品销售额比1952年增长1倍以上。其他一些商品的消费也逐年上升,与1952年比较,增长在15%以上的有粮食、棉布等;增长在50%以上的有胶鞋、肥皂等;增长在100%以上的有呢绒、煤炭等,其中呢绒增长6倍以上。

社会主义商业在整个市场商品流转总额中的比重是不断增加的。由于1954年开始对棉布实行计划供应,并对某些副食品和供求紧张的商品采取流通措施,加强了对手工业产品与农副产品的收购、销售工作,进一步巩固了国营、合作社商业的阵地及其对整个市场的领导。1954年全市的市场总销售额中,国营、合作社商业的销售额较1953年增加36.29%,占市场总销售额的2/3。

基本建设方面,"一五"期间,贯彻勤俭建国、多快好省的方针,以投资小、收效大、利用快为原则,厉行节约,努力降低非生产性建筑造价和建筑成本。为促进工业生产的发展,全市2654万元的基本建设投资,主要投资在工业生产上。在投资比重上,生产性建设占55.29%,流通性建设占2.15%,非生产性建设占42.56%。全市新建扩建企业、事业单位128个,其中5年投资总计在100万元以上的有苏州化工厂、苏州自来水厂、红叶造纸厂、苏州铁工厂、苏纶纺织染厂、中建部苏州建筑工程学校以及工人住宅7个项目;投资额在50万元以上的有苏州钢铁厂、苏州采矿公司、苏州玻璃厂、江苏师范学院、江苏师范学院附中5个单位。为改善公共基础设施,"一五"期间共修建路面10.75万平方米,占全市道路总面积的9.02%;修建下水道57公里,占全市下水道总长度的38.31%;铺设自来水管长度49公里,比1952年增加2倍以上。

经过实施"一五"计划,苏州经济社会获得稳步发展。5年间苏州社会总产值分别为8.59亿元、8.91亿元、8.76亿元、10.74亿元、11.15亿元,1955年社会总产值比1954年有所下降,其主要原因是1954年苏州遭受特大水灾,以农产品为原料的纺织、丝绸、食品等工业严重减产,影响了1955年的工业生产。1956年社会主义改造基本完成,社会总产值增长超过20%,1957年在较高的基础上保持了持续增长。"一五"期间,苏州产业发展也较为协调,国民经济三次产业比重由1952年的45.9∶24.8∶29.3调整为1957年的44∶30.7∶25.3,其中苏州市的三次产业构成由2.5∶52.3∶45.2调整为3.5∶57.5∶39。农业生产保持一定增长,基本满足了人民生活和轻工业发展的需要;第三产业产值在总产值中所占比重有了相当幅度的下降,主要是因为第二产业增速较快并逐步成为国民经济的主体。随着经济的发展,苏州地方财政收入也有较大增长,1957年达到1.71亿元,比1952年增长51.33%,增速高出社会总产值增幅7.7个百分点。[1]

"一五"时期国民经济之所以能够比较协调地发展,与该时期形成的新的经济管理体制是分不开的。经过土地改革和"三大改造",国家在开始大规模、有计划的经济建设过程中,逐步建立了直接计划和间接计划相结合的经济管理体系,同时在地方经济建设中仍保留着一定的市场调节功能。苏州的经济活动,直接或间接地按照中央制定的经济计划运行,各级政府分别直接管理全民工业企业和公私合营企业的人、财、物和产、供、销,对统负盈亏的大集体所有制企业的重要生产指标,也加以管理。同时,适应多种经济成分并存的情况,对集体经济、个体经济和私人资本主义实行间接管理和计划指导下的市场调节。以苏州市为例,1957年,各级政府分别直接管理全民工业企业和公私合营企业196家;采取商业订购合同形式间接管理集体所有制企业456家以及农业生产合作社。

专区各县(市)"一五"计划的各项指标也基本如期完成。"一五"期间各个领域所取得的成就,是苏州经济社会发展中的一个里程碑,具有重要的历史意义。"一五"计划的基本顺利完成,使苏州的经济建设,特别是工业经济得到很大发展,初步积累了社会主义经济建设的宝贵经验,明显改善了人民群众的物质文化生活水平;"一五"计划实施过程中激发起来的创业精神,成为苏州经济进一步发展的强大动力和宝贵财富。囿于城区在当时定位为中国著名的历史文化古城,发展工业具有一定的局限性。市委和市政府根据实际情况,因地制宜,在国家总的发展战略指导下,正确制定地方发展战略,调动各种积极因素,加快工业经济发展的步伐。"一五"期间苏州增加的工业固定资产达3 170万元,其中国家投资只有1 370万元,其余1 800万元主要靠企业自筹。[2]苏州大部分工厂开始时都是利用破庙、祠堂、民房或搭简易棚作为厂房,以手工工具或外地淘汰下来的旧机器为设备,探索出许多解决资金、设备、技术困难的办法。由于新中国成立后进行经济社会建设仅有几年的时间,实践经验不足,"一五"时期的经济社会建设和社会主义改造工作也出现了一些缺点和偏差,主要表现是社会主义改造后期要求过急、工作过粗、改造过快,所有制形式上比例失衡。这些问题在苏州同样存在。尽管如此,"一五"期间苏州经济社会建设所取得的历史性成

---

[1] 此处数据统计区域为现苏州市域范围。
[2] 此处数据统计区域为现苏州市域范围。

就仍是主要的。这些成就的取得,为苏州以后的发展奠定了坚实的基础。

二、"一五"期间的其他经济活动及成就

(一) 开展劳动竞赛

为解决国家财政赤字的问题,1953年8月,中共中央发出《关于增加生产、增加收入、厉行节约、紧缩开支、平衡国家预算的紧急通知》。通知下发后,全国普遍开展群众性的以增产节约为主要内容的劳动竞赛。

市委于9月召开全市党员活动分子会议,号召工厂企业的党组织团结群众积极开展增产节约活动。为加强劳动竞赛的计划性和组织性,市委和市政府把劳动竞赛与计划管理结合起来,使劳动竞赛有目的地沿着完成市"一五"计划的目标前进。在市委和市政府带领下,工人、农民、知识分子和其他劳动人民提高生产效率的愿望非常强烈,各部门的增产节约运动全面开展起来。苏州面粉厂、电厂、铁工厂、玻璃厂、苏嘉湖汽车公司等5个单位的职工为增产节约运动建言献策,共提出119条合理化建议。苏州电厂第四季度通过节约煤耗使每度电降低成本0.002元。自来水公司排管工人为完成自己制订的小组计划,冒着大雨,坚持工作。国营百货商店的职工开展"服务良好月"的劳动竞赛,郊区农民开展冬小麦的增产竞赛,青年们成立生产节约队,妇女们成立女工先进小组,全民性的增产节约劳动竞赛运动由此形成。

1954年6月,市委和市政府通过宣传全国劳动模范王崇伦[1]的革新精神,在全市范围内开展以技术革新为内容的劳动竞赛活动,掀起生产热潮。为更好地开展技术革新运动,全市举行技术革新学习大会。厂矿企业、手工业生产社普遍建立技术革新学习小组或研究小组,以推广和学习先进经验。苏州铁工厂工人在刨床上改用双刀切削的方法,车床上改用双刀并进的方法制造长螺丝,并试用"离心浇铸"法浇铸铸件。红叶陶瓷厂工人创造并运用"辘轳旋坯法""自动粉饰""隔夜熔泥法"以及"自动粉斗"等新方法、新工具进行生产,产量成倍提高。立丰布厂染坊工人创造"刮纱机"代替人工刮纱,节约人力成本。东吴绸厂职工经过多次试验,织成12种不褪色的绸缎,提高了产品质量。苏州玻璃厂职工改进技术,逐步克服热水瓶胆易爆易碎的现象,1955年产品正品率达到87.53%,

---

[1] 王崇伦是全国著名劳动模范。1953年,在鞍钢工作期间,积极进行技术革新,研制成功"万能工具胎",提高了劳动生产率。《人民日报》于1954年2月8日发表了《发扬王崇伦的工作精神,提前完成国家计划》的社论,号召全国工人学习王崇伦的技术革新精神。

比1954年提高了7.72个百分点。

为调动全市厂矿企业干部、职工的积极性与创造性,市委和市政府认真贯彻落实1956年2月召开的全省工业工作会议精神,对厂矿企业提高生产技术、改进产品质量等提出具体要求,动员与组织全市工业干部进一步开展先进生产者运动,把以提高产品质量、增加花色品种、加强新产品试验为中心的劳动竞赛推向新的高潮。在社会主义改造事业全面完成的鼓舞下,全市人民以先进生产者为榜样,努力提高产品质量,田野里、工地上、车间里涌现出一大批先进人物。广大青年成为先进生产者运动的主力军,"向先进学习,争取做一个先进生产者"成为他们的口号。许多工厂成立了青年班、组,开展厂际间的同工种竞赛。通过竞赛,青年们学习先进经验,互相取长补短。在劳动竞赛中,苏州铁工厂职工创造出"煤屑炼焦"和"烧结熔铁屑"的先进方法,一年为国家节省12.25万公斤生铁,节约资金约4万元;推广"机攻螺丝"的先进经验,使生产螺丝的时间从原来每只65分钟减少到每只6分钟;改进活络顶针,使车速从150转升高到700转。振亚绸厂美丽绸小组的工人改进操作方法,使产品的正品率从原来的40%提高到98.9%。以先进生产者运动为中心的社会主义竞赛在一定程度上提高了劳动生产率,1956年全市工业劳动生产率比1952年增长近58%。随着劳动竞赛的深入进行,郊区开展了积肥大运动和高额丰产竞赛,农民努力做到"大河罱、小河翻""学习新技术,试种双季稻,早稻改晚稻,一亩得千斤",取得了农产品的丰收。

专区各县(市)在确保粮食丰收的基础上普遍开展增产节约运动。1953年9月中下旬,结合秋收、秋种工作,制订了开展增产节约运动的具体计划,并在国庆节期间举行一系列活动,在群众中进行增产节约运动的宣传教育。通过宣传教育,广大农民改变了"增产节约是老一套""产量已定,无产可增"等思想,在秋收中做到仔细收割,秋种时做到精心种植,为下一年增产打下基础。各级机关整顿编制、精简机构,抽调干部加强厂矿企业的工作。厂矿企业在生产中提高质量,降低成本,利用代用品来节约原材料,保证增产节约活动顺利进行。

通过开展劳动竞赛活动,先进技术在各厂矿企业得到推广,各行业涌现出许多先进生产者和先进企业,学先进、赶先进、超先进成为广大职工群众的共同愿望,劳动光荣的社会风气在苏州进一步树立起来,对市"一五"计划的顺利完成起到了积极的促进作用。

(二) 农田水利建设

中华人民共和国成立后,苏州十分重视农田水利建设,根据山丘、圩洼、平原3种不同类型地区的自然特点和水利方面存在的问题,采取多种措施,因地因时制宜进行治理。

山丘治理。苏州山丘治理贯彻"以蓄为主"的治水方针。新开或扩大山塘,还增加蓄水容量,提高抗旱能力,暴雨季节还起到缓冲山洪水势的作用,村舍附近的山塘还可为居民提供生活用水。苏州每年冬春都挖深扩大老山塘和择地开凿新山塘。如1953年,吴县重修了穹窿堰池与胜天水库。山丘区的沟涧浜工程,从修治、增开到系统建造,有了进一步发展。如吴县在1953年7月至8月间,突击开浚山沟、山浜387条。

圩区治理。1954年,湖、河水位遇到有水文记载以来的最高纪录,苏州圩区普遍遭遇特大洪涝灾害,虽经广大干部群众努力抗洪救灾,仍有不少地方破圩受淹,没有破圩的,内涝也很严重。但是,在昆北、虞南和吴江滨湖等圩区,少数有联圩抗洪排涝传统习惯的地方,却取得了抗灾的较好成效,新创建的昆山县周墅乡(现为周市镇)与吴江县平望区两处国营抽水机站,更显示出机泵排涝救苗的高效率。据此,专区及各县水利部门自1955年开始对联圩并圩和圩内治涝工程进行多点试验,掀起复圩修堤的水利建设高潮。各县圩堤培修按1954年洪水位超高0.5米的标准开始实施联圩并圩,以缩短防洪堤线。至5月底,复圩工程基本结束。据不完全统计,复圩工程完成土方85.46万立方米,修复千亩以上的大圩97座。专区重点抓昆山县石牌乡栏杆联圩和常熟县西湾联圩人力、牛力水车排涝工程试点,以及配合省水利厅在常熟县金家大圩创办固定机泵站排灌区试点。在主要依靠畜力车、风车、人踏车等"三车"排涝的历史条件下,栏杆圩与西湾圩两个试点工程起到了示范作用。联圩并圩大大缩短防洪堤线,解决了土方工程大、取土不易的难题,有利于防汛抢险。通过常年预降控制内河水位,提高了除涝能力,防止了地下水危害,促进了土壤改良。金家大圩的机械排灌试点工程,通过加固外堤,疏浚内河,开挖排水沟,兴筑灌排渠系、增做高低田间隔堤,以及创建河口套闸等配套建筑物,形成了内外分开、高低分开、灌排渠系分开及控制内河水位的"三分开一控制"的治涝工程体系。

平原治理。滨江片引潮灌溉工程方面,重点修复江堤海塘,疏浚河道工程,整修或增建一批木涵洞和小水闸,以增强引潮蓄水能力。如太仓县的浮桥、浏河、新塘等乡,先后疏浚了20余公里的支河。高亢片河网化建设方面,针对高亢平原地势较高、缺水灌溉的特点,持续兴修以开辟、扩大灌溉水源,增强防旱能力和提高灌水技术为中心的农田水利工程。互助合作时期,组织发动群众,普遍挖深扩大浜和潭的容积,增蓄抗旱水源。有些地方还开沟串联同等高度的潭,调度互补水源,以减轻水车翻水困难。在已经使用船机灌溉的地方,采取清除河床障碍等措施,以减少机泵管拆装和机船移位的时间,畅通水流和机船航行,提高了灌水效率。通过对私改造,把机船组织起来,统一调度,贯彻包水制度,制止抢水纠纷,建立灌水秩序。有些乡、村还利用银行贷款,增添抽水机,扩大机灌范围。河湖平原的田间工程方面,河湖平原原有老河网比较凌乱,对排、灌、降、航都有阻碍,尤其是一些田地大小、形状不规则,影响了沟渠布置、灌排质量、机耕操作和田间工程管理。因此,河湖平原地区在改造整治老河网的同时,配合机电灌溉的发展,重点进行田间工程建设,以达到高产稳产的目标。此外,苏州农村地区渍害频度较高,为治理渍害,各县从1954年开始陆续建立农田水利试验站,研究农田治渍等内容。

(三)抗洪救灾

苏州地势低洼平坦,又近江临湖,洪涝一直是主要的自然灾害。1954年,苏州汛期雨季早,梅雨期长。5—7月间,苏州境域内降雨量达到677.6—782.9毫米,高于同期多年平均值72%—92%,加上江淮流域发生了历史上少见的大洪水,太湖流域上游降雨量多于下游苏州地区,入太湖洪水超过100亿立方米,太湖瓜泾口水位4.62米,超历史最高纪录0.62米,致使江湖泛滥,洪涝弥漫,酿成特大水灾。专区200余万亩圩田屡排屡淹,70余万亩半高田大部分被淹没,1 200余间房屋倒塌,15万农民受灾。苏州城区有4 000多户居民住宅进水,10多家工厂被淹停产或半停产,土产、百货、医药等公司仓库商品霉变,造成一定的经济损失。

灾情发生后,地委和专署各级干部赶赴抗洪一线,与广大群众一起采取各种措施抗洪救灾。抢修沿江江堤海塘,加高加固湖河圩堤,做好险要地段的防浪护坡及抢险准备工作。加高半高田和新筑圩岸,抢排受涝农田的积水,及时栽种秧苗。7月中下旬,因两次大雨,江湖河圩堤随时有决口崩溃的危险,低田经几次排涝又被淹掉,形势十分严峻。地委和专署根据实际情况,及时调整部署,抓住保圩和抢排这两个主要环节,实行先面后点、先易后难,果断放弃无把握保住的小圩和难以抢救的零星低洼田,集中力量抢保抢排大片圩田。市委和市政府成立了3个防汛检查小组,分赴私营工厂和国营公司的车间、仓库、居民委员会等地了解汛情,督促做好抗洪救灾工作。为使灾害损失减少到最低限度,苏州农民积极对粮食进行补种和改种。

9月下旬太湖水位下降到警戒水位以下,抗洪救灾工作才暂时告一段落。各级党委和政府依靠农业生产互助合作组织,带动广大群众,积极投入抗洪排涝、恢复生产行动。这次抗洪救灾共动员群众20.09万人次、"三车"5.31万部,专署调拨了309台抽水机支援灾区排涝,修圩3 426条,新做圩1 630条,筑水坝317座,合计土石方218.23万立方米,水稻补种16.6万余亩,改种粮食作物和菜类等约4万亩。市区发动职工、居民、机关干部及解放军官兵等1.6万多人次,先后赴郊区支援排涝,尤其是广大工人从排涝机械、物资、技术上为抗洪提供援助。专署为抗洪救灾发放贷款63.76万元。各级政府组织慰问团、医疗队深入灾区进行慰问和提供医疗服务,动员组织受淹区危房户迁移到安全地方。各地及时处理受潮粮食,完成调拨任务,基本保证了粮食安全与正常供应。

在抗洪救灾中,苏州涌现出一批模范人物和英雄事迹。专署水利技术员宋道传冒着七级大风,抱着防汛器材躺在险工堤段,与巨浪搏斗6小时。震泽县县委书记宋莲芳亲自下水,连遭激流冲走3次,仍奋不顾身,带领群众,保护马家圩。昆山县更楼乡女共产党员李妹珍,白天修圩,晚上护堤,当顾家弯破圩时,带领十多名妇女跳到水里堵缺口。吴县驻军战士段图福在光福区圩堤决口时,为保护圩内耕地和福安村群众的安全,光荣牺牲。市郊南园乡破圩时,20多名解放军战士不顾生命危险,横卧在堤岸上挡住了洪水……他们用自己的行动,为夺取抗洪救灾的胜利做出了特殊贡献。

三、民主建政工作

(一) 苏州市第一届人民代表大会的筹备和召开

苏州解放初期的市各界人民代表会议,作为向人民代表大会制度的过渡形式,按照法律规定行使职权。至1953年10月,市各界人民代表会议共召开过四届九次会议。每次代表会议都听取党委、政府负责同志所做的工作报告,就苏州政治、经济、社会发展中的重大事项进行讨论,做出相关决定决议,代表们提出的议案交有关部门处理。

随着党在过渡时期总路线的提出以及大规模经济建设的展开,各界人民代表会议的形式已经不能适应形势发展的需要。1953年年初,中央人民政府决定在全国实行普选,在此基础上召开乡、县、省(市)各级人民代表大会。3月,中央人民政府公布施行《中华人民共和国全国人民代表大会及地方各级人民代表大会选举法》(简称《选举法》),规定"中华人民共和国全国人民代表大会及地方各级人民代表大会由各民族人民用普选方法产生之"。其后,经过人口调查和充分的思想、组织准备,普选工作于1953年6月到1954年3月间在苏州展开。

此次选举认真严肃地贯彻《选举法》的规定:"凡年满十八周岁之中华人民共和国公民,不分民族和种族、性别、职业、社会出身、宗教信仰、教育程度、财产状况和居住期限,均有选举权和被选举权。妇女有与男子同等的选举权和被选举权。"在审查选民资格的时候,广大人民群众发扬高度的政治觉悟和当家做主的思想,严肃地讨论谁应该有选举权、谁应该被剥夺选举权,严格划清敌我界限。经过审查,全市18周岁以上人口中,除地主、反革命分子、特种病患者按选举法没有选举权外,有99.12%的人取得选举权。选民们十分珍惜这份来之不易的选举权,当他们拿到选民证的时候,非常珍惜地用红纸包起来,放在最安全、最稳妥的地方。

在酝酿人大代表候选人时,选民们表示要"选好人,当好家,搞好生产,建设国家",对人民代表候选人的产生反复斟酌、研究、协商,从好中再选好。在正式投票选举的日子里,许多人不畏路途遥远,走几十里路赶来,很少出家门的老太太亲自走到选举站,走不动的则请人扶着去。这一切都是为能投上自己光荣、神圣的一票,选举自己认为最理想的人。此次普选,市区投票人数达选民的96.3%,郊区也在90%以上。全市各区、乡共选出人民代表667人,工人代表占45%,农民代表占36%,其他各界代表占19%,其中妇女代表占21%。当选代表得票都在总票数的80%以上,许多代表得票为100%。专区各县(市)的普选工作同时结束,全区投票人数占选民的84%。这是苏州有史以来的第一次基层普选。苏州人民在自己的历史上,第一次真正地可以按照自己的意愿,去选举自己的人民代表,这种权利是人民在党的领导下,经过长期艰难困苦的斗争获得的。

1954年7月1日,根据《选举法》的相关规定,市第一届人民代表大会第一次会议正式召开。这次会议是在党的过渡时期总路线逐步贯彻时召开的,是以充分发扬民主和继续深入贯彻总路线为特色的,是全市人民政治生活中的一件大事,标志着人民民主制度的进一步发展和巩固,人民民主生活的范围日益扩大。会上代表们热烈地讨论《中华人民共和国宪法(草案)》〔简称《宪法(草案)》〕,审查1954年上半年市人民政府的工作报告,决定以后一个时期的工作任务,选举出21名出席省人民代表大会的代表。大会决议一致拥护《宪法(草案)》,确定以后继续深入宣传党在过渡时期的总路线,加强对工农业生产的领导,贯彻各项社会主义改造工作。

全民普选与市第一届人民代表大会,充分发扬民主,进一步提高人民群众的政治觉悟,健全基层群众组织,更加密切党和政府与人民群众的联系,使人民民主专政制度更加完备。全市人民遵循这次会议的决定,广泛、深入地开展对过渡时期总路线和《宪法(草案)》的学习和讨论,并且在实际工作中切实付诸实施。自1955年召开的第一届人民代表大会第二次会议起,市人民代表大会均选举产生市长、副市长、市人委委员、市中级人民法院[1]院长,组织本级国家机关,行使管理国家的权力。这标志着人民代表大会制度在苏州全面实行,苏州人民当家做主的政治权利已发展到一个新的阶段。

(二) 讨论《中华人民共和国宪法(草案)》

1954年6月14日,中央人民政府委员会第三十次会议讨论通过了《宪法(草案)》,并通过决议交付全国人民讨论。《宪法(草案)》明确规定中华人民共和国保证逐步消灭剥削制度,建立社会主义社会;中华人民共和国的一切权力属于人民,同时,也规定了中华人民共和国公民的权利和义务。《宪法(草案)》集中体现了全国人民的意志和愿望,巩固了人民经过长期斗争取得的成果,体现了人民走社会主义道路的决心。

《宪法(草案)》一经公布,就得到全市人民的热烈拥护,社会各界纷纷展开学习和讨论。《宪法(草案)》单行本在短短的20天就销售6万册,有十几万人直接听取了学习《宪法(草案)》的报告。市政府邀请市级机关、各民主党派地方组织和各人民团体负责人以及各界人士举行会议,对《宪法(草案)》进行讨论、研究和提出修改意见。市第一届人民代表大会通过决议一致拥护《宪法(草案)》,认为《宪法(草案)》既巩固了人民革命的成果和新中国建立以后在政治上、经济上的胜利,又反映了国家在过渡时期的根本要求和广大人民建设社会主义的共同愿望。自《宪法(草案)》公布至7月10日止,全市共提出修改补充意见1 130条。地委于6月成立《宪法(草案)》讨论委员会及其办公室,具体负责《宪法(草案)》的宣传与讨论,各县(市)相继成立《宪法(草案)》讨论委员会及专职办事机构。6月下旬至7月6日,各县(市)先后召开第一届第一次人民代表大会,通过人民代表大会充分讨论《宪法(草案)》。

在讨论《宪法(草案)》的时候,人们普遍认为《宪法(草案)》是反映人民意

---

[1] 1955年4月4日,苏州市人民法院改组为苏州市中级人民法院。

志、保障人民利益的。大家都以自己的亲身经历,真挚、热烈地表达对《宪法(草案)》的衷心拥护。一位老人说:"在满清和国民政府时期,也有过《宪法》,但从来都是不许老百姓过问的,现在人民政府把《宪法(草案)》交给人民来讨论,征求人民的意见,这才是真正的人民当家作主。"许多人回想新中国成立前茶馆里都贴上"小民莫谈国事"的纸条,感觉到只有人民的宪法才能给人民以真正的言论自由。《宪法(草案)》规定公民有言论、出版、集会、结社、游行、示威的自由。工人们体会最深刻,他们认为在旧社会工人只有义务没有权利,如果说有权利,那只是被打骂的权利。《宪法(草案)》规定中华人民共和国公民在法律上一律平等,公民有劳动权,年老、疾病或者丧失劳动能力的人有获得物质帮助的权利,工人们不再受人欺凌。在旧社会,男女一直是不平等的,妇女们说话的权利都受约束。有一句俗话"牛粪壅田不壮,妇女说话不当",反映了在旧社会妇女受到的歧视。《宪法(草案)》规定妇女有与男子平等的权利,妇女不再被人歧视。少数民族曾经饱受民族歧视,《宪法(草案)》规定中华人民共和国各民族一律平等,和睦共处。有宗教信仰者们体会最深的是《宪法(草案)》规定的宗教信仰自由,解放几年的事实让他们明白只有在人民民主国家里才有真正的宗教信仰自由。最使人们振奋的是《宪法(草案)》规定我国逐步消灭剥削和贫困,建成繁荣富强的社会主义社会,人们认为"这个规定把几千年来的穷根子挖掉了"。

广大人民群众深深地认识到《宪法(草案)》来之不易,认为应当坚决履行《宪法(草案)》中规定的公民义务、遵守国家宪法和法律、遵守劳动纪律和公共秩序、爱护和保卫公共财产、依照法律纳税及服兵役保卫祖国。人们在讨论《宪法(草案)》时,将对《宪法(草案)》提出的意见,经政府转交给宪法起草委员会。9月15日,第一届全国人民代表大会第一次会议召开,通过并公布了《中华人民共和国宪法》。喜讯传到苏州,全市人民欢欣鼓舞,上街游行庆祝我国第一部宪法的诞生。《中华人民共和国宪法》的颁布和实施,调动了苏州人民建设社会主义的积极性,有力地推动了社会主义各项事业的蓬勃发展。

(三)民主党派地方组织的成立

在建设社会主义制度的探索中,市委加强对统一战线工作的领导,积极帮助各民主党派在苏州成立地方组织。民盟苏州市分部临时工作委员会贯彻民盟中央一届七中全会决定,以参加国家文教建设为中心任务,推动盟员为社会主义教育事业服务。1954年6月,第一次盟员大会召开,选举产生了民盟苏州市分部第一届委员会,潘慎明为主任委员。同月,民建苏州市分会筹备委员会召开会员大会,选举产生了民建苏州市第一届委员会,陶叔南为主任委员。民建苏州市委员会组织会员认真学习党在过渡时期的总路线及国家对资本主义商业进行和平改造的方针政策,以实际行动迎接改造。农工党苏州市工作委员会于1954年6月成立。1955年3月召开第一次党员大会,选举产生了农工党苏州市第一届委员会,瞿芑丰为主任委员。农工党苏州市委员会成立后,积极开展对知识分子的团结联系工作,吸收文教、医药、卫生界人士参加组织。至此,民盟、民建、农工党率先在苏州市成立地方委员会。此外,1954年6月九三学社苏州直属小组成立,1956年7月民进苏州市筹备小组成立。按照政务院《工商业联合会组织通则》的规定,苏州市及专区各县(市)工商业联合会相继成立。1954年6月,市工商联筹委会召开第一届会员代表大会,通过了《苏州市工商业联合会章程》,选举产生了市工商联第一届执行委员会,陶叔南为主任委员。从1953年6月常熟市工商业联合会成立开始,其他各县工商业联合会陆续成立。

1956年4月25日,毛泽东在中央政治局扩大会议上发表了《论十大关系》的讲话,在论及"党和非党的关系"时,提出中国共产党同各民主党派实行"长期共存、互相监督"的方针。市委举行各民主党派代表座谈会,认真学习并深刻领会这一方针的现实意义和历史意义。市委充分发挥民主党派的作用,经常就全市性重大决策的制订、重要人事的安排等问题与其酝酿协商。市委还动员周瘦鹃[1]等社会知名人士加入民主党派,以加强民主党派的建设与发展。市各民主党派成员通过学习讨论,对民主党派的政治地位和历史作用有了新的认识,深感任重道远,表示在共产党领导下,要进一步发挥自己的作用,为社会主义建设服务。"长期共存、互相监督"方针的深入学习和贯彻执行,使共产党同民主党派的关系更加密切,各民主党派的工作日趋活跃,人民民主统一战线出现民主、团结、生动活泼的景象。一些非中共人士开始担任市各级政府机构的负责人,积极履行参政职能。1956年有13名非中共人士担任处级以上领导职务,其中2人担任副市长。这不仅调动了广大非中共人士参加社会主义改造和建设的积极性,也加强了各级政府机构的政治和群众基础。

(四)政协苏州市委员会的成立

1954年12月21日至12月25日,中国人民政治协商会议第二届委员会第

---

〔1〕 周瘦鹃(1895—1968),原名周国贤。著名作家、盆景艺术家。主要作品有《亡国奴日记》《行云集》《拈花集》等。

一次会议通过《中国人民政治协商会议章程》(简称《章程》)。《章程》总纲明确规定政治协商会议是"团结全国各民族、各民主阶级、各民主党派、各人民团体、国外华侨和其他爱国民主人士的人民民主统一战线的组织",它的基本任务是在中国共产党领导下,继续通过团结各民主党派、各人民团体,进而更广泛地团结全国各族人民,共同努力,克服困难,为建设一个伟大的社会主义国家而奋斗。

1955年1月,中共中央发出《中央关于统一战线工作的指示》,针对党内忽视统一战线工作的现象,要求各省委、市委加强政协地方委员会和地方统一战线的工作。为贯彻中央指示精神,3月中旬,市委召开全市政府机关、党委和党员局、处长会议,采取批评与自我批评的方法检查政府机关内部的统战工作,学习统战工作的方针任务和基本政策,教育共产党员必须同党外干部建立起良好的合作共事关系,进一步明确统战工作的正确方向,改进政府机关内部的统战工作。10月下旬,市协商委员会举行扩大会议,号召各界人士统一思想认识,在充分发扬民主的基础上做好参加政协苏州市第一届委员会人员的提名工作,为会议的召开做好准备。11月上旬,市协商委员会开会讨论确定参加政协苏州市第一届委员会的名单。

1955年11月11日,根据《中国人民政治协商会议章程》关于"地方委员会"的规定,政协苏州市第一届委员会第一次会议召开,建立了中国人民政治协商会议江苏省苏州市委员会,出席会议的委员共97人。会议听取了市委书记吴仲邨所做的《动员全市人民为完成国家第一个五年计划给予苏州市的各项工作任务而奋斗》的报告。会议通过了决议,对市协商委员会自1949年10月以来所取得的工作成绩表示满意。会议选举产生了政协江苏省苏州市第一届常务委员33人,吴仲邨为主席。市政协委员具有广泛的代表性,包含各民主党派、无党派民主人士、工商界人士、少数民族和宗教界人士及各界爱国人士。民主党派成员和民主人士在各项运动中都能积极拥护和宣传党的政策。1956年2月,政协常熟市委员会成立后,政协各县委员会相继成立。市及各县(市)政协委员会作为团结地方各民族、各民主阶级、各民主党派、各人民团体和其他爱国民主人士的统一战线组织,在各地党委的领导下,参与地方大政方针和重要事务的政治协商、民主监督,在社会各项建设中发挥着重要作用。

(五)"新三反"运动

1953年1月,中共中央发出《关于反对官僚主义、反对命令主义和反对违法乱纪的指示》,要求从处理人民来信入手,开展"新三反"运动。在运动中,全区揭发出 1952 年一年中,乱打乱骂的区干部 154 人、乡干部 454 人,被打骂群众 796 人;乱绑乱押的区干部 151 人、乡干部 268 人,被绑押群众 473 人;乱斗争的区干部 18 人、乡干部 37 人,被斗群众 53 人。有的干部强奸妇女,有的大吃大喝,有的作风粗暴,有的贪污腐化。仅在拔稻根运动中,就可分为强拿工具、限制群众,组织力量、阻挡群众,不讲道理、命令群众,斗、扣、绑、游街、逼迫群众,采取恶劣做法、威胁群众,封锁限制群众,侮辱群众等具体表现。如有的干部在"挖稻根"运动中,对抗拒者给画一只大乌龟,光说不做的画一只老乌鸦,不响不做的画一头猪。有的干部提出:"啥人不治螟就等于反革命,啥人不下田就是包庇反革命。"据不完全统计,全专区因此而自杀的 4 人,自杀未遂的 2 人,妇女流产的 8 人,因病累死的 1 人,翻掉已种小麦 2 955 亩、菜籽 129 亩、豆子 74 亩。[1]

"新三反"运动采取教育为主的方针,目的是帮助干部提高思想认识,改进工作作风。3 月,地委和专署、市委和市政府分别召开会议,号召各级干部开展"新三反"运动。其后,深入持久地对广大干部进行宣传教育,组织各部门、各单位学习有关政策,通过各级党校和各种干部训练班培训干部。在此基础上,地委和专署、市委和市政府分别组织专门力量深入基层进行检查,通过对典型案件的处理,以典型推动一般,根据教育与惩戒相结合的原则,正确处理坏人坏事,表扬好人好事,进一步教育干部、改善领导作风。各级干部通过总结、检查工作,开展批评与自我批评,对工作中存在的官僚主义、命令主义及违法乱纪等问题进行揭发、检讨并提出改进意见。

正确处理人民来信,是开展"新三反"运动的一个重要环节。为处理好人民来信,各部门均有专人负责,做到随到随办、定期检查。在方法上,改变过去照抄照转的文牍主义作风,主动与有关部门联系,做到及时处理。至 11 月底,苏州市共收到人民来信 2.83 万件,处理结案 2.71 万件,占总数的 95.65%。至年底,专区共收到人民来信 3.52 万件,处理结案 3.11 万件,占总数的 88.33%。此后,处理人民来信工作逐渐成为各级机关的经常性工作。对人民来信的正确处理,提高了人民群众揭发各级领导机关的官僚主义与干部的强迫命令作风、违法乱纪事件的积极性,解决了群众的迫切需求,更加密切了党和政府与人民群众的联系。

在"新三反"运动中揭露的官僚主义、命令主义、违法乱纪的事例,有布置工

---

[1]《在县区干部扩大会上的总结》(原件无成文者),1953 年 3 月 14 日,苏州市档案馆藏,档号 H1-1-1953-8。

作不从实际出发而是原封不动地照搬,造成强迫命令、形式主义的;有不关心农民疾苦、不解决农民具体困难的;有对来自群众的批评不重视,致使工作中存在的缺点不能及早发现和纠正的;有工作上抓不住中心,忙乱、拖沓、草率,使工作遭受损失的;有硬性摊派,如推销肥料、贷款、储蓄、征购,把数字分配到乡、村的;有贪污腐化、干涉婚姻自主的;有包庇地主和反革命分子、报复打击批评人的;等等。如常熟县支塘区血吸虫病严重,乡干部请求区领导帮助解决,区领导拖延一个月才处理。太仓县各区整天忙于开会、布置工作,乡干部反映"吃不消",农民反映"大会三、六、九,小会天天有"。针对这些情况,地委、市委根据华东局、省委关于开展"新三反"运动的具体指示,组织党员干部进行党的方针、政策等内容的学习,结合揭发的典型事例进行党风党纪教育。同时,对干部的违法乱纪行为进行处理,以此增强领导干部的纪律和法制观念。

在开展"新三反"运动时,还对"五多"问题进行了治理。所谓"五多",一是会议多。1953年5月,地委各种会议(临时会议尚不在内)有9次11天,地区粮食局在3—7月间去省里开会14次75天,工商科7人3—6月去省里开会7次64天。二是电话多。地专机关1—4月每月平均打长途电话680次,其中大部分是临时向下边要材料。三是文件多。粮食局3—7月发文75件,收文1 085件,其中上边下发的占74.4%,合作社的业务科两个半月收文302件。四是报告多。地委办公室5月收到各县报告197件。五是管收发的人多,专署13个单位有收发人员35人。[1]

通过"新三反"运动的开展,官僚主义、命令主义、违法乱纪以及"五多"现象基本得到纠正,端正了广大党员、干部的思想作风,倡导了廉洁奉公、勤政为民的良好风气。

四、审干、肃反运动的开展

(一) 审干工作

为全面了解干部,纯洁干部队伍,1953年11月中共中央做出《关于审查干部的决定》,决定对全国干部进行一次细致的审查,以保证国家各项建设任务的顺利进行。1954年8月,中共江苏省委制定了《关于审查干部工作的计划》。根据中央和省委部署,地委、市委分别成立审干办公室,有计划、有次序地推进审干

---

[1] 中共江苏省苏州地方委员会:《苏州地专机关关于开展"新三反"斗争的情况报告》,1953年7月24日,苏州市档案馆藏,档号H1-1-1953-8。

工作。因市"一五"计划正在实施,各方面的建设任务较重,这次审干工作没有采取突击运动的方式,而是密切结合各项工作进行。

10月,地委制定了《关于贯彻执行〈江苏省委关于审查干部工作的计划〉的计划》,计划对全区党群、政法、财经、工厂、文教等系统的2.3万名干部进行一次彻底全面的审查。全区干部队伍中的大多数是纯洁的,但由于苏州在中华人民共和国成立后吸收新干部时手续不够严谨,其后几年干部又有频繁调动,部分干部确实存在着思想麻痹等问题。根据组织部门的统计显示,全区183名县级以上干部中,有各种问题的39名,有组织结论的仅8名。地专机关325名县级以下干部中,有各种问题的95名,有组织结论的仅24名。为了更好地开展审干工作,9月,地委先行选择专署粮食局进行审干试点,为专区全面开展审干工作积累经验。11月底试点结束后,全区审干工作按照"先党内、后党外,先县级以上领导、后一般干部"的原则,分5批进行。市委的审干工作也分步有序地进行。对市人民法院进行审干试点后,11月这项工作在市级机关全面推开。此后,审干工作先后在区级党政机关、群团组织、工矿财贸企业、文教系统开展。全市参加审干工作的干部为2.68万人,其中列为审干对象的有8158人。在审干对象中有3130人被查清问题并做出审查结论。

为使审干工作有序进行,各系统分别成立了审干工作组,搜集整理干部档案材料,制订具体的审干计划。各系统进行审干动员和教育,与被审查者个别谈话,针对材料缺少的情况,要求其补写自传等书面材料,提供调查的线索和证明人。对属于一般历史问题者,信件通知有关组织进行调查,对重点审查对象,派专人进行实地深入调查以获得旁证材料。在对被审查的干部进行审查后,做出组织结论。讨论结论时,通知本人参加,征求其对结论的意见。党员干部由审干小组提出结论意见,交党组讨论通过,呈党委会批准。非党员一般干部由审干小组提出结论意见,由各行政单位批准。全面复查时,对结论中证据不足、用词不当、处理偏重等问题予以纠正。在审干过程中发现干部思想作风存在一些问题,如缺乏民主作风,思想主观片面;骄傲自满,看不到缺点和错误;坚持艰苦奋斗的精神不够,享乐思想滋长;等等。

(二)肃反运动的开展

正当各地审干工作有序展开时,党和国家政治生活中出现了一些复杂情况。解放初期,经过镇反运动,公开暴露的反革命分子基本被肃清,但有一批反革命分子转入隐蔽状态,危害着社会主义事业和人民群众的安全。1954年和1955

年,党内、国内又接连发生高(岗)饶(漱石)事件[1]、潘(汉年)杨(帆)事件[2]和胡风事件[3]等,被认为是阶级斗争日益尖锐和复杂化的反映。1955年7月1日,中共中央发出《关于开展斗争肃清暗藏的反革命分子的指示》,决定在全国范围内进行肃清暗藏的反革命分子的运动(简称"肃反")。10月24日,中共中央又发出《关于审干工作同肃反斗争结合进行的指示》。根据指示精神,苏州的审干工作同肃反运动密切结合进行。

1955年6月10日,《人民日报》公布的《关于胡风反革命集团的第三批材料》中提到了"苏州有一个同志可谈"。"苏州一同志"[4]在苏州引起很大的震动,人们开始批判右倾麻痹思想,提高政治警惕性。市委立即成立肃反运动领导小组,有计划地在全体干部、文化和卫生系统职工、中小学教职员以及建筑行业、渔民、人力车夫、个体商贩等历史复杂的行业和人群共20多万人中分5批开展肃反运动。到1959年上半年,苏州市的肃反运动基本结束。全市审查人员情况如下表:

表1-5 苏州市肃反斗争情况统计表

批数及时间	参加运动人数	肃反清查对象情况					重大反坏嫌疑
		总数	反坏分子			下降	
			小计	已定案	未定案		
合计	200 572	3 008	2 629	899	1 730	379	2 507
一批(1954年)	7 191	264	95	66	29	169	12

---

[1] "高饶事件"是指过渡时期高岗、饶漱石在中共党内从事分裂活动的重大事件,过去称"高、饶反党联盟"事件,发生在1953年,揭露于1954年年初,到1955年春处理完毕。1981年6月中共十一届六中全会通过的《关于建国以来党的若干历史问题的决议》,不再认为高岗、饶漱石结成"反党联盟"。
[2] "潘杨事件"指在对饶漱石的问题做进一步的审查中,上海市副市长潘汉年和上海市公安局局长杨帆受到牵连。1955年4月,潘汉年、杨帆均被逮捕审查,后被判刑。中央分别于1982年和1983年为潘汉年、杨帆平反昭雪,恢复名誉。
[3] 1955年5月中旬,根据从胡风私人通信中断章取义摘编的材料,认定胡风及与他有联系的一批人是"反革命集团"。1956年底,被正式定名为"胡风反革命集团"分子的有78人,分别做出了处理。1980年9月中共中央决定为"胡风反革命集团"案平反。11月,北京市高级人民法院宣告胡风无罪。1988年6月18日,中共中央办公厅发出《关于为胡风同志进一步平反的补充通知》,取消了对胡风的文艺思想和宗派活动等问题的严厉指责,"胡风反革命集团"案被彻底平反。
[4] "苏州一同志"为许君鲸(1928—1988),中共党员。因许君鲸认识与胡风文艺观点相近的作家路翎、阿垅、欧阳庄等人,曾与路翎等通过信,1956年5月被定为"胡风反革命集团"一般分子。后又因其"不认罪"被定为"坏分子"。1976年6月,许君鲸被摘去"坏分子"帽子,1980年8月获平反。见张君燕:《哥哥许君鲸——"苏州一同志"永远活在我心中》,见政协苏州市文史资料委员会:《苏州史志资料选辑》总第26辑。

(续表)

批数及时间	参加运动人数	肃反清查对象情况					重大反坏嫌疑
		总数	反坏分子			下降	
			小计	已定案	未定案		
二批(1955年)	12 866	354	299	169	130	55	158
三批(1956年)	5 696	173	160	81	79	13	48
四批(1957年)	107 224	2 044	1 902	580	1 322	142	1 743
五批(1958年)	67 595	173	173	3	170		546

资料来源：中共苏州市委组织部编印：《苏州市党组织、干部统计资料汇编（绝密）》，1959年1月，苏州市档案馆藏，档号A2-1-1959-30。

在已处理的899人中，判处徒刑的287人、社会管制的87人、管制劳教的119人、管制留用的54人、捕送当地处理的25人、开除回家的58人、开除劳教的79人、开除留用察看的9人、退职解雇的14人、安置监督生产的82人、留用改造的69人、自杀病亡的16人。[1]

地委在成立肃反运动领导小组（11月改称地委五人小组）后，发出《关于执行〈江苏全省1955年下半年逮捕反革命分子和各种犯罪分子的行动计划〉的计划》，部署专区的肃反运动。专区肃反运动分5批在全体干部、职工、教职员共42.56万人中开展。苏州的肃反运动贯彻"提高警惕，肃清一切特务分子；防止偏差，不冤枉一个好人"的原则，根据"坦白从宽，抗拒从严""首恶必办，胁从不问，将功折罪，立大功受奖"的政策，将肃反专门力量和群众运动相结合，按照排队摸底、调查研究、专案斗争、甄别定案和敌情"三见底"[2]的步骤有序进行。苏州全区（含市区）共清查出反革命分子和坏分子7 444人。

苏州地区的审干肃反运动，虽然使地委、市委对全体干部的政治历史情况有了比较清楚的了解和掌握，并在一定程度上纯洁了干部队伍，为正确选拔和使用干部打下了良好的基础，人们的阶级警惕性大大提高，反革命破坏活动随之显著减少，但在肃反运动中也出现了明显的"左"的偏差，存在扩大化的倾向，产生了一些冤假错案，伤害了不少人的感情，造成知识分子群体性的疑虑、压抑和恐惧，有一些人甚至因此而自杀。这成为1957年整风运动中表达最多的话题之一，一定程度上为反右派斗争的发动埋下了伏笔。

---

[1] 中共苏州市委组织部：《苏州市肃反斗争处理情况统计表》，1959年1月，苏州市档案馆藏，档号A2-1-1959-30。
[2] 敌情"三见底"指反动组织见底、政治破坏事故见底、外来户和长期外出回归户见底。

◎ 第二章 全面探索的十年（1956年9月—1966年4月）◎

第二章　全面探索的十年
（1956年9月—1966年4月）

社会主义基本制度确立后，苏州人民开始探索适合本地情况的社会主义建设道路。1956年9月，中国共产党第八次全国代表大会召开，指出：国内的主要矛盾已经不再是无产阶级和资产阶级的矛盾，而是人民对于经济文化迅速发展的需要同经济文化不能满足人民需要的状况之间的矛盾。全国人民的主要任务是集中力量发展生产力，实现国家的工业化，满足人民的经济文化需要。地委、市委认真学习贯彻党的八大精神，开展增产节约运动，完成第一个五年计划，编制第二个五年计划，取得了社会主义建设的良好开端。但在探索过程中，苏州地区和全国一样，也出现过严重失误。

第一节　"二五"建设的开局和"左"倾失误的发生

一、"二五"计划的编制

早在"一五"计划指标大多提前或超额完成的1956年8月，苏州市就已着手编制"二五"（1958—1962）计划。1958年2月《苏州市第二个五年发展计划》制定完成。[1]"二五"计划强调，在优先发展重工业的基础上，发展工业和发展农业同时并举；市郊做到乡乡、社社办工业；通过实现农业机械化、水利机电化等措施，农副业总产量和农民出售的商品有大幅度增长，以提高农民收入。其部分重要计划指标如下：

工业、手工业生产主要发展指标。"二五"期间，主要发展化学、机械、丝绸、纺织等工业。地方工业1962年总产值达到22亿元，比1957年增长6.59倍，每年平均递增率为50%。其中，生铁增长70倍，农业机械增长50倍；重点建设、扩

---

〔1〕　与"一五"计划的编制一样，专区没有编制统一的"二五"计划，各县（市）分别编制各自的"二五"计划。

建合成纤维、丝绸等40个项目,项目所需投资苏州市自行解决1.1亿元,国家投资0.7亿元;丝绸等34种产品质量在"二五"期间达到或超过国际水平,农业机械等23种产品质量达到或超过国内先进水平;加强新产品的试制和新技术的研究工作,试制新产品1 000种。

农业生产主要发展指标。"二五"期间,农业和副业总产值比1957年增长2.71倍,每年递增22%。其中,每亩平均施肥由1957年自然肥料220担、化肥8斤,增长到1962年自然肥料1 500担、化肥100斤;主要农作物单产指标由1957年水稻501.3斤、小麦60.96斤,分别增长到1962年水稻1 500斤、小麦600斤;生猪由1957年6.4万头,增长到1962年45万头。

商业主要发展指标。"二五"期间,国营商业对地方产品收购额37.29亿元,比"一五"期间的8.25亿元增加352%。其中,1962年收购额11.5亿元,为1957年2.41亿元的477.18%;销售额42.88亿元,为"一五"期间10.19亿元的420.8%。社会商品零售额8.19亿元,比"一五"期间的5.95亿元增加37.65%,平均每年递增8.45%,其中1962年为1.97亿元,比1957年的1.32亿元增加49.24%。

另外,交通运输业方面,计划1962年货运量达到721.6万吨,为1957年的641%;客运量达到825.5万人,为1957年的200%。教育事业方面,扫除文盲,1年内基本完成全市青壮年文盲80 649人的扫盲任务;普及小学教育,小学入学率1957年为80%,到1958年4月底前达到95%以上;基本普及初中教育,高小升学率达到95%,中考升学率达到34%。卫生事业方面,在1958年基本消灭血吸虫病;病床(除精神病床及产床)达到1 400张,人口床位比达到1 000∶2。文化艺术方面,"二五"期间文学作品数量增长40%,1962年基本完成传统剧目的整理工作;5年内增加图书15万册,图书馆馆藏图书达到50万册。

"二五"计划的指标显示出干部、群众迫切要求改变苏州贫穷落后面貌的普遍心愿,成为其后苏州经济社会发展的指导性计划,广大人民满腔热情地为"二五"计划的实现努力工作。一批新的企业,如苏州纺织机械厂、苏州电力电容器厂、苏州仪表元件厂、苏州第一光学仪器厂等,都在1958年建成投产,成为苏州工业经济的重要组成部分。但由于"二五"计划是在当时全国上下急于求成的思想指导下制定的,因而许多发展指标脱离实际。在随后到来的"大跃进"运动中,许多指标又不断地被调高,严重违背了经济社会发展的客观规律,致使"二五"计划所定的发展指标根本无法实现,最终沦为一纸空文,并给经济社会发展带来了很大的负面影响。这是苏州经济社会发展探索道路上的一段曲折历程,也是应该吸取的教训。

二、整风运动和反右派斗争

(一) 中共党内整风运动的展开

为了使全党主动适应社会主义改造基本完成后面临的新形势,提高党在社会主义条件下的执政能力,更好地发挥主动性和创造性,团结、带领全国人民掀起社会主义建设的新高潮,1957年4月,中共中央发出《关于整风运动的指示》,决定在全党开展一场以反对主观主义、宗派主义、官僚主义为内容的整风运动。

苏州市的整风运动是在中共中央的指示下发后迅速开始的。为了深入推动党内整风运动的开展,地委、市委多次号召党外人士对党在各方面工作中存在的缺点与错误进行批评,鼓励工商界人士根据"百花齐放,百家争鸣"的方针,消除顾虑,揭露矛盾,大胆"鸣放",帮助党进行整风,改进领导。要求各级党组织、党员务必广开言路,虚心听取党外人士的批评;鼓励党报、党刊大胆揭露矛盾、批评缺点,争取在整风运动中调动一切积极因素,不断调整与改善党和人民群众的关系。

5月22日,市政协召开第一届委员会第三次全体会议的预备会议。市委第一书记吴仲邨在会上指出,党内滋长的自满情绪,工作中存在的官僚主义、主观主义和宗派主义,只有党外人士帮助把矛盾揭露出来,经过批评斗争,才便于解决矛盾,达到新的团结。在6月上旬市政协第一届委员会第三次全体会议期间,全市"鸣放"形成一次高潮,仅工业、财贸、文教三个系统就召开座谈会705次,提出意见26 820多条。

为听取党外人士的批评意见,市委和各民主党派还召开了一系列各种形式的座谈会,各界人士在会议上踊跃发言,拥护党的整风决定,同时对党的工作中存在的官僚主义、主观主义和宗派主义及各种缺点和不足提出批评意见。如在民主党派代表座谈会上,一名民革苏州市筹委会委员提出,党员和民主党派成员之间关系不够融洽,表面和气,实际上有隔阂;在民主促进会召开的一次座谈会上,一名教师提出,教育部门高高在上,官气十足,校长不熟悉业务工作,学校党群关系不正常,群众不敢对党说心里话;在农工民主党召开的一次座谈会上,一名医生说,单位里有人在《新苏州报》上写文章批评单位领导,领导就用各种方法查找写文章的人;在民主建国会召开的一次座谈会上,一名公私合营厂的副厂长说,市委书记到厂里来了解情况,从领导到群众都谈过话,就是不找私方人员谈话,让人很难理解。

江苏师范学院党委采取开门整风的办法,多次召开校内各民主党派负责人和无党派教师、职工代表座谈会,对学校存在的官僚主义、主观主义、宗派主义提出意见。

有的教师提出,高等教育学习苏联经验,存在严重的教条主义,以命令主义推行教条主义的现象时有发生;有的教师提出,中共党员表现得好像高人一等,不尊重非党老教师的问题很严重;有的教师提出,学校管理比较混乱,校务委员会形同虚设。

随着各种座谈会的召开,党外人士的顾虑逐渐减少,不少人坦率陈词,揭露矛盾,大胆批评,"鸣放"现象日益高涨。在"鸣放"过程中,党外人士一般都能做到开诚布公、各抒己见,对党的工作提出许多批评意见。这些意见主要反映了苏州各级党组织在处理与民主党派的关系、与知识分子的关系、与工商界私方关系等方面存在的一些问题。党外人士对地委和专署、市委和市政府在执行党的方针政策中出现的偏差,也提出了许多改进的建议。应该承认,就苏州的具体情况而言,这一时期的"鸣放"中,党外人士提出的批评意见尽管有些较为尖锐,但大都还是符合实际情况的。提出的这些问题,基本都属于主观主义、宗派主义和官僚主义性质的范畴。这些问题的产生,有的是因为经验不足,不了解在执政条件下如何处理党和非党群众的关系;有的则是在当时条件下工作中极易发生的。通过这些批评,市委和各级党的组织更清楚地看到了工作中存在的缺点、错误,这对于市委和各级党的组织更好地克服主观主义、宗派主义和官僚主义,改进工作作风,是有很大帮助的。但也不可否认,在苏州的整风运动中,也有少数言论,受到全国整风运动大鸣大放中出现的错误言论的消极影响,存在一定程度上的偏激和片面性。

市委及各整风单位对群众提出的意见,组织专门力量进行逐条梳理。对于急需解决而又能够解决的问题,都及时予以妥善解决;对于有助于改进工作的意见或建议,则指示相关部门虚心接受,力争做到边整边改,借此达到改进作风、促进工作的目的。

(二)反右派斗争的发动

随着整风运动的发展,在全国范围内也出现了一些复杂情况,除了对党的工作作风提出批评的意见外,也有极少数人利用帮助党进行整风的机会,把党在国家政治生活中的领导地位,攻击为"党天下",公然提出党退出机关、学校;抹杀社会主义改造和建设的成绩,否定社会主义制度的优越性,把人民民主专政的制度说成是产生官僚主义、宗派主义和主观主义的根源。这种异常现象,不能不引起党的高度警觉,并被看成是一个危险的政治信号。6月8日,中共中央发出《关于组织力量准备反击右派分子进攻的指示》,《人民日报》发表社论《这是为什么?》标志着反右派斗争的正式开始。其后,省委也发出《关于坚决打击资产阶级右派分子的指示》,明确要求各地把整风运动和反右派斗争结合起来。

不可否认，由于受到当时全国整风运动大鸣大放中出现的错误言论的消极影响，在苏州市的整风运动中，也有挑拨党群关系的少数言论出现，甚至有人公开说出诸如"整风改正缺点，好比生虫了要吃砒霜，虫多了，一两二两不行，要吃十两"之类的话。根据中央、省委的部署，苏州整风运动的主题也开始转向反右派斗争。6月11日，全市工业、交通、财贸、手工系统的4 700余名生产活动分子举行誓师大会，发表《告全市职工书》，向全市职工发出号召：坚决向资产阶级右派分子的反动言论和阴谋活动进行反击，继续贯彻增产节约，以实际行动保卫和建设社会主义，粉碎右派分子的进攻。为加强对反右派斗争的领导，引导群众批判右派分子的言论，市委成立反右派斗争领导小组，并在《新苏州报》连续刊载整风运动开展以来全国各地右派分子发表的有代表性的错误言论。

工商、文教、医务界等私营工商业者和知识分子集中的地方，成为苏州反右派斗争的重点领域。6月12日，市委召开各民主党派负责人和非党局、处长座谈会，讨论反驳右派分子言论问题。其后，各民主党派、市工商联、大专院校召开各种形式的会议，批判右派分子的反动言论。民建苏州市委召开成员大会，对民建系统某些人在"鸣放"中散布的言论给予批判；民建苏州市委还与市工商联一起召开联席会议，对工商联系统的右派分子进行揭发批判；民盟苏州市委也多次召开座谈会，对民盟苏州市委部分领导成员右的言论进行揭发批判；江苏师范学院召开反右派斗争誓师大会，驳斥"教授治校""贤者就任"等言论。

7月2日，市委召开文教、卫生系统职工代表会议，进行反右派斗争动员，号召全市文艺、教育、医务工作者揭发批判右派分子的言论。此后，反右派斗争成为整风运动的主题内容，运动的方式由原来和风细雨的个别交谈、小组会、生活会，发展到疾风暴雨式的大鸣大放、大字报、大辩论等形式，凡是被定性为有右派言论的单位，都开展了声势浩大、紧张激烈的声讨批判右派分子的斗争。在7月中下旬召开的市第二届人民代表大会第二次会议上，与会代表肯定"一五"计划以来苏州工农业和文化战线上取得的成绩，并以苏州从一个消费型城市发展成为一个生产型城市的事实，驳斥右派分子"今不如昔"的观点。会议号召全市人民粉碎右派分子的进攻，把全市的反右派斗争推向新的高潮。

（三）反右派斗争的深入开展

在民主党派、工商联和大专院校等单位开展反右派斗争的同时，全市第一批开展整风单位的"鸣放"持续进行。到8月中旬，第二批整风单位中的23个市属工厂也开始进行整风。8月24日，省委做出继续深入开展反右派斗争的部署，要求各地反右派斗争在原有基础上彻底地"鸣放"、揭发。9月2日,中共苏州市第一届代表大会第二次会议召开。会议通过《认清形势,总结经验,把整风运动和反右派斗争进行到底》的报告,总结前一段时间的反右派斗争,再次要求党内外干部,对新中国成立以来党的各项工作和方针、政策、规章制度以及历次政治运动提出意见,在全市范围内继续全面、深入地开展整风运动和反右派斗争,并号召全体党员在实践中逐步学会整风、反击右派分子和争取中间群众三方面的本领。

全市广大干部、职工响应市委的号召,积极进行"鸣放"、批判。到11月初,全市干部共贴出大字报7.1万余张,提出意见8万余条。内容从领导作风到工资福利、从本部门工作到国家大事,可谓畅所欲言。市委组织部的大字报,就工业与农业、工人与农民、工农干部与知识分子干部等10个问题发表意见;市手工业管理局的大字报,对领导作风、支部工作、肃反运动、工资改革等提出看法;市公安局召开了近30次座谈会,就干部福利、干部遗留问题、三大改造、历次政治运动等进行集中"鸣放"。第二批整风单位中率先开展整风的23个市属工厂企业也发动职工进行"鸣放",各厂写大字报、开座谈会形成风气。到11月初,23个市属工厂企业共贴出大字报2万余张,提出意见近3万条。11月下旬,全市工业(除已经开展整风的87个厂矿企业外)、财贸(公私合营商店940余户及区属自负盈亏合作商店)、手工业(市属5个社、区属67个社)、交电(5个企业)等第二批整风单位开始整风,参加整风的人员共计9.8万余人。广大职工在短短几天内就贴出1.3万张大字报,提出意见近2万条,内容涉及领导作风、公私合营、农业合作化、粮食统购统销、工农关系、工资福利、市场管理、干部政策、建党建团等方面,充分体现了广大职工帮助党进行整风的热情。在层层发动、反复动员的基础上,全市各级党政机关、民主党派、厂矿企业、学校、医院、文艺文化单位都形成了"鸣放"高潮。

根据省委关于地委、县委的整风可以安排到秋收前后,以及农村党委整风与工作两不误的指示精神,专区的整风运动时间稍有推后。9月17日,地委对地专机关全体干部做进一步整风动员,继续在地专机关开展整风运动并进行反右派斗争。其后,地委文教部对全区文教系统的整风运动和反右派斗争做出部署。10月29日,地委制定《关于全区整风反右和社会主义教育的规划(草案)》[简称《规划(草案)》]。《规划(草案)》对全区各机关、各系统、各行业的整风与反右派做出明确规定,要求全区范围的整风运动和反右派斗争在1958年4月底以前基本结束;文教系统部分单位可适当延长到1958年暑假。根据《规划(草案)》,地专机关及专区各县普遍进行"鸣放"、揭批、整改,整风运动和反右派斗争在全区逐步形成高潮。

为贯彻落实中央提出的边整边改和反右派的精神,市委于1957年10月23日成立了人民民主制度、肃反政策、基层工作专业小组,经济、计划、物价政策专业小组等8个整风问题专业研究小组,整理"鸣放"过程中提出的意见。"鸣放"中提出的意见大多是善意的批评,一定程度上揭露了当时党内存在的官僚主义、主观主义和宗派主义,提出了一些中肯的建议和改进措施,但也有部分意见受当时社会思潮及个人因素的影响,措辞偏激,说了过头话、错话甚至"反动言论"。这些"反动言论",有的是对某一个具体问题所发表的个人意见,有的是对一些历史事件所表述的个人看法,但在当时的形势下是不能够被容忍的。市委根据中共中央发出的《划分右派分子的标准》和省委《关于划定右派分子的批准权限的规定》,做出了划定右派分子的具体规定。市委整风领导小组先结合"鸣放"中的言论进行排队分析,确定右派分子名单;各整风单位再根据"依靠左派、团结中间派、分化右派"的政策,召开各种辩论会。辩论时,一般是抓住右派分子"鸣放"材料中的主要错误观点,用"摆事实、讲道理"的方法加以驳斥,使他们在"事实"面前低头认错;其后进一步揭露右派分子向党进攻和反党反社会主义的本质,要求他们写出检查,并给他们戴上右派分子的帽子。从1957年10月起,又在工商界和民主人士中开展了所谓的"交心运动",并对交出来的被认为有问题的言论进行反击。至1958年5月,苏州市的党内整风运动和反右派斗争基本结束,共有33.4万人参加整风运动,共揭出右派分子944人。[1]此外,还划了一大批反革命和坏分子。

1957年10月23日,地委也根据中共中央《划分右派分子的标准》和省委《关于划定右派分子的批准权限的规定》,就划分右派分子的工作做出具体规定。至1958年1月,地专机关的党内整风运动和反右派斗争基本结束,共揭出右派分子20人。在专区各县(市)整风运动和反右派斗争基本结束前,地委整风领导小组针对一些亟待明确的问题发出通知,要求各县(市)在给右派分子戴帽子前,必须慎重研究,以免错划、漏划;对右派分子一律不要急于处理;工商界右派分子比例原则上参照机关单位。到5月初,专区各县共有59.814万人参加整风运动,1536人被划为右派分子。详见下表:

---

[1]《关于摘掉确实表现改好了的右派分子帽子的总结(初稿)》(原件无成文者),1959年12月28日,苏州市档案馆藏,档号A1-12-1957-441。这是多数档案文献中的说法。此外,还有917人、920人、922人、923人等多种说法。参见苏州市革命委员会人事局:《关于错划右派改正后安置的情况汇报》,1979年10月13日,苏州市档案馆藏,档号C2-1-1979-37;中共苏州市委统战部:《关于复查错划右派改正工作中一些问题的请示报告》,1982年7月3日,苏州市档案馆藏,档号A5-1-1982-72;中共苏州市委统战部:《关于处理错划右派改正工作遗留问题的请示报告》,1983年5月25日,苏州市档案馆藏,档号A5-2-1983-327。这从一个侧面说明,当年的反右派运动并不是很严肃的。

表 2-1 苏州专区右派分子及其处理情况统计表

县别	参加运动人数	右派分子 人数	右派分子 占参加总人数%	劳动教养 开除	劳动教养 不开除	劳动教养 %	监督劳动 人数	监督劳动 %	留用察看 人数	留用察看 %	另行分配工作 人数	另行分配工作 %	降职降薪 人数	降职降薪 %	免予处分 人数	免予处分 %	尚未 人数	尚未 %	中右分子受处理人数 人数	中右分子受处理人数 %	原作为斗争对象	揭出反革命、坏分子人数	右派言论人数	反社会主义分子人数
江阴	6 790	167	2.45	7	—	4.19	35	20.95	59	35.39	1	0.59	15	8.98	6	3.59	44	—	31	0.45	7	4		
无锡	4 840	114	2.35	2	2	3.50	15	13.15	—	—	2	1.75	2	1.75	2	1.57	89	—	160	3.30	40	1		
常熟	5 399	183	3.38	1	13	7.65	61	33.33	45	24.59	7	3.82	9	4.91	1	0.54	46	—	147	2.72	94	13		
太仓	3 253	63	1.93	—	4	6.34	25	39.68	3	4.76	1	1.58	15	23.80	1	1.58	14	—	23	0.70	15	14		
昆山	3 452	97	2.81	18	1	19.58	52	53.60	23	23.71	2	2.06	—	—	—	—	1	—	83	2.40	21	23		
吴县	5 177	118	2.27	1	3	3.38	39	33.05	21	17.79	9	7.62	4	3.38	10	8.47	31	—	109	2.10	12	28		
震泽	1 069	26	2.43	2	—	7.69	11	42.30	2	7.69	—	—	—	—	—	—	11	—	36	3.26	14	18		
吴江	3 408	93	2.72	8	5	13.97	28	30.10	7	7.52	7	7.52	—	—	1	1.07	37	—	56	1.64	4	31		
地专机关	1 724	47	2.73	9	—	19.14	27	57.44	8	17.02	1	2.12	—	—	2	2.12	—	—	3	0.17	33	13		
8县及地专机关总计	35 112	908	2.58	48	28	8.37	293	31.93	168	18.50	30	3.20	45	4.95	23	2.53	273	—	648	1.84	240	145	108	118
武进	6 523	169	2.59	16	10	15.70	87	51.50	35	20.83	9	5.32	6	3.57	5	2.98	—	—	—	—	24	2		
青浦	2 366	66	2.79	3	3	9.07	36	54.54	3	4.54	1	1.52	5	7.58	2	3.02	—	—	—	—	35	14		
松江	4 287	121	2.82	4	1	4.10	29	23.90	5	4.10	2	1.65	1	0.82	—	—	—	—	—	—	163	20		

（续表）

县别	参加运动人数	右派分子 人数	右派分子 占参加总人数%	处理情况 劳动教养 开除人数	处理情况 劳动教养 不开除人数	处理情况 劳动教养 %	处理情况 监督劳动 人数	处理情况 监督劳动 %	处理情况 留用察看 人数	处理情况 留用察看 %	处理情况 另行分配工作 人数	处理情况 另行分配工作 %	处理情况 降职降薪 人数	处理情况 降职降薪 %	处理情况 免予处分 人数	处理情况 免予处分 %	处理情况 尚未 人数	处理情况 尚未 %	中右分子受处理人数 人数	中右分子受处理人数 %	原作为斗争对象	揭出反革命、坏分子人数	右派言论人数	反社会主义分子人数
奉贤	2 527	69	2.73	5	1	8.70	26	37.68	11	15.64	3	4.35	2	2.90	1	1.45	—	—	—	—	47	11		
金山	2 890	54	1.90	2	6	14.82	23	42.60	12	22.23	5	9.25	1	1.85	5	9.25	—	—	—	—	15	7		
南汇	3 054	71	2.32	2	6	11.20	44	62.00	11	15.50	1	0.13	5	0.70	2	0.30	—	—	—	—	131	65		
川沙	3 055	78	2.55	1	5	7.70	15	19.20	2	0.26	—	—	—	—	2	0.26	—	—	—	—	66	185		
15县反地专机关合计	59 814	1 536	2.57	81	60	9.18	553	35.8	247	16.10	51	3.32	65	4.23	40	2.60	—	—	—	—	721	475		

资料来源：《苏州专区各县和地专机关右派分子数及反对右派分子处理情况统计表》，1958年5月7日，苏州市档案馆藏，档号H1-12-1958-13。

原表说明：①吴江县右派分子中有3人是代课教师，1名老年教师被勒令退职。②昆山县和松江县右派分子中各有2人自杀身亡。③奉贤县右派分子中有2人是民办教师，已清洗回家，划右后解聘，送当地进行政治监督。

本书作者附注：本表虽制作于1958年5月7日，但其中的统计数据应形成于4月中下旬。另，表格中"占参加总人数"栏部分数据因四舍五入而有误差，原件如此。

到9月,整个运动全部结束后,全区共划出1 600多名右派分子(含随后不久划归上海市的原松江地区6个县)。[1]

苏州地区的中共党内整风运动和反右派斗争,开始时以正确处理人民内部矛盾为主题,发动群众帮助党整风,反对官僚主义、主观主义和宗派主义,其出发点是好的;对反对中国共产党的领导、反对走社会主义道路的言行进行批判和反击是必要的。但是,敌视社会主义的人毕竟只是极少数。由于对当时阶级斗争的形势估计过于严重,反击的具体做法不够恰当,以致把一大批"只是对本单位领导提了一些尖锐意见的"[2]知识分子、原工商界和爱国民主人士以及中共党内部分干部错划为右派分子。右派分子有的被撤职或降职,有的被调离原岗位或送农村监督劳动,有的被开除公职、送农场劳动教养,有的甚至被判处刑罚,不仅对其本人造成难以估量的伤害,而且轻率地改变了中共八大对国内主要矛盾的判断,给社会主义事业带来了不应有的损失,其最直接的后果就是导致紧随其后的"大跃进"和人民公社化运动的发动。

第二节 "大跃进"和人民公社化运动

一、"大跃进"运动的发动及其具体表现

(一)农业"大跃进"运动的发动

1957年10月,中共中央发出《1956年到1967年全国农业发展纲要(修正草案)》(简称"四十条")[3]。"四十条"是在我国第一个到第三个五年计划期间,

---

[1] 关于苏州专区的右派数字,难以精确统计。一方面是因为专区的行政区划变动频繁,如原松江地区6个县在反右运动期间先是被并入苏州专区,不久又被划归上海。原属专区的武进、无锡、江阴等县先后被划归镇江专区(市)、常州专区(市)和无锡市,震泽县于1959年被撤销,1962年又增设沙洲县。每一次行政区划的变动都会影响右派数量的统计。另一方面是因为县级的反右运动结束较晚,有的地方要一直延续到1959年下半年。在反右高潮结束后,未见有相关的完整统计数据。在对错划右派进行改正的20世纪80年代中期,多份文献曾提及全市[含市区和所辖6个县(市)]共划错划右派2 473人。见中共苏州市委统战部:《关于落实各项统战政策的综合情况》,1985年1月22日,苏州市档案馆藏,档号A5-2-1985-402;另见苏州市委统战部:《改正错划右派遗留问题情况统计表》(报省材料),1985年10月,苏州市档案馆藏,档号A5-2-1985-403。如此看来,6县(市)共错划右派1 529人。这一数字似应包括部分在外地被划为右派后迁回本地以及1969—1970年被划的右派分子。

[2] 中共中央党史研究室:《中国共产党历史(第二卷)》(1949—1978)上册,中共党史出版社2011年,第456页。

[3] 《1956年到1967年全国农业发展纲要(草案)》是中共中央在1956年1月提出的;1958年10月,党的八届三中全会根据两年来一些事实的变化和工作的经验,做了一些必要的修改和补充,形成《1956年到1967年全国农业发展纲要(修正草案)》;1960年4月,第二届全国人民代表大会第二次会议根据变化了的情况,讨论并通过了《1956年到1967年全国农业发展纲要》。

为迅速发展农业生产力,以便加强社会主义工业化、提高全体人民生活水平的一个纲领。"四十条"对农村的发展蓝图做了大致的规划,对 1956 年到 1967 年 12 年间的粮食亩产量做了具体数量规定[1],并为实现农业生产的全面高产要求制订了若干重要的增产措施。10 月 27 日,《人民日报》发表题为《建设社会主义农村的伟大纲领》的社论,要求"有关农业和农村的各方面的工作在 12 年内都按照必要和可能,实现一个巨大的跃进",从而在党中央机关报上提出了"跃进"的口号。11 月 13 日,《人民日报》又发表题为《发动全民,讨论四十条纲要,掀起农业生产的新高潮》的社论,号召批判右倾保守思想,"在生产战线上来一个大的跃进"。"四十条"的发布、宣传和实施,实际上开始了对农业"大跃进"的发动。

1958 年是"二五"计划的第一年,也是苏州提出"苦战三年、根本改变面貌"的第一年。当时的宣传口号是"五年看三年,三年看头年,头年看冬春"。1957 年冬至 1958 年春,全区开展了大规模以农田水利建设与改良土壤为中心的农业生产高潮。如常熟县委提出:"大干一冬春、挖土二亿一,实现共产主义高级水利化""向河索肥,向地要粮"。经过一冬春的突击跃进,全区共完成土方工程 5.1 亿方,超过 1956 年的 20 倍;增积自然肥料 87 亿担,超过 1957 年同期的 8 倍。这实际上已经率先拉开了苏州农业"大跃进"运动的序幕。1958 年初,地委召开县(市)委书记会议,分析全区冬季生产形势,强调坚决反对和克服各种右倾保守思想,使生产在原有的基础上再跃进一步;研究制订提前实现"四十条"目标的具体措施,提出农业"三麦赶水稻、水稻翻一番"计划,全区用 3 年时间使粮食平均亩产量达到 800 斤、5 年平均亩产量超过 1 000 斤[2];并提出在"二五"计划期间实现农业机械化。

苏州专区轰轰烈烈的农业生产"大跃进"之风,得到中央媒体的关注。3 月 1 日,中央宣传部副部长周扬专程到常熟县调研南丰、白茆等乡的冬春生产运动,写成长篇通讯《向常熟人民致敬》并发表于 3 月 19 日的《人民日报》,较为详尽地介绍了常熟县农业生产"大跃进"的情况。4 月 5 日,《人民日报》又发表题为《十分指标,十二分措施,二十四分干劲》的社论,对常熟县 23 个乡在高额丰产竞赛倡议中提出的"十分指标,十二分措施,二十四分干劲"这一口号大加赞赏。4 月 9 日,中央新闻纪录电影制片厂专程到常熟县拍摄题为《万马奔腾》的纪录

---

[1]《1956 年到 1967 年全国农业发展纲要(修正草案)》提出:从 1956 年开始,在 12 年内,粮食每亩平均年产量,在淮河、秦岭、白龙江以南地区,由 1955 年的 400 斤增加到 800 斤。

[2] 苏州虽为鱼米之乡,但按当时正常年景的生产水平,小麦亩产量为 75 公斤左右,水稻亩产量在 250 公斤左右,即平均亩产量为 325 公斤左右。

片。其后,该厂又到常熟县拍摄《乘东风破万里浪》纪录片,集中反映常熟县农业生产"大跃进"的情况。一时间,中央媒体聚焦于常熟县。

在年初市委召开的全市党员干部会议上,市委第一书记吴仲邨提出,争取1958年全市在经济战线上和思想战线上都来个"大跃进",打响第二个五年计划的头一炮;要求在以后的"双反"(即反保守、反浪费)运动中以反保守为中心,强调反保守是实现又红又专、全面工作"大跃进"的关键,号召全市党员干部全面检查和克服右倾保守心理,鼓足革命干劲,把各项规划、指标订得更先进。2月3日,市委公布《关于苏州市贯彻执行全国农业发展纲要(修正草案)的规划(初稿)》,明确要求郊区苦干1年,提前7年完成"四十条"规定的任务。一时间,田野里、池塘边、河岸旁,处处红旗招展,广大农民群众敲冰挖泥积肥、扫雪挑土修圩,整个郊区农村完全沉浸在热火朝天的"大跃进"劳动热潮之中。"大跃进"的亢奋也打破了人们围炉谢岁的习惯,在春节这一传统节日,郊区有1.5万人奔走在田野间,泥浆斑斑的衣衫代替了节日的新衣,"嗨唷嗨唷"的号子声代替了节日的锣鼓声,成为"大跃进"的一个音符。在省委提出粮食方面"苦战5年,提前实现800斤"的号召后,市委随后提出"苦干3年,实现千斤区"的口号,对农作物产量的计划严重浮夸,全市农业生产"大跃进"的氛围日渐浓厚。

当农民向河塘要肥料,向土地要粮食,顽强"跟大自然进行搏斗"之时,一个以支援农业生产为中心的工业生产高潮在苏州也逐渐形成。市委和市人委修订了《关于第二个五年计划期间苏州市地方工业发展纲要(草案)》,将1958年地方工业总产值计划数,由4.5亿元增至5亿元,并向全市广大职工群众发出"苦战一百天,完成六大指标"[1]的号召。在这次工业生产高潮中,市总工会发起了一个声势浩大的"人人赛诸葛,个个献计策"的群众性技术革新运动,工业领域也随之涌现出许多跃进式的成果:苏州机械厂工人改进的自动筛机,工作效率提高了15倍;铸造机械厂改进的牛头刨,成本减少300元;农业机械厂工人一昼夜制造出万能粉碎机;小型万能拖拉机、放大5 000倍的显微镜、无经轴织绸机等纷纷宣告试制成功。[2]

中共八大二次会议正式提出社会主义建设总路线之后,以片面追求工农业生产、建设高速度为标志的"大跃进"运动在苏州进一步开展起来。到6月夏收

---

〔1〕 "六大指标"分别为:完成1958年计划的45%至50%;达到全年质量指标;完成农村夏收夏种需用的农业机械;完成全年上缴利润的45%至50%;基本完成全年基本建设任务;保证生产上的安全。

〔2〕 此时宣告研制成功的新产品、新工具,应区别对待:有的确系劳动人民智慧的结晶;有的则是浮夸的产物。

夏种后期,苏州农村地区的小麦大面积"丰收",产量层层加码,"高产卫星"竞相上天,"丰产"喜讯捷报频传,亩产量 300 斤、500 斤、1 000 斤一路攀升,甚至出现了亩产 6 000 斤小麦的"高产"典型。

为了适应"大跃进"运动的形势,加强工农业协作和加速农业发展,7 月,省委决定将苏州市委划归苏州地委领导,省人民委员会第十二次会议也随之决定将苏州市划归苏州专署领导。[1] 此时,苏州农业"大跃进"已经愈演愈烈。一些乡镇早已提出"水稻亩产超万斤",甚至提出"再加一把力,亩产一万五有把握,二万斤有希望"的口号。在棉花生产方面,提出全区 167 万亩棉田中争取有 10 万亩亩产量达到 350 斤至 500 斤皮棉的棉田,50 万亩亩产量达到 200 斤以上皮棉的棉田。[2]

为保证实现跃进目标,地委和专署提出"担肥斤粮"的口号,增施肥料,改进施肥技术成为当时主要的跃进手段。地委为此专门成立了"三土"(土化肥、土农药和土水泥)办公室,组织和发动人民群众大搞"三土"运动。以棉花种植为例,每亩施肥量要求相当于猪粪 50 担至 60 担肥效的肥料。但是,由于肥料总量的急剧增加是通过"烧土窑积肥"等非常规手段达到的,肥料的质量已经大大下降。

以改善劳动条件、提高劳动效率为目的,农村各地积极推广新式农具。至 1958 年年底,全区共推广新式农具和改良农具 500 多万件,基本上达到了把旧式农具改良一遍的目的,其中比较成功又受群众欢迎的工具有各种人力畜力绞关、滑轮式深耕犁、蟹螯型收割器、三麦播种机、畜力风力脱粒机、木制水力戽水机、插秧机等 30 余种。推广新农具和改良农具,在一定程度上减轻了劳动强度,缓解了"大跃进"兴起后农村劳动力短暂不足的矛盾,提高了生产效率,但许多发明创造设计不合理,材料不适宜,制作粗糙,根本不具备实用价值。如将只有北方耕作才能使用的双轮双铧犁引进苏州,其实就是单犁,苏州也很难使用。

为增加农作物产量,以深翻密植为中心的一系列革新措施也广为推行。以

---

[1] 1958 年 2 月,苏州、松江两专署合并为苏州专区,苏州专区辖常熟市、吴县、常熟、昆山、吴江、太仓、江阴、无锡、武进、震泽、川沙、青浦、南汇、松江、奉贤、金山 16 个县(市);1958 年 4 月,常熟市撤销,苏州专区辖 15 个县;1958 年 7 月,苏州市划入苏州专区,无锡县划入无锡市,武进县划入镇江专区,苏州专区辖 14 个县(市);1958 年 11 月,原属于松江专区的川沙、青浦、南汇、松江、奉贤、金山 6 县划入上海市,苏州专区辖 8 个县(市);1959 年 4 月,震泽县撤销,苏州专区辖 7 个县(市);1962 年 1 月,沙洲县设立,苏州专区辖 8 个县(市);1962 年 5 月,无锡县划入苏州专区,苏州专区辖 9 个县(市);1962 年 6 月,苏州市改为省辖市,苏州专区辖吴县、常熟、昆山、吴江、太仓、江阴、沙洲、无锡 8 个县。这一行政区划设置一直延至 1983 年 2 月。

[2] 按苏州当时正常年景的生产水平,棉花亩产皮棉为 50 斤左右。

小麦种植为例,要求田块深翻1尺,每亩播种量增加到净种25公斤以上。由于不适当的深翻、密植翻乱了土层,浪费了种子,严重脱离小麦的种植施种实际,造成第二年小麦的减产。其他如预防涝害、消灭杂草、彻底治虫、选留良种等常规措施在当时也被广泛采用。

在1958年10月1日专区举行的庆祝国庆大会上,地委第三书记、市委第一书记吴仲邺在报告中讲到:苏州人民放了一颗农业"卫星",全区粮食产量空前丰收,预计将从1957年的25亿公斤,增加到1958年的100亿公斤。其实,即使根据统计部门1958年的统计数据,农业"大跃进"的第一年,全区粮食总产量也只有53亿公斤。苏州农业的"高产",在全国引起广泛关注。11月初,全国水稻丰产科学技术交流会在苏州召开。来自全国27个省、市、自治区的450位参会代表,先后参观了常熟县大义公社和全国水稻丰产模范陈永康所在的松江县东风公社,学习苏州水稻大面积丰产的经验。

农业"大跃进"期间的种种举措,人民群众对此存在着不同的声音,这从当时地委党校整理的部分来自农业战线的学员关于"大跃进"的"鸣放"材料中可窥一斑。如常熟县南丰公社团训班的赵务光认为:"大跃进"任务多,时间短,滋长了干部的强迫命令;开夜工,求形式,不求工效,对劳动力不爱护;用青胖稻核产,自己骗自己;点灯治虫钞票浪费不少,效果不大。常熟县兴隆公社的周海金说:"高指标不一定高产量,报上登亩产10万斤,我不相信,粮食亩产上过于夸大。"常熟县王市公社的陈二男指出:"'大跃进'只讲干劲,将床搬到田头,是形式主义,只有干劲而效果少,今年稻产1千斤,去年却是1万斤,脑筋不扎根。"太仓县沙溪公社的于同道讲:"产量浮夸,当时报上登5万斤我不信,后来别人去看了回来说'这是吹',是采取几亩田拼在一起,称了一次又一次,我认为过去汇报情况不实,应受到处分,报3万斤、5万斤、10万斤,假的还是真的?"吴县养殖场的钟德胜也说:"群众反映'会上邀功,家里空空',你高我比你还高,生产指标严重脱离客观实际。"

据1958年统计部门的统计,在农业生产"大跃进"形势下,采取"最有效"措施的苏州,把低产变为高产、高产变为更高产,农业"大跃进"第一年,全区农业生产获得了前所未有的丰收,粮食和棉花都提前完成了"四十条"规定的任务。粮食平均亩产565公斤,总产量达到53亿公斤,比1957年翻了一番;按人口平均计算,全区每人粮食711公斤。棉花平均亩产皮棉42.75公斤,总产量达到6 674万公斤,比1957年增加了65.8%。在当时全社会"跃进"的氛围中,这些统计数据无疑具有浮夸的成分。

(二) 全民大炼钢铁与工业"大跃进"的全面展开

"大跃进"在工业方面的表现,首先是钢铁产量指标的不断提高。1958年6月中旬,国家计委向中央提出新的《第二个五年计划要点》。新的《第二个五年计划要点》认为,以钢铁为主的几个主要工业产品的产量,有可能不用3年就可以赶上和超过英国。此后,中央提出"以钢为纲"的口号,并宣布1958年的钢产量要比1957年翻一番,达到1070万吨。全民大炼钢铁的热潮逐渐形成。

为贯彻中央高速度发展钢铁工业的号召,苏州一边建造炼铁高炉,一边举办高炉训练班,学习炼铁技术。大炼钢铁的第一张成绩单在6月19日揭晓:苏州钢铁厂炼出全省第一炉用贝氏转炉炼出的钢水。7月,市委发出《关于发展钢铁工业的决定》(简称《决定》)。《决定》指出:由于资金少、钢材缺、时间紧,各地必须大办"小土群"(即小型、土设备、群众运动)。"钢铁元帅"一马当先,全市各行各业纷纷响应,数千座小高炉很快就拔地而起,一个全民办钢铁工业的群众性运动迅速形成高潮。当月,由地委第三书记、市委第一书记吴仲邨在民丰苏锅农具制造厂和工人在0.18立方米一号炉上开始进行土法冶炼试验。8月末,民丰式试验炉土法炼铁接连放出3颗"卫星":白煤炼铁利用系数全国第一,烟煤炼铁和冷风炼铁获得成功。

8月28日,地委召开各县(市)工业书记会议和第一书记电话会议,传达贯彻省委钢铁工作会议精神,号召全区人民立大志、鼓干劲、力争夺上游,保证完成钢铁生产任务;明确提出对于完不成任务的县(市),进行纪律制裁。会后,苏州各地先后召开"向钢铁进军"誓师大会,成立钢铁指挥部,从机关到学校,从集镇到农村,掀起全民大炼钢铁运动。据当时的统计,至8月28日,全区共建炼铁炉4567座,生产铁4211吨。根据8月份的钢铁生产完成情况,9月6日,地委再次召开钢铁会议,分析当时的钢铁生产形势,结合钢铁生产计划,分解钢铁生产任务。会议最后提出:为了促进工农业生产的更大跃进,在最短时间内赶上和超过英国,提前1个月完成1958年10万吨钢铁任务(苏州市7万吨、各县共3万吨)。为了更好地完成钢铁任务,9月底,地委又向全区提出"发动人人炼铁、多种多样炼铁"的新要求,力争"10月达到日产钢铁1000吨"的跃进新目标。

为完成不断跃进的钢铁目标,市委发出"猛干十天,建炉万只;苦干一月,出铁万吨"的号召。据当时的统计,从8月5日至9月7日的34天中,全市共堆砌土炉2800余座,参加人数达到28万,其中调集外地农民14万。9月23日,全省高炉高产竞赛大会在苏州召开。会上,苏州胥江钢铁厂发出"关于全省8立方米以上高炉开展高产友谊竞赛的倡议书",提出了"立大志、鼓大劲、争上游、夺冠军、放卫星、跃进再跃进"的行动口号。之后,全市先后组织开展了3次大炼钢铁突击周活动。第一次是9月26日至30日的"国庆建炉周"。各行各业为响应市委和市人委提出的把苏州市建成日产钢铁"千吨市"的号召,机关停止办公,商店、企业大量停业,学校停课,共有20万人参加建炉,续建土高炉502座。第二次是10月15日至20日的"钢铁高额丰产周"。此次突击周,仅高炉操作工和炼焦、运输人员就有5万余人。第三次是10月29日至11月3日的"比赛周",旨在获取"突飞猛进"的成果。

轰轰烈烈的大炼钢铁运动,全区工农商学兵、男女老少幼全民参与,从机关到学校,从商店到里弄,在三四个月的时间内,平地建起了大批炉群。卫星钢铁厂职工利用城墙挖洞筑炉炼铁,除了出渣出铁口用几块耐火砖,整个炉子没有用一块砖头,炉膛是用土制耐火泥直接搪在城墙洞上。在全民大炼钢铁运动中,广大青年积极投身其中,沧浪区团组织发动青年突击建造土高炉522座,就连驻在苏州的人民解放军官兵也一手拿枪,一手炼起铁来;有的居民甚至向市委和市政府表示:"要人有人,要物有物,要房子有房子。"然而,不遵循经济规律的结果便是,大炼钢铁运动所生产出的钢铁,成本高而质量差,多为废品,亏损巨大。据地委财贸部对钢铁生产亏损问题的调查,至11月全区已经生产钢铁93 496吨,但亏损却高达5 872万元,"钢铁卫星"上天是以巨大亏本为代价的。庞大的亏损额迫使土法炼铁不得不于11月中旬相继停止。随后在"以钢为纲"方针的指导下,"小洋群"(即小型、洋设备、群众运动)又全面兴起。苏州依靠上海提供的小高炉全套设备,陆续建起24座小高炉,由于焦炭紧张等原因,这些小高炉时开时停,连续生产的只有胥江钢铁厂、苏州钢铁厂2家。但这些钢铁厂全年所生产的1 170吨钢,因质量不合格,最后也全部沦为废品。

大炼钢铁开始不久后,"全民办工业"的口号又甚嚣尘上。当时,"没有高指标就没有高速度,高速度地发展社会主义生产力是总路线的基本精神"等"左"的思想在社会上很有市场。按照当时的说法是,"提出的指标不仅必须是积极的,而且必须是跃进的"。苏州市工业总产值的指标,从年初的4.5亿元,提高到5亿元、6.6亿元,直至最后提高到8.5亿元。市内到处在办工厂:农业合作社办工厂、学校办工厂、医院办工厂、机关办工厂、商店办工厂、居民也办工厂,党的"全民办工业"的方针变成了广大人民群众的热烈要求。这一年的夏天,几乎每天都有几个工厂投入生产。苏州市搬运公司在建造矿渣水泥厂的过程中没有工具,就买回一台旧磨;没有原料,就用高炉矿渣,混合石灰、石膏制成水泥。随着工业指标的不断增高,工厂的不断增加,全民办钢铁、全民办机械、全民办化工、全民办交通、全民办水泥、全民办砖瓦的"全民办工业"局面逐渐形成。

全民办钢铁、全民办工业带来了很多方面的负面效应。据当时的统计,1958年全市钢产量1 170吨、铁产量31 361吨,工业总产值达到5.91亿元。[1]实际上5.91亿元的工业总产值中,除去国家投资的以外,工业增加值仅为7 888万元;所产的钢、铁因质量原因,也多为废品。全民办钢铁、全民办工业的成效如何,已是一目了然。由于工业企业盲目扩大增人,大批农民进城务工,1958年市区职工总数比1957年增加6.19万人,增幅达42.88%,农村出现抛荒现象;轻工业企业大批职工加入"炼钢队伍"和支援机械、化工、纺织等行业,大批合作社合并、转产,日用小商品生产急剧下降,轻、重工业比例失调,全市生产资料的产值占工业总产值的比重,从1957年的27.67%上升为41.57%,消费资料的产值从72.33%下降为58.43%,从而造成市场严重缺货,人民生活水平普遍下降;很多行业屡经折腾,损失惨重,如市化学工业原定投资663万元的30个项目在全民大炼钢铁时全部停止,后来全民办化工时,各区、街道又纷纷上马,仅土法生产烧碱的单位就有16家,另外还有大批生产土农肥、土农药的企业,但所产化工产品大部分质量低劣,造成很大的浪费。

"大跃进"运动是党领导人民在探索建设社会主义道路过程中的一次严重失误。"大跃进"运动的发生不是偶然的,而是有着它的历史必然性。在当时的背景下,社会主义制度在较短时间内建立起来,"一五"计划胜利完成,使得包括苏州人民在内的大多数人愿意相信,党动员和领导人民群众进行社会主义建设,是能够达到从未有过的高速度的。因此,广大人民群众从原则上拥护"大跃进"运动,并且不辞劳苦地为实现各行各业的"大跃进"而努力奋斗。即使有部分群众对"大跃进"中的一些做法提出异议,也没有阻止绝大多数人民群众的跃进热情。在公社化运动中,创建社办工业,大搞农田水利建设,为推动苏州的经济发展和社会进步起了一定的作用。比如,当时苏州新办了一些厂矿企业,后来从中择优发展了一批骨干企业,苏州冶金、电器、仪表、化工、医药等行业由此成型,为以后的发展创造了条件,并培养和锻炼了一批办工业的骨干力量。据1966年统计,当时苏州市339家主要工厂中,有195家是"大跃进"期间建立而后进一步发

---

[1] 此处工业总产值的数据,是当时统计数据。1961年对某些工业产品的产值计算范围进行调整后,1958年工业总产值经重新核算调整为5.81亿元。

展起来的。"大跃进"时期农田水利方面建设的一些重大项目,至今仍在发挥着重要的作用。如太湖流域综合治理规划的骨干工程太浦河、望虞河等都是在1958年人民公社化运动中动工开挖的。文化、科技、教育、卫生等领域的发展,在某些领域也取得了一些实质性的成果,这些都是苏州人民智慧的结晶。但是,所得与所失,是严重失衡的。经济、文化、社会建设有它自身的客观规律,违背这些客观规律,打破常规的发展秩序,过分夸大主观意志的作用,用群众运动的方式开展工作,使得国民经济的各个领域充斥着高指标、瞎指挥和浮夸风,给苏州社会主义建设事业造成了严重的不利影响。"大跃进"运动的教训是深刻的,值得好好反思。

这一时期苏州在经济建设中取得的一些成绩是应当肯定的,但是由于"大跃进"忽视了经济发展的客观规律,夸大了主观意志的作用,因而提出的目标和任务带有极大的盲目性,注定要受到经济规律的惩罚而付出惨痛的代价。"大跃进"和人民公社化运动是党领导人民在探索建设社会主义道路过程中的一次严重失误,教训是十分深刻的。最大的教训就是急于求成,违背了经济和社会发展的客观规律。在运动中,各级党委和政府不仅提出许多脱离实际的高指标和根本无法实现的工作任务,而且把是否实现这些高指标和任务作为重要的政治问题。这样,在党内助长了浮夸虚报、说假话、强迫命令等坏作风的滋长。这些教训给我们最重要的启示是,在任何时候,我们都要坚持马克思主义实事求是的基本原理,坚持群众路线,一切从实际出发,只有这样才能正确地处理好社会主义革命和建设中的实际问题,使社会和经济得到科学和持续的发展。

（三）农田水利建设

1958年8月,在"大跃进"的高潮中,省委召开全省水利工作会议,研究制订以建设梯级河网化为中心的全省水利规划,并针对圩洼、平原、山丘三种不同类型地区的自然特点,分别提出实施农田水利规划的具体治理措施。当年秋冬,苏州广大干部群众响应省委号召,积极投身到轰轰烈烈的水利建设中去,采取多种多样的工程措施,一方面自力更生大搞小型农田水利,一方面由国家投资或补助举办一批流域性、区域性骨干工程,因地制宜进行治理,以解除圩区洪涝危害为重点,全面发展机电灌溉,进而治理渍害,以适应农业生产不断发展的需要。

圩区治理重在联圩建设。昆山、常熟两县率先全面铺开,其中常熟县栏杆圩、西湾圩的"三分开一控制"综合治理的成功做法,在全省推广,为苏南太湖、苏中里下河圩区560多万亩一熟沤田改为稻、麦两熟田提供了经验。由于联圩主要分布在低洼圩区较多的阳澄和浦南区域,是电力排灌优先发展地区,所以吴县、吴江、太仓三县在兴办电力排灌工程的同时,一并进行联圩并圩。联圩由若干鱼鳞小圩合并而成,包进联圩内的河道是原来小圩系统犬牙交错的老河网,一般都存在不系统、不规则、标准低、质量差等缺点,不利于引、排、降、航。为了探索圩区老河网改造、整治的途径,省水利厅于1958年冬按照当时的规划设想,派遣工作组在昆山县城南公社江浦圩和常熟县白茆公社大荡圩两地进行试点。这两个联圩面积均在万亩上下,新河网布局均按排灌分开,使沟能通船,路能行车。由于新开河道较多,规格标准较高,因而土方负担重,动员民力广,挖、压、废面积大,遗留问题较多,排涝能力虽有提高,经济实效并不大。尤其大荡圩,开了新河又缺土源填没老河,新老河并存,使排灌系统更乱,田块更加支离破碎,群众意见较大,使老河网改造工程停顿了一阶段。

平原治理主要是滨江片引潮灌溉工程、高亢片河网化建设和棉区治理。1958年冬,太湖流域治理及其他区域性工程提到了议事日程,决定建设四大水利项目,即开太浦河,辟分洪道;开望虞河,筑控制线;开浏河,集中排低区水;开张家港,引江水灌溉。四大水利项目共投资4 437.26万元,成为该年代苏州水利建设之最。针对高亢平原缺水灌溉是主要矛盾的特点,持续兴修以开辟、扩大灌溉水源,增强防旱能力和提高灌水技术为中心的农田水利。1959年开挖望虞河,贯通江、湖,并建成望虞闸控制引排后,高亢平原灌溉期水位一般可比历史枯水年抬高0.4米至0.8米,具备了水源足、水位稳、扬程低的优越条件。纯棉区因历年浚港堆土泥山较多,形成龟背田与高岗地为主要组成部分的复杂地貌。对纯棉区的治理,主要是从平整土地入手,以解决"有机不能用,有水不能灌",抗旱靠肩挑人抬的突出矛盾。如常熟县徐市乡于1959年平整高低相差近2米的龟背田50亩;开挖沟渠95条,把400多亩高岗田和500多亩龟背田连成一个水系,使原来的"望天田"变成了能引、能排、能灌的"保收田"。据统计,1958年至1960年间,常熟县约有3万亩龟背田和高岗田得到初步平整。但是,这些工程主要建在典型的社队,面上行动尚不普遍。

山丘治理重点是1958年冬开挖位于吴县天池村山谷的白象湾水库。白象湾水库的地形和地基条件均较好,清基深2米即达不透水层。开挖白象湾共填挖土石方8 000方,对当地抗旱和山农生活用水起了重要作用。山区梯田建设在当年也掀起第一次高潮,仅吴县洞庭东山和西山就建造梯田1 000余亩。常熟县动员广大干部、群众前往虞山镇的1.9万亩山地进行绿化造林,为虞山林场后来的发展奠定了基础。为了提高果品生产的抗旱保证率,推行适时适量灌溉制度,以促进花果高产,吴县开始试办山区翻水站工程——"白沙翻水站"。

治理渍害主要依靠水利措施,同时辅以农业措施相配合。为有效治理渍害,苏州大部分县以农田水利试验站为中心,进行麦田地下水位控制试验及调查研究工作,着重试验研究"地下水深度与三麦产量关系""小麦不同生育阶段的适宜地下水深度"以及"沟距沟深对排降地下水速度关系"等课题,为提高治渍认识提供了理论依据。以后,各地又从规划治理角度陆续进行了明沟、暗管、鼠道、暗墒等多种田间工程形式的试点和推广,使农田治渍从科研逐步走向生产应用,推动了治渍工程的发展。各地在实施各项田间治渍工程的同时,还实施土壤改良与种植耕作等农技综合治理措施,改善土壤通透性,调节土壤水、气、肥、温,减轻渍害,促进增产。

但是,"大跃进"、人民公社化期间出现的"浮夸风""一平二调"以及建设步子过急、摊子过大等问题,使有些农田水利基础工程中途调整、尾工多,有些工程不配套、质量差,造成了一定的浪费,挫伤了群众的积极性。

二、农村人民公社化运动

(一)农村人民公社化运动的兴起

"大跃进"运动发动后不久,中央认为随着经济建设高潮的到来,原有的生产关系已不适应经济快速发展的要求,并认为我国实现共产主义社会已经为时不远,必须尽快寻找到一个通往共产主义社会的现实社会组织。1958年8月29日,中共中央做出《关于在农村建立人民公社问题的决议》,指出建立农林牧副渔全面发展、工农商学兵互相结合的人民公社,是指导农民加速社会主义建设,提前建成社会主义并逐步过渡到共产主义所必须采取的基本方针。全国随即掀起了创办人民公社的高潮。

在此背景下,地委农村合作部于9月4日制订了《苏州专区建立人民公社的规划》(简称《规划》)。当时专区有301个乡、5 711个农业生产合作社,最大的1 000户左右,最小的100户左右。《规划》认为,由于农业生产合作社规模小,人力、物力、财力不能高度集中,劳动力难以调度,而且农业生产合作社是纯经济性组织,不能完全包括工农商学兵,因此不能适应"大跃进"的形势,必须迅速实现人民公社化。《规划》拟在10月中旬前分3批建成230个公社,实现全区的人民公社化。9月中旬,地委召开乡党委书记会议,根据中央精神,结合苏州实际,进一步讨论开展人民公社化运动的问题,会上各县(市)制订了本县(市)建立人民公社的规划。此次会议后,全区农村人民公社化运动迅速进入高潮。

由于中共中央《关于在农村建立人民公社问题的决议》中对人民公社的组织规模,小社并大社转为人民公社的做法和步骤,并社中的若干经济政策,以及公社的名称、所有制和分配制度等问题做了具体规定,全区农村的人民公社化运动进展迅速。在全区农村人民公社化运动高潮期间,9月24日,中共中央副主席、全国人大常委会委员长刘少奇视察苏州,到刚刚成立的常熟县大义公社、和平公社等地调研,与基层干部、农民进行座谈,并就农业生产、分配制度等问题发表讲话。

到9月25日,全区共成立285个人民公社,入社农户占农户总数的99.99%,农村基本实现了人民公社化。[1]到10月中旬,经进一步整顿、合并,全区共有277个人民公社,入社164.84万户家庭,入社农户占农户总数的95%,其中一乡一社的237个,两乡一社的22个,三乡一社的6个,三乡二社的7个,七乡一社的1个,一镇一社的4个,平均规模为每社5 950户,其中1 000户以下的1个,1 500至3 000户的7个,3 000至5 000户的89个,5 000至8 000户的148个,8 000至1万户的21个,1万至1.5万户的4个,1.5万至2万户的3个,2万至3万户的2个,3万户以上的2个。[2]在不到1个月的时间内,全区300多万农民全部加入了人民公社。人民公社化运动的进展速度和规模声势,都远远超过了1955年的农业合作化运动。

(二)早期农村人民公社的基本特点

人民公社化是"大跃进"运动的产物。苏州农村人民公社的建立,使农村的政治、经济、社会产生了很大变化。在"左"的错误思想指导下,农村人民公社对农业生产、农村发展和农民生活实行"一体化"管理,并由此带来浮夸风、"共产风"等严重问题。

政社合一。此前,农村实行的是乡社分设的管理体制,其中乡是农村基层政权,农业生产合作社是经济组织,二者职能是不一样的。通常情况下,一个乡领

---

[1] 中共苏州地委合作部:《人民公社化运动的报告》,1958年10月20日,苏州市档案馆藏,档号H5-1-1958-22;《苏州专区人民公社概况》,1959年9月30日,苏州市档案馆藏,档号H5-1-1959-43。据1959年1月的统计,原松江地区6个县划归上海后,全区有163个公社,是由3 533个农业生产合作社合并而成的。见中共苏州地委:《关于整社工作的打算(草案)》,1959年1月2日,苏州市档案馆藏,档号H1-2-1958-129。

[2]《人民公社化运动情况(资料)》(原件无成文者及成文时间),苏州市档案馆藏,档号H5-2-1958-37。

导几个甚至几十个农业生产合作社。人民公社化运动后,人民公社实行政社合一,人民公社既是一种政权机构,也是一种经济组织。乡党委就是公社党委,乡人民委员会就是社务委员会。实行分级管理的体制,在社务委员会之下,再设工业、农业、水利、林业、供销、信用、教育、人民武装等工(工业)、农(农业)、商(交换)、学(文化教育)、兵(民兵)部门。人民公社化前,农业生产合作社之下设生产队。人民公社化后,人民公社之下设大队和生产队[1]。人民公社将农业生产、农村发展和农民生活全部纳入其管理范围,形成以公有制和高度计划经济为基础,将政治、经济、文化、社会、意识形态和资源的分配与再分配、社员个人的生产与生活等全部包括在内的管理体制。

一大二公。所谓"大",就是规模大,是从人民公社的人数和地域上来说的。人民公社是由原来的农业生产合作社归并起来的。苏州原有农业生产合作社5 711个,最大的才1 000户左右,归并后的人民公社277个,平均规模为每社5 950户。所谓"公",就是公有化的程度高。实际上就是通过"一平二调"[2],把经济水平不同、贫富水平悬殊的农业生产合作社合并后,将土地、耕畜、农具等生产资料及其他公共财产全部转归人民公社所有,实行全社统一核算;社员原来经营的自留地以及个人拥有的林木等财产,被收归人民公社所有和经营,并实行部分供给制。在实现人民公社化的1个月中,全区社员群众共交出自留地60多万亩,并交出了全部中型农具、副业工具以及全部零星树木。为消除生产资料方面的私有制残余,共计有100多万头猪也折价归公社所有。自10月5日江阴县马镇公社率先建立公共食堂、实行粮食供给制后,地委和专署认为公共食堂有利于树立"我为人人,人人为我"的共产主义思想,有利于彻底消灭贫困户,号召全区各地学习推广。到10月下旬,全区迅速建起了公共食堂47 917个,91%以上的农民参加了公共食堂。这样,吃饭不要钱的粮食供给制很快在全区人民公社中广泛推广起来。其后,人民公社供给制的范围不断扩展:吃饭、看病、学生上学、儿童入托入园、老人进幸福院、结婚、生育、丧葬、缝纫、洗衣、理发、洗澡、修理农具、文化活动等,一概被纳入供给制的范围。

推行"三化"。根据中央提出的"实行全民皆兵"思想和毛泽东做出的"我们还要大办民兵师"指示,9月下旬,全区上下掀起了一个声势浩大的"全民皆兵"

---

[1] 生产队与大队对应,称为小队。
[2] 所谓"一平二调","一平"是指在公社内部实行平均主义,贫富拉平,主要体现在供给制上;"二调"是指对生产队的劳动力、财物无偿调拨。后来由于基层农民的反对,毛泽东在1960年11月28日批示"永远不许一平二调"。

和"大办民兵师"的热潮,从农村人民公社到城市机关、学校、厂矿企业,在原有民兵组织的基础上,按照组织军事化、行动战斗化、生活集体化的要求,全区青壮年社员基本上以生产队为单位组成民兵连,以大队为单位组成民兵营,以公社为单位组成民兵团,以县(市)为单位组成民兵师,进行军事化管理,吃饭、工作、休息都做到步调一致。它们既是民兵组织,也是生产突击队,劳动力在全公社范围内统一调动。仅10天左右的时间,全区共组建了13个民兵师、274个民兵团、2 466个民兵营、19 728个民兵连,民兵总数发展到158.63万人。

大力兴办福利事业。人民公社化后,为配合推行供给制,全区人民公社掀起兴办公共福利事业的高潮。到10月下旬,全区共建16 318个幼儿园,42 478个托儿所,儿童入托率达81%;331个幸福院,6 968人进入幸福院;4 080个缝纫组;21 376个洗衣组;2 761个浴室。这些福利全部由公社免费无偿供给。与此同时,苏州有的地方还制订了向共产主义过渡的规划。如常熟县白茆公社在过渡规划中就提出:1959年建1座文化宫、40个社员俱乐部、7个图书馆(藏书3万册)、40个综合体育场,举办17所文化技术学校、1所农业大学、7所政治学校。

人民公社的这些特点与做法,带来了一系列严重问题。由于人民公社化运动是在没有经过充分准备、试点的情况下就在全区范围内全面、迅速推开的,广大人民群众对于这一新生事物的出现,没有充分的思想准备,而人民公社对农村社会生活的干预又是全方位的,广大农民尽管不便公开表示反对,或者表面上表示欢欣鼓舞与积极响应,但事实上,不少人内心深处抱有怀疑、抵触甚至反对的情绪。苏州建立人民公社情况的资料记载,人民公社化期间,部分群众担心办了人民公社地大人多,搞不好生产;有些产量高、公共积累多的农业生产合作社干部不愿与产量低、公共积累少的农业生产合作社合并;上中农担心私有生产、生活资料归公:担心自留田饲料田归公、担心投资不归还、担心折价款不了了之、担心副业设备归公、担心家禽家畜和零星树木归公;劳动力强的担心实行工资制不能多劳多得,劳动力少的则担心实行工资制借不到钱,生活难维持;还有人担心入了公社少了自由。

"一大二公"损害了社员利益,使农民对党的政策产生了怀疑,致使有些社员拆房卖屋、砍树伐竹、杀猪宰羊,甚至变卖家产、农具,提取银行存款。由于推行"三化",全区普遍出现计划不周、指挥失灵、缺乏分工等现象。生产上实行大兵团作战,各级领导干部普遍或多或少地滋生了强迫命令和瞎指挥等不良风气,窝工浪工严重,影响了干群关系。为了完成生产指标,证明人民公社的优越性,各地竞放高产"卫星","浮夸风"盛行。由于人民公社经营项目多,资金流转大,既管生产,又管生活,权限不清,责任不明,经营管理混乱,出现了贪污挪用和集体财物损坏、散失现象。尽管报刊上大力宣传供给制和公共食堂的优越性,认为公共食堂有12大好处:"解放妇女;改善伙食;节省劳动力;节省烧柴;节省粮食;节省灯油;节省家具;减少婆媳之间的吵架;减少失火;便于除四害;对改造二流子有利;对群众来说,便于开会,对干部来说,便于领导。"[1]但在实际生活中却远非如此。由于供给部分在分配中占50%至60%,有的地方甚至占80%以上,因而严重地挫伤了广大农民的生产积极性。不少公共食堂没有账目,或账目不清。实行吃饭不要钱和敞开肚皮吃饭后,有些公共食堂一天吃饭五六次,造成公共食堂用粮大量透支。另外,物资匮乏导致的市场供应紧张,也日渐成为社会生活中的常态。

在实现人民公社化运动的过程中,人民公社大办粮食、大办水利、大搞平整土地,进而大办钢铁、大办工业、大办集体福利事业和社会公益事业,苏州人民为此做了大量的工作,付出了艰辛的劳动。但是,由于"左"的错误始终占据主导地位,人民公社追求"一大二公","一平二调"盛行,瞎指挥、命令主义成风,平均主义泛滥,军事共产主义严重,扰乱了社员思想,侵犯了农民的经济利益,挫伤了集体和农民的积极性,违背了生产关系与生产力相适应的规律,从而严重阻碍了农村生产力的发展,使农业经济的发展遭到重大损失。

(三) 社队工业的萌芽

在农村社会主义改造过程中,集镇个体加工业逐步走上合作化道路,分散在农村的家庭手工业成为农业生产合作社中的副业。如常熟县塘桥乡的新生高级社和民联高级社于1957年春联合投资兴办草包工场,生产草绳和草包,有40多台织包机、120多名职工,年利润达到5 000元。1958年中央发出"人民公社必须大办工业"的号召,省委也提出"县县发展工业,乡乡兴办工业,社社积极参加"的口号。此后全区社队工业[2]有了很大发展,以农机修配、粮饲加工、砖瓦烧制、纺织服装等为主的一批主要为农业生产与农民生活服务的小型工业企业破土萌芽。如常熟县杨舍公社在1个月的时间内,兴办起土化肥厂、土农药厂、砖窑厂、缝纫厂、棉织厂、水泥厂、肥皂厂、酒厂、化学厂等大小工厂51家,产品有

---

[1] 《农业社办食堂促生产发展和集体主义思想成长》,《人民日报》1958年7月8日。
[2] 人民公社化以前农业生产合作社兴办的小型工业在人民公社化以后分别转为社(人民公社)办或队(大队)办,两者合称社队工业。

35 种之多。据统计,当年专区社队工业产值达到 6 000 万元。

1959 年,毛泽东对社队工业给予很高评价,指出"我们伟大的,光明灿烂的希望也就在这里"[1]。地委和专署在此鼓舞下,积极贯彻"以农具带头,大抓机械"的方针,有条件的公社相继办起农具农机、棉花加工、纺织服装等具有一定机械化程度的工业企业。如常熟县中兴公社创办中兴铁木业手工联社,生产出一批半自动插秧机。截至 1959 年 7 月底统计,全区仅社办工厂就有 1 936 个,职工达到 93 986 人,当年苏州社队工业实现工业产值 4 435 万元。[2] 该年年底,地委和专署决定在全区范围内普遍建立市、县属大厂与公社挂钩的制度,有力推动了社队工业的进一步兴起。短时间内,全区工厂支援公社各种机床器材 10 万余件,培训技术人员 3 400 余名,并帮助办起了 180 多家社队工业企业。至 1960 年年底,全区社队工业企业达到 1 187 家,务工人数 4.5 万人,占当年农村劳动力的 2.7%。[3]

社队工业是人民公社化时期的新生事物,是广大农民的创造。萌芽阶段的社队企业虽然规模较小、生产力水平低下,但在服务农业生产、人民生活、大工业和外贸出口等方面,都取得了不小的成绩,并初步积累了农村办工业、农民办企业的经验,培养了一批掌握一定工业生产技术和企业管理才能的骨干人员,使苏州成为乡镇工业的主要发祥地之一,为以后苏州乡镇工业的异军突起奠定了一定的基础。应当指出,"人民公社大办工业"的口号是在"大跃进"运动中提出来的,因此不可避免地受到"左"的错误指导思想的影响。苏州广大农村在创办社队工业的过程中,同样存在着一些急于求成的倾向和不切实际的做法,致使一些企业未能正常运行。

三、城市人民公社的尝试

在苏州农村快速人民公社化后,城市人民公社化也渐渐兴起。当时,许多市民对参加城市人民公社抱消极态度,为尽可能快地让城市人民公社成为"改造旧城市和建设社会主义新城市的工具",地委和专署、市委和市人委认为快速实现城市人民公社化的关键在于坚持"政治挂帅",做通居民的思想工作。为此,全

---

[1] 中共中央文献研究室:《建国以来毛泽东文稿》第八册,中央文献出版社 1993 年,第 69 页。
[2] 中共苏州地委农村工作部:《关于整顿社办工业试点情况和今后意见的报告》,1959 年 8 月 28 日,苏州市档案馆藏,档号 H1-1-1959 31。
[3] 此部分社队工业产值等数据的统计区域为现苏州市域范围。中共苏州市委党史工作办公室:《中国共产党苏州历史(第二卷)》(1949—1978),中共党史出版社 2014 年,第 250 页。

区充分利用宣传手段发动群众,展开了一场关于城市人民公社未来美好蓝图的宣传攻势,报纸、广播广泛宣传城市人民公社的"优越性"和"生命力"。在这类宣传报道中,对于不愿入社者,轻则称之为"落后分子",重则冠之以"右倾分子"帽子。在进行广泛宣传的同时,还就建立城市人民公社的问题举行辩论,辩论的主要内容就是集中批判各种对城市人民公社的"错误思想"和"反动言论"。密集的宣传终于取得了明显的效果:1958年9月27日,市区第一个人民公社——长春人民公社在金阊区长春巷办事处成立。至11月3日,金阊、沧浪、平江三区相继成立区人民公社,城区政社合一体制形成。1960年4月24日,地委又发出《关于成立"城市人民公社领导小组"的通知》,要求各县(市)也成立城市人民公社领导小组,决定在全区成立11个城市人民公社。其中,苏州市区3个,各县县属镇8个。

随着城市的人民公社化,城市开始"从社会主义向共产主义过渡":在人民基本生活方面,报纸、广播反复告诫市民:"公共食堂是干不干社会主义的分水岭",是新生活的桥头堡。与农村人民公社一样,公共食堂成为城市人民公社的一大象征。市民实现了生活集体化,取消家庭伙食,到公共食堂集体就餐。但与农村人民公社公共食堂不同的是,城区公社食堂属有偿服务型,居民就餐需付费、付粮票(或自带粮食蒸饭)。在集体福利方面,为了显示共产主义是"人间天堂",各城市人民公社掀起了大办托儿所、幼儿园、服务站、敬老院的运动。工业生产离不开工厂,建设工厂本非一朝一夕之功,但在一片跃进的火热形势下,依靠"小土群"的方法,城市人民公社纷纷创办工厂。虽然公社工业有些方面的积极性是应当肯定的,如成为国营工业的有益补充、缓解了部分轻工业产品的紧张状况、减轻了一定的就业压力。但是,从技术、设备、人员素质各个方面进行综合考察,这些新办的工厂是不符合办厂条件的,具有很大的盲目性。正因为如此,勉强生产出来的一些产品,质量比较低劣,部分产品积压,造成新的浪费。而正是这些新办工厂与原先街道所办的工厂成了城市人民公社工业的支柱。在妇女解放方面,公社积极提倡家务劳动社会化,被"解放"的妇女被安排参加各项工作,从而实现了"变消费者为生产者"的转变。

但是,在国民经济极其困难的环境下建立起来的城市人民公社,非但没有体现出它的"优越性"和"生命力",反而进一步加剧了国民经济的严峻形势,其运转不久就遇到了许多现实困难。城市人民公社的工业并不足以支撑公社集体福利,更为重要的是,到了1960年下半年,为了应对城市粮食供应日趋紧张的问题,压缩城镇粮食销量已成为刻不容缓的任务。至此,城市人民公社难以维系,

"共产主义"般的生活、生产处于半停顿状态。1962年6月,苏州市撤销城市人民公社,重新恢复区、街道办事处的建制。

四、对"左"倾失误的局部纠正与反复

(一)农村人民公社的初步整顿

1958年11月,第一次郑州会议和中共中央八届六中全会相继召开,开始对农村人民公社存在的混乱现象,尤其是各地愈刮愈烈的"共产风""立即进入共产主义"等当时已经认识到的错误着手纠正。1959年2月召开的第二次郑州会议和3月召开的中央政治局扩大会议,主题就是人民公社的整顿问题,要求公社在体制上,实行权力下放,三级管理,三级核算,以队为基础[1];要求对公社化过程中平调的财物"算账"并进行退赔[2]。省委也制定了《关于人民公社的管理体制和若干政策的规定(草案)》,指出"一平二调"使不少生产队和农民的现金收入大为减少,损害了生产队和农民的利益,不利于生产的发展。

为解决农村人民公社化运动中出现的问题,地委和专署、市委和市人委根据中央指示精神和省委部署,按照先行试点再全面推开的步骤,积极采取措施对刚刚诞生的农村人民公社进行整顿,纠正人民公社化运动中一些"左"的做法。当时,农村人民公社通过完善"三包一奖"责任制,明确公社、大队和生产队三者之间的权限,适当调整大队、生产队的规模,建立健全民主管理制度等措施,改善公社的经营管理。通过对人民公社化过程中的无偿调拨进行算账退赔,恢复社员的自留田,积极发展多种经济等措施,调动农民的生产劳动积极性。

首先,完善"三包一奖"责任制。鉴于包工、包产、包成本和超产奖励的"三包一奖"责任制本身具有不完善的地方,如手续不健全、指标过高等,为改善公社的经营管理,在继续推行"三包一奖"责任制过程中,苏州农村各地逐渐将"三包一奖"完善为"四包一奖":包工、包产、包成本、包增产措施和超产奖励,不仅生产队可以向社员实行"四包",而且公社对大队、大队对生产队也可以实行"四包"。在实行"四包"的同时,还根据劳动力的强弱、技术高低、态度好坏,分别评

---

[1] 1959年2月召开的第二次郑州会议提出了"三级管理,三级核算,以队为基础"。此时的"队",有的地方是生产队,有的地方是生产大队,有的地方是管理区,并无统一要求,但主要是生产大队。3月召开的中央政治局扩大会议上,明确规定"生产小队也应有部分的所有制和一定的管理权限"。

[2] 1959年2月召开的第二次郑州会议规定在清理"共产风"问题时,旧账一般不算。3月召开的中央政治局扩大会议上,又决定旧账都要算,要退赔。

定等级,作为发放工资的根据。劳动等级评定后,可根据情况的变化,随时(一般是半年或一年)进行调整。对于超额完成任务的单位和个人给予奖励,并可实行双奖,既可提成奖励,也可工资奖励,或同时兼得。

其次,明确公社、大队和生产队三者之间的权限。为纠正公社权力过分集中,统得过多、过死,经济上平均分配等弊端,调整核算单位,确立以大体相当于原高级社规模的生产大队为基本核算单位,在收益分配上实行工资制和供给制相结合的制度,按劳分配部分和供给部分相当,或稍高于供给部分。并且,注意处理好统一与分管的关系,将公社的权限确定为"五统一、四负责"。"五统一"是指统一制订全社的远景规划、基本建设计划和当年工、农、林、牧、副、渔的生产计划;统一核算全社经营盈亏;统一组织调配劳动力、畜力和生产资料;统一制订分配方案,确定劳动等级、工资标准和供给范围;统一制订各项管理制度和奖惩条例。"四负责"是指负责对国家完成统购任务和财政包干任务;负责对外签订合同、契约;负责领导和监督大队、生产队和国家下放给公社的金融、粮食、交通、文教、福利等企事业单位的经营管理;负责管理全民武装和办理户口、婚姻登记等行政事务。大队的权限确定为"三个保证、七个权力"。"三个保证"是指保证公社生产计划的实现;保证按照公社需要调出劳动力、畜力和生产资料;保证各项制度和财务计划的执行。"七个权力"是指有权根据公社的计划和自身的特点,合理调整种植布局;有权在不影响集体生产的原则下,发展公社没有计划而为社会需要和自身需要的各种农副业生产;有权调度使用大队范围内的劳动力、畜力和生产资料;有权交代或分配所属单位的生产、建设任务;有权根据公社财务包干合理使用资金;有权处理所属单位奖励工资;有权加强所属单位(包括公共食堂等福利事业)的领导和检查,监督其生产、管理、资金运用等。生产队的权限确定为按照公社和大队的要求,根据本队具体情况制订季节和短时段生产计划;合理安排和使用劳动力、耕畜、工具和资金;管理本生产队的公共食堂、托儿所、幼儿园和文化教育等福利事业。

再次,调整大队、生产队的规模。由于人民公社化后,生产队的规模平均比农业生产合作社时扩大了1倍左右,给生产队的生产与管理带来了一系列的问题:干部领导水平跟不上,生产指挥不灵;上下工路途增加,耽误工时;干活分散,社员相互间猜忌之心加重,影响积极性。为解决这些问题,大部分大队与生产队进行了规模调整,一些在人民公社化过程中被强行合并起来、事实证明不利于生产并影响团结的大队、生产队,相继重新分开。调整后生产队的规模变小了,大多数以自然村为单位建队,二三十户组成一个生产队,这样人熟地熟情况熟,更加有利于生产;一村一队一个公共食堂,更加方便生活;人数不多,评工更加便利;居住邻近,更加便于领导。

第四,建立健全民主管理制度。在公社实行"三化"的过程中,有些干部缺乏民主作风,遇事不与群众商量,甚至给持不同意见的群众随便扣上"算账派"的帽子。针对这种情况,地委批转常熟县委《关于"算账派"问题的报告》,指出对待持不同意见的人,不能乱扣帽子、混淆两类不同性质的矛盾;坚持以理服人,改进工作作风。后来,地委和专署进一步要求各地建立健全民主管理制度,包括建立和健全公社和大队的社员代表大会制度,凡是生产建设规划、财政预决算、分配、生产措施、劳动力投放、群众生活等重大事项,必须由社员代表大会讨论通过,然后付诸实行;建立大队与生产队队务委员会以及社办工厂、学校、公共食堂等组织的管理委员会,吸收群众参加,并定期召开会议,以便广泛地吸取群众的意见,及时改进工作;建立休假制度,处理好有计划生产和临时生产、劳动与休整、生产组织与军事组织的相互关系;建立民主选举干部和干部参加劳动的制度。进一步保护干部、群众的积极性,严格规定社队干部不准打人、绑人、骂人、侮辱人格;不准随便强迫社员劳动改造;不准停社员的伙食;明确提出对违反纪律的干部,应根据情节轻重分别给予教育、批评、警告处分,个别作风恶劣、屡教不改的干部,应清除出干部队伍。仅1959年3月底,全区17个整社试点公社就处理了79名违法乱纪干部。

第五,对人民公社化过程中的无偿调拨进行算账退赔。1959年5月,中共中央发出《对算账和召开社代表大会等问题的指示》后,地委和专署要求各地抓紧时间进行算账退赔,并选择常熟、吴县等地的部分社队作为算账、退赔工作的试点地区。以常熟县为例,算账的方法是一层一层算,一边"鸣放",一边算账,一边兑现,一边整改。算账的重点是核查账目的"四对头":即账与账对头,账与单据对头,账与实物对头,账与现金对头。公社主要算四笔账:1958年秋季作物的产量和调拨账;1958年分配的积累、透支账;物资调拨、库存账;国家、公社的兑现账。大队主要算六笔账:农业、副业、非生产收入账,小队各种作物的单产和副业上交账;分项收支账;现金分配账;粮食分配账;与公社在钱、粮、物上的调拨账;收入、支出上的漏洞账。通过算账,解决了存在的部分问题,如徐市公社15大队,经过结算分配账,从漏估收入、多估支出、仓库积压物资和国家、公社退款等方面找出应该补分给社员的现金7 584元,平均每户14元。

第六,恢复社员的自留田。人民公社化运动中,自留田被视为私有制的残余和尾巴,在取消之列。自留田的取消给农民的日常生活带来诸多不便,如私家养的猪、鸡、鸭、鹅大量减少,便对积肥、肉蛋供应和私人零用钱的积攒带来了不利影响。为改变这种局面,根据中央有关精神,1959年7月,苏州大部分地方重新划分了自留地。广大农民利用工余、工休时间和辅助劳动力,精心经营,农村很快出现了六畜兴旺、副业发展的喜人景象。但有些地方还存在划分不彻底的现象,主要是部分干部思想认识片面,对自留地下放顾虑重重,怕影响社员出勤;怕社员不向集体交家积肥料;怕社员破坏自留田的零星树木;怕社员在自留田上的农作物收获之后瞒报私分;怕社员自己有了蔬菜,影响公共食堂的巩固。有的地方干脆不放,有的地方明放暗不放,有的地方放坏的留好的,有的地方放远的留近的,有的地方放一半留一半,有的地方虽然将自留地下放了,却附加了许多条条框框,如不许用大粪、不许误工、不许种杂粮,甚至不许社员私人收获,限制了生产发展。针对这些问题,地委农工部强调,各地必须尽快恢复农民的自留田,规定公共食堂占用的社员原来的自留田,必须分给社员;集体在社员原来自留田上种植的农作物,立即随自留田下放;由于兴修水利、平整土地等原因,社员自留田无法继续种植的,应设法如数补足;由于并村搬家、居住集中,社员原来的自留田离村太远的,按照同等数量、质量,调给靠近村庄的土地;少数低田地区的大队,原来没有自留田或者自留田很少,应挤出零星隙地分给社员,如果仍然不能解决问题,可以划出一点大田分给社员。

第七,积极发展多种经济。恢复自留地等调动农民积极性的一系列政策措施贯彻执行后,不仅调动了农民搞好农业生产的积极性,同时也推动了农民发展副业生产的积极性。地委和专署、市委和市人委因势利导,在搞好农业生产的前提下,积极领导,全面发展林、牧、渔、副多种经济。贯彻执行公私并举的方针,既积极发展生产大队和生产队的集体副业,又恢复社员的小私有制,鼓励社员私人饲养家禽家畜和进行其他副业生产;发展副业生产以养猪为重点,全面发展,力争初步解决副食品供应紧张局面。全区1至6月副业生产的总产值达到1.73亿元,比上年同期增加23%。

经过八九个月的努力,农村人民公社的整顿纠错工作取得了一些成效,人民公社在生产等各方面也取得了一定的成绩,"共产风"、高指标和瞎指挥得到初步遏制,形势开始向好的方面转变。但是,就总体而言,由于对党的总路线、"大跃进"、人民公社仍然完全肯定,纠错只是在"左"的大框架中进行。因此,纠错很不彻底,形势并没有得到根本性好转。正当各地对人民公社化运动中出现的错误努力进行纠正并逐步取得成效时,"反右倾"斗争的开展等问题的出现,打断了这一进程,造成农村工作形势又出现逆转。

(二)工业领域的初步整顿

1959年6月13日,中共中央发出《关于调整1959年主要物资分配和基本建设计划的紧急指示》,降低了钢及其他产品的计划指标。按照中央关于纠正"左"倾错误的精神,苏州工业生产方面的整顿,主要是调整工业结构,恢复小商品生产;整顿企业管理,加强经济核算,建立质量检验等规章制度;增加商业网点,加强日用工业品的采购和供应;撤、并、转、迁部分"大跃进"期间新办的企业,缩减企业职工;大力利用沼气,解决煤炭供应严重不足的问题;提高农药、农肥的质量与产量,加强农业机械的制造和修配,加大工业支援农业的力度。

6月30日,陈云到苏州视察,参观苏州刺绣研究所,鼓励苏绣产品对外销售,并为苏绣研究所题词:"苏绣是一种很高级的工艺品,但是我们还希望它成为大量的出口品,只有大量出口,才能更大量地发展它。1957年冬,我曾经提议刺绣合作社专门派人到外国去了解东欧和其他各国人民所喜爱的图案,现在仍然希望组成研究小组,专门研究各国人民所喜爱的图案,以便外销,苏绣出口这一件事,所费材料不多,等于是劳动力出口,这是完全适合我国国情的,既有利于国家,也有利于民生,我这个想法希望终能实现。"[1]陈云对苏绣出口的鼓励,促进了苏绣的对外销售。根据陈云的指示,市委和市政府专门组织苏绣艺人前往东欧进行考察调研,根据国际市场需求,扩大日用绣品的品种和生产能力,苏绣的对外销售量有所增加。

受"左"的错误指导思想的影响,初创阶段的社办工业也存有一定的问题:执行社办工业方针不够完整,过多地占用了农村劳动力,与农业生产争资金、与大工业争原料等问题较严重;经营管理不善,工效低,产品质量差,劳动力、资金和原料均有严重的浪费现象。从1959年7月起,苏州地区还对社办工业的整顿在6个公社进行试点。整顿的一般做法是对于专业性生产的工厂划归公社经营。这类工厂设在集镇上,大部分是在手工业社、组的基础上建立起来的。如农具机械厂、化肥农药厂、印刷厂等,具有一定的规模和技术条件,产、供、销属公社的范围,有的甚至超出一个公社的范围。这类企业的所有制结构不变,由公社统一管理,分厂核算,各负盈亏。对于兼营性、季节性的工厂,划归大队经营。这类厂设备简陋,技术简单,产、供、销主要属大队的范围,与社员生产生活关系密切,能就地取材、就地生产、就地修配、就地使用,农闲务工,农忙务农。如小型农具

---

[1] 中共中央文献研究室:《陈云年谱》(下卷),中央文献出版社2000年,第23页。

修配站、饲料加工厂、针织厂等。这类企业划归大队所有,统一经营,统一核算,队负盈亏。对于适宜分散、业余生产的手工业,如花边等的生产,除工艺要求高、件头大的需要集中进行专业生产外,其余的都分发到户,在不妨碍农业生产的前提下由社员业余生产,工资收入完全属于个人。

6个试点公社的94个厂经过整顿后,仍留作社办的18个,占19.15%;恢复手工业和放回大队的43个,占45.74%;收回县办的7个,占7.45%;划归商业部门的5个,占5.32%;停办的21个,占22.34%。工人数整顿前5 284人,整顿后3 132人,减少2 152人,占整顿前工人数的40.73%。[1]6个试点公社的社办工业经过整顿后,在各方面都呈现出新的面貌,生产积极性和劳动生产率提高,服务态度得到改善。如太仓县双凤公社卫星染织厂,整顿前实行二班制生产,日产棉布1 200米;整顿后,工人由244人压缩到125人,日产量仍达到1 000米。精简出的一部分劳动力,支援农业生产。整顿前,6个公社的社办工厂中有农民工1 423人,整顿时除必要留下的外,下放回农村1 060人,占原人数的74.49%。企业管理得到加强,劳动纪律松弛、出勤率低、生产无人负责等混乱情况得到改善。如常熟县浒浦公社农具厂的铁工,1958年平均每人每月出勤26天,1959年上半年平均每人每月出勤只有20天。整顿后,工人上班迟到早退的现象得到杜绝,产品的产量、质量都有了提高。通过适当调整关系到社员切身利益的具体政策,调动了职工群众的生产积极性。整顿前,对一些原手工业社转为社办工厂后,社员的股金与投资,工人的工资、资产的结算,债权债务等问题,都未能妥善处理,有些社员反映:"资本家还拿定息,我们投资啥也没有!"整顿过程中,对这些问题作了妥善处理。

从1960年起,对社办工业进行了进一步的整顿,并坚持如下原则:总的应该从维护国家计划的集中统一,有利于促进社会主义计划经济发展,有利于集中力量办好农业生产和便利群众生活出发,对那些生产方向不对头,违反"三就地"原则的,应该坚决停办;对于那些产品确系农业生产和人民生活所需要,生产技术条件、经营管理基础又确实很好,必须保留的企业,应根据具体情况,分别转为手工业社(组)或商业作坊;对于操作技术不复杂,适宜分散经营、分散生产的,应分别改为农兼手工业、家庭副业或组织生产自救性的小组。经过整顿,社办工业的数量大为减少,到1961年年底,为946个单位、60 552人;到1962年年底,

---

[1] 中共苏州地委农村工作部:《关于整顿社办工业试点情况和今后意见的报告》,1959年8月28日,苏州市档案馆藏,档号H1-1-1959-31。

进一步减少为 345 个单位、13 903 人。其中,城镇社办的工业有 101 个、职工 5 244 人;农村社办工业 244 个、8 659 人。[1]

(三)"反右倾"斗争的开展

正当初步调整逐步取得明显成效之际,中共中央于 1959 年 7 月初到 8 月初在庐山召开政治局扩大会议。会议本来是为进一步纠"左",后来却变成了反"右"。随后中共中央八届八中全会召开。会议期间,中共中央发出《关于反对右倾思想的指示》,提出右倾已成为工作中主要的危险。全会通过了《为保卫党的总路线、反对右倾机会主义而斗争》的决议和《关于以彭德怀同志为首的反党集团的错误的决议》。庐山会议之后,全党开始进行"反右倾"斗争,从而打断了对"左"倾错误的纠正,国民经济随之陷入了更加严重的困难之中。

在农村,"反右倾"斗争的主要方式是整风整社。11 月,地委发出《关于今冬明春农村工作的指示》,提出开展以两条道路斗争和社会主义教育为纲的整风整社,批判右倾机会主义。地委、县(市)委先组织 235 名干部到 8 个公社及其 109 个大队进行整风整社试点工作,试点后整风整社在专区全面展开。为做好整风整社工作,各公社先做了一些准备工作:召开有团支部委员、非党生产小队长以上干部和部分贫下中农积极分子参加的党员扩大会议,统一对整风整社的思想认识,制订整风整社规划。整风整社通过以下几个步骤进行:

首先是开展正面教育。各级领导深入农村作整风整社动员报告。动员报告一般从分析当时形势入手,结合当地实际情况,讲述解放 10 年来,特别是"大跃进"和人民公社化运动以来农村的巨大变化,如政治大翻身、农业"大跃进"、副业大发展、工业水利大建设、生活大提高、福利大兴办、教育大普及、技术大革命等。然后指出农村两条道路斗争的情况,说明整风整社的重要性、必要性,讲清整社的目的和方针、政策,帮助广大农民消除顾虑,端正态度。动员报告后,组织广大农民进行讨论,领会报告精神。树立各种典型人物,现身说法,用回忆、对比的方法,算透四笔账:政治翻身账,经济发展账,文教福利提高账,生活改善账。典型人物示范如何算账后,发动全体社员全面算账:户户算、人人算、互相之间帮着算,边算边比边分析。为使正面教育更直观、更丰富,农村大办展览会,层层举办,户户参加。展览会有实物、有图标、有数字、有说明,从政治上、生产上、生活上进行形象化的教育。据统计,整风整社期间,全区共举办展览会 9 850 次,

---

[1] 苏州市经济贸易委员会等:《苏州乡镇工业》,中共党史出版社 2008 年,第 68—69 页。

参加人数达到257.59万人次,展出193.89万件实物。在正面教育过程中,全区还进行先进单位、先进干部、先进社员评比活动,以树立正面标兵。

其次是进行重点批判。为彻底暴露和揭发矛盾,让"反对走社会主义道路的富裕中农"显原形,以便更深刻地教育群众,各地农村一般会用1至2天时间进行"鸣放",以便从"鸣放"入手,揭开盖子,暴露问题。"鸣放"中的一些言论,如有人说的"三包四包,不如一包(包产到户)",虽真实反映了当时部分群众对于一些农村政策的看法,但正是拥有这些看法的人,往往被运用阶级分析的方法定性为"反对走社会主义道路",成为批判大会上重点批判的对象,受到不同程度的批判和处分,从而助长了假话空话的盛行,严重削弱了党的实事求是的优良传统。

再次是加强组织建设。为建立一个成分好、对党忠诚,又同群众有密切联系的基层组织,撤换了部分社队干部,公社党委与大队支部实行党员大会选举制;吸收经过以往各种运动考验的积极分子入党;加强党员空白生产队的建党工作,争取每个生产队有2至3名党员;选派干部加强问题多、领导力量薄弱的公社、大队与生产队。

最后是制定生产规划。各地梳理总结两年来"大跃进"的经验,批判高产地区的"增产到顶论"和低产地区的"唯条件论",树立不断革命的思想、敢想敢说敢做的共产主义风格和高产更高产的雄心壮志,全面贯彻农业"八字宪法"[1],先制订1960年的规划,后制订3年远景规划。规划所定指标,一般都有3个:包产指标、保证指标、争取指标。包产指标一般定得留有余地,使包产单位有产可超;保证指标一般定得比上年度增产2至4成,必须保证完成;争取指标一般比保证指标定得更高一些,鼓励争取完成。

市委将全市的右倾情绪归结为落实计划时的松劲情绪、克服困难时的畏难情绪、面对成绩时的自满情绪。基于这一判断,市委决定加强政治思想工作,坚持政治挂帅,要求全体党员深入学习中央"反右倾"文件精神,以"反右倾"为纲,在全市市级机关党员中深入开展"反右倾"整风学习。整个学习大体分为三个阶段:

从11月4日至11月14日为第一阶段。这一阶段主要以务虚为主,学习相关文件,提高对几个关键问题的认识。关于大炼钢铁问题,认识大炼钢铁的政治

---

[1] 农业"八字宪法"是1958年毛泽东提出的农业八项增产措施,具体内容为:土(深耕、改良土壤,土壤普查和土地规划)、肥(合理施肥)、水(发展水利和合理用水)、种(推广良种)、密(合理密植)、保(植物保护,防治病虫害)、管(田间管理)、工(工具改革)。

意义和经济意义,批判"大炼钢铁成本高、质量低""引起国民经济比例失调"的言论;关于市场问题,认识一部分商品暂时紧张的原因主要是城乡购买力迅速增长,批判"大跃进造成了市场全面紧张""出口多了"的言论;关于人民公社问题,认识人民公社与高级生产合作社的区别与联系,批判"人民公社办早了""搞糟了"的言论;关于大搞群众运动问题,认识大搞群众运动是革命和建设事业飞速发展的保证,批判"在建设事业中大搞群众运动是小资产阶级狂热性运动"的言论;关于政治挂帅问题,认识一切工作都必须坚持政治挂帅,与右倾机会主义分子斗争是无产阶级与资产阶级斗争在党内的反映,由于右倾机会主义分子具有革命和反革命的两面性,因而还是人民内部矛盾。通过上述问题的学习,充分认识社会主义建设总路线、"大跃进"、人民公社的光荣旗帜,为进入第二阶段打下思想基础。

从11月15日至11月24日为第二阶段。这一阶段主要是在认清大是大非问题的基础上,结合工作实际,贯彻整风精神,开展批评与自我批评,对一切右倾思想和右倾活动进行彻底的揭发和批判,从而进一步提高认识,达到三破三立三发扬。三破是指破右倾思想、个人主义、本位主义;三立是指立总路线、"大跃进"、人民公社;三发扬是指发扬先进思想、先进人物、先进单位的经验。其目的是肃清右倾思想的市场,提前完成全市第二个五年计划,提前实现《1956年到1967年全国农业发展纲要(修正草案)》规定的生产目标。

从11月25日至1960年3月"反右倾"斗争结束为第三阶段。这一阶段主要是在认识水平得到进一步提高的基础上,以改进领导作风、加强思想建设、进行组织处理为主要内容进行全面整改。虽然这次"反右倾"斗争被定性为党内问题,不是敌我矛盾问题,斗争以"团结—批评—团结"的原则,"批判从严,处理从宽"。但是在当时实际整风整社运动中,地委、市委将重点批判的对象定性为右倾机会主义分子、右倾机会主义错误、严重个人主义(包括本位主义)。至1960年3月"反右倾"斗争基本结束时,全市定性为右倾机会主义分子的6人,定性为右倾机会主义错误、严重个人主义(包括本位主义)的133人。[1]

"反右倾"斗争在苏州的开展,打断了初步开展的纠"左"努力。"大跃进"和人民公社化运动存在的一些错误做法又重新发展起来,以高指标、浮夸风、"共产风"和瞎指挥为主要特征的"左"的错误再度泛滥起来,带来极其严重的不良后

---

〔1〕 至1960年3月"反右倾"斗争基本结束时,苏州专区定性为右倾机会主义分子的25人,定性为右倾机会主义错误、严重个人主义(包括本位主义)的5 704人。

果。在"反右倾"斗争之前,全区已经开始对群众意见很大的公共食堂进行了初步整顿。1959年9月,全区有公共食堂2.89万个,参加农户73.44万户,占总农户的80%。开展"反右倾"斗争期间,大办公共食堂的热潮再次掀起,1960年初,全区公共食堂增加到2.93万个,参加农户83.46万户,占总农户的89.7%。与此同时,地委还就举办公共食堂问题做了十项规定,意图使强制维持的公共食堂的弊端减到最低点。但是,由于公共食堂违背了广大人民的意愿,当时也不具备必要的物质条件,因此这类规定很难收到满意的效果,更不可能从根本上解决问题。急于向全民所有制过渡的思想又有所抬头,全区每个公社都制订了由基本队所有制过渡到基本社所有制的规划,其中吴县的一个公社计划1960年就完成过渡。实际上,当时由于人为的失误和自然灾害的影响,各地农业生产遭受严重的破坏,粮食产量大幅下降,多数地方每天的人均口粮仅有半斤左右。然而此时,有些急于由基本队所有制过渡到基本社所有制的公社,却收回了前期公社、大队下放的部分工厂、农具、水面、饲养场和自留地等。干部作风问题进一步严重起来,各地干部的强迫命令风和瞎指挥风再度盛行。人们对人民公社的不满、怀疑与抵触情绪也不断产生,群众写信、上访事件日益增多。针对这些情况,全区加大了对人民公社优越性的宣传,强调人民公社是经济、政治发展的产物,是广大群众的自发要求,是社会主义社会工、农、商、学、兵相结合的基层单位,是农村由集体所有制过渡到全民所有制、由社会主义过渡到共产主义社会的最好形式。与此同时,又一次"大跃进"的生产高潮也在全区酝酿起来。

(四)继续"大跃进"

1960年1月,中央在上海召开政治局扩大会议。会议认为1960年是一个"大跃进"之年,设想8年完成人民公社从基本队所有制过渡到基本社所有制。会后,各地积极行动起来,为继续"大跃进"、提前实现过渡创造条件。1月13日,中共苏州市第二届代表大会第二次会议召开。会议号召全市党员群众坚持总路线、"大跃进"、人民公社三大法宝,实现继续高速跃进。2月19日,地委和专署召开春耕生产四级干部动员大会。会议提出1960年更上一层楼,号召"高举红旗、高速发展,为夺取全国农业生产冠军而奋斗"。经济建设中有所收敛的高指标、瞎指挥、浮夸风又泛滥起来。

首先,工业生产"以钢为纲",全面跃进。各厂矿企业坚持"政治挂帅",确立不断革命的思想,以"思想红"保证"生产红"。苏州市将1960年全市工业总产值目标提高为22亿至25亿元[1]，而1959年全市工业总产值才8.98亿元，其中钢产量达到3万吨，比1959年提高219%；生铁11.72万吨，比1959年提高78%。专区大搞以钢、铁、煤为中心的原材料生产，开展各种资源的综合利用和原材料的节约代用，大力挖掘地方资源，土法上马，开采和冶炼铅、锌、铜等有色金属。

其次，形成工业支援农业、城市支援农村的新高潮。市委和市政府召开支援农业万人誓师大会后，各厂矿企业从领导到群众普遍形成强烈的支援农业气氛，重工系统有11个工厂负有支援农业产品任务；轻工系统有20个工厂修订了支援农业规划。东吴酒厂等企业虽无支援农业任务，但仍把计划任务当作支援农业任务搞，踊跃修订支援农业规划。"要人有人，要物有物"的口号响彻街头。专区各县通过厂社挂钩的形式，从技术、设备、干部、工人等各个方面支援社队工业的发展。社队工业在支援农业生产、满足人民生活需要等方面发挥了一定作用，但在"大跃进"的氛围下，突击发展的社队工业良莠不齐，有的乱搞协作，盲目生产；有的缺乏规划，导致生产过剩。

再次，以提高机械化操作程度为中心，大搞技术革命。1960年苏州市将手工操作实现机械化和半机械化程度达到75%以上、机械化生产逐步实现自动化作为技术革命的目标。为保证目标的完成，大力发展技术教育和业余教育，兴办中等技术学校、技工学校10所，培养新技工、技术员1万余人，建立科学研究所（室）32个[2]。专区将技术革命的目标制订为实现排灌、农副产品加工、饲料加工和脱粒全面机械化；运输基本机械化；耕作部分机械化。为保证目标的完成，加强农机农具的试验研究和鉴定工作，除专区、县（市）建立农业机械研究所外，公社、大队均建立试验研究小组和鉴定小组。

最后，农业"以粮为纲"，大办丰产方和养猪场。农村各地大搞万亩丰产方和千头、万头养猪场。平调生产队劳力和财物，大办各种社有经济的做法重新盛行起来。由于丰产指标脱离实际，结果根本无法实现。为了维护"三面红旗"[3]并体现其优越性，各地千方百计以高额丰产的事实加以证明。当实际产量达不到"超双纲"的预期时，有的地方在检查时就把两亩田的稻并成一亩，人为造成亩产超过500公斤的假象；有的地方报假产、造假账。这就导致有的地方粮食征购任务不减反增，导致严重缺粮。如常熟县乐余公社为了迎接县委在该公社召

---

[1] 1960年全市工业总产值实为9.18亿元。
[2] 此前全市科学研究所（室）仅有9个。
[3] "三面红旗"指社会主义建设总路线、"大跃进"和人民公社。

开的养猪现场会,在 2 天内拆除民房 100 多间,3 天内建造了一个 1 500 间猪棚的公社养猪场。

(五)国民经济陷入严重困难

"大跃进"与人民公社化运动、"反右倾"与继续"大跃进",严重地破坏了国民经济的协调发展,致使出现了全国范围的严重困难局面。经济发展水平一向较高的苏州也未能幸免,国民经济经历了 3 年十分困难的时期。农业生产自 1959 年以来连年滑坡,农业主要产品产量大幅度下降,1960 年与 1957 年相比,苏州水稻产量减少 47.2%,三麦产量减少 37.2%,油菜籽产量下降近 70%,不仅影响了工业生产的部分原料来源,而且也直接减少了人民群众的口粮。在高指标、高征购的压力下,农村有些地方的群众发生缺粮、断粮现象,造成严重后果。造成粮食减产的原因是多方面的,其中虽有遭受自然灾害的因素,但主要是以高指标、浮夸风、"共产风"和瞎指挥等为标志的"左"的错误造成的。

1958 年"大跃进"、人民公社化运动刚刚开始,对当年的农业生产直接危害尚未完全显现,农业取得丰收。但由于大刮浮夸风,对外公布的粮食产量有严重的水分,国家粮食征购骤然比 1957 年增加了 1/2,造成 1959 年开春粮食即显紧张。由于大办工业、大办水利等基本建设过程中没有注意保护和节约耕地,致使全区耕地严重减少,仅常熟县就减少了 3.25 万亩;大量劳动力投入"大炼钢铁"等工业建设,部分耕地出现抛荒现象;"吃食堂"、供给制的推行,影响了社员的生产积极性;农村口粮出现紧张,造成社员体力下降;1959 年苏州又遭遇严重旱灾,6 月至 8 月全区平均降雨量比常年同期减少 52.7%,使 166.5 万亩土地受旱。正是受以上种种因素的共同影响,1959 年粮食总产量比 1958 年大幅度减少,1959 年秋冬开展的"反右倾"运动以及其后的继续"大跃进",进一步挫伤了广大干部群众的积极性,粮食产量再次下降;再加上 1959 年粮食减产以后,国家征购任务不仅没有相应降低,反而比 1958 年还增加了 10%,因而 1960 年社员口粮更加紧张。

面对全区粮食、副食品供应日趋紧张的严重局面,地委和专署号召社员群众大种蔬菜,大力发展养猪事业,充分利用田间隙地种瓜果,想方设法采集、制造代用食品,以度过持续"大跃进"和自然灾害带来的灾难。然而,这些补救措施对天灾人祸带给苏州人民的损失,是十分有限的,人民群众的生活十分困难。如苏州市郊农业人口的平均口粮 1958 年为 520 斤,到 1960 年则降至 380 斤;苏州市区 12 月人均粮食仅 12.5 公斤左右。常熟县有 187 个大队全年人均口粮每天在

6两以下;昆山县巴城公社从1959年11月中旬起,大部分队便陆续断粮,致使社员大量外流,弃婴、浮肿病、消瘦病蔓延,到1960年2月非正常死亡达131人,酿成人间悲剧"巴城事件"。[1]随着生活水平的不断下降,人民的体质也在下降,营养不良病人日渐增多。1960年12月全区有浮肿病人3.93万名,从农村到城市,农民、工人、机关干部、教师、学生都有发生,而发病的主要原因就是营养不良。以1961年与正常年景平均值相比,全区死亡人数增加了56%,出生人口下降了55%。由于基本建设规模过大,轻、重工业比例失调,民用煤球等群众日常用品的生产急剧下降,市场物资供应紧张。人民群众的健康和生活问题已成为迫切需要解决的突出问题。1961年与1957年、1958年中的最高年份相比,全区粮、棉、油、水产、生猪、蔬菜等主要农副产品减产幅度均超过40%;全市社会总产值连续4年负增长,降幅超过50%。全区农民人均口粮(原粮),1958年为506.5斤,1959年为401.4斤,1960年为375.6斤,1961年为348.5斤。从1960年10月起,城镇居民实行熟食、糕点凭券供应,蔬菜每日凭证供应的办法,每人每天供应的毛菜仅3两,到1961年1月后又降为1.5两,农民每人每月口粮标准降至18斤(成品粮)左右。到1961年1月,苏州浮肿病患者当月最高达10.2万人,累计超过20万人次。另据1962年春统计,全区在等接新粮的4个月中,农民人均口粮折合成成品粮在15斤以下的生产队占总队数的44.4%。[2]

脱离实际的"大跃进"和人民公社化运动,使社会生产力遭到严重破坏,苏州的国民经济经历了新中国成立以来最为困难的时期。社会主义建设总路线指导下所产生的"大跃进"和人民公社化运动绝不是偶然的,而是有它的历史必然性。这是党对于建设社会主义的艰巨性普遍认识不足,对于掌握经济规律和科学知识的必要性认识不足,而又有着不断高涨的建设社会主义积极性的结果。但是,社会发展和经济建设都有其自身的客观规律,生产力发展需要有积累的过程,受多方面条件的制约。违背客观规律的做法,其结果必然是适得其反。

---

[1] 中共昆山县委员会:《关于巴城公社造成断粮死亡事件的调查报告》,1960年6月20日,苏州市档案馆藏,档号H1-2-1960-209。《关于"巴城事件"的检查报告》,1960年7月30日,苏州市档案馆藏,档号H1-2-1960-209。中共苏州地方委员会:《关于召开县、市、公社党委第一书记会议的情况报告》,1960年9月10日,苏州市档案馆藏,档号H1-1-1960-32。

[2] 苏州市发展和改革委员会、中共苏州市党史工作办公室:《社会主义建设时期苏州经济工作(1953—1966)》,中共党史出版社2008年,第269、272、301页。

第三节　贯彻执行国民经济调整"八字"方针

为了扭转1959年以来国民经济日益困难的严重局面,全党上下决心认真调查研究,纠正错误,调整政策。1960年冬,中共中央开始纠正农村工作中"左"的错误,并在1961年1月召开的中共八届九中全会上正式决定对国民经济全面贯彻"调整、巩固、充实、提高"八字方针。苏州的各级党政领导机构从1961年起坚决贯彻党中央制定的八字方针,果断采取了一系列政策措施,对国民经济进行了坚决的全面的调整。调整的指导思想是以农业为基础,以工业为主导,按照"农轻重"的次序展开经济布局。采取的主要措施是大力恢复和发展农业,降低重工业发展速度,压缩基本建设投资规模,对部分工业企业实行关、停、并、转、迁,精简企业职工,减少城镇人口,制定各种管理条例,整顿经济秩序。经过5年调整,到1965年,苏州地区的农轻重比例关系实现了在新的基础上的协调发展,财政收支平衡,市场稳定,人民生活有所改善。

一、工业经济的调整和工业学大庆运动的兴起

(一)工业布局的调整

"调整、巩固、充实、提高"的方针中,调整是首要环节。只有在工业内部之间的各方面关系都得到合理的调整,建立新的平衡后,才可能逐步地更好地巩固、充实和提高。因此,苏州工业领域贯彻执行八字方针,重点首先放在工业布局的调整上,以农、轻、重次序安排工业生产,着重压缩重工业和充实恢复农用、日用品工业,撤销、停办和调整一些技术落后、亏本经营的企业,将一些在"大跃进"中不适当上升为全民所有制的企业恢复为集体所有制,在此基础上逐步进行工业生产的巩固、充实和提高,推动整个国民经济的进一步发展。

在工业布局调整过程中,坚持了三个原则:一是善始善终地抓好定员编制以外的人员精简工作,按照积极抓紧、实事求是、按政策办事、经得起检查的要求,对每一个职工高度负责,妥善安排,人人有着落。二是对已定企业生产方向的改变,根据先转向后过渡、边转向边脱壳的精神,稳步进行,不能脱节,在转入生产新的产品时,在生产技术、原材物料的组织、设备来源、工艺规程的制订和完善等方面都要落实好。三是对于在撤、并、改组和调整产品布局中涉及的拆、迁、搬、建事项,要做出切实筹划,所需资金和施工力量本着精打细算、力求节约、系

统自行挖潜为主、全市统筹调度的精神,分别轻重缓急,按序进行。在调整中,适当压缩重工业,扶持发展轻工业和手工业,以满足民众生活的需要。

（二）加强企业内部的管理制度建设

建立、健全以党委领导下的厂长负责制为中心的一系列经营管理责任制。为更好地进行整顿工作,各企业先行做了许多准备工作：组织干部职工学习《国营工业企业工作条例(草案)》(即《工业七十条》)的基本精神；分别对行政管理、计划管理、技术管理、财务管理等制订整顿方案；根据整顿方案配齐职能科室和人员,并对相关人员进行业务训练,做好组织准备。前期准备工作做好后,整顿工作逐步推进。

接着,按照《工业七十条》的要求,搞好"五定五保",即国家对企业实行"五定"：定产品方案和生产规模,定人员和机构,定主要的原料、材料、燃料、动力、工具的消耗定额和供应来源,定固定资产和流动资金,定协作关系；企业对国家实行"五保"：保证产品的品种、质量、数量,保证不超过工资总额,保证完成成本计划并且力求降低成本,保证完成上缴利润,保证主要设备的使用期限。[1]

鉴于整顿工作的复杂性,苏州在执行《工业七十条》时,先选择5个企业进行整顿试点。经过试点后,决定分段分步逐步贯彻。第一步,根据"五定"的要求,对各企业的综合生产能力、人员使用情况、设备固定资产状况、原材料消耗定额、经济协作关系、规章制度和责任制度等各个基本方面的具体情况,做了详尽的调查研究,以此作为"五定五保"的根据。第二步,明确工人和管理者各自的职责范围,建立责任制度。各个企业在明确党委、厂长间工作关系的基础上,抓住以建立、健全党委领导下的厂长负责制为中心的一系列责任制度,对每一个专职机构、专职干部和群众性的管理组织与人员,都建立明确的职责范围和具体的责任制度。充实技术机构,健全设计、工艺、检验、化验等环节的规章制度,巩固、提高生产技术水平和技术革新成果。第三步,加强技术管理,建立技术责任制。第四步,加强企业生产的计划性,使计划体现出既积极又可靠、既鼓足干劲又留有余地的精神,让计划发挥保证生产正常进行的作用,成为组织企业生产和全体职工的目标方向。严格进行经济核算。对经济活动认真分析,建立班组核算,加强财务计划,加强资金管理,严格控制费用开支,系统地建立健全财务、资金管理制

---

[1] 中共中央文献研究室：《建国以来重要文献选编》(第十四册),中央文献出版社1997年,第649—650页。

度。第五步,健全和加强经济核算。第六步,在上述基础上,经过实践考验,全面总结经验,进行复查。

(三) 充实工业战线

在抓好调整、巩固、提高的同时,工业战线根据农、轻、重的安排原则,结合苏州实际,围绕加强对农村的支援,增加农业生产资料的生产;加强轻工业和手工业的生产,增加市场日用品的供应;加强采掘工业的生产能力;加强薄弱环节、增补缺口等要求,进行必要的充实。为缓解日用品紧缺,充实与人民生活息息相关的厨房用品、洗涤用品、教育用品、医药器械等急缺产品的生产能力;增补薄弱环节,充实采掘业和基本原材料的生产能力;以满足排灌、矿山设备的修理需要为重点,充实机修力量和备件、配件的生产能力。

工业战线的充实工作没有单纯地增加投资、增加设备、增加人员,而是充分挖掘已有的生产潜力。凡属某项生产需要充实的,都本着先厂内后厂外,先系统后全市的要求,积极调整、调度;凡属可以在已有物质、技术上适当改造利用的,都充分利用起来;凡属确需新增人、钱、物的,则根据少花钱、多办事的原则,合理安排,并且将重点放在最急迫的项目上。

(四) 工业学大庆运动的开展

大庆油田是20世纪60年代初我国工业战线上的先进典型,大庆人创造出了辉煌业绩,表现出了伟大的奉献精神。中央于1964年2月发出"工业学大庆"的号召。此后,全国工业交通战线掀起了学习大庆经验的运动。苏州工业交通战线的工业学大庆运动随之逐步推开。

苏州各地工业交通部门把学习大庆自力更生、艰苦奋斗的精神与本部门、本单位实际相结合,以"政治思想好、革命干劲好、传统作风好、科学管理好、群众路线好"的"五好"为目标,学习大庆油田狠抓"练好基本功、做好基层工作、加强基础性管理"的工作经验;学习大庆人创造的"做老实人、说老实话、办老实事""严格的要求、严密的组织、严肃的态度、严明的纪律"和"工作时黑夜和白天一个样、坏天气和好天气一个样、领导在场和不在场一个样、没有人检查和有人检查一个样"的"三老""四严""四个一样"的优良作风,改进企业管理,组织比、学、赶、帮活动,掀起增产节约运动,开展技术竞赛,以提高质量、降低成本为中心,促进生产发展。在工业学大庆运动中,沙洲县开展技术革新活动,全年工业、手工业系统实现技术革新项目242个,通过技术革新提高产品质量、降低生产成本;

开展挂钩赛、"一帮一"等多种措施,促进产品质量的提高。开展工业学大庆运动,因地制宜地推广大庆经验,对苏州全面完成国民经济调整任务,建立起现代工业发展的基础,起到很大的推动作用。

二、农村政策的调整和农业学大寨运动的开展

(一) 完善人民公社管理体制

为扭转1959年以来国民经济日益困难的严重局面,全党上下认真调查研究,纠正错误,调整政策。1961年1月召开的中共八届九中全会,正式通过对国民经济实行"调整、巩固、充实、提高"的八字方针。这次会议,标志着党的指导思想的重要转变,表明"大跃进"的方针实际上已经停止,国民经济开始转入调整的轨道。3月,在《关于农村人民公社当前政策问题的紧急指示信》(简称"十二条")基础上,毛泽东主持制定了《农村人民公社工作条例(草案)》(简称"农业六十条")。"农业六十条"对于纠正公社对下级管得太多太死、经营管理制度不健全等方面的问题,做出较系统的规定。地委和专署、市委和市人委根据中央精神,面对实际困难,深入调查研究,及时调整政策,从完善人民公社经营管理体制入手,大力恢复和发展农业生产,对农村政策进行调整。

首先是改进劳动管理体制。农村地区按照有利于巩固大集体、大生产,而又允许社员有必要的、适当的自由的原则,积极改进劳动管理体制。经过一段时间的探索,全区确立了4种劳动管理形式:固定作业组负责固定耕作区,集体操作集体管理为主;固定作业组或临时作业组,没有固定耕作区,季节性地包工到组,集体操作集体管理为主,分散操作分散管理为辅;夏忙、秋忙期间按技术编临时作业组,田间管理、收获管理期间按劳动力分田,部分农活包工到户;重要作物集体操作集体管理,零星旱泽田、小量经济作物包产到户。

其次是健全财务管理制度。清理账目、盘点财产、健全制度,做到"三结清""四核实",即结清工分、往来、包本账目;核实田亩、人口、产量、副业收支。实施民主制订计划预算、开支审批、结账公布、现金管理、财产管理、粮食管理、账据保管、社员预支、采购员结报和财会人员分工负责等十项财务管理制度。为加强人民公社的财务管理,地委财贸部于9月18日至11月27日专门举办会计训练班,对269名会计人员进行培训,提高他们的业务水平。到1962年,当基本核算单位由大队调整为生产队后,财务人员激增,很多是新手,不熟悉财务工作。于是地委统一安排,又先后对48 000多名会计进行培训,帮助55%左右的生产队

建立了财务管理制度。

再次是调整基本核算单位。改变以大队为基本核算单位的做法,从1961年11月起,开始在11个大队实行以生产队为基本核算单位的试点工作,到1962年1月,在48 431个生产队全面推开,数目占生产队总数的98.3%。农村实行以生产队为基本核算单位的公社、大队、生产队三级集体所有制的做法,有利于纠正和克服生产队与生产队之间的平均主义,能更好地贯彻多劳多得的原则,从而较好地调动生产队和社员的生产积极性;有利于促进生产队精打细算,爱护农具,恢复和发展农村生产力;有利于生产队之间消除怀疑,杜绝瞒产私分,加强队与队之间的团结。实行以生产队为基本核算单位的做法,受到广大干部和群众的普遍欢迎。

此外,还改进评工记分制度,推行按件记工的办法。恢复社员劳动手册和社员工分由干部盖章、干部工分由社员代表盖章的制度;恢复日清月结、按期公布账目的民主管理制度。制定更加合理的劳动定额,作为安排调配劳动力的依据;制定更加合理的生产包工标准和评工记分制度。

(二) 彻底算账退赔

"反右倾"斗争期间,专区各县不少地方不但前面的平调账没有算清偿还,反而又开始了新的平调。国民经济调整的八字方针提出后,退赔工作被重新提上议事日程。1961年6月19日,中共中央做出《关于坚决纠正平调错误、彻底退赔的规定》,指出只有彻底退赔,"才能恢复广大农民群众对党的政策的信任"。彻底退赔,就必须认真算好平调账。经过统计,全区被平调的财物总额为1.58亿元,其中属于社员个人的1.02亿元,占64.56%。主要的平调物资如下:拆毁房子15.49万间,平调锅子76.59万只、农具498.63万件。各地在退赔工作中遵循的基本原则是:只退赔1958年"大跃进"和人民公社化运动中被平调的财物;按照谁平调谁退赔的精神进行退赔;尽量以实物退赔,同时辅以一定数量的期票,避免现金过多进入流通领域,引起供应紧张,导致物价波动。

在各项退赔工作中,以房屋退赔所遇到的困难最大。这不仅因为在所有被平调的财物中,房屋所占的比例最大;更重要的是,房屋问题与社员日常生活的关系最为密切,而且无法替代,社员也就最为关心。就数量而言,全区共拆迁6.21万户,房屋15.49万间。属成批整村拆毁的有196个自然村。最为严重的常熟县谢桥公社,全社共拆房屋5 520间,其中金星、明星、陈桥3个大队,因望虞河工程、大炼钢铁、大搞繁殖场、大办公共食堂等原因,拆毁房屋830间,成为拆迁重灾区。

全区的退赔工作1961年上半年进展较为缓慢。这一方面是因为1961年上半年处于国民经济大调整初始阶段,各项工作交织在一起,工作任务非常繁重;另一方面,有些地方的领导人对退赔工作的重要性认识不足,影响了工作进展;再加上这一工作本身比较烦琐,难度较大,开始阶段又缺乏经验,对哪些受到损失的财物应视作平调进行处理,数额如何估算,以何种方式进行退赔,缺乏可操作性的具体规定,也影响了退赔进度。随着有关政策的进一步明确、具体,经验的逐渐积累,从1961年下半年起,退赔工作步伐明显加快。到1965年,专区退赔工作全部结束,共退赔房屋10.14万间,占拆毁房屋总数的65.5%。用于退赔的钱、物,仅省与专区就下拨230多万元。其后,退赔工作的个别遗留问题归民政部门统一处理。[1]

1961年6月中旬,时任中共中央副主席、国务院副总理的陈云到苏州养病并进行调研,先后召开了县委书记和大队党支部书记两个座谈会。他对退赔工作十分关心,并做了具体指示:"公社和大队干部要有彻底退赔、破产还债的决心,在群众中说话要算数,坚决贯彻党的'对农民不能剥夺'的政策;要召集各村(队)代表会议,调查平调情况,由干部和群众代表共同讨论处理退赔问题;每个村(队)都组织退赔小组,由被平调的社员、干部、公正的人(公证)三方组成,议定赔偿项目和退赔价款;尽可能退赔实物;退赔时要先解决群众房屋问题;供销部门对强行推销不能用的农具、化肥、农药问题,必须认真检查,彻底退赔,同时组织社员需要的生产资料和生活资料,以便社员拿到现金后能买到想要的实物。"[2]1962年初中共中央召开七千人大会后,全党对"左"倾错误的严重程度及其危害性的认识进一步加深,退赔工作的力度由此得以加大。在这种情况下,苏州地区和全国其他地区一样,也明显地加大了退赔工作的力度,强调一定要坚决贯彻八届九中全会提出的"破产还债"的精神,实行破产退赔。[3]

苏州地区的退赔工作主要包括对房屋、土地、用具(包括生产和生活用具)以及劳动力等的清理与退赔。首先来看对劳动力的处理和退赔。"大跃进"高潮中,错误地估计了农业生产形势,认为农业问题已经解决,致使大量青壮劳动力被抽出农业生产第一线,进行大炼钢铁、大办社队企业和各种水利工程,加上生

---

[1] 参见王玉贵:《20世纪60年代初农村人民公社退赔研究——以苏州地区为考察对象》,见《当代中国史研究》2003年第1期。

[2] 中共中央文献研究室:《陈云年谱》(下卷),中央文献出版社2000年,第86页。

[3] 中共苏州地委退赔领导小组办公室:《关于退赔房屋工作会议情况和今冬明春意见的报告》,1963年10月30日;《宋连芳部长在省退赔会上发言稿》,1962年(具体时间不详),苏州市档案馆藏,档号H5-1-1962-63。

产上的瞎指挥、搞大兵团作战等,对劳动力的平调是很严重的。以吴县渭塘公社保圩大队为例,在农业劳动力的安排上,从1957年起呈逐年下降的趋势,而且老、弱、病、残、妇的比例逐年加大。具体见下表:

表2-2 吴县渭塘公社保圩大队劳动力安排情况

项目	1957年		1958年		1959年		1960年	
	人数	所占比例%	人数	所占比例%	人数	所占比例%	人数	所占比例%
农业	723	96.91	640	87.91	568	77.8	525	75.21
副业	7	0.94	15	2.06	44	6.03	54	7.74
福利	6	0.8	18	2.47	35	4.8	43	6.16
社办工业	1	0.14	24	3.3	30	4.11	37	5.3
水利	1	0.14	5	0.69	14	1.92	1	0.14
交通运输			9	1.23	6	0.81	3	0.42
文教	2	0.27	10	1.38	18	2.47	22	3.15

资料来源:《渭塘公社保圩大队劳力调查情况》,1960年7月15日,苏州市档案馆藏,档号H5-1-1960-48。

尽管苏州地区历史上人多地少的矛盾一向比较尖锐,但该地区长期以来已形成了一套适应本地区人口稠密这一基本特征的农业生产经营方式,即以劳动密集型为主的精耕细作式的生产经营方式,在单位土地面积上投入较多的劳动力,同时提高复种指数,以获得尽可能多的劳动产出。为解决劳动力的富余问题,家庭副业和手工业也很发达。公社化初期,农业生产就其经营手段也即是生产力水平而言,并没有什么质的改变,但生产经营的组织方式却发生了很大变化,家庭经济作为私有制的残余被取消了,农户的唯一收入来自集体生产单位,当青壮劳动力被平调出农业生产第一线后,所产生的消极影响是致命的,而且农业生产具有很强的季节性,收种不及时均会对产量的高低产生极大的负面影响。而农业生产的下降,使农民基本口粮也难以得到满足,反过来又影响了农业劳动者的体质,使农活质量下降,事倍而功半,如此形成恶性循环。

针对这一情况,从1960年下半年起,苏州各地开始对农村劳动力被挤占、抽调的情况进行摸底调查,并着手整顿,提出通过排、挤、保、改、管、定等办法,解决农业一线劳动力不足的问题。从挤、保入手,解决当前;从排、管着眼,长期打算;以改、定为保证,从根本上解决问题。排,就是根据"以农业为基础,以粮为纲,全面安排"的方针,统筹兼顾,全面规划,合理安排农村各条战线投放劳动力的比例;挤,就是千方百计挤出各行各业可以挤出的劳动力,支援农业生产;保,就是爱护、保护劳动力,使所有的劳力能够精力充沛地投入生产战线;改,就是坚持群众路线,大搞工具改革,大搞农业的技术革新和技术革命;管,就是加强公社、大队的经营管理工作;定,就是对管理、使用劳动力做出制度规定。为使劳动力的管理真正规范化,落到实处并取得成效,相关文件还对上述措施做了具体规定。就劳动力的管理制度而言,苏州地委农工部的文件做了15条规定,主要内容有:(1)今后农村劳力要实行统一管理,不准乱抽调,更不能任意组织协作和大兵团作战,打乱承包单位的劳力使用计划;组织协作必须双方自愿,经上一级党委批准。(2)凡是1960年以来各公社、各系统、各单位私招乱雇的人员,要一律查明送回原生产单位。(3)公社、大队用劳力出去开后门、搞协作的,要一律查明找回。(4)各级、各部门一律不准占用劳动力,如确因工作需要,必须经过县委批准,对于已占用的劳动力,必须认真进行清查,不该动用的,要全部退回农村。(5)公社一律不准专设建筑队伍。(6)社办工业在今后两年内一律不准抽调农村劳力,按照农忙小办、农闲大办的精神,农忙抽调部分人员支援农业,农闲全力发展工业,做到亦工亦农,增产不增人。(7)大队不搞专业运输队伍,对于已经向生产小队抽调的农船、劳力,必须放回生产队,参加农业生产。(8)社办农业学校、红专学校、农业中学,农忙时间一律放假,除去留下从事本校生产必需的人员以外,其余教员、学生全部回原大队参加生产。(9)机关、学校、企事业单位开展副业生产,不得占用农业劳动力,对于已经占用的,必须进行整顿,全部退回农村。(10)公社文工团,应在业余时间进行活动,一律不能脱产。(11)对于盲目外流的社员,要认真做好思想工作,动员回家参加劳动,在生产、生活上的困难,应该给予必要的照顾,不可歧视打击。(12)民兵的训练工作必须在农闲时进行。(13)公社和各直属企事业单位,必须全面进行排队,精简非生产人员,大队不得设专职的通讯员、采购员、统计员。(14)对于福利和副业生产等实行定员、定额制度,规定:炊事员至少每人负担50人的吃饭,种菜员至少每人负担50人的吃菜,保育员至少领10个小孩,饲养员至少养30头猪。(15)农村劳力要普遍进行一次清理,重新评定劳动等级,充分为计划生产、安排劳力提供条件。[1]根据这些规定,各县都着力整顿了被平调的劳动力,充实到农业生产第一线。总的来说,这一工作的起伏不大,到1961年下半年由于停止了各种大办行为,特别

---

[1] 中共苏州地委农村工作部:《关于整顿农村劳动力问题座谈会议的情况》,1960年8月3日,苏州市档案馆藏,档号H5-1-1962-65。

是停办社队企业工作后,就基本结束了。被平调的劳动力不仅重新回到了农业生产第一线,而且还获得了相应的补偿。

其次是对土地的清理与退赔。"大跃进"期间,因各种大办而挤占、征用、浪费了大量宝贵的土地资源,这对于原本就人多地少的苏州地区而言,无异于雪上加霜。为此,苏州地区按照江苏省委的要求,从1960年年底开始对各有关单位征而未用、用而多余和平调占用的农用土地,进行了初步清理和退赔。但在工作刚开始时,不少参与平调的单位对退赔工作的重要性认识不足,有的多占少退,有的明退暗不退,有的边退边占,有的公退私不退。有些被平调的生产队因害怕收回土地会增加征购粮数量,使社员产生吃力不讨好的感觉,对收回土地也不很急切,因而影响了土地的彻底清理与退赔。到1962年6月,全区仅清理出农用土地26 127.9亩。其中,属征而多余的6 900.45亩,属平调占用的9 346.27亩,属平整挖压废等的有5 095.18亩,属蔬菜改种粮食的4 786亩,另有国营场圃和企事业单位继续耕种,实行定产、定任务的4 164亩。[1]

针对这一情况,1963年3月,地委退赔工作领导小组根据国务院有关指示和"六十条"等有关文件规定的精神,做出如下具体规定:(1)关于退还给生产队的土地所有权问题。"规定"指出:凡是征而未用的土地,一律无条件退给生产队,不准收回征用费,土地所有权仍归国家,今后需要时,经过批准手续,无代价地收回使用;凡是无偿占用生产队的土地,一律无条件退给生产队,所有权亦归生产队,并视具体情况,适当补偿占用期间的损失。(2)青苗作物的处理问题,按照国务院规定的精神,已经成熟和即将成熟的,谁种谁收,离成熟期尚早的,随地交苗,双方协商,由生产队酌情补偿种子和工本费。(3)建筑物和其他固定设施,生产队有保护的责任,不准破坏,如要借用,应征得原单位同意。对生产有关的小型附着物,原单位不需要,可以协商作价移交给生产队使用。(4)生产队接受的土地,凡是熟田,都应列入计划面积,照计划征购;凡是破坏性不大,稍加平整就能耕种的土地,列入计划面积,在第一年定产时适当给予照顾,第二年照计划征购;凡是破坏性很大,生产队得花很多劳力平整后才能耕种的土地,按开荒办法处理。(5)对原属市镇居民私有的土地或其他没有入社的私有土地,由占地单位直接交给所在地生产队,私人不得收回土地,如果本人要求种田,可随地入社,转为农业人口,并按社员待遇划分自留地。(6)有些单位季节性使用的大

---

[1] 中共苏州地委农村工作部:《关于清理土地的情况报告》,1962年6月19日,苏州市档案馆藏,档号H5-1-1962-65。

片场田,可根据不同情况,采取几种办法处理:一是单位用生产队种,轮流交叉,但不能影响单位使用;二是单位用单位种,规定上交任务;三是本着节约用地的原则,缩小范围,退一部分留一部分。(7)对围墙、篱笆内的大片可耕地,亦可根据具体情况,采取几种办法处理:一是缩小篱笆,把地让出来;二是社员进围墙种田;三是单位耕种,规定上交任务。(8)关于学校占地,除了必要的运动场所,批准保留的农中和其他专业性学校的生产地外,全部退给生产队,不得借口劳动锻炼、生活福利等占地不放。如果在退地后,吃菜有困难,所在地商业部门和生产队应该负责供应。个别处在偏僻地区、人数较多的学校,当地商业部门和生产队无法解决他们吃菜问题,经县委审查批准,也可以保留一定的蔬菜基地。(9)公社、大队耕种的土地,按"六十条"精神办事,一般都要撤掉,土地退给生产队,少数确有保留价值的,经县委批准,也可以退一部分、留一部分或者全部保留。(10)国营场圃、大市镇的蔬菜基地、劳改单位的土地、兵役局的土地,以及其他特殊情况占用的土地,牵涉问题较多,应与有关单位和主管部门商定初步意见,专题报告各级党委研究处理。[1]

这一操作性极大的"规定"出台后,尽管有些地方仍存在这样或那样的问题[2],但总的来说,各地对土地的清理退赔工作还是迅速走向深入。经过进一步全面认真的清理,到1963年9月,全区又退出征而未用和无偿占用的土地13 857.421亩,加上前几年陆续退还的土地,占1958年以来征用、占用土地总数45 103亩(不包括水利挖废、压废的土地)的90%以上,基本上退清了应退可退的土地。[3]这在一定程度上促进了生产的发展,增加了生产队和社员的收入,巩固了集体经济,特别是对城镇郊区一向人多地少、征用土地较多的社队,其作用尤为显著。

再次,在各种退赔中,对房屋的退赔最为困难,进展也最为缓慢。这一方面是因为在所有被平调的财物中,房屋所占的比例最大;另一方面,房屋问题与社员日常生活的关系最为密切,而且无法替代,因此社员也就最为关心。而当时对建房物资如木材和毛竹等却又最难筹集。到1962年3月,全区仅退赔房屋46 450间,占总数的30%。其中,以公房抵赔的22 075间,占14%;公房拆建或旧房新建的16 393间,占11%;群众自筹的7 962间,占5%。另有一部分作价

---

[1] 中共苏州地委退赔领导小组:《关于退赔房屋清理土地会议的情况报告》,1963年3月24日,苏州市档案馆藏,档号H1-2-1963-306。
[2] 中共苏州地委退赔办公室:《关于吴县金山公社清理退还土地情况的报告》,1963年6月25日,苏州市档案馆藏,档号H5-2-1963-111。
[3] 中共苏州地委农村工作部:《关于清理土地工作总结》,1963年9月4日,苏州市档案馆藏,档号H5-1-1963-70。

赔钱。[1]从1963年下半年开始,随着经济形势的进一步好转,各方面对退赔工作的支持力度逐渐加大,退赔工作的进度也日趋加快。8月底,苏州地委向江苏省委报告,全区共退赔、重建房屋9.49万间,占拆毁民房15.85万间的59.9%。[2]同年10月,苏州地区专署先是从江西省组织到计划外毛竹2万支。随后,江苏省又先后下拨给苏州地区用于退赔建房专项资金6万元,木材200立方米。11月,专区供销社生产资料站又从安徽组织到计划外毛竹1.5万支。[3]据初步统计,到1964年春节,全区有111个公社(占被拆毁民房总数的51%)、1 872个大队(占68%)已解决或基本解决了急需户的住房问题。[4]到3月,退赔房屋总数增加到93 999间,占拆毁总数的60%以上,占总农户的90%左右。[5]

据统计,4年来,全区用于建屋的退赔物资,仅省、区下拨的就有木材6 375立方米,毛竹93 600支,煤炭2 975吨,砖2 990万块,瓦1 059万张。[6]全区共退赔、建还房屋101 377间,占拆毁房屋总数的65.7%。详细情况见下表:

表2-3 苏州专区退赔安置房屋情况　　　　　　　　　　　单位:间

地区	拆迁情况		退赔安置情况					
	户	间	间数	占拆迁间数的%	分年度情况			
					1962年前	1962年冬 1963年春	1963年冬 1964年春	1964年冬 1965年春
合计	59 904	154 269	101 377	65.7	71 917	15 987	7 243	6 230
无锡	4 994	11 775	6 063	51.5	4 387.5	1 313	341.5	21

---

[1]《苏州专区平调退赔情况》(原件无成文者),1962年3月13日,苏州市档案馆藏,档号H5-1-1962-63。

[2] 中共苏州市委党史研究室:《中国共产党苏州大事记》,中国文史出版社2000年,第105页。

[3] 以上材料分别见中共苏州地委退赔办公室、江苏省供销合作社苏州专区办事处:《关于分配一批计划外毛竹用于生活和退赔建屋的通知》,1963年10月21日;江苏省苏州专员公署财政局、中共苏州地委退赔办公室:《关于分配一批退赔经费的通知》,1963年10月21日;中共苏州地委退赔办公室、江苏省苏州专员公署计划委员会:《关于分配一批退赔专用木材的通知》,1963年10月21日;中共苏州地委退赔办公室、江苏省供销合作社苏州专区办事处:《关于分配一批安排生活专用毛竹的通知》,1963年11月23日,苏州市档案馆藏,档号H5-2-1963-110。

[4]《苏州专区退赔房屋安置拆迁户工作情况和意见(出席省退赔会议资料)》(原件无成文者),1964年3月7日,苏州市档案馆藏,档号H5-1-1964-74。有些文件中的统计数字可能有误。如据1963年10月的统计,全区已退赔建还房屋94 092间,占当初被拆毁房屋总数的59.3%。见《退赔会议情况报告》(原件无成文者),1963年10月25日,苏州市档案馆藏,档号H5-1-1963-69。

[5]《关于结束退赔房屋安置拆迁户工作的初步方案》(原件无成文者),1964年4月,苏州市档案馆藏,档号H5-1-1964-74。

[6]《苏州专区1961年到1964年分配退赔建屋物资汇总表》(原件无成文者),1965年7月12日,苏州市档案馆藏,档号H5-1-1965-77。

（续表）

地区	拆迁情况		退赔安置情况					
	户	间	间数	占拆迁间数的%	分年度情况			
					1962年前	1962年冬1963年春	1963年冬1964年春	1964年冬1965年春
江阴	4 764	11 702	6 360	54.5	4 635	1 011	420	294
沙洲	16 629	33 259	26 237	79	18 455	2 951.5	2 397.5	2 433
常熟	18 619	55 842	34 423.5	61.7	22 269.5	6 270	2 764	3 120
太仓	1 950	6 288	4 489	71.4	3 758	611	120	
昆山	5 111	14 201	12 899.5	90.8	10 399.5	1 632	586	282
吴县	3 830	8 717	4 271	49	3 184	785.5	301.5	
吴江	4 007	12 485	6 634	53.2	4 828.5	1 413	312.5	80

资料来源：中共苏州地委退赔办公室：《苏州专区退赔安置房屋情况》，1965年7月8日，苏州市档案馆藏，档号H5-1-1965-77。

另据1964年6月统计，全区在结束退赔工作时，尚有9 000间左右的房屋需要退还，其中最严重的常熟县就需5 000多间，最少的吴江县则需200多间。[1] 具体安排见下表：

表2-4　苏州全区退赔安置房屋扫尾任务规划　　　　　单位：间

地区	尚需安置房屋间数	其中：大中型水利拆迁的	小型水利拆迁的	其他大办拆迁的	说明（解决办法）：各县现有积存材料解决700—800间；省分配材料、经费可以解决1500间左右；挖地方潜力，动员群众自筹解决1 000—1 300间；尚缺1 400—1 800间。
合计	5 094	3 048	846	1 200	
常熟	2 500	1 784	416	300	
沙洲	1 591	856	250	485	
吴江	301	258	10	33	
无锡	332		100	232	
江阴	250	150	50	50	
昆山	120		20	100	

资料来源：《全专区退赔安置扫尾任务规划》（原件无成文者），1965年7月16日，苏州市档案馆藏，档号H5-1-1965-77。

最后，对各种生产和生活用具的退赔，有关政策虽然一再强调要一律尽量采

---

[1] 中共苏州地委退赔办公室：《当前退赔安置工作情况》，1964年6月13日，苏州市档案馆藏，档号H5-1-1964-74。

用实物进行退赔,但在具体工作中,一般是将小农具的损坏归于正常损耗的范畴,而不予退赔(当时农民所损失的几乎都是一些小农具,大农具在合作化运动时期都已作价或入股归集体所有);对生活用具,因其种类繁多,客观上难以做到一一核实,并予赔付,比较可行的只能是作价退赔期票。

根据上级的统一部署,从1963年下半年起,苏州地区的一些地方已开始着手退赔结束工作。[1]1964年4月以后,全区的退赔工作全面进入结束扫尾阶段。[2]到1965年上半年,退赔工作全部结束,有关机构相继撤销,少量遗留问题划归民政部门统一处理。全区用于退赔的钱物,仅由省、地两级下拨的就合计230多万[3]。另外,还退赔了大批期票。具体情况见下表:

表2-5 苏州专区退赔期票情况　　　　　　　　　　　　　　　　单位:元

县名	发放数				银行已回收数	尚未收回数			
	合计	大、小队	社员	其他		合计	大、小队	社员	其他
合计	5 785 102	3 339 520	2 350 561	76 939	1 541 355	4 172 260	2 406 939	1 762 025	76 254
无锡	1 340 908	586 286	754 140		225 437	1 053 984	463 885	652 099	
江阴	948 040	651 004	267 064	29 972	416 654	531 386	435 504	105 409	
沙洲	539 353	144 987	384 336		62 946	466 407	83 131	379 264	13 011
常熟	708 642	284 507	377 168	46 967	236 395	472 247	164 295	261 737	46 217
太仓	765 898	351 975	413 923		238472	527 426	277 960	246 950	2 516
昆山	305 686	289 030	16 656		71 125	234 561	203 790	16 261	14 510
吴县	86 575	36 470	42 535		18 060	68 515	18 700	42 245	
吴江	1 090 000	995 261	94 739		272 266	817 734	759 674	58 060	

资料来源:中共苏州地委退赔办公室:《苏州专区退赔期票情况》,1964年10月15日,苏州市档案馆藏,档号H5-1-1965-77。

在进行农村政策调整期间,中共中央副主席、国务院副总理陈云还于1961年7月16日至18日在苏州专区进行调查研究,与专区及吴县等5县负责

---

[1] 《退赔安置工作情况与意见(讨论稿)》(原件无成文者),1963年12月7日,苏州市档案馆藏,档号H5-2-1963-109。
[2] 《关于结束退赔房屋安置拆迁户工作的初步方案》(原件无成文者),1964年4月,苏州市档案馆藏,档号H5-1-1964-74。
[3] 《苏州专区退赔安置工作情况和全面结束的意见》(该文件的形成时间及作者不详),苏州市档案馆藏,档号H5-1-1965-77。具体应为233.1972万元。见《苏州专区1961年到1964年分配退赔建屋物资汇总表》(原件无成文者),1965年7月12日,苏州市档案馆藏,档号H5-1-1965-77。

人、部分大队党支部书记进行座谈,就双季稻种植、小麦种植、养猪、粮食征购、自留地5个问题进行交流。对于双季稻种植问题,陈云结合嘉兴等地方种植双季稻导致产量下降的情况指出:"苏州共有一百零几万亩地,前几年上面号召种双季稻,你们只种了1万亩,今年吴县种的多一些,也只占耕地2.8%,可见是'开明士绅',知道双季稻种多了没饭吃。""种双季稻可以用来接济口粮,但不能种得太多。"对于小麦种植面积增加而蚕豆种植面积减少的问题,陈云指出:"你们蚕豆的播种面积越来越小,对此,农民是有意见的。蚕豆既是口粮又是菜,而且出口比小麦换汇多。没有这些小杂粮,市场上的东西就多不起来。""要多种点蚕豆,少种点麦子。""粮食不要挤蔬菜,该种蔬菜的地还是种菜。"对于农民自留地较少的问题,陈云指出:"你们自留地不多,在这个问题上不开明。多给社员划点自留地比给社员增加口粮好。""自留田的比例一定要占到耕地面积的6%,其中大田占4%,房前屋后占2%。""而且农民在自留地每天用4个半小时种出来的东西,质量比在集体地里用7个小时种出来的还好。现在要想办法使集体生产的产品,质量比个体生产的好。"对于农民养猪受到一定限制的问题,陈云指出:"母猪要尽快下放给社员私养,放得早,可以赶上割草。"对于粮食征购的积极性问题,陈云指出:"全国粮食产量1957年是三千六百亿斤,今年估计只有二千九百亿斤。尽管今年进口一百亿斤粮食……但仍然很紧张。灾区得不到充分救济,城里口粮标准更低了。因此,余粮区要多交售粮食,你们不能不多负担一点。当然,如果多产了不能多吃,长期下去,积极性肯定要受影响。你们的口粮标准现在是三百七八十斤,第一步先恢复到前两年水平,吃四百三十斤,第二步再恢复到五百零六斤的水平。"[1]陈云此次苏州调研,不仅对苏州农村政策的调整进行了直接的指导,而且在此次苏州调研和早些时候青浦调研的基础上形成的《母猪也应该下放给农民私养》《种双季稻不如种蚕豆和单季稻》和《按中央规定留足自留地》3个调研报告,在报送中央并于8月23日召开的中央庐山工作会议上印发后,对全国农村政策的调整也具有深远的积极意义。

对农村政策的调整,"三级所有,队为基础"基本制度的确立,表明在1958年9月所设想的那种为加速向共产主义过渡的人民公社体制正式宣告失败。在人民公社制度还不可能被废除的历史条件下,通过调整,在一定限度内还是有利于农村紧张形势的缓和与农业生产的恢复与发展的。"三级所有,队为基础"的所有制结构与传统农民的居住结构和劳动格局在空间上相吻合,没有打破农民世

---

[1] 中共中央文献研究室:《陈云年谱》(下卷),中央文献出版社2000年,第88、89页。

代生活的基本环境,这就大大缓解了行政组合的强制性。苏州农业的调整成效逐渐显现,1965 年与 1962 年相比,苏州农业总产值由 16.49 亿元增长到 26.34 亿元,增长了 59.73%;粮食产量由 152.32 万吨增长到 210.32 万吨,增长了 38.08%;农民人均纯收入由 103 元增长到 152 元,增长了 47.57%,[1]农村的整体形势明显好转。常熟县 1965 年 19.97 万亩棉田,平均皮棉亩产 69.7 公斤,居全国第二位;粮食亩产 403.5 公斤,居全国高产行列。在全国第五次棉花工作会议上,中共中央副主席、国务院总理、政协全国委员会主席周恩来把出席会议的常熟县代表请上大会主席台就座,并高兴地向大会代表介绍说:"如果全国每个县都像常熟县那样,粮食就吃不了,棉花就用不完。"[2]

(三)农业学大寨运动的兴起

1964 年 2 月 10 日,《人民日报》发表了《大寨之路》的报道,同时发表了《用革命精神建设山区的好榜样》的社论,介绍当时山西省昔阳县大寨大队在贫瘠的土地上,艰苦奋斗,发展生产的事迹。大寨成为全国农业战线的一面红旗。此后,全国农村掀起了农业学大寨运动。苏州农村地区的农业学大寨运动随之逐步推开。

3 月,地委和专署、市委和市人委发出在农村深入开展学大寨、赶大寨,比学赶帮超运动的指示,提出开展以大寨为榜样,以政治思想好、执行政策好、干部作风好、增产增收好、经营管理好等"五好"为目标的群众运动。考虑到地域等自然条件方面存在的差异,在农业学大寨运动早期,苏州把大寨作为"生产典型"推出,除了强调学习大寨的自力更生、艰苦奋斗的精神外,更多的是强调学习在本地区具有样板作用的社队经验,抓住夺高产多贡献这个主题,把学大寨作为一项生产竞赛活动。地、县、公社、大队四级,层层办样板,样板点通过开展比、学、赶、帮等活动,推广先进经验和科研成果。以专区为例,1964 年 3 月,专区、县、公社、大队四级共建样板点 5 142 个,计 88 万亩土地,占集体耕地总面积的 13%。其中,吴县郭巷公社长桥大队第一生产队被立为全区推广陈永康水稻高产经验的中心示范点。各地争相邀请劳动模范、科技人员介绍先进经验、传授科学方法。6 月 20 日,全国劳动模范、水稻栽培专家陈永康到沙洲县作水稻种植技术报告后,全县迅速掀起推广陈永康经验的热潮,有效地提高了水稻栽培水平,促进了水稻增产。为使大面积粮棉油平衡增产,各地以改造低产队、低产片、

---

[1] 此处农业各项数据统计区域为现苏州市域范围。
[2] 中共常熟市委党史工作办公室:《中国共产党常熟市历史大事记(1949 年 4 月至 1990 年 12 月)》,中共党史出版社 1993 年,第 134 页。

低产田"三低"为重点,在小型水利建设、田间渠溪配套工程、治渍治涝、土地平整、优质肥料等方面下功夫,采取综合措施,努力实现灌排机电化,努力改善低产地区的生产条件,到"文化大革命"前,共有75万亩低产田得到不同程度的改造。1966年年初,国家农业部把苏州地区列入大寨式专区,省委号召全省学苏州。开展农业学大寨运动,对促进农田基本建设、发展农业生产起到了一定的积极作用。

三、精简职工,压缩城镇人口

为缓和国家粮食供应紧张状况和减轻城镇副食品供应的压力,根据中央关于减少城镇人口和压缩城镇粮食销量的指示精神,从1961年开始,苏州开始对全民所有制职工、城镇人口、粮食定量统销人口进行精简,主要对象是1958年1月以来参加工作的来自农村的新职工。苏州市的精简工作主要体现在两个方面:一方面对于应该动员回农村的人员,坚决动员他们回农村;另一方面多渠道地做好精减职工的安置工作。安置主要采取了以下几种途径:对全民所有制企业需要下放到集体所有制企业的人员,有意识地组织"过渡性"生产,然后全班人马调整归口;允许社会上有手工技艺的个体手工业者登记开业,扩充服务行业,吸收企业精减职工就业;采取统一规划、单位招收、自愿报考、领导批准的办法,鼓励能工巧匠吸收学徒,培养新生力量;积极发展家庭副业,将适宜于分散生产的刺绣等加工性作业工种,安排为家庭副业。对一些根本无法从业劳动、生活困难的人员,则由民政部门给予必要的社会救济和尽可能地组织生产自救,使他们能够维持最低生活水平。通过上述种种办法,全市职工队伍的调整工作顺利进行,避免了大进大出的混乱现象。1961年专区共精减全民所有制职工37 352人,压缩城镇人口66 090人,减少国家粮食定量供应人口72 556人。苏州市划归省直辖后,1962年至1963年两年共精减全民所有制职工33 509人,压缩城镇人口37 000人,减少国家粮食定量供应人口57 344人。到1963年年底,全市国民经济9大部门全民所有制企业固定职工共79 024人(不包括中央单位),完成了省下达的不超过82 000人的计划控制指标,达到了减工、减人、减粮的目的。

在对全民所有制职工、城镇人口、粮食定量统销人口进行精简的过程中,动员知识青年上山下乡是重要的措施之一。1962年6月发出的《国务院关于精减职工安置办法的若干规定》中提出:"对于精减下来的无家可归和城镇无法安置,但具有下乡条件的职工,包括一些不能在城镇就业的青年学生,可以安置到农场。"据此,专区开始在吴江、太仓、常熟3县试点动员城镇知识青年下乡插队;

苏州市也对已停办大中专院校的在校生和未升学的高中、初中毕业生发出号召，动员他们下乡插队插场。在各级组织进行广泛宣传发动下，各地知识青年积极报名要求上山下乡。当年12月1日，首批知识青年共121人奔赴位于连云港市的省东辛农场参加农业生产。1963年7月，在中央安置工作领导小组会议上，周恩来听取各地汇报后，肯定了苏州市的经验，指出："苏州市能动员人下乡，别的城市更可以。"在10月召开的全国第二次城市工作会议上，周恩来又一次指出："杭州生活从来未紧张过，苏州生活也较高，下乡工作都做得不错。'上有天堂，下有苏杭'，苏杭能做到的，其他地方更应当做到。"周恩来对苏州知识青年下乡工作的肯定，给苏州知识青年以极大的鼓舞。至1966年，苏州先后有15 000余名知识青年上山下乡插队插场，有的到苏州农村，有的到苏北淮阴、连云港等地。1965年，苏州知识青年1 000余人远赴新疆和田，开创了苏州成批知青支边的先例。

在精简、压缩城镇人口的同时，对党政机关的人员编制也进行了适当压缩。全市编制按人口4‰比例配备，总编制为2 388人（不包括人民银行、武警），比1962年2月底的3 045人减少657人，减少21.58%。其中，市一级党委从244人减为195人，减少20.8%；市政府部门从1 864人减为1 581人，减少15.18%；市群团部门从138人减为130人，减少5.80%；区镇一级从620人减为386人，减少37.74%；公社一级从179人减为96人，减少46.37%。市一级党委部门撤销市委书记处、工业部、财贸部、教育卫生部、交通部、郊区工作部、劳动工资部、重工业党委、轻工业党委、手工业党委，新建郊区工作委员会、工业党委，党委机构设办公室、组织部、宣传部、统战部、监委、郊区工作委员会、机关党委、工业党委、财贸党委、交通建设党委、教育卫生党委、文化总支。市的政府部门由39个减为32个，撤销人事处、监察局、轻工局、化工局、冶金局、建筑工程局、房地产管理局，新建人事监察局、轻化工局、工商行政管理局（与原物价局合署办公）、郊区办事处（与原农林局合署办公），手工业管理局与工艺美术局合署办公，原来和计委合署办公的统计局，与计委分开办公。全市设6个区、1个镇、8个人民公社。每个人民公社设党委书记2人，组织委员1人，宣传委员（兼文卫）1人，妇联1人，团委1人；公社管理委员会设社长2人，内勤1人，民政员1人，会计统计1人，炊事员1人，共计12人。撤销无线电台，有线电台编辑部与工农报社合署办公。[1]

---

[1] 中共苏州市委员会：《关于精简行政编制和机构设置的报告》，1962年5月16日，苏州市档案馆藏，档号A1-2-1961-314。

四、其他领域的调整

（一）手工业领域的调整

在"大跃进"运动中，手工业合作社（组）的大部分职工加入"炼钢"队伍或支援机械、化工、纺工等工业行业，大批手工业合作社（组）相继合并、改组或转产。尽管在大办工业中，市区街道新办了一批生产企业，部分工厂也新建了一批卫星厂，但由于这批企业大都属于因陋就简，仓促上马，产品一时无法完全替代被改组、转产的原有手工企业生产的各类日用小商品，造成市场严重缺货。苏州在贯彻执行国民经济调整八字方针过程中，手工业战线得到了适当充实。1961 年 6 月，中共中央发出《关于城乡手工业若干政策问题的规定（试行草案）》（简称"手工业三十五条"）。"手工业三十五条"规定：手工业的主要所有制形式应是集体所有，前几年已改为全民所有制的，一般仍应恢复原来的手工业合作社或者合作小组。据此，苏州继续有计划、有步骤地调整手工业领域。

市委和市人委对手工业的调整确定了"五有利"原则：有利于调动手工业工人的生产积极性，提高劳动生产率；有利于增加产品品种和数量，提高产品质量，恢复发展传统名牌产品；有利于节约原料材料，降低成本；有利于适应农业生产和人民生活的需要；有利于更好地实行"各尽所能，按劳分配"，在发展生产的基础上，逐步增加手工业工人的收入。根据上述原则，全市在调整步骤上分期分批、先主后次地进行。先抓好所有制、规模、网点的调整，再解决分配问题；先搞好与人民生活密切关联的行业，再分批全面展开。

调整企业所有制和规模方面，将合并过大、企业性质上升不当的企业下放，退赔被平调的资金。将部分大集体（合作工厂）改为小集体（合作社或合作组），把部分生产合作社改为供销生产合作社。1962 年苏州市共调整 89 户，其中全民所有制改为集体所有制 12 户，合作工厂改为合作社 69 户，手工业生产社改为供销生产社 8 户。

调整网点布局方面，为支援农业、保证出口需要、加强生产薄弱环节，让一批原属手工业局的企业归队；对一些产供销无问题、生产尚不能满足人民需要的行业，进行调整和充实，如将原来以大集体核算的铁制农具厂，按照历史习惯，调整为娄门、葑门等 7 个铁业小组，实行专业定点生产。为满足人民群众的生活需要，恢复发展传统产品生产，1962 年将手工业系统基建投资费用的 62% 用来加强生产传统特色产品。对于供产销矛盾比较突出、产品供过于求、短期不能扭转亏损局面的少数企业,则采取撤销淘汰、适当压缩或转向、转业生产等方式处理。1962年全市压缩手工业7户、生产转向手工业34户、关闭手工业12户。

调整手工业人员队伍方面,1962年根据增产节约、精兵简政、支援农业、克服困难的精神,组织能工巧匠归队和充实手工业生产;精简来自农村的职工回乡务农,在集体所有制手工业企业中安置全民所有制企业精简的职工和一部分社会闲散劳动力,全市共精简来自农村的职工2 740人,安置全民所有制企业精简出厂人员和社会闲散劳动力3 145人。

调整分配制度方面,按照"各尽所能,按劳分配"的原则,根据企业不同特点,实行分配制度多样化,计时工资、计件工资、分成拆账工资并存,有的企业还采用自负盈亏的办法,在发展生产的基础上,逐步增加手工业工人的收入。

在调整过程中,伴随着技术设备革新,手工业系统机械化程度不断提高,除必须保留手工操作的传统技艺,如刺绣、雕刻等特种手工艺品外,全系统基本上达到机械化、半机械化程度。尤其是各地加强对传统手工艺人的保护,鼓励老艺人带徒弟,提倡师徒自由选择,防止传统工艺出现后继无人的情况。由于方法得当,措施有力,手工业的调整进展较为顺利,从业者的生产积极性有了显著的提高。

(二)商业领域的调整

1961年6月,中共中央发出《关于改进商业工作的若干规定(试行草案)》(简称"商业四十条")。"商业四十条"规定:国营商业、供销合作社商业和农村集市贸易,是商品流通的三条渠道。要把过去撤销或合并的农村供销合作社恢复起来,把过去拆散的合作商店、合作小组恢复起来。同时,有领导地开放农村集市贸易。

根据中央关于改进商业工作的精神,苏州认真贯彻执行"发展经济,保障供给"的财经工作方针,各地商业、供销部门主要进行了以下几项工作:注意改进对工业品的收购和原材料的供应工作,增加农业生产资料供应,支援工农业生产。尤其是抓紧秋后对农副产品的收购和调拨,加强城乡人民群众生活资料的组织供应。在国营商业的主导下,积极恢复农村供销合作社的自营业务,恢复农村集市贸易。随着农村自留田的下放,家庭副业迅速发展,各地建立了近300个农民服务站和贸易货栈,市场交易日益活跃。针对市场上出现的影响市场物价和社会稳定的投机倒卖活动,各地都加强对市场的领导和管理,开展对投机集团和投机分子的斗争,市场物价日益稳定。在外贸收购方面,对出口产品实行"安排在先、生产在先、原材料和包装物料供应在先、收购在先、运输在先"的原则,选派责任心强、业务熟练的干部进驻重点出口生产企业,督促落实生产,保证产品质量。

随着工农业生产的发展,到 1963 年,苏州整个市场状况有了明显好转,蔬菜、荤食品、代粮食品的供应量都有了较大幅度的增长,部分日用工业品的供应也有较多增加,当年苏州市全年实现购买力 1.48 亿元,超额完成省下达的 1.4 亿元的计划。到 1965 年,苏州社会消费品零售总额达到 4.86 亿元,比 1962 年的 4.3 亿元增长 13.02%。[1]

(三) 政治领域的调整

政治领域主要是调整党群关系、党内政治关系,以及中国共产党与民主党派、宗教团体的关系,加强侨务工作,消除"大跃进"以来开展的一系列运动包括"反右倾"斗争所产生的消极影响,以便更广泛地调动党内外的积极性,为调整国民经济而奋斗。

1960 年 5 月 15 日,中共中央发出《关于在农村中开展"三反"运动的指示》,要求在农村基层开展反贪污、反浪费、反官僚主义的运动。苏州的"三反"运动从 1960 年 7 月初进行试点,到 11 月中旬开始全面展开。"三反"运动过程中,各地揭发出一批违法乱纪的干部,有些地方的情况非常严重。为此,地委和专署对暴露出来的问题进行及时处理。如在"巴城事件"中负有主要责任的当事人受到严肃处理,有的被开除党籍,有的被撤销行政职务,有的被判处徒刑。对群众意见较大的干部多吃多占问题做出明确规定。如规定 600 户至 1 000 户之间的大队,享受补贴的大队干部不能超过 9 人;补贴费用加上行政管理费用不能超过大队全年集体总收入的 1.5%;生产队干部的补贴全年不能超过 70 个劳动日。加强对干部进行正面教育,1962 年专区培训公社干部达 13.78 万人次。通过开展"三反"运动,整顿干部作风,较为有效地制止了农民反映最为强烈的"五风"[2],挽回了在某种程度上受到损害的党的形象,密切了干群关系;提高了干部的思想、政策和管理水平,干部队伍的整体素质有所提高。"三反"运动对于推动农村经济政策的调整起到积极作用。

1961 年 6 月,中共中央决定对几年来受批判处分的党员和干部,进行实事求

---

[1] 1965 年数据统计区域为现苏州市域范围。
[2] "五风"指共产风、浮夸风、强迫命令风、瞎指挥风、干部特殊化风。

是的甄别平反。次年4月又发出《关于加速进行党员、干部甄别工作的通知》,提出加速为最近几年来尤其是在"反右倾"斗争中被错误批判和处分的干部群众进行甄别平反。地委、市委根据中央有关精神,对在"反右倾"斗争中受到错误批判的5 729名干部分期分批进行甄别。经过近两年的细致工作,苏州市和专区共甄别4 894人。其中,原定为右倾机会主义分子的25人,甄别13人;原作为右倾机会主义错误、严重个人主义(包括本位主义)等性质在内的5 704人,甄别4 881人。至1962年年底,甄别工作告一段落。经过甄别工作,纠正、平反了很大一部分冤假错案。

在调整党群关系、党内政治关系的同时,对党外政治关系的调整也采取了重要措施。早在1959年8月,中央就已提出分期分批摘掉右派分子帽子,苏州右派分子摘帽工作随即开始。地委、市委专门成立右派分子摘帽工作领导小组,对右派分子进行全面的摸底排队,按规定条件分批摘掉部分右派分子帽子。在国民经济调整期间,重点做好对摘去右派分子帽子的人和还戴着右派分子帽子的人的安置工作,对没有开除公职的摘帽右派分子由原单位分配适当工作,其余人员帮助就业或自谋职业,少数回乡生产。体弱多病、无法从事劳动、生活困难者,由民政部门给予适当救济。虽然在"左"倾错误思想的影响下,摘帽工作只是初步的,还不是真正地为被错划的右派分子进行改正,但对缓和反右派斗争造成的紧张局面、调整统一战线内部关系、化消极因素为积极因素,产生了一定的作用。

1962年5月全国统战工作会议召开后,地委、市委学习与领会中央关于"党领导的统一战线在社会主义建设时期,仍然是革命的三大法宝之一"的指示,充分认识社会主义建设时期统一战线的重要性,加强对统一战线工作的领导,团结一切可以团结的力量,改善党员干部和民主人士的合作共事关系。统战部门通过专题调研,发现机关中党与民主人士合作共事关系存在的主要问题有:一些干部对政权机关中安排民主人士担任领导职务认识不足,在工作中对民主人士的职权缺乏应有的信任和尊重;担任领导职务的民主人士对分工范围内的工作未能职权统一,有职无权现象较为严重;有的领导没有采取积极态度帮助担任领导职务的民主人士在工作上做出成绩、在群众中树立威信。针对存在的问题,有民主人士担任领导职务的单位,普遍对党员干部进行了统战政策教育,联系思想实际,实事求是地具体分析民主人士的情况,使大家认识到安排民主人士担任领导职务不仅不是"包袱",而且在某些工作上能起到共产党员不能起的作用,从而转变了对民主人士担任领导的看法。全体员工重新统一思想,明确分工,使担任领导职务的民主人士真正有职有权,并帮助他们尽职尽责,做出工作成绩,在群众中逐步树立起威信。各地政协作为团结各民主党派和其他爱国民主人士的统一战线组织,更加积极地参与地方大政方针和重要事项的政治协商、民主监督,为推进社会主义事业发挥了积极作用。

民族、宗教工作中"左"的错误的滋长,产生了一些重要失误。如反右派斗争扩大化,将天主教、基督教和佛教中一些宗教职业人员错划为右派;有的少数民族代表在运动中受到批判;"大跃进"运动中,掀起的献堂献庙活动,使寺观教堂大为减少,如苏州佛教 228 所寺庵仅保留 13 处,其余寺庵由房管部门接管。这些都影响了宗教信仰自由政策的贯彻,不同程度地伤害了民族宗教界人士的感情。为巩固和发展民族宗教界的统一战线,在调整工作中,对民族宗教界人士继续贯彻争取、团结、教育的方针:尊重和保护宗教生活和合法权益;举办学习班,在宗教界人士中开展以反帝、爱国、守法为主要内容的教育;做好宗教界代表人士的政治安排,选举他们为省、市、县人大代表和政协委员。

随着中央对侨务政策的调整,苏州对因所谓"海外关系"而引起的一系列问题有步骤地加以处理,为历次运动和政治审查中因"海外关系"而被错斗、错处分、错戴帽子者,取消处分,恢复名誉。对因印尼等东南亚国家排华而归国的华侨妥善安置,并经常召开归侨、侨生、侨眷和港澳同胞眷属座谈会,听取他们对侨务、侨汇及其他有关问题的反映和意见,及时做好来信来访工作,保护他们的合法权益,使党的侨务、侨汇政策进一步深入人心。不少长期同海外亲人失去联系或不敢联系的侨眷和港澳同胞家属,主动想方设法与亲人重新取得了联系,并争取到一定数量的侨汇。侨务部门和教育部门根据归侨学生的特点,对侨生进行政策教育,并从生活、学习等方面给予关心和照顾,使他们顺利完成学业,健康成长;对要求工作的侨生,积极予以妥善安排。

五、调整的主要成效

(一)工业经济在调整中发展

通过对工业布局的调整,压缩了重工业,充实和恢复了农业、轻工业,撤销、停办和调整了一些技术落伍、亏本经营的企业,一些在"大跃进"中不适当上升为全民所有制的企业,恢复为集体所有制,推动了工业生产的巩固、充实和提高。1961 年,市区缩减重工业单位 45 个,增加手工业单位 139 个;专区到当年 8 月全民所有制工业企业由 155 个调减为 55 个,其中 15 个恢复为集体所有制。1962 年的调整力度更趋加大,到年底,全市工业、手工业单位从年初的 402 个调整为

524个,其中全民所有制工业企业从177个调减为133个,集体所有制企业由225个增加到388个。到1963年,全民所有制工业企业进一步调减为122个,集体所有制企业增加到399个。工业总产值的构成因此发生了明显的变化,全市生产资料在工业总产值中占29.21%,比1961年下降6.2%;生活资料产值的比重上升到70.79%,比上一年增加6.2%。[1]

通过全面推行新的企业管理制度,苏州市的工业企业在生产、技术、经济指标和财务、劳动管理等方面都有全面提高和改善。据对全市304种主要工业产品的检查,1962年的质量比上年提高的有214种,达到和基本达到国家标准的有192种;重工业系统已基本消灭了三等品,累计亏损企业由25家减为11家。到1963年,全市工业生产出现了全面好转的局面,主要表现为:当年各个工业门类都实现了增长,157种国家计划产品中,完成或超额完成的有120种;42种主要原材料产品中,完成或超额完成的有31种;77种主要日用工业品中,完成或超额完成的有59种。工业产品的质量也有了很大提高,经过评定的全省质量比较好的56种产品中,苏州市占23种,苏州医疗器械厂28种眼科手术器械赶上国际先进水平;在中国纺织品公司主办的全国棉布和针棉织产品质量评比中,苏州针织内衣厂生产的42支汗衫、协成染织厂生产的"团结"牌被单布被评为优质产品。企业效益有所提高,1963年实现工业利润3 600万元,工业全员劳动生产率达到7 463元,大大超过了工业总产值的增长速度。[2]

行业内部也得到了充实。"大跃进"期间兴起的苏州机械制造业,适应国民经济全面调整的需要,遵循市委和市政府"保留骨干企业,妥善安置被精减职工"的决定,组建了一批集体所有制小型机械工厂,安置全民所有制企业精减的职工。这些新建小型工厂,后来大多发展成了相当规模的企业。至1966年,机械制造各业的设备,都换装成国家统一型号的各类机床,实现了向机械化的转变;许多产品也由仿制向自行研制、设计转变。硬质合金磨刀机床、B50振动台、电火花机床、金刚石砂轮、眼科医疗器械、自动织绸机、新型阀门、高压电瓷、高压开关板等,当时在国内均处于先进水平。有些原为改造本地行业而发展的产品,如丝绸机械、建筑机械、金属加工机床、行车等,也逐渐成了供应外地的重要商

---

[1] 苏州市发展和改革委员会、中共苏州市委党史工作办公室:《社会主义建设时期苏州经济工作(1953—1966)》,中共党史出版社2008年,第262页。

[2] 苏州市发展和改革委员会、中共苏州市委党史工作办公室:《社会主义建设时期苏州经济工作(1953—1966)》,中共党史出版社2008年,第263页。

品。其间,苏州还应上级要求,负责组建"小三线"[1]工厂淮河机床厂和烽火机械厂,后来分别迁至安徽省大别山区和广德山区。

起步不久就在"大跃进"中损失惨重的化学工业从1961年开始,一手抓调整,一手抓发展。一方面,淘汰污染严重、条件差的企业,另一方面,完成中断多年的扩建、新建和技术改造项目,使大部分企业基本实现机械化、管道化。至1965年,全市有23种产品被纳入国家计划,硫酸、烧碱、农药等产量成倍增长,工业产值达到1.05亿多元,所有化工厂全部扭亏为盈。[2]

电子工业在"大办电讯仪表"中存在着严重盲目办厂情况。1961年调整后,全市生产电讯、仪表、仪器的77家工厂仅保留下来3家。工厂数量减少,但产品种类进一步丰富,电子陶瓷元件、云母电容器和各种电阻元件产品陆续生产,并成功组装14英寸电子管黑白电视机。为加速电子工业的发展,1963年国家成立第四机械工业部。苏州吸取"大跃进"期间盲目办厂的教训,确定电子工业发展的方向,主要是根据第四机械工业部需要配套的项目建立工厂,苏州市仪器仪表工业公司等一批电子企业得以成立,到1966年全市电子工业企业已发展到15家,职工2 000余人。其间,产品也有了一定发展,开始生产半导体器件、半导体收音机等产品。至1966年,电子工业产值达到1 400余万元,占市区工业产值的1.8%。苏州电子工业的发展有了一个良好的基础。

"大跃进"期间大办工业的热潮客观上促进了苏州医药工业的发展,苏州化工、商业、金融等行业和部门相继建立了一批化学制药厂,并开发多种医药中间体、化学原药及制剂,这些企业为苏州发展抗生素、合成药和化学制剂生产奠定了基础。但是在一哄而上的生产热潮中,苏州医药工业在发展过程中也出现了一些失误。在贯彻国民经济调整方针时,医药工业通过调、撤、并,调整企业结构和产品结构,生产专业化程度进一步提高。1965年,中国医药工业公司对全国医药工业实行"托拉斯"管理,苏州第一制药厂成为中国医药工业公司江苏省分公司直属企业,技术力量、产品开发有了新的提高和发展,试制成功全国首创的植物类新药"血凝",生产的呼吸系统药品"咳必清"填补了省内该领域的空白。

传统纺织工业去虚存实,对"大跃进"运动中创办的工厂仅保留具有发展前途的苏州毛纺织厂、化学纤维厂、毛针织厂、纺织机械厂等工厂。由于纺织业机

---

[1] 三线建设,指的是自1964年开始,在中西部地区13个省、自治区进行的一场以战备为指导思想的大规模国防、科技、工业和交通基本设施建设。同时,地处一线、二线的省份,也各自建了一批地方军工企业,被称为"小三线"建设。

[2] 苏州市地方志编纂委员会:《苏州市志》第二册,江苏人民出版社1995年,第470页。

械化的提高和农业生产恢复后原材料供应充足,纺织工业生产自1963年开始回升,至1966年产值达到2.93亿元,比1958年增长40%。经济效益进步显著,棉纺、织布、内衣、织带4行业利润达到1 500万元,比1958年增长80.4%。[1]

苏州社队工业受"左"的错误指导思想的影响,存在不少的问题:有的违反"三就地"[2]的生产方针,乱搞协作,盲目采购;有的生产方向不对,经营管理不善,产品价高质次;有的积压产品大于账面盈余,如常熟虞山镇11个社办工业,1962年账面上的盈余有15万元,而价高质次销不出去的产品却有20万元之多;有的布局重复,增加了国家负担,如吴江盛泽镇,在同一个镇上有县属全民所有制华生机械厂、手工业的农具社、镇办机械修配厂和农村社办农机厂等4个机械修配单位,这些企业不仅生产性质相同,而且都存在任务不足、劳动力过剩的问题。在国民经济全面调整期间,苏州开始主动关停一批社队工业企业。1963年7月,地委和专署决定进一步整顿社办工业,进一步整顿的原则是:对违反"三就地"的坚决停办;对必须保留的好企业分别转为手工业合作社(组)或商业作坊;对适宜分散经营、生产的,分别改为家庭副业或生产小组;对国营工业、手工业不能代替,又不适宜下放生产队经营的,如个别粮食、饲料加工厂,可暂时保留为社办。经过这次整顿,至1964年,全区社办企业由1962年的345家减至84家。

随着工业领域调整的完成,苏州工业产值逐年增长。1965年与1962年相比,苏州工业产值由11.27亿元增长到17亿元,增长50.84%;社队工业产值由0.25亿元增长到0.31亿元,增长24%;职工平均工资由501元增长到585元,增长16.97%,工业发展形势逐渐好转。[3]

(二)农业生产的恢复和发展

在恢复和发展农业生产上,除了认真清理被挤占的农用土地、扩大农作物种植面积外,还采取了以下措施:

第一,加强对农村劳动力的管理,充实农业生产第一线。为完成钢铁产量等任务,以及盲目发展社会公益事业,大量青壮年劳动力被抽调出农业生产第一线,苏州农村地区也出现了"青壮炼铁去,收禾童与姑"的非正常现象,严重削弱了农业生产力。据统计,"大跃进"和人民公社化运动以来的两年,苏州转移到其他领域的农业劳动力共有15万人,其中支援国家工业建设7万人、支援边疆

---

[1] 苏州市地方志编纂委员会:《苏州市志》第二册,江苏人民出版社1995年,第97页。
[2] "三就地"指就地取材、就地加工、就地销售。
[3] 此处各项数据统计区域为现苏州市域范围。

生产建设7 800人,致使农业劳动力减少10%。[1]农业劳动力的减少,对农业生产的负面影响是较大的,因为农业生产具有很强的季节性,收种不及时会对产量产生极大的不利影响。而农业生产的下降,使农民基本口粮也难以得到满足,反过来又影响了农业劳动者的体质,如此形成恶性循环。针对这一情况,各地认真对农村劳动力被挤占、抽调等情况进行了摸底调查,并着手整顿。各条战线私招乱雇的人员,一律送回原生产单位,解决农业一线劳动力不足的问题。社队工业农忙时抽调部分人员支援农业,农闲时全力发展工业,做到亦工亦农,增产不增人。据统计,从1960年9月到1961年5月,专区城镇、公社下放到大队、生产队务农人员22.93万。1962年到1963年两年间,苏州市从城市返回农村务农人员3.82万。[2]

第二,进一步调整公社、大队和生产队规模。将全区公社由167个调整为215个,平均每个公社由5 659户调整为4 395户;大队由2 275个调整为3 006个,平均每个大队由415户调整为315户;小队由25 838个调整为28 932个,平均每个小队由37户调整为34户,恢复到高级农业生产合作社的规模。[3]具体见下表:

表2-6 调整后的生产大队、生产队规模与高级社、初级社规模的比较

县市别	生产大队规模与高级社规模比较							生产队规模与初级社规模比较					
	原有高级社			生产大队		生产大队比原来高级社少几个单位	大队平均规模比原来高级社平均少多少户	原有初级社			生产队		小队平均规模比原来初级社平均少多少户
	个数	户数	平均规模	个数	平均规模			个数	户数	平均规模	个数	平均规模	
总计	3 712	916 563	247	2 898	335	814	88	14 400	451 301	31.3	26 348	37	5.7
江阴	763	193 959	254	555	363	208	109	3 516	130 979	37.3	5 394	37.3	
常熟	943	258 703	274	680	395	263	121	4 207	127 751	30.3	6 513	41.2	10.9
太仓	287	81 453	284	254	332	33	48	1 469	40 360	27.6	2 274	37.1	9.5
昆山	430	80 429	187	375	222	55	35	1 631	52 684	32.7	2 384	35	2.3

[1]《储江同志在县、市、公社党委第一书记会议上的报告(记录稿)》,1960年8月8日,苏州市档案馆藏,档号H1-1-1960-32。

[2] 中共苏州地委精简小组:《关于召开各县精简工作会议的情况报告》,1963年,苏州市档案馆藏,档号H1-1-1963-46。

[3] 中共苏州地委农村工作部:《关于大队和生产队规模问题的研究》,1960年2月22日,苏州市档案馆藏,档号H1-1-1960-34;苏州地委办公室:《关于社队体制和规模问题的资料》,1962年9月12日,苏州市档案馆藏,档号H1-1-1962-39。

(续表)

县市别	生产大队规模与高级社规模比较							生产队规模与初级社规模比较				
	原有高级社			生产大队		生产大队比原来高级社少几个单位	生产大队平均规模比原来高级社平均少多少户	原有初级社			生产队		生产队平均规模比初级社平均少多少户
	个数	户数	平均规模	个数	平均规模			个数	户数	平均规模	个数	平均规模	
吴县	739	168 878	228	635	300	114	72	1 305	37 081	28.4	5 685	33	4.6
吴江	452	117 160	259	352	366	100	107	1 956	55 805	28.5	3 416	37.7	9.2
苏州市	98	15 973	163	57	295	41	132	316	6 637	21	682	24.6	3.6

资料来源:《生产大队、小队规模与高级社、初级社规模的比较》(原件没有成文者和时间,应在1962年前后),苏州市档案馆藏,档号H1-1-1961-35。

说明:1. 原有高级社数是1957年底的统计材料。2. 原有初级社数是1955年底的统计材料,当时参加初级社的农户只占全区总农户的59.5%,其余是由互助组一步跨入高级社的,因此现在小队的队数,不能与初级社的社数相比。

社队规模调整后,更符合农村地区的经济发展水平,更有利于农业生产的恢复与发展,也便于发挥各级组织的作用。

第三,加强农田水利基本建设,改善农业生产条件。针对圩洼、平原等不同类型地区的水利问题,以解除圩区洪涝危害为重点,全面发展机电灌溉,因地制宜进行治理。圩区治理将套闸、防洪闸、分级闸三闸配套列为联圩建设的重要任务,对规模布局不够合理的联圩作了适当调整;平原治理主要是滨江片引潮灌溉工程和高亢片河网化建设,到1961年年底,先后建成浏河、张家港、杨林塘、浒浦塘、望虞河等5座大中型节制闸,使主要通江港口都有闸控制,初步建立了引排骨干水系,奠定了统调江、湖水源和稳定灌溉水位的良好基础。对于高亢平原缺水灌溉的矛盾,兴修以扩大灌溉水源、增强防旱能力和提高灌水技术为中心的农田水利。为提高低洼稻作地区排灌能力,加快发展机电排灌工程。至1962年年底,全区低洼水稻地区基本实现排灌机电化。其后,各地重点对原有机泵设备进行调整配套,部分煤气机改用柴油机,采取新技术改装老式机泵,达到既节能减排又增加水流量的效果。在调整配套的同时,在常熟县城南公社建造苏州第一座苏排Ⅱ型圩工泵排涝站,提高排涝能力。此外,大力建设农田水利配套工程,降渍抗涝,累积优质肥料,到"文化大革命"前,苏州农村原有的150多万亩低产田,已有75万余亩低产田得到不同程度的改造,为全区粮棉油增产奠定了坚实基础。

第四,各行业加强对农业生产的支持力度。城乡之间的协作进一步增强,工业战线加强支农产品的生产和农机具的维修配套,积极试制为农业技术改造所需要的新产品。如防治病虫害的植保机械552丙型压缩喷雾器,在全国评比中位居第一;成功试制潜水泵、农肥过磷酸钙等支农新产品。交通运输部门把支农物资的运输放在首要位置,从计划安排到运输工具配备和劳动力调度,全部贯彻执行支农运输优先的原则。航运部门增辟了从苏州到沙洲县杨舍公社等的5条航线,深入农村腹地,加大支农运输力度。商业部门在供销工作上按照优先供应农村的原则,扩大农村商品分配比重,加强农用物资的供应,大力组织工业品下乡,各县的经营品种比过去增加20%至30%。卫生部门针对危害农业劳动力的主要病种,大力开展防治工作,提高广大农民的健康水平。如针对浮肿病高发的严重问题,集中人力财力进行治疗。从1960年起,全区从苏州市和县工业战线选拔235名党员领导干部和近300名技术人员,充实社办工业的领导力量和技术力量。城乡之间建立了固定的协作制度,制造农业生产资料的工厂和农业机械修理厂赶在农业生产季节前面,完成农业生产资料的生产任务。戽水机的修理提前一个季度完成任务。上半年生产柴油机18 877匹,比上年同期增长2.7倍;生产化肥44 600吨(折合标准品),比去年同期增长9.5倍;生产农药4 280吨,比去年同期增长85.5%。半年来,全区县的农业机械厂由18个增加到22个,机床由597台增加到782台。社办工业在市县工业支援下,机床由522台增加到760台,并有15%的公社机械厂负担了大修小造的任务。[1]

第五,停办公共食堂,恢复口粮水平。为杜绝公共食堂粮食浪费等弊端,从1961年6月起,全区各县(市)陆续停办农村公共食堂;确保社员基本口粮的供给,想方设法恢复和发展饲养业;加强对农村粮食市场的管理,严防有的地方隐瞒、截留粮食[2];落实中央调整农业税的政策,从1961年6月起调整农业税,减轻农民负担。再加上国家对苏州的粮食征购任务也多次调减,苏州农民的口粮水平逐渐恢复,到1963年已大致恢复到1958年的水平。

农村广大地区还大力鼓励发展副业,恢复农民自留地,增加农民的蔬菜、副食品生产。实行"公私并举,私养为主"的养猪方针,鼓励农民养猪。开放集市贸易,提倡"活而不乱,管而不死"的集市贸易管理方法,活跃市场交易。这些做法不仅有效地调动了农民的生产积极性,而且对促进农副产品的生产发展、稳定市场物价起到积极的作用。

---

〔1〕《储江同志在县、市、公社党委第一书记会议上的报告(记录稿)》,1960年8月8日,苏州市档案馆藏,档号H1-1-1960-32。

〔2〕 人为失误加自然灾害,导致粮食产量大幅度下降。1960年秋季分配时,苏州专区有321个大队比1959年同期收入减少,占人队总数的11.1%。在粮食供求已很紧张的形势下,有些地方还存在隐瞒、截留粮食的行为。如太仓县从1959年到1962年6月,3年共隐瞒粮食814.5万公斤。对此,地委决定加强农村粮食市场管理。

第四节 "社会主义教育运动"的开展

一、农村"四清"运动

(一) 农村社会主义教育运动的试点

1963年5月,中共中央发出《关于目前农村工作中若干问题的决定(草案)》(简称"前十条")。"前十条"对形势作了"左"的估计,认为国内出现了严重的尖锐的阶级斗争情况,必须开展大规模的群众运动,打退资本主义和封建势力的进攻。"前十条"成为全国社会主义教育运动(简称社教运动)的纲领性文件。

6月中旬,省委决定在吴县唯亭公社进行社教运动试点,为全省大规模开展社教运动积累经验。其后,省委、地委与吴县唯亭公社共同制订了《社会主义教育试点工作方案》。《方案》对运动的要求、基本做法、应注意的问题、组织领导等都做了具体规定。据此方案,社教运动的主要任务是进行阶级斗争、进行社会主义教育、组织阶级队伍、进行"四清"[1]及干部参加集体劳动,其中阶级斗争是纲。社教试点工作由地委与吴县县委共同负责,省委派人员参加,共有工作队员500人。

社教工作队于7月1日进驻唯亭公社开展工作。唯亭公社成立社教运动领导小组,领导小组由社教工作队与公社党委的负责同志组成,统一领导全公社的社教运动。为便于了解情况,领导小组直接掌握两个大队。其余大队划分成7个片区,每片区树立1个重点大队。各大队设工作组,重点大队的工作组长负责汇集情况,传达领导小组的决定。为避免影响社员的生产劳动,当农忙时,社教活动就利用生产间隙或晚上进行。唯亭公社社教运动方案后来成为其他各试点公社仿效的样板。7月下旬,除吴县唯亭公社外,专区其他7县也各选择1个公社进行社教运动试点,分别为江阴县西石桥公社、无锡县钱桥公社、沙洲县乐余公社、常熟县大义公社、太仓县东郊公社、昆山县张浦公社、吴江县八坼公社,共142个大队。

整个社教运动试点主要依靠基层组织进行,社教工作队的职责是协助组织实施、提供工作指导和督促检查。试点阶段的主要工作步骤是:召开公社、大

---

[1] 此时的"四清"指清账目、清仓库、清财物、清工分。1965年1月中共中央发出的《农村社会主义教育运动中目前提出的一些问题》将"四清"的内容规定为清政治、清经济、清组织、清思想。

队、生产队干部会议,对开展社教运动统一思想认识,明确任务要求,培训运动骨干;向公社、大队、生产队干部进行初步的宣传教育,使其消除疑虑,端正态度;深入基层,进行访贫问苦、扎根串连,培养贫下中农积极分子。为培养贫下中农积极分子,社教工作队一般先通过大队党支部和生产队干部,根据土改成分、政治历史、当时的经济情况和政治态度,逐户排队,初步找出培养对象;然后通过访问"三老"(土改时的老党员、老干部、老贫农),进行核实;最后把各方面的情况汇集起来,经社教工作队和大队党支部共同研究确定[1]。开好公社党委扩大会议,帮助公社领导干部"洗手洗澡"[2]。开好公社三级干部会议,进行层层"洗手洗澡"。依据政策和纪律,对查出来的人和事进行组织处理和经济退赔。唯亭公社的社教运动试点于9月中旬结束。经过社教运动,唯亭公社266个生产队中,"四清"比较彻底的有201个生产队,占75.6%;基本彻底的63个生产队,占23.7%;不彻底的2个生产队,占0.7%。退赔现金8.54万元、粮食3.71万公斤。"四清"比较彻底和基本彻底的生产队都成立了贫下中农小组。

这一时期全区的社教运动除了抓好8个公社的试点外,还开展了以下5个方面的工作:各公社在大队进行社教运动试点;在县以上机关和企业事业单位中开展反对贪污盗窃、反对投机倒把、反对铺张浪费、反对分散主义、反对官僚主义的"五反"运动;在20个县属镇开展打击投机倒把专项斗争;在农村建立贫下中农组织[3];组织未被列入试点的农村基层组织和干部群众学习"前十条",为全面开展农村社教运动做好准备。

(二) 农村社会主义教育运动的全面开展

为了推动社教运动的进一步发展,1963年9月,中共中央发出《关于农村社会主义教育运动中一些具体政策的规定(草案)》(简称"后十条")。"后十条"一方面强调"以阶级斗争为纲",另一方面又指出团结95%以上的农民群众和农村干部的重要性,规定依靠基层组织和基层干部,以及正确对待地主、富农子女等基本正确的政策。此后,各地在试点的基础上,开始全面进行社会主义教育运动。

地委于10月初对社教运动的全面开展进行了部署,全区社教运动计划分

---

[1] 当时每个生产队培养贫下中农积极分子2人或3人。
[2] "洗手洗澡"是社教运动中开展工作的主要方式之一,即自我批评,说清问题。
[3] 当时在农村建立的贫下中农组织,是指在大队建立贫下中农委员会(1965年后改称贫下中农协会),在生产队建立贫下中农小组。

期、分批进行,到1966年结束。但不久形势就发生了变化。1964年5月间召开的中央工作会议认为,全国基层有1/3的领导权不在人民手里,提出放手发动群众彻底革命,追查"四不清"干部在上面的根子。这就使"左"的思想有了进一步的发展。9月,中共中央发出《关于印发农村社会主义教育运动中一些具体政策规定的修正草案的通知》(简称第二个"后十条")。第二个"后十条"对形势估计更加严重,提出拉拢腐蚀干部、"建立反革命的两面政权",是"敌人反对我们的主要形式";规定"整个运动都由工作队领导"。随着全国社教运动形势的变化,专区社教运动的部署也不断进行调整。

在中央提出社教运动要打歼灭战后[1],地委决定首先集中力量在太仓县进行社教运动歼灭战,全县党政群、工业、农业、财贸、文教各领域一起开展。根据社教运动歼灭战的需要,太仓县需要社教工作队员8 000余人。由于全区当时只有社教工作队员3 792人(不包括太仓县),于是便从专区、县、公社三级党政群干部、大队干部、大专院校教职员和学生、知识青年、复员军人、回乡职工中抽调4 200余人补充到社教工作队。10月,地委书记储江带领社教工作队员进驻太仓县。11月,省委书记江渭清到太仓县浏河公社何桥大队蹲点指导社教运动。

太仓县社教运动歼灭战告一段落后,地委又集中力量到昆山县进行社教运动歼灭战。太、昆两县的集中式社教运动,一改社教试点时期主要依靠基层组织进行,社教工作队主要协助组织实施、提供工作指导和督促检查的方式,转变为完全由社教工作队领导,对于农村基层组织和基层干部,在扎根串连、调查研究以后,根据情况区别对待。社教工作队认为可以依靠的就依靠,不可以依靠的就不再依靠。这种方式导致农村基层干部人人自危,相当一部分基层干部"靠边站",成为社教运动的对象,为数不少的大队原有的组织职能基本丧失,而贫下中农委员会的职能则凸显出来。贫下中农委员会的职能主要有:经常对贫下中农进行家史、队史教育,形式上采取干部报告会、老人现身说法会、青年忆苦思甜学习心得交流会等;倾听贫下中农的呼声,帮助困难户搞好生产与生活;团结中农,又与中农自发的"资本主义倾向"做斗争;帮助和监督干部改进作风,监督"地富反坏分子"(简称"四类分子")。随着"左"倾错误的进一步发展,错误地

---

〔1〕 第二个"后十条"颁布后,中共中央又发出《关于社会主义教育运动夺权斗争问题的指示》等文件。此时社教运动处于大兵团作战的新阶段。全国各地开展社教运动的单位,根据中央的指示精神,改变了过去以县委领导为主的方式,实行在省委、地委领导下集中搞一县,县以下都由工作队领导的办法,集中大量工作队员,开到点上搞"四清"。1964年11月,中共中央又发出《关于农村社会主义教育运动中工作团的领导权限的规定(草案)》,明确提出"今后的农村社会主义教育运动,组织强大的工作团,按照集中力量打歼灭战的原则进行"。

认为不少地方的基层政权组织已经烂掉,贫下中农委员会的职能进一步扩大,甚至有的地方农民间相互发生纠纷,也找贫下中农委员会进行调解处理。后来,随着农村形势逐步趋于稳定,贫下中农委员会的主要职能转变为协助大队管理中小学。这一阶段的社教运动存在着对基层干部打击面过宽、打击过重,以致混淆了敌我界限的"左"的错误。

1965年1月,中共中央又发出《农村社会主义教育运动中目前提出的一些问题》(简称"二十三条"),将社教运动的内容规定为清政治、清经济、清组织、清思想,社教运动也改称"四清"运动;强调这次运动的性质是解决"社会主义和资本主义的矛盾";提出这次运动的重点是整改"党内那些走资本主义道路的当权派"等更加错误的观点。"二十三条"下发后,地委对全区的"四清"运动重新进行部署,重点转向面上运动的开展。2月初,专区、县、公社三级共派出2 000名干部深入基层蹲点指导。全区面上的运动分三步进行:组织干部群众学习"二十三条";领导干部"洗手洗澡""放下包袱",查对账目,进行年度"四清",对"四类分子"进行评审;落实生产规划,评比"五好生产队"和"五好社员"。在这一阶段的社教运动中,各地解脱了大部分基层干部,纠正了前一时期运动中的某些错误做法,但由于强调阶级斗争,又在农村中制造了一些新的紧张气氛。一些县、社认为,不少大队的领导权已被"坏分子""反动分子"所掌控,一些地方相继成立了治安保卫委员会,对"四类分子"进行管制,要求"四类分子"自带食物到大队集中,白天义务劳动,晚上接受训话;有的甚至规定贫下中农子女不准嫁给地主、富农子女。这些都对农村的政治安定和社会稳定产生了不利影响。到1966年4月初,全区仍有6个公社、镇以及3 500多个大队未开展"四清"运动。"文化大革命"开始后,按照中共中央《关于对待无产阶级文化大革命中工作组问题的通知》精神,"四清"运动工作队成员回原单位工作,参加原单位的"文化大革命",全区农村"四清"运动宣告终止。

苏州市郊也开展了社教运动。1963年5月"前十条"发布后,市委选择横塘公社的三香大队、虎丘公社的金星大队和新庄大队作为社教试点,开展清理经济账目和建立贫下中农组织的工作。主要是清查核实财务、粮食、物资、工分的账目;退赔干部多吃多占、贪污盗窃财物;揭发"四类分子"的破坏活动;在大队建立贫下中农委员会和在生产队建立贫下中农小组。试点后的11月,虎丘、横塘两个公社成为第一批开展社教运动的单位。次年4月,苏渔公社、上方山果园、林业试验站等成为开展第二批社教运动的单位。1965年1月"二十三条"公布后,市委重新部署"四清"运动,决定从1965年下半年开始到1967年年底,利用两年半的时间分批完成市郊"四清"运动。1966年"文化大革命"开始后,市郊的"四清"运动逐渐转为以"文化大革命"为中心,正在开展运动的长青公社等单位的"四清"运动与"文化大革命"结合进行;未开展运动的乳牛场、金鸡湖水产养殖场等单位原本打算到1967年元旦后进行,但由于"文化大革命"的进一步发展,运动无法按原定计划继续实施。按照中央相关指示精神,"四清"运动工作队成员返回原单位。苏州市郊"四清"运动宣告终止。

历时3年多的农村社教运动,对于纠正干部多吃多占、贪污盗窃等现象,对于解决集体经济经营管理账目混乱、财物不清等问题,起了一定作用。但是,由于运动指导思想上以阶级斗争为纲,阶级斗争不断升温,许多不同性质的问题被认为是阶级斗争或阶级斗争在党内的反映,使不少干部和群众受到不应有的冲击,一些调整国民经济的政策落实受到一定影响。

二、城市"五反"运动

1963年3月1日,中共中央发出《关于厉行增产节约和反对贪污盗窃、反对投机倒把、反对铺张浪费、反对分散主义、反对官僚主义运动的指示》,要求在县以上机关和企业事业单位,有领导有步骤地开展增产节约和"五反"运动。据此,苏州市和专区县以上机关和企事业单位普遍开展增产节约和"五反"运动。

市委和市人委于3月3日对开展增产节约和"五反"运动进行部署,指出这次运动既是一次增产节约运动,又是一次社会主义教育运动。市区党政机关、工业交通系统、财贸系统、文教卫生系统的3 268个单位被确定为开展运动单位。运动计划分四阶段进行:学习有关文件,开展增产节约运动;进行"五反"中的"三反",即反对铺张浪费、反对分散主义、反对官僚主义;进行"五反"中的"二反",即反对贪污盗窃、反对投机倒把;单位进行系统整改。市委和市人委对运动的主要做法也予以明确规定:运动以增产节约为中心,做到生产、运动两不误;放手发动群众,调动群众参与运动的积极性;领导干部"洗手洗澡",找出本单位存在的主要问题,根据实际情况有计划有步骤地解决存在的问题。根据市委和市人委的安排,市级机关先行一步,然后全市再全面展开。

4月16日,市委召开市级机关党员干部大会,动员开展增产节约和"五反"运动。市级机关在整个运动期间,贯彻边整边改精神,对部分能够整改的问题在发现后立即予以整改。经过5个月的持续运动,市级机关于9月中旬进入系统整改阶段。各单位将运动中揭露出来的问题分类整理,发动群众进行讨论,提出整改建议和意见。在将群众的建议和意见综合研究后,各单位制定出整改方案,进行贯彻实施。为增强机关干部的劳动观念,反对机关干部生活特殊化,系统整改期间,全体市级机关干部除老、弱、病外,全部到基层蹲点,参加劳动;劳动期间的生活待遇遵照中央、省委关于干部生活待遇的相关规定办理。

在市级机关开展运动和部分基层单位进行试点的基础上,9月17日,市委部署全市基层单位全面展开增产节约和"五反"运动。随着中央提出城市增产节约和"五反"运动必须参照农村"四清"经验,全市增产节约和"五反"运动开始升温。市委在12月对运动的情况进行系统分析后认为:增产节约和"五反"运动虽然取得了一定成绩,但是对照中央和省委的要求,还存在着单位之间发展不平衡、单位内部领导成员之间的深透情况不平衡、阶级斗争的观点还未能在党员和干部的思想上扎下根、整改的效果不够显著等问题。遂决定对开展增产节约和"五反"运动的单位进行全面复查。被查出来的所有整改不力的单位,全部又进行了补课,全市掀起了一个整改的热潮。

专区县以上党政机关和工业交通系统、财贸系统、文教卫生系统的1 764个单位也都分批开展了增产节约和"五反"运动。1965年"二十三条"发出后,城市增产节约和"五反"运动与农村社教运动一并称作"四清"运动,进行"清政治、清经济、清组织、清思想"。"文化大革命"开始后,城市"四清"运动与农村"四清"运动一起宣告结束。历时3年多的城市社教运动,在解决干部作风问题、改善干群关系、健全规章制度等方面起了一定的作用。由于中央一再强调运动中必须以增产节约为中心,因此城市社教运动对工农业生产没有产生大的破坏性影响。但由于运动在指导思想上"以阶级斗争为纲",运动中同样存在打击面过宽、斗争过火的情况,挫伤了一部分干部群众的积极性,在一定程度上对经济社会的发展造成了消极影响。

从1956年9月至1966年5月的十年,是苏州地委和专署、市委和市人委领导苏州人民开始全面建设社会主义的十年。这十年是在探索中曲折前行的时期,苏州的发展取得了一定的成绩,特别是在党的八大后最初一年继续执行和完成"一五"计划,以及1961年开始对国民经济进行全面调整,所取得的建设成就更为显著。1965年,苏州工业总产值达到17亿元,比1957年工业总产值增长80.47%;农业总产值达到26.34亿元,比1957年农业总产值增长75.95%。[1]尤其是社队工业从无到有,基本满足了当时农业生产和农民生活的需求,并初步积累了农村办工业、农民办企业的经验。苏州改革开放初期赖以进行现代化建

---

[1] 此处工业总产值等数据的统计区域为现苏州市域范围。

设的物质技术基础,很大一部分是这个时期建立的;经济、文化、社会建设等方面的骨干力量和工作经验,大部分也是这个时期培养和积累起来的。这是这个时期党的工作的主导方面。在肯定十年建设成就的同时,也不可否认经济发展过程中重积累、轻消费,有限的资源被更多地投入到重工业建设,农、轻、重三业比例失调,影响了人民群众生活的改善和提高;而工业建设片面追求产值和速度,使得经济效益较差;在所有制问题上过于求纯,追求脱离生产力水平的"一大二公",违背了按劳分配的原则,束缚了经济发展。1957年后,"左"的思想开始抬头,逐渐占了上风。1961年后,尽管对国民经济实行全面调整并取得很大成效,但"左"倾错误在经济工作的指导思想上并未得到彻底纠正,并且在政治和思想文化方面还有所发展,挫伤了人民群众建设社会主义的积极性。苏州在十年探索期间的失误是严重的,所造成的损失也是巨大的,但这并不是这个时期工作的主导方面。

◎ 第三章 「文化大革命」的十年内乱（1966年5月—1976年10月）◎

第三章 "文化大革命"的十年内乱
（1966年5月—1976年10月）

1966年5月，苏州贯彻《中国共产党中央委员会通知》精神，"文化大革命"在苏州发动。1967年1月，市委和市人委、地委和专署被造反派夺权。其后，苏州发生大规模武斗，"斗、批、改"运动也相继开展，社会呈现失序状态。专区、市革命委员会党的核心小组成立后，苏州的经济社会发展开始有所恢复。林彪反革命集团覆灭后，地委和专署、市委和市革命委员会落实党的各项政策，为纠正"左"的错误做了一定的努力。但随着"批林批孔"运动的开展，混乱局面再度出现。此后进行的整顿工作，也为"批邓、反击右倾翻案风"运动所干扰。满怀发展愿望的苏州人民在党的领导下，尽力排除干扰，克服困难，使"文化大革命"对苏州的破坏受到一定程度的限制，并且实现了城乡经济逆中有进。1976年10月，中央一举粉碎江青反革命集团，苏州"文化大革命"的动乱局面也随之结束。

第一节 "文化大革命"动乱局面的形成

1966年，在国民经济调整基本完成、国家开始执行第三个五年计划之时，意识形态领域的批判运动，逐渐发展成为矛头指向党的领导层的政治运动。经过1966年5月中共中央政治局扩大会议和8月中共八届十一中全会，"文化大革命"开始全面发动起来。苏州和全国一样，贯彻"五一六通知"、工作队进驻大中学校、红卫兵运动逐渐兴起。随着"文化大革命"向社会的蔓延，许多正确的方针政策、规章制度都被当作修正主义或资本主义的东西加以批判，党的各级领导干部普遍遭到批判和斗争，各级党政群机关陷于瘫痪、半瘫痪状态。1967年1月，苏州各级党政大权被造反派夺取。通过"三支两军"普遍建立起来的各级革命委员会，替代各级党组织和行政机构，一定程度上结束了"文化大革命"前期的混乱局面。

一、"文化大革命"蔓延苏州

(一) 贯彻"五一六通知"精神

1965年11月10日,上海《文汇报》发表了姚文元《评新编历史剧〈海瑞罢官〉》一文,文章涉及中央领导层在许多重大政策问题上的不同意见,成为引发"文化大革命"的导火线。1966年2月初,中央"文化革命"五人小组起草《关于当前学术讨论的汇报提纲》(简称"二月提纲"),试图对学术批判中出现的"左"的倾向加以适当约束。就在"二月提纲"拟定的同时,江青在林彪的支持下,在上海召开部队文艺工作座谈会。这次座谈会的《纪要》,认定文艺界被一条"反党反社会主义的黑线专了我们的政",号召"坚决进行一场文化战线上的社会主义大革命"。为了在全国发动"文化大革命",1966年5月4日至5月26日,中央政治局召开扩大会议。会议于5月16日通过《中国共产党中央委员会通知》(简称"五一六通知"),对"二月提纲"进行了全面批判。此后,"文化大革命"异常迅猛地开展起来。

根据中央和省委的部署,2月22日,市委发出《关于对〈海瑞罢官〉和〈谢瑶环〉等批判讨论的意见》,认为对《海瑞罢官》《谢瑶环》的批判与讨论,不仅是对一二出戏的评价问题,而且是多年来意识形态领域阶级斗争的新发展。各级党组织据此加强了对《海瑞罢官》和《谢瑶环》批判与讨论的领导。5月中旬,全国报刊对"三家村"[1]进行批判后,各级党组织根据地委、市委的要求,组织好党内外干部群众的学习,积极参加全国性的批判斗争。"五一六通知"下发后,地委、市委分别召开领导干部会议,组织传达学习,广泛发动群众,开展"文化大革命"运动。

为领导专区的"文化大革命",地委于5月17日成立"文化革命"领导小组。此后,全区各级领导干部根据"文化革命"领导小组的要求,带头学习"五一六通知",提高对"文化大革命"的认识;大胆发动群众,进行巡回检查,加强对"文化大革命"的具体领导。"文化革命"领导小组选择在吴县木渎镇和望亭镇进行试

---

[1] 1961年9月,中共北京市委机关刊物《前线》杂志开辟专栏"三家村札记"。该专栏邀请北京市委书记处书记邓拓、北京市副市长吴晗、北京市委统战部部长廖沫沙3人轮流写稿。"三家村札记"中的一些文章批评了当时社会生活中的某些不良现象,对时弊有所讽喻。1966年5月,在江青策动下,"三家村札记"遭到批判,该专栏被定性为"反党反社会主义的大毒草"。此后"三家村"被错定为"反党集团"。1978年8月,"三家村"冤案得以平反。

点,为全面开展运动探索经验。

市委于5月17日先后召开全市宣传干部学习会议和工农兵积极分子大会,集中讨论"文化大革命"的性质与意义,提高干部群众对进行"文化大革命"必要性的认识。此后,全市"文化大革命"的开展,重点抓了4项基础性的工作:组织干部学习文件精神,重点是组织十七级以上干部学习中央文件;在接受培训的1600余名工农兵积极分子中,抽调110人到市委党校脱产学习,培养他们成为进行"文化大革命"的骨干人员;做好对全市文艺、出版情况的清查排队工作,为"文化大革命"的全面开展做好准备;成立"文化革命"领导小组,各单位分别指定一位负责同志分管"文化大革命"运动的开展工作。

6月21日,市"文化革命"领导小组根据全市"文化大革命"的发展情况,发出《关于无产阶级文化大革命的部署意见(草案)》,对全市开展"文化大革命"做出部署。根据部署,全市尚未结束的"四清"运动转为以"文化大革命"为中心,已结束"四清"的单位按照"文化大革命"的要求重新进行补课。党政机关十七级以上干部为更好地参加运动、发动群众、领导运动,结合本单位运动开展的实际情况,继续深入学习"五一六通知"精神。街道居民主要开展读报等活动,提高思想认识水平。

在"文化大革命"初期,地委和专署、市委和市人委对"文化大革命"的发动、开展运动的方式等问题的认识,主要停留在组织学习、讨论,结合"四清"运动进行的层面上。许多基层党组织和党员干部也大都视"文化大革命"为思想领域里的又一次整顿,认为"文化大革命"的重点在文化、教育等意识形态领域,主要是批判资产阶级反动思想和学术权威,其实质是一种"学术批判",有的甚至把"文化大革命"仅仅看作是面上的一次社会主义教育运动。地委和专署、市委和市人委仍然把工作重点放在工农业生产上,强调"抓革命,促生产",完全没有预料到"文化大革命"会在爆发后极短的时间内发展到无法控制的地步。

(二)工作队进驻大、中学校

1966年6月,《人民日报》发表了《横扫一切牛鬼蛇神》的社论,鼓动群众起来"把所谓资产阶级的'专家'、'学者'、'权威'、'祖师爷'打得落花流水"。此后短短几天里,全国几乎所有的大、中学校都出现了学生造反的"革命行动"。

苏州的一部分学校也相继出现了名目繁多的造反派组织。这些造反派组织有的直接向学校党组织索要领导权;有的擅自整理"有问题"领导的材料;有的对思想文化领域的所谓"牛鬼蛇神"发动猛烈的进攻。1966年6月2日,江苏师范学院部分师生贴出苏州第一张揭发"走资本主义道路当权派"的大字报,历史系教授柴德赓被污蔑为"反动学术权威",成为苏州第一个被戴高帽游行的人。其后各地纷纷效仿,苏州形成了张贴大字报的高潮。在造反浪潮不断高涨的形势下,斗争逐渐转向揪斗学校领导,有更多的教师被挂牌示众甚至抄家;学生无心学业,纷纷停止课堂学习,走上街头造反"革命";对"文化大革命"持不同意见的学生之间相互斗殴的事件也时常发生。学校正常的教育秩序被打乱,局面呈现混乱状态。

为了使混乱的社会局势稳定下来,地委、市委决定学习北京派工作组到各大、中学校领导"文化大革命"的做法。6月中旬,市委从市级机关、"四清"工作队和已经开展"四清"运动的单位中抽调411名干部、职工,组成首批"文化革命"工作队。"文化革命"工作队队员经过10余天的培训后,会同省委派来的42名解放军指战员,陆续进驻学校、医院等32个单位[1]开展工作。6月下旬,专区各县委抽调人员组成工作队,分赴完全中学开展工作,并决定当年完全中学不放暑假,师生集中开展"文化大革命"运动。

工作队进驻各单位后,试图从加强组织领导与放手发动群众之间寻找平衡,从而达到控制局势的目的。工作队先后在学校、医院召开有学校师生代表、医院医护人员代表以及党支部负责人参加的座谈会,研究学校、医院如何进一步开展"文化大革命"的问题,试图说服造反群众在工作队的领导下开展运动。这些做法起初得到各单位大部分群众的拥护和支持。但由于受到极左思想的影响,工作队进驻各单位后,在工作中也存在方法单一、态度粗暴等问题,"造反派"抓住这些不当之处无限放大,指责工作队"实际上是站在资产阶级立场上,反对无产阶级革命"。8月上旬,根据中央相关指示精神,苏州市及专区各县工作队先后撤离进驻单位。工作队从学校撤出后,地委、市委要求各工作队留下部分骨干队员,作为各学校的联络员,以利了解、掌握各学校"文化大革命"运动的动态。

二、红卫兵运动的兴起

(一)红卫兵运动的兴起

1966年8月1日,毛泽东写信给清华大学附中的红卫兵组织,向他们表示"热烈的支持"。此后,红卫兵运动的浪潮遍及全国。苏州各大、中学校也普遍建立了

---

[1] 此32个单位分别是大专学校4所,完全中学、中等技术学校17所,评弹剧团8个,医院3个。

红卫兵组织,并各自建立起自己的红卫兵总部。红卫兵组织成立后,打着"革命造反"的旗号,开展大规模的"破四旧"[1]"大串连",给社会造成极大的混乱。

8月下旬,各大、中学校的红卫兵开始走上街头"破四旧",向"资产阶级和一切剥削阶级旧思想、旧文化、旧风俗、旧习惯发起进攻"。"破四旧"主要体现在如下几个方面:一是"破"物,即毁坏文物、古迹,烧毁书画、戏装。二是"破"人,即赶走"牛鬼蛇神",勒令解散政协、解散民主党派,封闭、占用寺庙观堂,勒令宗教人士和宗教群众还俗。三是"破"名称和标志,将城市区划、街道、里弄、公园、桥梁等建筑物、工商企业和服务业中含有"旧文化""旧传统"意味的名称改为体现新思想、新文化的名称。四是"破"外形,改变人的外形装束,将男人的长胡须、女人的长发与长辫等视为封建遗老、遗少的标志;将尖头皮鞋、高跟鞋、窄裤腿等视为资本主义流毒,将旗袍等视为封建主义流毒。红卫兵在短短几天之内,就对这些所谓的"四旧"来了个大扫除:凡不符合"革命"精神的建筑、陈设、饰件、书籍、字画、生活用品,全部被置于砸烂之列,街头到处在烧旧书、砸神位、毁佛像。如吴江县同里镇保存的古籍被露天堆放焚烧,吴县浒墅关镇连续焚烧被抄物资、书籍达48小时。许多古镇、学校、商店、街巷、道路、建筑等具有历史文化意义的名称,统统换上充满"革命"色彩的名字,百年老店的招牌也无一幸免,统统改成具有"革命"色彩的新招牌。在1966年8月26日新华社发表的《横扫"四旧"的革命风暴席卷全国各城市》的报道中,介绍了"苏州采芝斋糖果店职工砸掉了挂了九十多年的老招牌,挂上了'工农商店'的新招牌"。

随着"文化大革命"的发展,红卫兵和"革命群众"还把"破四旧"的锋芒主要指向工商、文教各界人士,对他们实行抄家行动。[2] 仅8月24日至26日,苏州市区就有382户被红卫兵抄家,许多珍藏的金银财宝、善本图书、名人字画、文物古玩被抄走。据不完全统计,仅市区人民银行在"文革"中就接收各单位红卫兵抄家金银5 000余户,折价700万元。各单位在"文革"中送到市博物馆、图书馆、文物商店的文物、图书,共计336 695件(册)。另有大量被视为"封、资、修"

---

[1] 所谓"四旧"指旧思想、旧文化、旧风俗、旧习惯。
[2] 以"破四旧"名义而进行的抄家行为,被抄物资并不仅限于"四旧",举凡文物古籍、图书字画、金银钱财、证件文契(如地契、房契)、票据招牌、账册借据、纪念证照、高档饰品、日常用品、服装面料、办公家具、档案文件等,无不在被查抄之列;抄家时间也非限于"文革"爆发之初,大规模武斗期间的1967年7—9月间,还发生了不少派性报复的抄家活动;抄家对象也非仅限于"四旧"色彩较浓者,地富反坏右等专政对象、"文革"爆发前后被打倒的原当权派、相互对立的派性组织成员、文教单位和原工商界人员、民族宗教界人士和民主党派成员、政治历史复杂或有海外关系者等,以及党政机关和企事业单位、宗教、园林等场所,还有文物古迹等都是被查抄和冲击的对象。

的家具、陈设、衣物和日用品等被查抄,其中,仅县市人民代表、政协委员以上统战对象中就有1054户被抄家,被抄物资作价1 351 255元。[1]后经进一步统计,全市"文革"中共被查抄79 553户,其中市区7 167户、6县72 386户。[2]全市(主要指市区)"文革"后用于退赔被抄的费用就高达1 522.99万元。[3]不少被抄对象还被扫地出门,住所被没收和占用。据1985年统计,包括6县(市)在内,"文革"中全市被没收、挤占的私房共有17 715户、1 598 444平方米。[4]

  在地区各县中,据1985年9月至10月间的统计,吴江县被抄金银折价款49 404元、财物折价款101 280元、图书305件、字画折价300元、衣物与家具5 020件,统战对象被占房屋7户、915.46平方米;常熟市被抄金银折价款270 931.94元、财物折价款699 875.91元、文物669件、图书70 659册、字画5 382件、衣物与家具129件、其他79件,统战对象被占房屋224户、23 930.93平方米;吴县被抄金银折价款1 300 417.52元、财物折价款643 338.56元、文物折价款724元、图书折价款14 290元、字画折价款1 286元、衣物与家具折价款4 272元,统战对象被占房屋72户、18 378.55平方米;沙洲县被抄金银折价款683.6元、财物折价款210元,统战对象被占房屋48户、3 996平方米;昆山县被抄金银折价款21 009.47元、财物折价款4 434.56元、文物折价款1 129.33元、图书折价款2 094.39元、字画折价款775.1元、衣物与家具折价款10 446.82元、其他8 724.28元,统战对象被占房屋63户、4 247.91平方米;太仓县统战对象被查抄财物45户、折价款269 548.89元、被占房屋126户、11 302.93平方米。[5]这些被抄来的物品有的被付之一炬,有的被廉价处理,有的被长期堆放在阴暗潮湿的仓库里,有的被抄家者据为己有,损失相当严重,这是对私人财产权利的粗暴破

---

[1] 中共苏州市委统战部:《关于落实统战政策情况汇报》,1983年3月17日,苏州市档案馆藏,档号A5-2-1983-325。

[2] 苏州市人民政府落实政策办公室:《关于清退"文革"中查抄财物情况汇报》,1986年5月22日,苏州市档案馆藏,档号C1-31-1986-70。

[3] 苏州市人民政府落实政策办公室:《关于处理"文革"期间被查抄财物情况的通报——郭寿仁同志10月31日在市委召开第五次双月座谈会上的讲话》,1989年10月31日,苏州市档案馆藏,档号C1-31-1989-115。考虑到"文革"结束前,各地均有60%左右的被抄户已清退结束、一些被抄户主动表示不需退赔,经济补偿仅占原物价格的1/3或1/4,以及大量被抄物品特别是日常用品无法(或没有)统计(或无法认定)等情形,实际被抄户数及被抄财物的数量远大于清退数。

[4] 中共苏州市委统战部:《关于我市落实"文革"中被查抄财物和私房政策情况》,1985年6月4日,苏州市档案馆藏,档号A5-2-1985-402。周治华:《在全市落实政策工作会议上的讲话》,1985年4月24日,苏州市档案馆藏,档号A1-1-1985-456。

[5] 各县市委统战部:《"文革"抄家财物发还情况统计表》《统战对象"文革"被占私房发还落实情况统计表》及太仓县委统战部填报的《统战对象"文革"查抄财物处理情况》,1985年9、10月,苏州市档案馆藏,档号A5-2-1985-403。

坏和传统文化的空前浩劫。

红卫兵在"破四旧"的同时,还开展"大串连"活动。9月5日,中共中央、国务院发出《关于组织外地革命师生来北京参观革命运动的通知》,开始全国性的"大串连"。大量外地红卫兵来苏串连,许多本地红卫兵则外出串连,对本已严重失控的"革命造反"起到推波助澜的作用。外地来苏串连的学生来自全国各地的大、中学校。苏州学生外出串连情况,以苏州市为例,全市当年大、中学校在校学生共有3.23万人,到11月底在校学生只剩下0.66万人,离校学生大部分外出串连。专区有1.17万人赴京串联,大多数中学人去房空。沙洲县南丰中学6名女生自发组成"红色娘子军"长征队,徒步37天到北京串连。

为了接待串连的学生,地委和专署、市委和市人委仿照其他地区的做法,专门成立了接待机构,拨出专款和物资免费安排串连学生的衣、食、住、行。据统计,从1966年10月到1967年2月,全市由市级组织服务站拨款的群众组织共有211个,其中市级组织114个,外地驻苏联络站18个,直接领款领物的战斗队79个,共发放经费32万多元、棉被1 252条、棉大衣555件、各种家具403件、扩音设备34件、自行车241辆、打字机4台、油印机17台、横幅14块。经1967年2月份以来的清理,共回收现金2万多元、棉被777条、棉大衣232条、扩音设备33件、自行车105辆。[1]另据对1967年3月10日至27日间的统计,全市共接待串连学生2 000余批,每天平均100余批,最多的一天有120—130批,约300余人。[2]地区接待站仅1966年12月31日一天被免费吃掉的粮食就达972.5公斤。直至1967年3月中共中央发出《关于停止全国大串连的通知》后,红卫兵"大串连"活动才逐渐停止。

(二)"文化大革命"向全社会蔓延

为把混乱的局面控制在一定的范围内,市委在一次党的十七级以上干部会议上提出党员干部要加强保密工作,要遵守党的纪律,不要搞自由主义,对没有公布的事情不要猜疑。在苏州的部属工厂——长风机械总厂向本厂职工传达此次会议精神时,多出一条"不提倡写大字报"。对此,长风机械总厂部分工人开始在厂内张贴大字报,攻击"不提倡写大字报"是"反毛泽东思想的毒草"。随着

---

[1] 清理组:《清理工作中暴露的突出问题》。见毛泽东思想苏州市革命委员会办公室:《情况简报》第4期,1967年3月25日。

[2] 《当前接待工作情况》(原件无成文者)。见毛泽东思想苏州市革命委员会办公室:《情况简报》第5期,1967年4月1日。

"文化大革命"形势的发展,一批攻击市委和市人委的大字报开始从长风机械总厂涌向社会。8月26日,长风机械总厂"文化革命筹委会"主任华林森带领35名工人到市委和市人委"请愿",胁迫市委就所谓"不提倡写大字报"等进行辩论。在辩论中,许多长风机械总厂的职工以及社会上一些与华林森观点不同的群众遭到围攻,有的甚至被挂牌游街;也有一部分与华林森观点不同的群众到长风机械总厂门前张贴大字报、辩论。9月5日下午,长风机械总厂120多人又到市委,要求市委副书记李执中去长风机械总厂进行辩论。至6日凌晨,市委书记柳林出面解释李执中生病住院时,围攻人群又围攻柳林,至柳林因体力不支昏倒送医院后围攻人群才散去。9月13日,长风机械总厂的部分工人与外地来苏串连的50余名学生,在南林饭店滋事。第二天,长风机械总厂又组织600多人到市委和市人委"请愿",要求处理"南林事件",未获结果后煽动1 000余人步行去上海向华东局告状。

面对"文化大革命"中出现的种种乱象,各级党委根据地委和专署、市委和市人委的要求,不因怕犯错误而束手束脚,做到及时、全面地了解各地、各单位运动开展的情况。主动掌握政策,改正简单粗暴的做法,坚持文斗、不搞武斗。9月14日中共中央发出《关于县以下农村文化大革命的规定》和《关于抓革命、促生产的通知》后,地委和专署、市委和市人委突出强调"抓革命、促生产",夺取革命、生产双胜利。地委甚至还在无锡县委建立了两套班子,试点一套班子抓"文化大革命"、一套班子抓劳动生产。沙洲县委将搞好秋收秋种作为农村压倒一切的中心工作,确保农业丰收。当年全县秋季水稻总产量15.39万吨,棉花皮棉总产量1.74万吨,均为沙洲县历史最高水平。

三、苏州市"一·二六"夺权和各县夺权

(一)批判"资产阶级反动路线"

1966年10月,市委"文化革命"领导小组和地委"文化革命"领导小组相继召开各高等学校党委负责人会议和各完全中学负责人会议,要求各级党委、党总支理直气壮地站出来,发挥党的领导作用,抓好"文化大革命"运动。但是,当月以批判"资产阶级反动路线"为主要内容的中央工作会议召开后,一场声势浩大的批判"资产阶级反动路线"的风暴在全国兴起,矛头直指各级党政机关。"踢开党委闹革命"成为最流行的口号,揪斗"走资派"成为造反派组织最主要的任务。地委和专署、市委和市人委积极控制"文化大革命"运动的努力,在当时也

被造反派组织视为"执行资产阶级反动路线"。此后,苏州刮起了一场批判"资产阶级反动路线"的风暴。

根据华东局的指示,柳林和李执中于10月6日在长风机械总厂职工大会上就市委在领导长风机械总厂"文化大革命"运动中的"错误与缺点"做检查,被迫承认犯了"方向性、路线性错误"。12月9日,华东局和省委调查组公布《我们对苏州市委领导长风机械厂文化大革命中执行错误路线的初步看法和意见》。《意见》认为:"苏州市委在领导长风机械总厂'文化大革命'中犯了方向、路线的错误,执行了一条资产阶级反动路线。这个错误应由柳林和李执中负主要责任。"李执中担任的"文化革命"小组组长的职务也因此被撤销。12月20日,苏州市20万人冒雨在体育场召开"苏州市革命造反派组织夺取新胜利誓师大会",批判柳林、李执中等苏州市"党内一小撮走资本主义道路的当权派"及其推行的"资产阶级反动路线"。在这种不可控制的局势下,12月30日,柳林被迫代表市委在全市广播大会上做《中共苏州市委在文化大革命中所犯方向错误、路线错误的检查》,违心地承认市委犯了"方向错误""路线错误",提出把批判"资产阶级反动路线"的矛头指向市委。

曾担任过中央警卫局副局长的地委副书记王敬先,因在中央机关工作时与江青在同一个党小组,并与江青进行过斗争。在江青授意下,上海部分院校的红卫兵于10月20日到苏州散发《炮打苏州地委司令部中的反革命分子——王敬先》的传单,对王敬先进行攻击,污蔑王敬先是"彭真、罗瑞卿、陆定一、杨尚昆阴谋反党集团"安插在苏州的一个反革命大钉子,是窃取和掌握党和国家重要机密的一个大隐患。其后,在上海的解放军空四军组织部分干部子女又到苏州揪斗王敬先。专区的一些造反派也趁机凭空捏造所谓"储、王反革命联盟",污蔑储江、王敬先是专区"资产阶级反动路线"的黑司令部。

在造反派组织以执行"资产阶级反动路线"等罪名任意罢免领导干部,随意批斗党员群众之时,地委和专署、市委和市人委主要领导经常被批斗,无法正常办公,但仍坚守岗位,灵活开展工作。如沙洲县委为避开造反派干扰,县委常委被迫"化整为零",分头在食堂和仓库等地找人谈话、了解情况、布置工作。这些举措虽然一定程度上减轻了"文化大革命"对工农业生产的影响,但也不可能将混乱局面彻底扭转过来。

(二)造反派夺权

1967年1月,上海造反派组织夺取了上海市的党政大权,首开由造反派组织夺取各级党政领导权的先例。对此，《红旗》杂志、《人民日报》相继发表社论，肯定上海的夺权行动。此后夺权之风遍及全国。在上海"一月革命"事件的影响下，《苏州工农报》报社"革命造反派"宣称接管《苏州工农报》[1]；部分造反派组织酝酿成立"苏州市革命造反派组织联络站"，目的是"把无产阶级专政的命运、无产阶级文化大革命的命运、社会主义经济的命运统统掌握到无产阶级革命派手中"，为夺取党政大权进行组织上和舆论上的准备。

1月25日，苏州市的20多个造反派组织召开会议，讨论夺取市党政大权问题，策划"夺权斗争"，并成立"苏州市革命造反派联合总指挥部"。当获悉其他造反派组织也欲夺权的信息后，"苏州市革命造反派联合总指挥部"决定立即夺权，并起草了《告全市人民书》向全市广播，公然宣称"苏州市革命造反派联合总指挥部"是苏州市最高权力机构，原苏州市委对"文化大革命"的一切领导权由"苏州市革命造反派联合总指挥部"接管，并逼迫柳林等市委、市人委领导签字。26日零时，"苏州市革命造反派联合总指挥部"夺取了市委和市人委的领导权。按照当时中央的要求，夺权的地方必须建立"军队代表""革命干部代表""革命群众组织代表""三结合"的临时权力机构。2月，驻苏部队[2]领导经过与"苏州市革命造反派联合总指挥部"代表及参加夺权的造反派组织代表讨论后，决定成立苏州市最高临时权力机构"毛泽东思想苏州市革命委员会"（简称"苏革会"），华林森为主任委员。

1月27日，地专机关造反派成立的"苏州地专机关革命造反派联合指挥部"夺取了地委和专署的领导权，并逼迫储江等地委、专署领导签字。随后，专区各县造反派相继夺取县党政机关的领导权。至此，苏州各级党委陷于瘫痪状态，基层党组织和广大党员被迫停止组织生活，整个社会陷入严重的混乱之中。

四、苏州地区的武斗

全面夺权使派性斗争激化，各造反派组织为争权夺利斗争激烈。1967年2月起，苏州铁路司机学校"火车头"等造反派组织多次张贴炮轰"苏革会"的大字报。"苏革会"为应对被动局面，相继发出《给全市革命造反派同志的一封公开信》《关于苏州市无产阶级革命派夺权斗争的情况报告》，征求对"苏革会"和全市"文化大革命"的意见和建议。4月23日，"苏革会"联合各造反派组织在体育

---

[1]《苏州工农报》为当时的中共苏州市委机关报，1961年2月19日由《新苏州报》改为现名。
[2] 当时驻苏部队为解放军27军79师，对外称6307部队。

场召开"打倒党内最大的走资本主义道路当权派,重振'革命造反派'军威誓师大会"。"火车头"等造反派组织因意见不合,退出会场另去察院场召开"批判刘、邓示威大会"。自此,苏州市形成了支持"苏革会"(简称"支派")和踢开"苏革会"(简称"踢派")两大派别群众造反派组织。

5月6日,以苏州铁路司机学校"火车头"造反派成员为主的数百名红卫兵汇聚在"苏革会"办公区门前,要求"苏革会"就4月23日誓师大会问题表态,并成立"火线指挥部",继而进行静坐、绝食。驻苏部队发表声明,希望参加静坐、绝食的红卫兵复食,对"苏革会"有争议的问题,由驻苏部队负责协商解决。在驻苏部队积极协调下,"火线指挥部"与"苏革会"达成协议后宣布复食。5月16日晚,"踢派"以江苏师范学院造反派组织对"火线指挥部"绝食事件持对抗态度为由,组织人员汇集于江苏师范学院,双方从口头的辩论逐渐升级到武斗,在武斗过程中有2人重伤。"五一六"事件揭开了苏州武斗的序幕。此后,相继发生"六二三"、养育巷、留园、葑门、苏医、赵天禄、南门等武斗事件。

"五一六"事件以后,苏州市武斗氛围日趋紧张。为了控制舆论工具,两派分别动用武力打、砸、抢对方的宣传车和广播器材。6月10日,"踢派"以"火线指挥部"为基础,成立"苏州市工学运动革命串联会"(简称"串联会"),以此作为"踢派"的最高权力机构,就此与5月底成立的"苏州市革命造反联络站"(简称"联络站")这一"支派"最高权力机构正式形成对垒。专区也形成了支持和踢开"苏州地专机关革命造反派联合指挥部"的支、踢两派,并与苏州市的支、踢两派相互串联。

7月24日,"支派"人员游行至醋坊桥地段,与"踢派"人员相遇,两派大打出手,导致3人死亡。这一严重流血事件导致全市性大规模武斗爆发。7月28日,"踢派"抢走"苏革会"值班军人的枪支,制造了苏州市抢夺部队武器的先例。8月2日,支、踢两派在苏州医学院武斗中全面使用现代武器。之后,支、踢两派为武斗的需要,开始大规模抢夺部队的枪支弹药。在苏州发生的多次武斗事件中,以苏州医学院武斗事件影响最大。8月2日,"踢派"向"支派"占领的苏州医学院发起攻击,苏州医学院丁字型红楼被引燃。3日,周恩来闻知苏州医学院发生重大武斗事件后,立即电示27军军部:"苏州医学院里支、踢两派打得很厉害,你们立即派部队去解决,把武斗停下来。"[1]驻苏部队根据命令派出1 600

---

[1] 中共苏州市委党史工作办公室:《中国共产党苏州党史大事记(1949—1999)》,中国文史出版社2000年,第125—126页。

多名战士前往苏州医学院解围,但行至人民桥时受到"踢派"阻挡,经反复交涉未果而退。从此支、踢两派分守城外、城内,以护城河为界形成割据之势。[1]

鉴于苏州市"文化大革命"的复杂形势,8月24日,省军事管制委员会决定成立"五人小组"[2]暂时主持苏州市的各项工作。次日,中央"文革"江苏调查组下达苏州市支、踢两派于8月26日6时30分全线停火的命令,并于27日派调查组成员到苏州协调处理问题。在中央"文革"江苏调查组和"五人小组"的协调下,苏州市支、踢两派代表开始进行谈判。谈判历经多次反复,后经周恩来亲自督促和直接约谈,支、踢两派最终于12月29日在北京达成《苏州市支踢双方关于坚决制止武斗、立即上交一切武器弹药的协议》。《协议》规定12月31日12时前,两派把所有枪支弹药全部上交到"五人小组"指定的地点。1968年1月18日,周恩来又就解决苏州等地派性斗争,实现革命大联合做出指示:在新的基础上达到新的团结,双方以同等数量的代表对"苏革会"采取"调整、充实、扩大"。据此指示精神,支、踢两派重新达成协议,规定"双方各选派15名代表,组成大联合委员会。"至此,支、踢两造反派组织终于实现了大联合,统一组成苏州市无产阶级革命派大联合委员会。

专区各县也发生了程度不等的武斗事件,如10月15日,常熟县两大造反派组织发生武斗,致使多人伤亡;12月17日,沙洲县两大造反派组织发生武斗,致使多人伤亡。各地武斗持续了6个多月,直到1968年2月才基本结束。据统计,从1967年7月至1968年2月,仅苏州市就发生较大武斗事件26起。武斗不仅严重破坏了社会的正常运行,而且也给人民群众带来了难以抚慰的心灵伤痛。武斗期间,沪宁铁路苏州虎丘段被毁,两度被迫全线停车,其中一次停车长达59小时。武斗使许多工厂陷于停工和半停工状态,大量商店关门。据统计资料显示,武斗严重的1967年,全市工业总产值比1966年减少2.25亿元,下降31%,农业总产值下降12.57%,职工收入和农民人均口粮均不同程度地减少。[3]在长达半年之久的武斗中,支、踢两派人员均有数人伤亡,部分无辜群众也被殃及。

---

[1] 苏州市有三起武斗事件涉及多间房屋被烧,人们将此三起武斗称为"三把火"。苏州医学院武斗事件为第一把火,另两把火分别指葑门武斗事件与阊门武斗事件。1967年8月17日,在葑门孵坊,支、踢两派再次发生武斗。冲突中有十余间房屋被烧,此为第二把火。8月23日,支、踢两派又一次在阊门吊桥发生武斗。冲突中,阊门外吊桥塘鲇鱼墩一带的赵天禄糖果店等25家商店、326间房屋被烧毁,此为第三把火。

[2] "五人小组"由27军、军分区和硕放空军的领导人员组成。

[3] 苏州市地方志编纂委员会:《苏州市志》第三册,江苏人民出版社1995年,第365页。

第二节　革委会的建立和"斗、批、改"运动

一、各级革委会的建立和社会秩序的初步稳定

(一)"三支两军"和稳定局势的初步措施

"文化大革命"进入"全面夺权"阶段后,地方各级党政机构陷于瘫痪状态,国家专政机关已不能发挥作用。为稳定局势,1967年1月23日,中共中央发出《关于人民解放军支持左派广大群众的决定》,改变了"文化大革命"初期要求人民解放军不介入地方运动的规定。3月1日,驻苏部队发出《中国人民解放军驻苏部队公告》,开始介入苏州"文化大革命"运动。3月19日,中央军委发出《关于集中力量执行支左、支农、支工,军管、军训任务的决定》后,驻苏部队、苏州军分区及各县人民武装部奉命开展"三支两军"工作,全面介入苏州"文化大革命"。根据南京军区和省军区的部署,苏州市的"三支两军"工作由驻苏部队和市人民武装部负责,苏州专区的"三支两军"工作由军分区负责。军分区根据南京军区和省军区的指示精神,成立军分区生产办公室,领导全区的工农业生产。后来,根据南京军区的指示,驻苏部队也参与了专区"三支两军"工作,与军分区联合成立专区"三支两军"领导小组,并成立专区"三支两军"领导小组生产委员会,代替原军分区生产办公室,负责全区的"抓革命、促生产"工作。

根据苏州"文化大革命"的形势,南京军区于3月20日做出决定,不对苏州实行军事管制,并承认"苏革会"。同日,省军事管制委员会批复驻苏部队党委,对江阴、常熟、吴江3县实施军事管制。后来随着"文化大革命"运动形势的发展,苏州实施军事管制的单位和部门日渐增多,市公安局、检察院、法院、报社、电台、邮电局、长途汽车站、航运公司、专区公安局、检察院、法院、体育系统、气象部门,以及沙洲县逐渐实施了军事管制。

参加"三支两军"人员在条件十分复杂、形势十分困难的情况下,做了大量的工作。这些工作对最低限度地维持工农业生产,起到一定的积极作用。但"三支两军"人员对地方的情况不熟悉,对"文化大革命"中出现的极端行为观点也不一致。"支左"之初,大多数"三支两军"人员对"打、砸、抢"行为心存抵制,对"造反派"采取了压制的手段。如宣布一些造反派组织为非法组织,逮捕部分造反派组织的负责人。随着"文化大革命"运动形势的发展,"支左"逐渐变为支持两派群众组织,促进两派群众的"革命大联合"。在"文化大革命"这样全局性的

错误中,"三支两军"工作不可避免地发生了许多错误,也给部队的各项建设以及军队和地方的关系带来一些消极影响。

(二) 各级革命委员会的建立

支、踢两派实现大联合后,苏州市根据省军事管制委员会《关于当前工作的几点意见》的精神,全面开展建立革命委员会的筹备工作。在此过程中,由于涉及权力的重新分配,各派之间矛盾重重。1968年2月26日,支、踢两派代表赴上海落实对"苏革会""调整、充实、扩大"的方案。两派代表在上海市革命委员会的协调下,最终于3月12日达成《关于苏革会调整、充实、扩大方案的协议》。3月16日,两派在苏州驻军27军79师的指导下,举办了由两派核心成员和各造反派组织负责人参加的毛泽东思想学习班,酝酿、推选参加市革命委员会的名单。

3月25日,约15万人在市体育场召开"全面落实毛主席最新指示,全面执行周总理指示及'十四条协议'[1]誓师大会"。大会宣读了《南京军区党委同意27军党委关于对"苏革会"进行"调整、充实、扩大"的请示报告》。南京军区党委批准"毛泽东思想苏州市革命委员会"更名为"江苏省苏州市革命委员会"(简称市革委会),调整、充实、扩大后的市革委会委员74人。其中军代表14人,革命干部11人[2],群众组织代表46人[3],另留机动名额3人。市革委会主任由27军79师师长向孝书担任。3月26日,经南京军区党委批准,由军代表、革命干部、群众组织代表组成的苏州专区革命委员会成立(简称专区革委会),专区革委会主任由军分区副司令员刘金山担任。至4月,专区各县全部实现大联合,建立了党政一元化的各级革命委员会。

市、专区革委会的成立,使苏州社会动乱的局面得到一定程度的控制。各级革委会开始承担组织工农业生产和管理社会的责任。但是,由于革委会体制上的弊端及其成分的严重不纯,苏州经济社会的有序稳定发展不可能得以完全实现。

二、"革命大批判"和"清理阶级队伍"

按照毛泽东的设想,中共九大后,"文化大革命"即进入"巩固胜利成果"阶

---

[1] "十四条协议"指《关于坚决执行中央指示、制止武斗的协议》。
[2] 革命干部暂缺7人。
[3] 群众组织代表包括职工代表32人、贫下中农代表6人、大中院校红卫兵代表8人。

段。在这一阶段,一方面是通过全面的"斗、批、改"[1],试图在各个方面、各个行业落实党的一些政策,清除资产阶级和修正主义的影响,"斗私批修",树立无产阶级的新风尚、新思想,把巩固无产阶级专政的任务落实到基层;另一方面,按照"抓革命、促生产"的要求,尽快恢复生产秩序。

为巩固和发展"文化大革命"的"成果",市、专区革委会成立后,继续以阶级斗争为纲,开展"革命大批判"。市革委会召开的第一次全体委员(扩大)会议,错误地指出"文化大革命"继续发展的主要危险是右倾保守主义、右倾翻案妖风。其后,将作家周瘦鹃、程小青等诬为"鸳鸯蝴蝶派黑头目"。为"彻底揭开苏州市的阶级斗争盖子",市革委会第三次全体委员会议研究部署了"向柳、李和'陈、杨反革命集团'发动全面进攻"的行动方案[2],不仅对市委和市政府原主要领导柳林、李执中等进一步进行批斗迫害,还蓄意制造了"陈、杨反革命集团"[3]等一大批冤假错案。专区革委会召开的第一次会议,就错误地点了省委、地委和专署主要领导的名。在开展"革命大批判"期间,苏州城乡也普遍进行"清理阶级队伍"运动。

"清理阶级队伍"[4]是"斗、批、改"运动的主要内容之一,目的是通过这一运动建立一支"以无产阶级左翼为骨干的无产阶级队伍",从而"为政权建设、党的建设打下良好的基础"。专区、市革委会据此精神,开展"清理阶级队伍"工作。

1968年5月,专区、市革委会根据"中央文革"小组关于"清理敌伪档案,深挖叛徒、特务、反革命分子"的部署,着手进行苏州的清查旧档案工作。此项工作具体由专区、市公检法军事管制委员会组建的敌档清查办公室负责。敌档清查办公室列出需要查明人员名单后,苏州各级革委会全面展开清理阶级队伍工作。对于"清理阶级队伍"工作,毛泽东曾指示:"清理阶级队伍,一是要抓紧,二是要

---

[1] "斗、批、改"最先是在"十六条"中被提出来的。中共九大前,毛泽东曾提出:"建立三结合的革命委员会,大批判,清理阶级队伍,整党,精简机构,改革不合理的规章制度,下放科室人员,工厂里的斗、批、改,大体经历这么几个阶段。"(见姚文元:《工人阶级必须领导一切》,《红旗》杂志1968年第2期)。1966年8月,中共八届十一中全会通过的《中国共产党中央委员会关于无产阶级文化大革命的决定》,将"斗、批、改"的主要任务规定为"斗垮走资本主义道路的当权派,批判资产阶级反动权威,批判资产阶级和一切剥削阶级的意识形态,改革教育,改革文艺,改革一切不适应社会主义经济基础的上层建筑"。

[2] 此行动方案后来有组织、有步骤地持续执行了一年之久,时称"八大战役"。

[3] "陈、杨反革命集团"案件中,陈、杨分别指陈晖和杨知方。陈晖曾任中共苏州市委常委、副市长等职;杨知方曾任苏州市公安局局长、市政府秘书长等职。该案涉及180多名干部群众。"文化大革命"后,该案彻底平反。

[4] "清理阶级队伍",指对"叛徒、特务、死不悔改的走资派,没有改造好的地主、富农、资本家、反革命分子、右派分子和现行反革命分子"等9种对象进行清理。

注意政策。"但是,由于"文化大革命"指导方针的错误,对所谓"阶级敌人"的界限并没有明确界定,加之当时最基本的民主和法制被破坏,人民的民主权利没有保障,许多干部、群众在运动中遭到打击、迫害,由此造成了"反革命抽血集团"案件等一大批冤假错案。[1]

三、"一打三反"和深挖"五一六"运动

1970年年初,中共中央连续发出《关于打击反革命破坏活动的指示》《关于反对贪污盗窃、投机倒把的指示》和《关于反对铺张浪费的通知》。由此,"一打三反"运动在全国展开。1970年2月,专区、市革委会党的核心小组成员及专区、市革委会常委召开会议传达学习文件精神,会议决定专区、市分别成立"一打三反"领导小组,各级革委会党的核心小组主要负责人亲自抓运动。会议之后,一场声势浩大的"一打三反"运动迅速开展起来。各地派遣大批宣传队进驻工矿企业及事业单位,开辟批判专栏,利用报纸、广播,广泛宣传"一打三反";举办"以狠抓经济领域阶级斗争"为中心内容的毛泽东思想学习班,开展"革命大批判",掀起"大检举、大揭发、大清理"的热潮。在"左"的思想指导下,苏州跟全国一样,把什么问题都跟阶级斗争联系起来,无限上纲上线,大抓"阶级敌人"。"一打三反"运动持续3年时间,到1973年3月基本结束。"一打三反"运动虽然在制止经济犯罪方面产生了一定的作用,但由于是在"左"的思想指导下进行的,混淆敌我的问题普遍存在,在苏州酿成了一批冤假错案。

1970年3月,中共中央发出《关于清查"五一六"反革命阴谋集团的通知》,把"首都五一六红卫兵团"[2]定性为"罪大恶极的反革命集团",要求在全国开展清查"五一六"运动。为贯彻中央精神,6月下旬,专区、市分别成立清查"五一六反革命阴谋集团"领导小组,具体负责开展清查"五一六"运动。根据省革委会的部署,专区、市制订了"只要'三指向一挑动'[3],罪行够了就定为'五一六分子',以敌我矛盾处理"的原则,清查"五一六"运动就此演变为深挖"五一六"

---

[1] "反革命抽血集团"案件是在1968年7月至9月苏州市革委会举办的第5期以"对敌斗争"为内容的毛泽东思想学习班上制造的一个错案。案件诬陷在苏州专区人民医院(今苏州市立医院东区)隐藏着一个专门抽解放军和革命群众鲜血的"抽血集团"。该案涉及30多名干部、群众。"文化大革命"后,该案彻底平反。

[2] "首都五一六红卫兵团",是1967年6月在北京出现的一个秘密组织,成员以北京高校学生为主,人数不多。该组织策划了一系列反周恩来的活动,引起毛泽东的高度重视,最终导致全国范围开展清查"五一六"反革命阴谋集团运动。后清查运动严重扩大化,制造了一批新的冤假错案。

[3] 三指向一挑动,即指向无产阶级司令部、指向人民解放军、指向革命委员会,挑动群众斗群众。

运动。1972年1月4日,地委批转了地区第二专案办公室[1]《关于清查在文化大革命运动中发生的12起重大事件[2]的请示报告》。此后,各地根据报告中所列举的12起重大事件来深挖"五一六"罪行。苏州深挖"五一六"运动,清查面广,涉及人数多,采取群众运动与专案调查相结合的清查方法,运用逼、供、信的审查方式,一些对运动不满的干部、群众被怀疑为"五一六分子"或"五一六黑后台",制造了一批新的冤假错案。

四、知识青年上山下乡和城镇居民下放农村

知识青年上山下乡,到生产第一线参加劳动,"接受贫下中农再教育",是"斗、批、改"运动的又一重要任务。事实上,知识青年上山下乡是从20世纪50年代开始的。对当时的知识青年来说,到农村去是为了消灭"三大差别"[3]。随着"文化大革命"运动的兴起和逐步深入,很多工厂处于停顿状态,商业和服务性行业发展停滞,大中专院校停止招生,致使1966年至1968年城镇初、高中毕业生滞留学校和社会,造成严重的社会问题。1968年6月15日,中央发出通知,对这三届初、高中毕业生的安置,采取"面向农村、面向边疆、面向工矿、面向基层"的方针,上山下乡运动开始大规模展开。

10月29日,苏州市1966届、1967届两届初、高中毕业生经过学习、表态、评议、批准、验收等阶段[4],首批分配去昆山、太仓两县农村插队落户的3 975名初、高中毕业生集中出发;两日后,分配去南通专区国营农场的401名初、高中毕业生奔赴目的地。11月6日,市革委会政工组、上山下乡办公室、工人宣传队办公室、教育局革委会等联合举办毛泽东思想学习班,进一步贯彻落实中央"四个面向"分配方针,交流插队插场工作经验,部署剩余的三届初、高中毕业生第二批插队插场任务。这次学习班同时决定,对原定按5%比例"面向工矿"留城的分配政策做了调整,取消"面向工矿",改为"一片红"全部插队插场。12月13、14日,第二批更大规模的"老三届"即1966届、1967届两届共约1.8万名初、高中毕业生奔赴太仓、昆山、吴县、吴江农村插队落户,少量的去苏北军垦农场务农。

---

[1] 原为清查"五一六"运动办公室。
[2]《关于清查在文化大革命运动中发生的12起重大事件的请示报告》中的12起事件由地区第二专案办公室提出,包括整理中央首长黑材料、冲击军管单位和军事机关、发展"五一六"组织等事件。
[3] "三大差别"指工农差别、城乡差别、体力与脑力劳动差别。
[4] 学习:在毛泽东思想学习班学习;表忠:同毛主席献忠心、表决心;评议:由班级全体同学进行评议,推选出按5%比例留城、进工矿的学生,再根据同学自愿报名情况,排出去农村插队或去农场插场学生名单;批准:由校革委会、工人宣传队审查批准;验收:公社、农场的革委会前来政审和体检。

12月22日,《人民日报》发表毛泽东指示:"知识青年到农村去,接受贫下中农再教育,很有必要。要说服城里干部和其他人,把自己的初中、高中、大学毕业的子女送到乡下去,来一个动员,各地农村的同志应该欢迎他们去。"由此,苏州和全国一样,更加有力地推进知识青年上山下乡工作,尚待分配的1968届初、高中毕业学生热情高涨,积极响应毛泽东和党中央的号召,踊跃报名,还有相当一批主动要求去内蒙古等边疆生产建设兵团,但是也有一些青年学生对于取消城市户口的下放政策产生抵触情绪,还有少数学生试图逃避。与此同时,家长则怀着难以言明的复杂心态,送别子女上山下乡。苏州专区"老三届"初、高中毕业生2万人下乡插队落户。

1969年开始,苏州着手解决下乡知识青年在农村遇到的实际困难,想方设法照顾生活不能自理者,解决部分知识青年的住房问题,加强女知识青年的人身安全保障,纠正招生、招工中存在的不公正问题,清查挪用安置经费问题,促进知识青年上山下乡运动深入、持久地开展。当年3月,市区1968届初、高中毕业生中的1.6万余名被安排到苏北的江苏省生产建设兵团所属农场插场,另有1.6万余名被安排到盐城农村插队。至此,除按政策"病留"及少数"顶牛户"外,市区"老三届"初、高中毕业生共40 666名全部赴农村插队插场。[1] 市区1969届初中毕业生除2 000人留城分配或去安徽省"三线"工厂外,其余于1969年年底、1970年年初全部插队插场(除少量回原籍或随兄弟姐妹去苏州专区农村插队外,统一分配到苏北兵团农场),专区1969届知识青年8 000余人也同时全部到农村插队插场,"接受贫下中农再教育"。

1970年起,随着企业招工和升学政策的调整,对知识青年上山下乡政策也随之调整,一些照顾知识青年回城的政策陆续制定。直到1978届才停止的知识青年上山下乡运动,是特殊历史条件下的产物,在苏州几乎涉及每家每户,影响面极大。据统计,从1955年开始到1977年的20多年间(主要集中在"文革"期间),苏州市区先后有70 937名知识青年上山下乡插队插场,其中到苏州地区农村插队落户的30 232人,去省农垦系统农场的18 302人,插队落户本市郊区或场圃的16 087人,到盐城专区农村、新疆和田地区、回原籍农村等的3 246人。[2] 城镇知识青年到农村插队插场安家落户最长的达16年之久,短的也有2至3年。他们为克服国家的就业困难、改变农村的落后面貌、促进城乡沟通等做

---

[1] 苏州市革命委员会上山下乡办公室:《关于统筹解决"老知青"问题的报告》,1978年4月10日,苏州市档案馆藏,档号C4-12-1978-83。

[2] 苏州市地方志编纂委员会:《苏州市志》第三册,江苏人民出版社1995年,第510页。

出了积极的贡献。在农村经历的生活考验和劳动磨炼,也使他们了解了农村、农民的情况,其中部分知识青年成长为国家建设人才。但是应当看到,用上山下乡来解决就业问题的探索并不成功,这既浪费了国家的资金,加重了农村地区的负担,也打断了青年人的学习进程,对国家的长远发展造成不利的影响。

在大批知识青年上山下乡的同时,市区还有全民和集体企业工人退职下放10 075人,个体劳动者、城镇居民及家属23 647人被下放到苏北盐城地区(主要集中在北部4个县)或被遣送到原籍农村。[1]

五、"五七干校"的成立和干部下放

1968年10月5日,《人民日报》发表《柳河"五七"干校为机关革命化提供了新的经验》一文,介绍黑龙江省革委会组织原省直机关干部和省革委会工作人员下放到庆安县柳河"五七"干校[2]劳动锻炼的经验,并登载了毛泽东对这一经验的批示:"广大干部下放劳动,这对干部是一种重新学习的极好机会,除老弱病残者外都应这样做。在职干部也应分批下放劳动。"从此,柳河"五七"干校的经验迅速在全国推广。

柳河"五七"干校的经验和毛泽东的批示发表后,专区革委会、市革委会立即展开学习、宣传,并组织贯彻执行,掀起学习柳河"五七"干校经验、在农村创办"五七"干校的热潮。10月9日,专区革委会、市革委会分别决定成立"五七"干校,要求机关干部除工作需要离不开以及部分老弱病残人员外,分期分批下放劳动,通过下放劳动锻炼成为"能上能下、能官能民、亦工亦农、能文能武的共产主义新人"。实践中,干部下放对象主要包括以下几种情况:"文化大革命"中受到冲击而停止工作的机关、事业单位的干部和知识分子;革委会精简机构后的编余干部;"清理阶级队伍"等运动中被认为"有问题"的干部。10月11日,苏州市首批下放的172名干部奔赴吴江农场参加劳动。10月26日,3 000多名下放干部徒步到太湖"五七"干校参加劳动。同日,专区首批302名干部下放尹山湖"五七"干校参加劳动。

"五七"干校是容纳下放干部最多的地方。自市"五七"干校创办到1970年

---

[1] 苏州市地方志编纂委员会:《苏州市志》第三册,江苏人民出版社1995年,第511页。
[2] 1966年5月7日,毛泽东在看了原总后勤部《关于进一步搞好部队农副业生产的报告》后,提出各行各业均应一业为主,兼学别样;既从事农副业生产,又参加批判资产阶级"文化革命"斗争。1968年5月7日,黑龙江省在纪念毛泽东的"五七指示"发表2周年时,在庆安县柳河开办了一所农场,命名为"五七"干校,把大批机关干部下放到此处劳动。柳河"五七"干校成为全国第一个"五七"干校。

12月底,共有6 199名党政机关干部下放到此地劳动。[1]专区、县"五七"干校则接收了4 551名党政机关干部。"五七"干校作为"文化大革命"的产物,自成立起即成为开展"斗、批、改"运动的重要场所。"五七"干校学员经常被组织起来开展"革命大批判"等活动。政治运动严酷时,被批斗对象的人身自由受到限制,重点对象还要被隔离,许多学员在肉体上和精神上都受到严重摧残。"五七"干校学员还必须参加生产劳动,对于被列为批斗对象的,劳动成为一种惩罚手段,常常被安排干一些最苦、最脏、最重的活,即使是一些年老体弱的领导干部也未能幸免。

按照省《关于动员干部下放、知识青年和城镇居民上山下乡的通知》要求,1969年12月至1970年春间,苏州市先后有机关干部、全民企事业单位职工、中小学教师、医务工作者和演员等3 178人被带薪下放到苏北盐城地区(主要集中在北部4个县)或被遣送回原籍农村[2],8 000多名干部下放基层企事业单位参加劳动。1970年1月16日,专区革委会召开大会,欢送600多名干部及其家属下放农村参加劳动。

大批干部及知识分子被下放到农村、"五七"干校"接受贫下中农的再教育",从事体力劳动,虽然经受了一定的劳动锻炼,增加了对农村的了解,但是许多人被排除在原来所熟悉的工作领域之外,许多单位把干部及知识分子下放农村、"五七"干校作为排斥异己的手段,许多"五七"干校学员在"斗、批、改"运动中身心受到严重伤害,这些都给苏州的社会主义建设事业造成极大损失。

第三节 极左思潮的纠正与反复

一、对极左思潮的初步抵制与抗争

"文化大革命"的发动,严重扰乱了苏州经济社会的正常发展。在严峻的形势下,不少干部群众仍然能够坚持真理,自觉坚守工作岗位,以实际行动维护社会正义,抵制错误行为。尤其是一些领导干部和知识分子,没有因政治上的高压和肉体上的折磨而屈服,忠于职守、勇于担当,采取各种形式和方法抵制极左的错误,尽可能减少"文化大革命"造成的损失,为苏州经济社会发展和尽早走出困境创造了条件。

---

[1] 市"五七"干校开始设在太湖之滨,1969年搬至尹山湖畔。
[2] 苏州市地方志编纂委员会:《苏州市志》第三册,江苏人民出版社1995年,第511页。

"文化大革命"初期,地委和专署、市委和市人委及各级党政领导干部"抓革命"与"促生产"并行,抵制极左路线"唯生产力论"的攻击。一些专区、市、县领导干部上午接受批判斗争,下午就去抓生产建设,不计较个人恩怨,想的只是如何尽快把苏州的国民经济搞上去。广大干部、群众不怕戴"唯生产力论"的帽子,依然忘我地工作在生产第一线。工业战线上的大多数工人,特别是一些老工人,目睹大规模武斗造成大量人员无辜伤亡和国家财产严重损失,对"文化大革命"的正确性产生了怀疑。在当时特定的历史条件下,他们虽然不能公开站出来表示反对,但在行动上采取消极态度,对搞派性之类的活动尽力抵制或不参加。苏州农业机械厂的广大干部、群众顶住"左"倾思想的重重压力,支农产品的生产年年超额完成国家计划。当被华林森帮派污蔑为"只埋头生产,不关心阶级斗争",是"唯生产力论"的黑样板时,他们依然坚守岗位,不计个人得失,努力生产出让农民满意的农机产品,坚信"为农业机械化出力流汗决没有错"。正是大多数工人在社会环境恶化的情况下艰苦奋斗,使得苏州工业总产值保持了一定的增长。广大农民群众大多数人没有离开生产第一线,而且对脱离生产搞武斗、夺权等行为相当不满。如昆山县粮食局西门粮库的一名工作人员,在1967年4月至5月两次化名"江南鸽"从上海给毛泽东写信,陈述自己对"文化大革命"中间种种现象的不满,直言刘少奇的《论共产党员修养》是正确的,认为毛泽东思想不存在什么"顶峰"。农业战线在经历"文化大革命"起初两年的停滞和下滑后,1968年苏州专区棉花、油料、蚕茧获得大丰收,棉花总产和单产都创造出历史最高水平。这与广大农民群众对"文化大革命"中的诸多倒行逆施行为进行坚决抵制是分不开的,大多数社队生产秩序基本维持下来。

广大知识分子在"文化大革命"运动中受到的冲击和压力最大,但是他们凭着对国家和人民负责的精神,顶住压力坚持进行科学研究、教书育人、文艺创作等各项工作,取得了一定的成绩。苏州图书馆副馆长陆兰秀就是知识分子对"文化大革命"提出质疑的杰出代表。"文化大革命"爆发之初,陆兰秀并没有怀疑"文化大革命"的正确性,但随着"文化大革命"中"左"的错误不断加剧,她逐渐认识到"文化大革命"的错误,开始从理论上对"文化大革命"的错误进行剖析和批判,表现出那个年代中少有的政治勇气。1969年10月后,她陆续撰写《论阶级和阶级斗争》《关于无产阶级文化大革命》《关于对现阶段文化大革命形势的认识》等理论文章,指出"文化大革命使历史大幅度地开倒车,使人民处于水深火热之中。人们如果不觉悟,不抵制,这种历史倒退,还将持续不断地倒退下去"。她义正词严地从理论上系统地批判了"文化大革命"的错误。[1]陆兰秀为坚持真理不屈不挠。她上书党中央和毛泽东主席,两次采用绝食的方式进行抗争,还写下了遗书。为此,陆兰秀遭到极左势力的疯狂迫害,于1970年3月被捕。当年7月,被冠以"现行反革命"罪判处死刑。[2]陆兰秀是全国较早从理论上全面批判"文化大革命"的同志之一。她威武不能屈的精神,代表了苏州知识分子在"文化大革命"逆境中的抗争、担当与风骨。

二、清查林彪集团在苏州的活动

1971年9月13日,林彪反革命集团策划武装政变的阴谋暴露,林彪等人乘飞机仓皇出逃,在蒙古温都尔汗机毁人亡。9月18日,中央发出通知,将这一事件通告全党高级干部。12月起,中共中央陆续发出《粉碎林彪反党集团反革命政变的斗争》等三批材料,动员群众揭发批判林彪反革命集团的罪行,清查与林彪反革命集团阴谋活动有关的人和事,在全国开展"批林整风"运动。从10月10日起,地委、市委采取先党内后党外、先干部后群众的方法,陆续向党内外干部和群众传达《粉碎林彪反党集团反革命政变的斗争》等文件,普遍举办党员干部学习班,逐渐掀起批判林彪反革命集团罪行的高潮。

苏州"批林整风"运动先在地委、市委常委中间进行。地委、市委常委"批林整风"工作前后经历了4个阶段:学习中央有关文件,初步检查不正之风;发动干部、群众向地委、市委常委提意见;地委、市委常委汇集群众意见进行整风学习,人人做自我解剖,开展批评与自我批评;召开全委(扩大)会议,检查地委、市委常委工作上、思想作风上存在的主要问题。整风会上地委、市委常委围绕党的路线、政策问题,防骄破满、继续革命问题,党的一元化领导、纪律问题,艰苦朴素、群众路线等问题进行检讨。地委、市委将不正之风的主要表现归纳为:骄傲自满、居功自恃;贪图享受,不愿再过艰苦生活的情绪有所滋长;讲排场,摆阔气,铺张浪费;违反政策纪律,侵占群众利益等,并制定了具有针对性的整改措施。

地委、市委常委"批林整风"之后,地专机关、所属各县分期分批、系统地开展"批林整风"。对于领导班子闹不团结的单位,地委常委分工去做工作,发动干部、群众揭矛盾;对于后进大队的问题,全区抽调2869人,组成工作组进驻261个后进大队,帮助整顿。市委加强对全市基层"批林整风"运动的具体指导,举

---

[1] 中共江苏省委党史工作办公室:《拨乱反正·江苏卷》,中共党史出版社1998年,第332—335页。
[2] 1978年5月,陆兰秀的冤案得以初步平反;1982年4月,省委和省政府为陆兰秀彻底平反,做出《关于追认陆兰秀同志为革命烈士的决定》。

办由区、局和基层两级领导骨干和宣传干部215人参加的"批林整风"学习班；领导干部以大局为重，勇于自我批评，努力增强领导班子的团结；揭批林彪反革命集团的严重错误和罪行，清查林彪反革命集团在苏州的阴谋活动，严格区分和正确处理两类不同性质的矛盾，既积极落实党的政策，又慎重解决存在的问题。后来，区、局和绝大多数基层单位也层层举办"批林整风"学习班，全市"批林整风"运动向纵深发展。

1973年3月初，地委和地区革委会、市委和市革委会根据省委要求，在苏州开展清查与林彪反革命集团有牵连的人和事。为此，地委、市委分别成立清查办公室负责清查工作。通过清查、收缴为林彪反革命集团制造舆论的材料、图片及各种非法印刷品，初步查清了林彪反革命集团在苏州进行阴谋活动的罪行。4月至6月，地委到太仓县洪泾大队清查叶群在此活动的情况。自1965年11月起，林彪曾3次到苏州。第一次：1965年11月至1966年3月。其间，江青从上海到苏州，与林彪谋划打倒所谓"文艺黑线"。随即林彪指令总政治部派人到上海参加江青召开的"部队文艺工作座谈会"；叶群到太仓县洪泾大队社教蹲点，树立洪泾大队为"活学活用毛主席著作样板"。第二次：1969年10月至1970年4月，因"紧急备战"，林彪转移到苏州。其间，树起位于道前街养育巷口的五十七粮店为典型。第三次：1971年2月至3月。此次林彪在苏州仅停留了20多天，是时间最短的一次，半年后便发生了"九一三事件"。此外，还对林彪集团在苏州为林立果"选妃"以及炮制《"五七一"工程纪要》等阴谋活动进行了清查。

1971年至1973年期间开展的"批林整风"运动，以及对林彪集团在苏州进行的阴谋活动的清查，对极左路线的批判具有一定的积极意义。通过揭露林彪反革命集团的面目，社会秩序相对走向安定，促进了各方面工作的开展。但是，在毛泽东的支持下，江青反革命集团很快就限定对林彪反革命集团不许批"左"，并且还将林彪反革命集团的极左说成是极右，这样就使运动的情况变得十分复杂和矛盾。运动在"左"的错误思想指导下，产生了许多严重后果。

三、政治、经济等领域的有限调整

（一）调整党政领导机构和落实党的干部政策

"九一三事件"的发生，是"文化大革命"推翻党的一系列基本原则的结果，客观上宣告了"文化大革命"理论和实践的失败，也促使更多的干部和群众从个人崇拜的狂热中觉醒，对"无产阶级专政下继续革命的理论"及其实践产生怀疑。"批林整风"开始后,周恩来在毛泽东支持下主持中央日常工作。周恩来正确地提出批判极左思潮的意见,加快了落实干部政策和知识分子政策的进程。地委和专署、市委和市政府根据中央精神,分别召开干部工作会议,认真研究做好干部解放工作和进一步落实党的知识分子政策问题,加快了落实干部和知识分子政策的步伐。

1972年10月,苏州开始落实党的干部政策,各级党组织通过内查外调、举办学习班等方法,陆续解放干部。对应解放而未解放的干部,将其解放出来并正确加以使用;对各类技术干部认真进行摸底调查,让技术型干部回到可以发挥其才能的岗位;对丧失劳动能力的老弱病残干部,妥善安置。"五七"干校也开始进行解放干部工作,一大批原地、市机关干部做出"触及灵魂、比较深刻"的检查,在群众同意和"五七"干校领导小组审查批准后得到解放,恢复组织生活。

1973年年初,根据军委"部队'支左'任务已经完成,军队干部须回原来部队工作,不再担任地方职务"的指示精神,地委、市委加大了落实干部政策和解放老干部的工作力度。至1973年年底,除下放外地和退休、死亡以及接受审查的干部外,大多数老干部被安排工作;一些受审查的老干部,在弄清问题的基础上,也得到解放并被安排工作。其中,98名原省委管理的干部中,解放使用的占85%;2 117名市委管理的干部中,解放使用的占82%;基层单位的干部中,解放使用的占95%;34%的市管单位党组织和19%的区、局领导班子实现了老、中、青"三结合"。这些得到解放的干部恢复工作后,与极左错误和江青反革命集团进行了各种形式的斗争,为苏州经济社会的恢复与发展做出了应有的贡献。

(二)经济领域的纠"左"整顿

"批林整风"开始后,针对无政府主义思潮对经济工作的破坏,国务院提出了整顿企业的措施,恢复被破坏的各种规章制度,扭转国民经济下滑的趋势。地委和地区革委会、市委和市革委会在抓"批林整风"的同时,努力恢复工农业生产,国民经济发展取得了一定的成效。

农业战线上,1972年2月地委做出《关于贯彻落实〈中共中央关于农村人民公社分配问题的指示〉的决定》后,各地在开展农业学大寨运动过程中,落实党的农村基本政策,加强农村人民公社的管理,建立健全各项管理工作机构;加强劳动管理,科学组织劳动力,合理评工记分,提高每个社员的劳动生产效率;加强财务管理,加强经济核算,坚持勤俭办社,执行增产节约原则,严格控制非生产性的用工和开支;加强民主管理,依靠群众办社,生产队的劳力分工与社员商量,评工记分由社员民主讨论,生产队的生产计划、增产指标和增产措施,须经社员充分讨论,并由社员大会讨论通过,不能由少数干部包办代替;批判重粮轻棉的思想,调动广大棉农的积极性,鼓励棉农种好棉花。3月4日,《人民日报》发表《江苏省粮食平均亩产超〈纲要〉》的文章,对苏州地区的粮食生产给予了很高的评价。

农田水利基本建设在这一阶段取得较大进展。此时,苏州大部分农田已由稻麦两熟改为稻稻麦三熟制,很多灌区工程不适应水旱作物茬口交错出现的用、排水新矛盾,尤其是三麦渍害严重,产量徘徊。专区水利局通过总结昆山县同心大队、江阴县华西大队、无锡县东亭大队等一批高产大队的治水改土经验,推行以对工程设施合理改造为重要内容的治水措施,发动县、社、队层层制订水利建设全面规划,苏州出现水利建设高潮。主要工程有:推广昆山县同心圩"四分开、两控制"[1]的治圩经验,加速建设联圩工程,提高圩区抗灾能力;适应双季稻灌溉制度的需要,把用水矛盾较大的3 000亩至8 000亩的大灌区,分期分批改造成千亩左右、送水快的中小型灌区;满足三熟制的水浆管理要求,把原为节省土地推行的灌排合一两用沟改为灌排渠沟分开,有的地方还把明渠改暗渠,达到省地、省水、省能源的效果;以利用改造为原则,把原来浅、窄、弯、乱、断的低功能河网,逐步改造成有利于引、排、蓄、控、调、航的高功能水系;结合平整土地,把零星耕地改造成规格化田块,提高灌水质量和适应农业机械耕作、治虫、施肥等田间操作,提高土地利用率。同时,还兴建了白茆塘拓浚工程、浏河节制闸加固配套整修工程等一批大中型骨干河道和堤防工程。

工业战线上,立足发展自己的特色,走老厂挖潜、技术改造的路子,传统产品重点发展丝绸、工艺、市场日用品,新兴产品重点发展具有现代科学技术水平的精密机械、电子仪表、光学仪器,在工矿企业进行整顿,加强企业管理,完善规章制度。社队工业遵循"围绕农业办工业,办好工业促农业"的工作思路,认真落实"三就地"[2]方针,抓住市场对计划外产品需求不断增长的时机,充分利用城市下放工人和下乡插队知识青年的知识与技术条件,使受"文化大革命"严重冲击的社队工业逐渐走出低谷。

服务业随着地方工农业生产的发展,商品及商品销售额也在徘徊中呈上升趋势。为解决商业网点的不足,苏州市增设娄门、齐门、胥门及阊门外西园百货

---

[1] "四分开、两控制"是指圩内圩外河分开,高低田(高低片)分开,灌排沟渠分开,水旱茬口分开,控制圩内水位,控制地下水位。

[2] "三就地"指就地取材、就地加工、就地销售。

商店(场),建造南门商业大楼和日用品展销商店[1]。1972年日用工业品品种比1971年增加了960多种。

(三) 群众团体恢复活动

与此同时,工、青、妇等人民团体也逐步恢复活动。1973年3月20日,共青团苏州市第十次代表大会召开,选举产生了共青团第十届市委;6月24日,市工会第七次代表大会召开,选举产生了市总工会第七届委员会;7月24日,市第五次妇女代表大会召开,选举产生了市妇联第五届执委会。按照地委的统一部署,在专区人民团体恢复活动后,所属各县的工、青、妇等人民团体也分别召开代表大会,各级人民团体相应恢复活动。

这一时期工、青、妇等人民团体先后恢复活动,是在"文化大革命""左"的错误方针指导下进行的,不可避免地有着时代的烙印。在人民团体的工作中,还有着一些"左"的做法,一些靠造反起家的帮派分子还当选了人民团体的领导职务。但是,已经瘫痪多年的人民团体毕竟初步恢复了活动,加强了同工人、青年、妇女的联系,而且提出了一些正确的主张。因此,对于工、青、妇等人民团体恢复活动,人民群众在某种程度上是持欢迎态度的。

此外,地区革委会、市革委会还分别组织人员对各民主党派成员、各宗教团体专业人员及主要统战对象的状况进行调研。1973年10月,市革委会还组织各界爱国人士39人进行参观学习。这是"文化大革命"以来统战对象的首次活动。这些工作的开展,为"文化大革命"结束后统一战线工作的正常开展奠定了基础。

四、"批林批孔"和混乱局面的再度出现

(一) "批林批孔"运动的开展

落实党的有关政策和一系列的纠"左"整顿措施,不可避免地与"文化大革命"全局性的错误相抵触。中共十大前后,毛泽东多次提出把批判林彪同批判中国历史上的孔子和儒家思想联系起来,意在借宣传历史上法家坚持变革、批判儒家反对变革来维护"文化大革命"运动。江青反革命集团为篡党夺权,则借批孔子为名,影射攻击周恩来是"现代的儒",并蓄意煽动派性斗争。1974年1月,江

---

[1] 南门商业大楼和日用品展销商店后分别改为泰华东楼和第一百货商店。

青主持选编的《林彪与孔孟之道》材料,作为中央一号文件由中共中央发出,全国性的"批林批孔"运动由此开始。

2月4日,市委召开常委(扩大)会议,组织学习中央一号文件,研究开展"批林批孔"运动的意见和措施。两日后,召开苏州市工农兵"批林批孔"广播大会,发动群众"批林批孔"。在3月17日市委召开的区、局、直属单位领导干部"批林批孔"座谈会上,一些人因对"文化大革命"以来的一些问题表示不满,被华林森帮派视为"否定社会主义新生事物的反动思潮",从而遭到批判。4月25日,《新华日报》发表《林彪及其死党在洪泾举的是"克己复礼"的黑旗》后,各地根据地委、太仓县委调查组整理的《关于林彪死党叶群一伙在洪泾大队的反革命罪行》材料,结合各地具体情况深入揭批林彪的罪行,发动群众"联系阶级斗争、路线斗争实际,批判林彪鼓吹的'克己复礼'反动实质,揭发修正主义路线回潮的表现"。

地委、市委还多次召开"批林批孔"斗争动员大会以及"批林批孔"经验交流会等各种形式的会议,推动"批林批孔"运动的开展。各地各部门甚至农村社队都组织召开"批林批孔斗争大会""儒法斗争史报告会",批判"孔孟之道"以及所谓"修正主义路线回潮的表现"。其中,教育系统成为"批林批孔"的重灾区。各级学校又回到以"阶级斗争"为主课的老路,放下文化课本,开展"评法批儒"。刚刚恢复的教学秩序再次遭到破坏。

随着"批林批孔"运动的不断深入,华林森帮派紧跟江青反革命集团,利用"批林批孔"运动,巩固和发展"文化大革命"的成果,致使纠正"左"的错误后刚趋向稳定的社会局面和有所发展的经济形势重新陷入混乱。

(二)混乱局面的再度出现

华林森因造反有功,深受江青反革命集团的赏识,在中共十大上当选中央委员后更加有恃无恐。1974年"批林批孔"开始后,华林森帮派煽动群众把矛头指向部分领导干部,进一步篡夺苏州市的领导权。

在华林森帮派的策划下,4月初,市工、青、妇等组织联名发出《告全市人民书》和《致全市各级领导的公开信》,煽动广大干部、群众"反潮流",揭所谓"省委、市委阶级斗争的盖子",把矛头指向部分领导干部。效法上海,成立以华林森为领导小组组长的"苏州市民兵指挥部",公然宣称"苏州市民兵指挥部"必须起到人民武装部、军事管制委员会、公安局的作用;非法印制《人口登记册》《五类分子登记表》《内控危险分子登记表》,根据需要确定"反动分子""治安危险分子"名单;以参加阶级斗争、维护社会治安为名,非法设立关押所、劳动教育学习班,将不满他们做法的人集中关押起来,有时还对被关押人员施以多种折磨。

5月,华林森提出组织工作"胆子要大,步子要快",强调"发展党员、提拔干部主要是路线斗争表现好的","着重从工人、贫下中农中选拔在'文化大革命'和'批林批孔'运动中涌现出来的优秀分子到各级领导岗位上来"。其后,全市突击发展党员、突击提拔干部数百人。1975年4月至9月,突击调整22个区、局、直属单位的领导班子,突击提拔区、局、直属单位领导班子成员90人,占这一级干部总数的26%。10月,省委通知苏州市"暂停发展党员、暂停提拔干部、暂停调动干部"后,华林森等人继续突击发展党员、突击提拔干部数十人,全市75%的区、局,55%的直属工厂和10%的基层单位领导权都被华林森帮派所控制。

1974年7月,在总结"批林批孔"运动以来的工作时,华林森在会议上颠倒是非,鼓吹苏州市的"批林批孔"运动方向、路线是正确的。在7月26日市委召开的党员大会上,华林森更是公开为其帮派分子张目,认为这些敢于"反潮流"的共产党员没有得到应有的评价,并称与其帮派做斗争是一种危险倾向,会导致党的建设走偏方向,甚至滑到"修正主义"邪路上去。

华林森帮派的倒行逆施,招致人民群众的抵制。10月20日,在苏州的部分军代表以"中国人民解放军在苏州市'三支两军'人员"的名义,在街上张贴《苏州市的清查工作没有结束——华林森同林彪反党集团阴谋活动有关的问题必须彻底查清》等大字报。此后,部分机关干部也先后联名写出一批大字报,向华林森帮派提意见。11月7日,华林森向王洪文求援。王洪文为使华林森摆脱困境,于11月13日在北京人民大会堂约见省委和南京军区负责同志,给华林森开脱,并希望给予政治上的支持。11月24日,在市委召开的干部大会上,华林森在讲话中借助王洪文的"指示"为自己壮胆,打压与自己意见不同的干部群众,同时坚持"批林批孔"运动的大方向是完全正确的。"批林批孔"运动虽历时不长,但阻断了周恩来主导的纠"左"工作,造成政治、经济、文化、社会各个领域的严重混乱。

第四节 整顿方针的贯彻和"文化大革命"的结束

一、1975年的短暂整顿

1975年1月,第四届全国人民代表大会第一次会议在北京举行。周恩来在政府工作报告中重申,在20世纪内全面实现农业、工业、国防和科学技术四个现代化的宏伟目标,把全国人民的注意力再次引到发展经济、振兴国家的事业上来。这是饱受"文化大革命"内乱之苦的中华民族最强烈的愿望。四届人大闭幕后,已患重病的周恩来病情更加严重。中共中央副主席、国务院副总理、中央军委副主席邓小平在毛泽东支持下,相继主持国务院和中央日常工作。邓小平以毛泽东提出的"学习理论""还是安定团结为好""把国民经济搞上去"的三项指示为纲,进行各行各业的全面整顿工作,力求尽快"把国民经济搞上去"。3月,地委、市委按照中央和省委的部署,学习中共中央《关于加强铁路工作的决定》和邓小平的有关讲话精神,联系各地情况批判派性。自此,苏州开始全面整顿工作。

第一是思想上的整顿。根据地委、市委提出的"批判派性目的不是整人,而是让大家分清是非,增强党性"的要求,各地批判派性的主要方式,是开展"一学三批五大讲一消除"[1]自我教育活动,通过放手发动群众,直接依靠群众解决问题。采取典型示范、领导带头等方法,联系各地实际批判派性,进行团结教育,端正各级干部的思想,自觉增强党性,克服派性。以毛泽东提出的"三要三不要"[2]的基本原则为思想武器,弄清什么是大局、什么是小局,什么是党性、什么是派性。严格区分和正确处理两类不同性质的矛盾,扩大教育面,缩小打击面。对群众坚持正面教育,提倡多做自我批评;对少数坏人和帮派势力坚决予以打击,并充分利用反面教员的作用,在群众中进行批判。

第二是组织上的整顿。对工作机构和各级领导班子进行整顿[3],地委撤销地区革委会办事组,恢复成立地委办公室,与地区革委会办公室合署办公;市委成立市委办公室,与市革委会办公室合署办公。经过深入的调查研究,地委、市委认为领导班子派性的主要表现有:唯我正确、以我划线;争名争利、不讲原则;对中央指示断章取义、各取所需;对待干部以派性作标准、违背组织纪律。据此,地委、市委学习呼和浩特、徐州铁路局批判派性的经验,对各级各单位进行普遍检查,将"软、散、懒"单位领导班子里派性严重或派性不甚严重但拒不改正错误的领导干部,坚决调离岗位。组织上的整顿增强了各级领导班子的团结,促进了

---

〔1〕"一学三批五大讲一消除",即学习无产阶级专政理论、批判修正主义、批判资本主义倾向、批判资产阶级法权思想,大讲路线、大讲团结、大讲大局、大讲党性、大讲纪律,消除资产阶级派性。

〔2〕"三要三不要",指要搞马列主义,不要搞修正主义;要团结,不要分裂;要光明正大,不要搞阴谋诡计。

〔3〕在整顿期间,1975年2月,曲言斌等145名苏州市"三支两军"人员调回部队,不再担任地方上的职务。11月,省委任命刘伯英为市委书记、市革委会主任。

领导干部工作作风的转变,增强了党的战斗力和凝聚力,初步改变了长期以来受极左思潮影响而形成的派性恶习。在组织整顿的基础上,各级党委认真落实党的干部政策,注意区分两类不同性质的矛盾,把"清理阶级队伍""一打三反"、清查"五一六"运动中出现的问题处理好,为遭受迫害的部分干部、群众初步平反,恢复被错误处理的党团员的组织生活。

第三是工业领域的整顿。3月中旬,地委、市委分别召开县委书记碰头会和区、局领导干部会议,传达全国工业书记会精神,要求各级领导既要"抓革命",又要"促生产",将大力发展工业生产同贯彻中共中央《关于加强铁路工作的决定》结合起来,让苏州的经济工作发生根本好转。会后,苏州工矿企业普遍进行整顿。工矿企业狠抓党的各项政策的落实,整顿"软、懒、散"的领导班子;为老工人、老劳动模范和技术骨干落实政策,动员科技人员为实现"四个现代化"贡献力量;广泛发动群众,发挥工业学大庆的积极作用;加强企业管理,恢复和建立必要的规章制度,建立健全岗位责任制、质量检验制、经济核算制等规章制度。通过整顿,各级领导班子得到调整、充实;企业生产秩序混乱、劳动纪律松懈、生产效率低、产品质量差、生产成本高等状况得到初步改变。1975年,苏州市工业总产值比1970年增加41.11%,扭转了长期徘徊和负增长的局面;重工业占生产的比重上升至42.3%;轻工业加快发展了市场上热销的手表、自行车、家用缝纫机"三大件"。

第四是农业领域的整顿。9月15日,地委在全国农业学大寨会议上,提出"吨粮田"的奋斗目标。11月12日,地委召开县委书记会议,研究贯彻落实全国农业学大寨会议精神,要求各地抓好农业建设,早日把苏州各县建设成大寨县。在农业学大寨运动中,各地大力发展农田水利基本建设,特别是吴县龙桥大队出现全省第一个"吨粮田"之后,广大农村地区推广龙桥"要夺一吨粮,先造吨粮田"经验,掀起了以建设旱涝保收、稳产高产农田为目标的农田水利建设新高潮,进行山、水、田、林、路综合治理。从1975年秋开始,全区经过一个冬春的奋战,完成土方3.1亿立方米,相当于1970年至1975年5年的总和,平整土地120多万亩,初步建成吨粮田56万亩。1975年,农业总产值增长15.74%,夏粮总产量比1974年增长2.35亿公斤,比历史最高的1971年增长4 000万公斤;油菜籽产量比1974年增长10%,使苏州地区这一全省第一粮食高产基地的地位得到了巩固。

在整顿期间,苏州农业经济"一业为主、多种经营"取得较显著的成效。如吴县黄埭公社卫星大队原是一个穷队,后来从发展河蚌育珠起步,逐步发展成了农副工贸综合发展的大队。地委及时宣传这个典型,提高全区各级干部、群众对发展外贸重要性的认识。1975年,苏州外贸商品收购总额达到2.76亿元。1976年1月,苏州被列为全国农副土特畜产品出口商品生产基地。外贸部每年拨付100万美元的外汇额度,由苏州自主安排基地建设。

第五是商业领域的整顿。从4月开始,相继恢复市各国营专业公司,重建批发与零售经营网络,增加商业服务网点:恢复食品公司、糖烟酒公司、蔬菜公司及百货站,成立苏州市土产日用杂品公司、五金化工交通用品公司和农业生产资料公司,做到集中与分散相结合,国营、合作与代销相结合。这些公司成立后,积极开展业务学习,开展依靠群众办商业活动,加强流通领域的管理,调动了群众办商业的积极性,商业流通有了较大起色。

1975年的全面整顿是"文化大革命"期间党和人民反对"左"倾错误和江青反革命集团的一场重大斗争。经过全面整顿,苏州的经济社会发展出现较好的势头;经过全面整顿,联系几年来正反两方面的实践,人们对"文化大革命"的错误和危害有了深刻的体会,思想觉悟和辨别能力得到提高,从思想、组织等方面为粉碎江青反革命集团、结束"文化大革命"后苏州的揭批活动、拨乱反正等准备了条件。

二、"文化大革命"的结束

(一)"批邓、反击右倾翻案风"运动

邓小平主持的全面整顿触及了"文化大革命"运动中许多"左"的东西,并逐渐发展成为对这些"左"的政策比较系统的纠正,从而开始了有限度的拨乱反正。但这种发展趋势不仅遭到江青反革命集团的疯狂反对,也为毛泽东所不能容忍。1976年2月25日,中央召开各省、市、自治区和各大军区负责人会议,把批邓小平的"修正主义错误路线"明确列为重要工作。3月3日,中央印发毛泽东关于"批邓、反击右倾翻案风"运动的谈话。"批邓、反击右倾翻案风"运动在全国展开。

根据中央指示精神和省委的部署,地委、市委分别召开常委(扩大)会议,部署开展"批邓、反击右倾翻案风"运动,强调"批邓、反击右倾翻案风"是一件头等大事,是无产阶级"文化大革命"的继续和深入。在"批邓、反击右倾翻案风"的逆流下,华林森帮派秉承江青反革命集团的旨意,否定苏州全面整顿工作,攻击省委、市委1975年领导的"一学三批五大讲一消除"群众运动,是"批干部群众、

批文化大革命",是以"围剿派性为名整治反派"的阴谋;攻击省委、市委执行"邓小平的反革命修正主义路线""否定'文化大革命'";秘密串连,不断挑起事端,制造混乱,企图夺取更大的权力。自 2 月起,华林森帮派以"批邓、反击右倾翻案风"为名,多次组织人员到南京非法串联,贴大字报,攻击省委;把广大干部、群众举行的悼念周恩来的活动,诬蔑为"有预谋、有计划、有组织的反革命逆流",把干部、群众写的纪念标语诬蔑为"反动标语",不少干部、群众被扣上各种罪名遭到追查迫害。他们还借此大做文章,诬陷攻击"南京事件"[1]。6 月 8 日,在华林森的把持之下,市委召开"批邓"大会,错误地做出"密切联系全国和各条战线阶级斗争和两条路线斗争实际,联系江苏和苏州的阶级斗争和路线斗争实际,认真学习,深入批邓"的决定。6 月底 7 月初国家农林部在苏州地区召开南方 13 省、市、自治区水稻生产现场会议期间,华林森帮派诬蔑苏州地区是"唯生产力论的黑样板",并组织人员大闹会场,抵制会议精神的传达。8 月 6 日,华林森帮派利用博茨瓦纳共和国总统到南京访问的机会,在外宾经过的街道上散发攻击省委的传单,引来大批群众围观,蓄意制造涉外事件。

对于"批邓、反击右倾翻案风",苏州广大干部、群众大多很不理解,思想上转不过"弯子"。人们从 1975 年全面整顿所取得的实效中,认识到邓小平主张的整顿符合实际情况,是正确的,也是必需的。"批邓、反击右倾翻案风"运动中把整顿说成是"右倾翻案风",而且要反击,人们担心刚出现的稳定局面会被破坏,于是消极对待,甚至采取各种方式加以抵制。

大多数基层单位在学习"批邓、反击右倾翻案风"文件时,有的表示出自己的忧虑,有的直接表达自己对"批邓、反击右倾翻案风"的不满,有的认为全面整顿没有什么可批的,抓经济建设、发展生产是天经地义的事,希望不要再折腾了。4 月 4 日清明节,200 多万群众集聚到天安门广场,深切悼念周恩来,怒斥江青反革命集团的罪行。天安门事件爆发的消息传到苏州之后,首都群众的正义呼声在苏州人民心中引起强烈的共鸣。人们相互转告事件真相,天安门广场革命诗歌在部分群众之间传抄。对于追查《总理遗言》[2]也采取回避提问,甚至用"一问三不知"的方式进行抵制。年方 19 岁的苏州有线电厂青年职工冯建忠更是从理论上对"反击右倾翻案风"进行思考。当见到《人民日报》上刊登文章说"'三

---

[1] "南京事件"是 1976 年 3、4 月间在南京发生的悼念周恩来、反对"文化大革命"的活动。

[2] 1976 年春节过后,一份《总理遗言》在全国人民手中广泛抄传。《总理遗言》并非周恩来所留,其实出自一位工人之手。但这份"遗言"说出了经历十年"文化大革命"的人们的心声。后《总理遗言》在全国范围内遭到追查。

项指示为纲'是一个否认阶级斗争为纲的彻头彻尾的修正主义纲领"时,冯建忠写信给人民日报社,指出:"社会主义生产不应该落后于资本主义国家,应当把国民经济搞上去,就是要增加社会主义的物质基础,这全然没有错。"冯建忠后来又直接写信给毛泽东反映情况,论述邓小平全面贯彻"三项指示"是革命的,不是搞修正主义,并呼吁"是把国民经济搞上去的时候了"。北京爆发以天安门事件为代表的广大人民群众悼念周恩来、反对江青反革命集团的抗议活动后,冯建忠再次写信给毛泽东,并在信中提出疑问:"无产阶级文化大革命以来,我国工业为什么不能超过五十年代的增长率,甚至低于六十年代,无产阶级文化大革命理应是推动生产发展的强大动力,而又为什么达不到呢?"6月5日晚,冯建忠被关进监狱。常熟、吴县、沙洲等地的一些青年也自发写"人民来信"寄给《人民日报》、中央人民广播电台编辑部,声讨江青反革命集团借"批邓"进行篡党夺权的罪行。

"批邓、反击右倾翻案风"是"文化大革命"末期由毛泽东发起的最后一次大规模政治运动。邓小平为扭转"文化大革命"以来混乱局面的努力被全盘否定,包括苏州在内的全国刚刚趋于稳定的形势再度陷入混乱。

（二）庆祝粉碎"四人帮"的胜利,宣告"文革"结束

1976年9月9日,毛泽东在北京逝世。噩耗传来,沉浸在无比悲痛之中的苏州人民以各种形式开展悼念活动。广大干部、群众在表达对毛泽东深切哀悼的同时,对党和国家的前途也深感忧虑。10月6日,中央政治局采取断然措施,一举粉碎江青反革命集团,结束了长达十年的"文化大革命"这场灾难。10月15日、16日,地委、市委分别召开打招呼会议,传达中央政治局召开的关于粉碎江青反革命集团的会议内容。25日、26日,市委、地委分别召开基层党组织领导干部和直属机关党员干部大会,号召全体干部、群众旗帜鲜明地投入到揭批"四人帮"及华林森帮派罪行的斗争中去。苏州各地60万军民举行各种集会和游行,庆祝粉碎江青反革命集团的伟大胜利。浩浩荡荡的游行队伍中,既有刘锡庚、贾世珍等地、市领导干部,又有刚下夜班的工人和干完农活的农民;既有身经百战的老战士,又有经受"文化大革命"磨炼的青年学生,还有载歌载舞的文艺工作者。各厂矿企业、人民公社、驻苏部队、商店、学校、文化艺术和科学技术部门以及街道等基层单位的广大干部、群众,纷纷召开各种形式的庆祝会、声讨会,衷心拥护中央所采取的果断措施。

"文化大革命"是中国特殊社会历史条件下的产物,是自1957年反右派运动

后以阶级斗争扩大化为特征的"左"倾理论和实践发展越来越严重的结果。"文化大革命"中坚持以"阶级斗争为纲",以政治运动冲击生产,给经济建设造成了严重的损失。社会主义民主法治被践踏,武斗频繁、内乱不断,社会秩序、生产秩序、教学科研秩序屡遭破坏。但是,由于苏州广大干部、群众排除干扰,坚持生产,"文化大革命"期间,苏州经济仍然有所发展。1976年,苏州工业总产值达到47.99亿元,是1965年工业总产值的2.82倍;农业总产值达到31.26亿元,比1965年增长18.68%。尤其是社队工业,1965年总产值仅0.31亿元,1976年则达到5.1亿元,比1965年增长15.5倍;占全区工业总产值的比重由1965年的4.43%提高到1976年的10.63%,社队工业对苏州经济的促进作用日益增强。[1]其间,涌现出一批发展较快,办得较好的县、社、队。如常熟、张家港、吴县3县社队工业总产值都超过亿元,常熟县虞山、沙洲县南沙、吴县枫桥等公社(镇)都已超过千万元。粉碎江青反革命集团的胜利,宣告了历时十年之久的"文化大革命"这场灾难终于结束,为党和国家进入新的历史时期排除了障碍。带着粉碎"四人帮"的胜利喜悦,苏州广大干部、群众在地委和市委的领导下,按照中央、省委的部署,开始进行轰轰烈烈地揭批江青反革命集团及其帮派在苏州的罪行的斗争。

第五节 "文化大革命"中的苏州经济

一、经济建设的艰难发展

(一)"四五"计划的编制

1966年7月,市计划委员会按照中央关于利用沿海工业建设内地"三线"军工工业精神,编制了《苏州市"三五"期间重点工业初步规划》(简称《规划》)[2]。《规划》根据以农业为基础、以工业为主导发展国民经济的总方针,提出"把苏州建设成为一个先进的、新兴的工业城市"。然而,由于"文化大革命"的消极影响,苏州市并未制定综合性的五年计划,"三五"期间苏州市的各项工业指标也均未能达到《苏州市"三五"期间重点工业初步规划》的目标。

1970年8月,根据全国计划会议精神,市革委会编制了《江苏省苏州市1970

---

[1] 此处工业总产值等数据的统计区域为现苏州市域范围。
[2] 苏州市没有编制国民经济发展的第三个五年计划与第五个五年计划。

年和第四个五年国民经济计划纲要》(简称《计划》)[1]。《计划》提出了"充分发挥现有工业基础作用,充分利用地方资源,积极发展原材料工业生产,大搞综合利用,把苏州市建设成为能适应战备要求和小而全的社会主义工业城市"的发展目标。为全面实现这一目标,《计划》制定了几个方面的具体要求:积极支援大小"三线"建设;狠抓煤铁钢的生产和基本建设;大力发展电子工业和化学工业;积极发展机械工业;充分发展轻纺工业和建材工业;相应发展电力工业和交通运输业,加强电信、邮政工作;积极发展预制构件;积极扶持社办工业、街道工业和手工业,充分发挥其作用;加强科学研究工作,大搞群众性的技术革新运动。

《计划》制定了1970年和第四个五年计划期间主要经济指标。在工业方面,铁:1970年计划生产10万吨,1975年达到20万吨至25万吨;钢:1970年计划生产5 000吨,1975年达到10万吨至14万吨;机床:1970年计划生产365台,1975年达到2 000台;化肥:1970年计划生产5.3万吨,1975年达到10万吨;丝:1970年计划生产500吨,1975年达到1 000吨。在农业方面,粮食:1970年计划生产3 840万公斤,1975年达到6 000万公斤;油料:1970年计划生产105万公斤,1975年达到157.5万公斤;生猪:1970年计划出栏5万头,1975年达到10万头;蔬菜:1970年生产40.6万公斤,1975年达到54.5万公斤。工农业总产值1970年和1975年分别达到14亿元和35亿元。

除经济外,《计划》还提出认真抓好文化教育:"四五"期间普及中等教育,继续进行"教育革命",建立无产阶级的教育制度和新体制;文艺坚持为工农兵服务,为无产阶级政治服务,经常深入工厂、农村、部队放映和演出,强调群众文学艺术创作要努力塑造无产阶级英雄形象,发挥文艺"团结人民,教育人民,打击敌人,消灭敌人"的战斗作用。积极发展医疗卫生事业:健全城乡医疗预防网,发展合作医疗,大力培训赤脚医生,积极增加药品、医疗器械的生产和供应,不断提高医疗预防工作质量,继续提倡晚婚和计划生育,使人口净增率下降到10‰以下。逐步改善人民生活:城市居民的燃料,逐步以煤气和天然气来代替煤球和木柴、烧草;相应改善交通条件,逐步开辟外环东线、外环南线公路,进一步拓展对外交通,保证东、西、南、北各长途过境线的畅通,减轻市内交通压力。

《计划》仍然存在急于求成、盲目冒进的倾向,脱离了苏州市当时发展的实际。"四五"计划于1971年开始执行后,多次受到政治运动的冲击,结果未能完

---

[1] 江苏省苏州市革命委员会:《江苏省苏州市1970年和第四个五年国民经济计划纲要》(草案),1970年8月20日,苏州市档案馆藏,档号C1-1-1970-87。说明:与"一五""二五"计划的编制一样,专区没有编制统一的"四五"计划,各县(市)分别编制各自的"四五"计划。

成预定指标。

(二) 工业经济的发展

"文化大革命"的动乱使苏州的经济建设遭受了很大的干扰和破坏。各级革委会成立后,形势相对稳定,人民群众迫切希望结束动乱,恢复和发展生产。苏州工矿企业广泛开展高产、优质、安全、多品种、低消耗的增产节约运动,开展社会主义劳动竞赛,努力克服煤炭、电力和原材料不足等困难,工业生产取得了一定进展。

根据中央大力发展电子工业的精神,1969 年 10 月,苏州市做出开发电子产品的决策,积极争取中央有关部门的投资,再加上当时 300 余名军工专业技术人员到苏州加入电子工业队伍,促进了苏州电子工业的较快发展。有关电子类的投资额、消费额、元器件产品的产值,均有较大的增长。集成电路、光电器材、电子计算机、微波接力通讯机、纵横制电话交换机、黑白电视机等均属国内领先的新产品。其中,苏州八一电子仪器厂[1]于 1971 年 9 月试制成功的黑白电视机是中国第一台黑白电视机。

丝绸业响应周恩来"多缫丝、织好绸、多出口"的号召,积极开展以调整产品结构、扩大出口为主要内容的技术改造,1970 年全年开工日达 350 天,产丝 484 吨,超过 1966 年产量的 20%。纺织业积极发展合成纤维产品,并以所得的部分利润投入技术改造,完成社会主义改造后纺织业的第一次设备更新。1970 年纺织业生产总值(含丝绸业)达到 3.73 亿元。

轻工业则以整顿企业生产秩序、调整管理体制为龙头,狠抓企业管理,落实规章制度,机械化水平、产品产量与质量都有了新的提高。缝纫机、自行车、手表、照相机、打字机的整机生产能力逐渐形成并批量投放市场,其中钟表、缝纫机和自行车开始在省内、国内市场上取得一定的地位。电风扇、服装、眼镜、小五金、塑料制品等生产发展都较快,其中塑料制品以品种齐全、花色翻新、产量大而闻名全省。

机械工业的技术装备不断得到改善,部分加工装配工序开始向组合机床和生产流水线发展。经过干部职工的努力,先后有螺旋板式热交换器、110 千伏横担电瓷、35 千伏多油断路器、10 千伏少油断路器、光电跟踪线切割机床、铸造射压造型自动线、165F 汽油机等新产品问世;防腐蚀喷雾器、光电跟踪线切割机和

---

[1] 苏州八一电子仪器厂为苏州电视机厂前身。

JGJ2 型精密光学经纬仪等首次参加国际展览。化工业重新实施已停顿多年的技术改造项目,苏州化工厂的烧碱、农药,苏州溶剂厂的增塑剂、联苯、乙酸,苏州合成化工厂的苯酐,苏州硫酸厂的硫酸,苏州前进化工厂的小苏打,苏州安利化工厂的有机玻璃,苏州助剂厂的糖精等主要产品,均初步实现电气化、仪表化作业,产量随之出现较快增长。钢铁工业方面,1971 年,苏州钢铁厂实现高炉、转炉、焦炉"三炉"齐开的局面,生铁产量首超 10 万吨,钢产量近万吨。

在广大干部群众"抓革命、促生产"的热潮中,苏州工交领域的工业学大庆运动进一步开展。1971 年 6 月 20 日人民日报发表《工业学大庆》的社论后,苏州掀起工业学大庆运动新的热潮。工交系统认真总结"工业学大庆"的经验,把革命精神和科学态度结合起来,充分发挥广大群众的积极性和创造性,继续开展增产节约运动和社会主义劳动竞赛,进行"比、学、赶、帮、超"活动,进一步加强企业管理和财务管理,建立岗位责任制,推动工业学大庆群众运动深入发展。此阶段的工业学大庆群众运动,在当时的政治形势下,也出现了一定的偏差,但在规章制度的健全、产品质量的提高等方面,均取得了一定的成绩,这也为 20 世纪 70 年代初苏州国民经济取得一定成绩创造了条件。

(三) 农村经济政策的调整

在进行工业调整的同时,农村也开始纠正一些"左"的经济政策。1968 年 8 月,专区革委会决定全面开展连家渔船社会主义改造(简称渔改)[1]工作。渔改工作的主要做法是:渔业社队改"包产到船"为船、网等工具重新折价归于集体,实行大队核算和劳动统一安排、船具统一使用、产品统一处理、收益统一分配的"四统一"管理方式,改变个体生产方式;建立水陆生产基础,无偿调拨水面、土地给渔业社队,建造渔民新村,实行渔民陆上定居,提高渔民文化教育和医疗卫生水平,改变漂泊不定的生活方式。当年专区有近 3 000 户渔民到陆上定居,48 个渔业大队完全解决了生产基地,共给渔业大队划定农田 1.01 万亩、水面 5.71 万亩。1969 年 10 月,市郊苏渔公社与娄葑公社合并,原苏渔公社 2 187 户渔民全部陆上定居。

"文化大革命"开始后,苏州农业学大寨运动受到极大冲击。1968 年开始,农村社会秩序相对平静,各地普遍强化农业生产的领导力量,把农业学大寨运动

---

[1] 1966 年 2 月,中共中央批转了水产部党组《关于加速连家渔船社会主义改造的报告》,将苏州列为全国淡水连家渔船社会主义改造的重点地区之一。当年苏州专区吴县黄埭公社、斜塘公社,吴江县平望公社,昆山县周墅公社被列为连家渔船社会主义改造试点。

推向深入。12月,专区革委会主任刘金山带领500余人到大寨参观学习。其后各地学大寨运动从注重组织宣传、组织评比活动,转为注重扎扎实实抓好生产的关键环节;从注重单纯夺取粮食丰收,转为注重农、副、工协调发展。在改变农业生产条件、创造农业高产基础、实行科学种田,农、林、牧、副、渔综合发展等方面,开始进行探索,做了许多基础性工作。当然,这一阶段苏州的农业学大寨运动,也受到林彪反革命集团主导的"学洪泾"运动[1]的干扰,给农业生产发展带来了一定的不良影响。

1970年后,各地积极贯彻中央关于发展农村经济的政策,顺应广大干部、农民的要求,对农村工作中的"左"的错误进行纠正,更加注重开展农田基本建设工作,树立"水稻高产学龙桥,三麦高产学塘桥,全面发展学华西"[2] 3个先进典型,开始逐步纠正农村收缴社员自留地、饲料地、林果木、家禽等错误做法,鼓励发展家庭副业生产,并制止围湖造田等违背经济社会发展规律的错误行为。

农村经济政策的调整,让20世纪70年代初苏州的农业生产得到一定的发展。1970年6月1日,水产部向全国转发调查报告《五七指示放光芒,渔业大队卖余粮》,介绍吴县横泾公社新联大队以渔为主、亦渔亦农、夺取鱼粮双丰收的经验。12月31日,《人民日报》发表《江南高产地区学大寨的一个榜样——吴县龙桥大队调查报告》,介绍吴县长桥公社龙桥大队粮食再夺高产的事迹,并配发了编者按。通过群众性的科学实验活动,苏州农业科学技术网从无到有、从小到大,取得突破性成功。县、公社建立的农科所和农科站,培养出一批农业专业技术人员,承担起良种试验、推广等工作,对全区耕作制度的改革和农业生产的发展,做出了很大贡献。在各种自然灾害比较频繁的困难条件下,1971年全区棉花生产仍然取得较好收成,部分社队的皮棉亩产超过《1956年到1967年全国农业发展纲要》规定的指标,即亩产皮棉80斤以上。

苏州工农业生产结束了1966年下半年至1968年上半年的下降局面,出现一定幅度的增长。1970年,苏州实现国民生产总值15.03亿元,比1965年增长39.42%;1966年至1970年平均增长6.9%,但由于受"文化大革命"的影响,此阶段比1962年至1965年调整时期增速下降了7.8个百分点。财政收入4.12

---

[1] 洪泾大队是太仓县沙溪镇的一个生产大队。20世纪60年代,洪泾大队被林彪反革命集团树立为全国"活学活用"毛泽东著作的示范点,从此全国"学洪泾"运动风起云涌。"学洪泾"运动突出"以阶级斗争为纲",强调"三忠于"等极左内容,使学习毛泽东著作庸俗化,给农村发展带来许多不良影响。"学洪泾"运动随着1971年"九一三"事件的发生而结束。

[2] 1970年后,吴县龙桥大队水稻平均亩产超过400公斤,沙洲县塘桥公社三麦平均亩产超过300公斤,江阴县华西大队粮食平均亩产超过800公斤,成为粮食高产的典型。

亿元,比 1965 年增长 48.20%;年均增速 8.2%,但比 1962 年至 1965 年调整时期增速下降 10.7 个百分点。[1]1970 年以后,"文革"进入后期,经济、社会秩序总体上较前有所稳定,加上周恩来和邓小平先后对极左错误进行了一定程度的纠正,因此全国各地的工农业生产又有了进一步的发展。就苏州市区而言,到"文革"结束的 1976 年为止,全市的经济总产值达到 214 304 万元、工业为 197 231 万元、农业为 3 072 万元,分别比 1966 年增加 121 209 万元、112 503 万元、1097 万元。[2]

(四)张家港港口的兴建

20 世纪 60 年代末,中苏关系紧张,备战成为指导当时各项工作的总方针。张家港口岸顺直,深水贴岸,河床稳定,不冻不淤,江心有双山沙作天然屏障,加上地处长江口南岸,腹地辽阔,上海、苏州、无锡、常州、南通等大中城市环列四周,江阴要塞近在咫尺,是理想的建港地点。1968 年 2 月 8 日,中央军委、国家计委、交通部联合批准,由南京军区、江苏省革委会、上海港港务局和苏州专区革委会成立张家港建港联合指挥部,在沙洲县境内长江南岸筹建战备港口。

张家港港口规划岸线自巫山港至十字港,长 5.5 公里,港口陆域纵深规划为 600 米左右。建港工程由交通部投资 2 011 万元,征用沙洲县南沙公社巫山、长江两个大队土地 700 余亩,于 2 月 19 日正式开工。沙洲县前后出动近 10 万人参加施工建设。至 1969 年 7 月,建成钢桥浮码头结构泊位 4 个,其中万吨级、5 000 吨级泊位各 2 个,设计年吞吐能力 220 万吨。同时,建成了与之配套的后张(后塍至张家港口)公路、巫山港引航道各 1 条,张家港闸 1 座,并进行试运行开港。当年货物吞吐量 4 万吨。1970 年 11 月 3 日,张家港正式开港,上海海运局"战斗 25"号满载 2 500 吨磷矿石驶抵张家港,成为投产后第一艘进港货轮,港口自此正式投产运行,是年货物吞吐量 9.4 万吨。1972 年,货物吞吐量增至 78.9 万吨。[3]此后直至"文革"结束,吞吐量变化不大。

二、社队企业的大发展

"文化大革命"运动所导致的生产、生活资料的短缺和匮乏,给社队企业的产

---

[1] 此处国民生产总值等数据的统计区域为现苏州市域范围。
[2] 苏州市地方志编纂委员会:《苏州市志》第二册,江苏人民出版社 1995 年,第 14 页。
[3] 中共张家港市委党史地方志办公室:《中国共产党张家港(沙洲)历史》第二卷(1949—1978),中共党史出版社 2013 年,第 211 页。

品销售带来拾遗补阙的良好机遇。1970年,国务院制定10年实现农业机械化的规划,号召"大力发展'五小'工业"[1],也为社队工业的重新兴起提供了有利的政策环境。地委、市委和市革委会要求各地充分利用城镇职工回乡、知识青年插队的人才资源和城乡工业产品短缺、城市工业恢复发展中急需寻找加工配套单位的有利条件,积极谋划,重新起步发展社队工业。正是在这样的条件下,苏州农村纷纷兴办农机修造、砖瓦、纺织、服装加工等社队工业,并涌现出一批社队企业的先进典型。如沙洲县妙桥公社与上海针织站、针织九厂联合创办针织厂,生产尼龙衫、尼龙裤;妙桥公社农机厂与上海第七纺织机械厂联合创办针织机械厂。由此,妙桥公社形成了以针织业为主的社队企业,当年实现产值216.13万元,成为沙洲县社队办企业的排头兵。据统计,1970年苏州(包括市区和专区各县在内)工业总产值为23.22亿元,比1965年增长6.22亿元,其中社队工业产值0.97亿元,比1965年增长0.66亿元。

为了使社队工业沿着健康轨道向前发展,同时减少"左"倾思潮的干扰与破坏,各地都十分注意解决已经出现的问题,有针对性地及时采取措施,避免不必要的麻烦。在经营方针上,始终坚持"围绕农业办工业,办了工业促农业""以副养农,以工补农",坚持"三就地""四服务"。在一些具体问题上,各地的做法虽不尽一致,但都以有利于社队工业的生存与发展为目的。

以当时最为典型的苏州专区无锡县为例,它们着重在劳动安排和分配方式上进行探索,逐步形成了一套较为成功的办法。在劳动安排上,它们坚持机会均等,亦农亦工,要求务工社员定期参加农业劳动,有的试行轮换制,使更多的农民有务工的机会,避免出现"纯农户"或"纯工户"。这种做法虽然在本质上不利于工业生产的发展,但在当时工业生产技术水平不高的情况下,能有效地阻止极左思潮的攻击和阻碍,不失为一种权宜之计。在分配方式上,坚持既符合农业经济实际状况又贯彻按劳分配原则的分配形式。具体来说就是处理好"三者五方"的关系。所谓三者,是指国家、集体和职工个人;五方,是指公社、大队(生产队)、企业、工人与农民。企业净收入分配时,除向国家按章纳税外,将纯利润一部分上交所在社队,一部分留在企业扩大再生产;上交社队的利润主要用于支持农副生产和扩大工业再生产,举办农村集体福利事业和补贴行政费用以及照顾穷队增加务农社员的收入。社队工业的职工实行月工资制,按能力定级,贯彻按劳分配

---

[1] "五小工业"指由地、县办的小钢铁、小机械、小化肥、小煤矿、小水泥工业。各地"五小工业"的具体内容并不一致。

的原则,具体实行"农忙务农,农闲务工,劳动在厂,分配在队"。有的实行"劳动在厂,收入归队,评工记分,合理补贴,参加生产队统一分配",或"评工在厂,分配在队,厂队结算,适当补贴"等。也就是说在厂劳动的社员分配不是在厂里结算,工资不直接发给个人,而是厂方把工资交给生产队作为劳务收入,务工社员由生产队全体社员评定工分予以分配,以防重工轻农,扩大差别,从而克服了"亩产吨粮,不如办个小工厂""一人在干,十人在想""身在田当中,眼望高烟囱"等重工轻农的倾向,坚持工业生产不与农业生产争劳力、争资金、争物资、争土地。[1]所有这些规定和做法,都是在集体经济为唯一合法的经济形态的特殊情况下,基层广大干群所做的制度创新。

社队工业还十分注意处理好与国营工业的关系,协调彼此在原材料与市场上存在的矛盾。有的为大工厂加工配套,有的搞来料加工,有的进行物资协作或议价购买原材料,有的则注重发展那些国营企业不愿或没有生产的商品,满足市场多层次需求,同时也补充了国家计划的不足,满足了人民生活消费的需要。

为了推动社队工业的发展,新华社记者喻权域在江苏等地调查后写了《为无锡县的社队工业申辩》一文,以事实和统计数字回答了社队工业发展会"造成国家财政收入减少""排挤国营工业""浪费原材料""不按国家计划生产""搞非法的资本主义市场经济""许多产品同农业生产毫无关系""社队工业没有发展前途"等责难。他认为无锡县的基本经验——走农副工综合发展的道路,对于中国农村的发展是"有普遍意义的"。[2]

1975年邓小平重新主持工作后,对社队工业持支持态度。这年8月,国务院讨论国家计委起草的《关于加快手工业发展若干问题》时,他发表了《关于发展工业的几点意见》的谈话,指出:"工业区、工业城市要带动附近农村,帮助农村发展小型工业,搞好农业生产,并且把这一点纳入自己的计划。"[3]苏州社队工业据此获得了大发展的难得机遇。

到"文革"结束的1976年,苏州地区(含无锡、江阴两县)社队工业达10 513个,其中社办工厂2 339个,亦工亦农人员达21万之多;社队企业工业总产值达9.92亿元,比"文化大革命"前的1965年增长了18.4倍;社队工业对苏州经济的促进作用日益增强,占全地区工业总产值的比重由1965年的6.8%提高到

---

[1] 中共江苏省委办公厅:《无锡县调查材料·关于无锡县发展社队工业若干问题的调查报告》,1978年1月,苏州市档案馆藏,档号H1-1-1978-67。
[2] 转引自莫远人:《江苏乡镇工业发展史》,南京工学院出版社1987年,第153页。
[3] 邓小平:《关于发展工业的几点意见》,《邓小平文选》第二卷,人民出版社1994年,第28页。

35.7%,转队工资占农民人均纯收入的比重近15%,苏州地区财政收入增长部分的2/3来源于社队工业。其间,涌现出了一批社队工业发展较快、办得较好的县、社、队。常熟、沙洲、吴县社队工业总产值都超过亿元,常熟虞山镇、沙洲的南沙、吴县枫桥等公社(镇)都已超过千万元。[1]

"文革"中间,苏州的工农业生产和社会文化事业等虽有一定增长和发展,但这一方面是由于原来的基础相对较低,另一方面是广大干部群众自觉抵制"文革"错误、尽力维持生产秩序、迫切要求发展经济以改善民生而取得的。受"文革"错误的影响,经济发展不仅表现出极大的波动,在形势极为混乱的1967年全市经济总产值比上年下降29.4%,1970年的增幅则达到创纪录的42.28%;而且产业结构之间很不平衡,农业增幅明显低于工业,加上受片面强调建立"独立的完整的工业体系"思想的影响,重工业由1965年的19 197万元、占工业经济比重的28.1%发展到1976年的78 628万元、占41.3%。[2]这对于苏州这样一个缺少重工业资源的城市来说,显然是极不合理的。就此而言,"文革"期间苏州经济社会事业等所表现出来的一定程度的发展,绝不是"文革"的功绩。恰恰相反,如果没有"文革"十年浩劫的发生,苏州地区经济社会事业的发展速度一定会更快,效果也一定会更好。

---

[1] 苏州市经济贸易委员会等:《苏州乡镇工业》,中共党史出版社2008年,第2页。
[2] 苏州市地方志编纂委员会:《苏州市志》第二册,江苏人民出版社1995年,第14、22页。

◎ 第四章 在徘徊中前进的两年（1976年11月—1978年12月）◎

第四章　在徘徊中前进的两年
（1976年11月—1978年12月）

"文化大革命"结束后，苏州地委、市委和市革委会根据中央的指导方针和省委部署，引导广大干部、群众，深入揭批江青反革命集团的罪行，清查其在苏州的帮派体系及代言人；恢复各级党组织和行政机构的组织秩序，整顿受到"文化大革命"冲击的人民团体，拨乱反正，在较短时间内稳定了局面；积极平反各类冤假错案，为"右派分子"摘帽，落实党的政策；同时，开展真理标准问题的大讨论，解放干部和群众的思想。苏州的经济建设得到了恢复和发展，工农业产值不断提高，社队工业的发展取得了可喜的成绩。文化和社会事业建设水平也不断提升。苏州逐步摆脱了"文化大革命"造成的消极影响。

第一节　思想政治上初步拨乱反正

一、揭批江青反革命集团及其帮派的斗争

1976年10月，中央采取果断措施，粉碎江青反革命集团。但长期以来，江青反革命集团给党、国家和人民群众造成的灾难和恶劣影响，并不能立即消除。他们宣扬的各种谬论，有待澄清；制造的各类冤假错案，有待平反；在苏州培植的帮派体系，有待清查和摧毁。正本清源、拨乱反正的任务任重而道远。

地委、市委分别于10月15日和16日召开领导干部会议，传达中央领导同志在四省（市）、三军区负责同志会议（即打招呼会议）上的讲话，初步揭发了江青反革命集团在苏州犯下的罪行，以及华林森帮派体系紧跟江青反革命集团进行"三搞一篡"[1]的问题。随后，地委、市委通过基层党组织领导干部会议、党员大会、广播大会等形式，向广大党员、干部和人民群众传达中央领导的讲话精

---

[1]"三搞一篡"指搞修正主义、搞分裂、搞阴谋诡计和篡党夺权。

神,苏州揭批江青反革命集团的运动自此逐步展开。

1976年12月10日,中共中央批转了王、张、江、姚专案组拟定的《王洪文、张春桥、江青、姚文元反党集团的罪证》(材料之一),之后又陆续发出"四人帮"罪证材料之二《"四人帮"的反革命面目及其罪恶历史》和材料之三《"四人帮"在各个领域散布的反动谬论》。12月25日,中共中央主席、中央军委主席、国务院总理华国锋在第二次全国农业学大寨会议上发表讲话,宣布要经过"三个战役"开展揭批"四人帮"的斗争。苏州结合中央指示精神以及发出的"四人帮"罪证材料,组织"三个战役",开展揭批江青反革命集团的运动,清查其在苏州的帮派体系和代言人。

从1976年10月中央粉碎江青反革命集团开始,到1977年2月底结束的第一战役中,苏州学习贯彻中央指示精神,揭发批判江青反革命集团及其帮派体系在苏州进行"三搞一篡"的罪行,宣讲中共中央发出的《王洪文、张春桥、江青、姚文元反党集团的罪证》(材料之一)。

华林森及其帮派体系作为江青反革命集团在苏州的代言人,在"文化大革命"期间,多次组织对干部、群众进行批斗,建立"苏州市民兵指挥部",非法设置"关押所",通过突击入党、突击提干等方式将其帮派成员安插到各级机关、直属工厂和基层单位中,对苏州的党政组织、社会法制、生产建设等造成了严重的破坏。在揭批江青反革命集团的运动中,地委和专署结合苏州的具体实际,以调查、处理华林森帮派体系进行"三搞一篡"的不法活动为突破口,开展揭批工作。市委和市革委会采取措施,停止华林森帮派舆论工具《工人通讯》的发行,改组"苏州市民兵指挥部",逮捕其中的帮派分子,让紧跟华林森参与阴谋策划和从事不法活动的人揭发、交代问题。与此同时,在分析苏州全局形势的基础上,地委、市委分别成立党群、宣传、政法、工交、财农各口领导小组,对揭批江青反革命集团的运动实施分口领导。

为了发动群众参与揭批运动,10月25日,市委召开有8 000余名党员干部参加的"揭发批判'四人帮'滔天罪行动员大会",在会上首次公开指出华林森的罪行,号召干部、群众投入揭批江青反革命集团及其帮派体系的斗争中去。苏州群众深受"文化大革命"之苦,对华林森帮派体系的所作所为深恶痛绝。各级党委积极宣传中央精神,发动群众将心中的真实想法公开表达出来,提高人民群众揭批江青反革命集团及华林森帮派体系的热情,加深了他们对揭批运动性质和意义的认识。

针对江青反革命集团散播的谬论,地委、市委成立批判组,各区、局等机关、单位也建立相应组织,把华林森等人紧跟江青反革命集团的所言所行,同江青反革命集团的罪行以及他们散布的反马克思主义的谬论和推行的路线对照起来,列出若干专题;再以马列主义、毛泽东思想为依据,结合群众运动,对列出的专题,逐个进行批判,并写出文章总结归纳,进而帮助干部、群众认清江青反革命集团罪行的实质,肃清其流毒,消除华林森等人的恶劣影响。

1977年1月6日,中央办公厅发出通知,中央同意对华林森实行隔离审查。在第一战役期间,苏州通过群众运动和专案审查相结合,会内会外、大会小会相结合的方式,对华林森帮派体系进行揭发、批判,对犯了错误但尚知悔改的帮派成员给予帮助,并以此为突破口,为深入开展揭批江青反革命集团的运动引路。苏州形成了干部、群众团结一致共同揭批江青反革命集团及其帮派体系的局面。

3月,中央召开工作会议。会议精神的传达贯彻以及对"四人帮"罪证材料之二的学习,标志着第二战役的开始。这一战役从3月开始至10月结束,主要措施是学习"四人帮"罪证材料之二,即《"四人帮"的反革命面目及其罪恶历史》,进一步查清江青反革命集团和华林森帮派体系在苏州进行"三搞一篡"的阴谋活动,查清各级机关、单位中与华林森帮派阴谋活动有牵连的人和事。

地委、市委和市革委会根据华国锋在中央工作会议上关于"揭批'四人帮'反革命路线,重点放在十大以来,特别是'批林批孔'以来"的指示,继续发动群众揭批江青反革命集团及其在苏州的代言人妄图分裂党、阴谋篡党夺权的活动,积极推广石油化工部深入揭批江青反革命集团的先进经验,在机关干部、党员、职工和群众中广泛开展"三大讲"活动。通过大讲"四人帮"和华林森罪行、大讲跟他们斗争的经历、大讲跟他们斗争的体会,引导有问题的人主动说清问题、认识错误。

地委、市委和市革委会对一些重点对象在政治、历史、经济、生活等方面的问题,进行全面的审查。10月下旬,市委组织4 000多名干部参加为期一个半月的学习班,其间共有460人通过"三大讲"说清问题,其他相关人员也得到了公正的处理。经过深入清查,查出全市与江青反革命集团篡党夺权阴谋活动有牵连的共225人,包括处级以上干部93人,其中属于帮派骨干分子的有19人,有23人被移交司法机关。全区共查出江青反革命集团在苏代言人及参与其篡党阴谋活动的188人,随着审查的不断深入,到11月中旬,又新查出有牵连的182人。

从1977年11月底开始至1978年12月结束的第三战役中,苏州学习中共中央发出的"四人帮"罪证材料之三,即《"四人帮"在各个领域散布的反动谬论》,揭发批判江青反革命集团的反革命政治纲领、反动谬论和极左路线,全面清除江青反革命集团及华林森帮派体系在各个领域的恶劣影响。

1977年8月,中共十一大在北京召开,大会批判了江青反革命集团的罪行,宣告"文化大革命"以粉碎"四人帮"为标志而结束。大会精神传达后,地委、市委组织干部和群众学习中共中央发出的《"四人帮"在各个领域散布的反动谬论》,通过学习党的十一大文件,提高干部和群众对斗争性质的认识,找出重点问题和重点对象。在此基础上,全面开展揭发、批判和清查,把重大问题大体搞清楚,让多数有牵连的人讲清问题,并适时地对揭批江青反革命集团及其在苏帮派体系的运动进行总结,整顿机关、单位,提高对揭批运动的认识。

在这一阶段的运动过程中,各级党委和机关、单位对同江青反革命集团篡党夺权活动有牵连的人和事,进行了细致的清查,依据所犯错误的性质和严重程度,进行了归类。对不同性质的错误,分别定性为人民内部矛盾和敌我矛盾。在定性的过程中,做到客观公正,缩小打击面。依据所犯错误的严重程度,将审查对象分成三类,对说错话、做错事的人,参与某些篡党夺权阴谋活动但尚属受人利用的人,以及犯政治错误和参与"四人帮"篡党夺权活动的阴谋分子区别对待。在工作方式上,主要采取"惩前毖后、治病救人""一看二帮"[1]的方针,教育和帮助犯错误的人转变立场、交代问题、改正错误。在结案时,从证据确凿、定性恰当、手续完备三个方面对案件进行了仔细的复核。[2]

通过三个战役的开展,结合江青反革命集团插手苏州党政事务、企图搞乱苏州的事实,广大干部、群众对江青反革命集团的本质有了更深刻、更具体的了解,对他们所推行的政治纲领的危害性也有了较为全面的理解,粉碎了江青反革命集团在苏州的帮派体系,初步消除了江青反革命集团的恶劣影响。在此基础上,广大干部、群众更加团结,精神振奋,生产积极性空前提高,有力地推动了苏州经济建设的恢复和发展。1978年12月,按照中央统一部署,群众性的揭批"四人帮"运动结束。[3]

---

〔1〕 "一看"指用毛泽东思想去考察、识别干部,考察干部的全部历史和全部工作,严格区别两类不同性质的矛盾。"二帮"指采取"团结—批评—团结"的方法,走群众路线,广泛发动群众,帮助犯错误的干部认识错误和改正错误。

〔2〕 清查工作原计划一年内完成,实际上由于情况复杂,一直持续到1982年6月才告结束。

〔3〕 1979年1月,市委宣布了中央、省委对江青反革命集团骨干分子华林森开除党籍、开除公职、撤销党内外一切职务、移送司法机关逮捕法办的决定。同年底,市中级人民法院以现行反革命罪判处华林森有期徒刑18年、剥夺政治权利5年。帮派中的其他骨干分子也受到了应有的惩罚。

二、落实政策和冤假错案的初步平反

在拨乱反正的过程中,全国人民要求平反冤假错案的呼声日益高涨。为纠正"文化大革命"中出现的错误,中央顺应人民呼声,多次发出相关指示,要求抓紧平反冤假错案,认真落实党的干部、知识分子政策。为尽快落实中央政策和省委要求,妥善处理"文化大革命"的遗留问题,1977年9月,地委、市委分别成立了落实政策领导小组,负责整体领导工作,随后又相继成立了审干复查办公室、摘掉右派分子帽子工作办公室、落实知识分子政策办公室等临时性的专门机构,对苏州在"文化大革命"中被立案审查的干部、群众和由政法部门立案侦办、审理的政治与刑事案件进行复查、平反、纠错,同时还对"文化大革命"前的历次运动中遗留下来的历史问题进行妥善的处理。

在审干复查工作中,地委、市委审干复查办公室紧密结合对林彪、江青两个反革命集团罪行的揭批,以揭批江青反革命集团的政治纲领为中心,坚持实事求是的办案指导方针。通过发动群众与建立专门班子相结合和抓重点带一般的工作方式,揭露华林森帮派体系的罪行,将其大搞"怀疑一切""打倒一切"以及通过制造假案、冤案来残酷迫害干部和群众的罪行,作为揭批的重要内容,把揭批和复查、平反、纠错紧密结合起来,加快审干复查工作的步伐。

华林森帮派在"文化大革命"期间制造了一系列集团性案件。1968年的"抽血集团"案,称苏州专区医院隐藏着一个专门抽解放军和革命群众鲜血的"抽血集团",医生黄熙白被诬为主犯并被迫害致死,有51人被关押审查,其中7人被投入监狱。同年的"陈杨反革命集团"案,全市180多名干部、群众受到牵连,其中50多人遭到非法关押和刑讯拷打。这两大集团性案件牵涉的干部和群众人数多,在全市影响极大。在平反冤假错案的工作中,市委直接领导了对这两大集团性案件的平反,撤销种种莫须有的罪名,推倒一切诬陷不实之词,为受害人和受株连的家属恢复名誉,并召开有4 000多名党员干部和3万多名群众参加的群众大会,向全市人民转播大会实况,揭露了这两大冤假错案的内幕。涉及各类集团性案件的区、局和基层单位,也为受到牵连的干部和群众进行了平反。

市委对"文化大革命"中被立案审查的干部进行全面复查。为长期遭受审查未做结论而未被使用的15名原处级以上干部做出结论,分配了适当的工作,调整了56名原处级以上干部的职务。按照全错全平、部分错部分平、不错不平的原则,复查各类案件,尤其是定性为敌我矛盾和受到"双开"〔1〕"单开"〔2〕处分的案件,为冤假错案平反。市委召开平反大会,为受到错误批判的柳林、李执中、王人三、焦康寿等领导人恢复名誉。1978年11月,市委通知,对1976年清明前后因悼念周恩来、反对江青反革命集团而受到迫害的同志,一律平反,恢复名誉,销毁相关材料。

对于在"文化大革命"中非正常死亡的干部,市委在经过调查后做出正确结论,做好善后工作,并为在群众中有一定影响力的干部、统战对象和知名人士举行悼念仪式。1978年5月,在"文化大革命"中因坚持真理、批判"文化大革命"而被迫害致死的苏州图书馆副馆长陆兰秀的冤案得到了初步平反。8月31日,市委为在"文化大革命"中被迫害致死的著名作家、盆景艺术家周瘦鹃召开平反大会,中共中央副主席、全国人大常委会委员长叶剑英,中国文联副主席周扬、夏衍致唁电、唁函,并送了花圈。

此外,市委全面统计了全市"右派分子"的人数及其基本情况,开展"右派分子"摘帽工作,为其恢复名誉,落实政策,并为部分人调整了工作,做到人尽其才。

地委和地区革委会根据中央指示精神,认真、细致地进行冤假错案的平反工作。"文化大革命"期间,地区发生了包括"苏中十地委"〔3〕"太湖游击队"〔4〕等案件在内的一系列集团性案件,这些案件涉案面广,在群众中产生了极其消极的影响。在平反冤假错案的过程中,地委为105起集团性案件,按不同情况进行了平反。在"文化大革命"中遭到错误批判和不公正待遇的干部和群众,得到了平反。地委为曾在地、县批斗大会上被点名批判的49名领导干部进行了平反,为1.13万名农村基层干部平反纠错,将1.31万人的61.3万份错误材料全部销毁,为不应扣发工资的823人补发工资164万元。对"文化大革命"中被迫害致死的197人、致残的120多人,也进行了妥善处理。对经过复查需要平反、改正的干部,相关部门为其举行了平反昭雪大会。〔5〕

地委和地区革委会根据中共中央发出的《批准中共中央组织部、中共中央宣

---

〔1〕"双开"指开除公职、开除党籍。
〔2〕"单开"指开除公职或开除党籍。
〔3〕1968年5月,苏州专区、县、公社调配以解放军支左人员为主体的899人建立"514"专案组。1969年9月,专案工作结束。专案组对地下革命斗争时期苏中十地委的组织、人员进行全面清查,这些人员被长期关押、逼供、刑讯,被诬为"叛徒、特务、自首变节分子"。
〔4〕1968年5月,吴县建立"215"专案组,对新四军太湖支队(即苏州群众俗称的"太湖游击队")队员进行审查。1969年3月,专案组工作结束。专案组审查吴县、专区194人,其中隔离116人。
〔5〕1979年1月15日,地委召开平反大会,为地委原领导储江等8人平反。

传部、中共中央统战部、公安部、民政部贯彻中央关于全部摘掉右派分子帽子决定的实施方案》,对历史遗留案件进行复查,为"右派分子"摘帽,落实政策。地委和地区革委会还对国民党起义投诚人员、知识分子、侨眷侨胞、台胞台属、宗教界人士、民主党派和无党派知名人士的历史遗留案件进行认真复查,纠正了一批冤假错案;为经过多年改造的地主、富农、反革命分子、坏分子摘掉帽子,改正了一些人被错划的成分,为地主和富农子女重定成分;从原工商业者中将小商、小贩、小手工业者和其他劳动者区别出来,恢复劳动者的身份。

根据地委和地区革委会要求,地区各县开展工作,平反冤假错案,落实党的政策。常熟、吴江、沙洲、太仓、昆山等县相继成立专门机构,全面复查"文化大革命"期间政法部门办理的案件和社会上乱批斗、乱关押、乱定性的情况,为被审查和冲击的干部群众进行复查纠错。对各类历史遗留案件也进行了复查,为"右派分子"摘帽,落实政策。

随着党的各项政策在苏州各级、各部门得到逐步落实,平反冤假错案的工作不断推进,各类历史遗留问题得到逐步解决,拨乱反正工作初见成效。但是,由于"左"的束缚尚未彻底摆脱,特别是"两个凡是"错误方针的禁锢,一些冤假错案的平反并不彻底,还有部分冤假错案尚未得到平反。直到1978年年底党的十一届三中全会召开后,落实政策的工作在苏州全面深入地展开,才彻底地解决了大量的历史遗留问题。冤假错案的平反,顺应了民意,体现了社会公正,一大批党员、领导干部、人民群众的沉冤得到昭雪,他们的名誉和待遇得到恢复,工作和生活的热情更加饱满。

第二节　社会经济的调整与恢复

一、工业生产较快增长

粉碎江青反革命集团后,中共中央、国务院采取各项措施,迅速恢复铁路运输的正常秩序,建立各种规章制度来整顿各行各业,恢复和发展工业生产。1977年1月14日,市委和市革委会召开工业战线万人干部大会,号召为普及大庆式企业而奋斗。31日,地委和地区革委会召开工业学大庆会议,研究制订工业学大庆、普及大庆式企业的规划。会后,各级党组织带领广大人民群众,贯彻执行中央关于工业学大庆、普及大庆式企业的一系列重要指示,开展广泛的学习、宣传活动。通过宣讲大庆生产建设的基本经验和大庆式企业的 6 条标准[1]，发动群众参与制订创建大庆式企业的规划，表彰先进、树立标兵，鼓励各行各业内部以及相互之间的经验交流，促进工业学大庆的群众运动广泛深入地开展和工业生产建设水平的逐步提升。

在工业学大庆、普及大庆式企业的群众运动中，涌现出了一大批先进集体和先进个人。5 月 13 日，在全国工业学大庆会议上，望亭发电厂、苏州绣品厂、红卫丝织厂[2]被命名为大庆式企业；苏州医疗器械厂、苏州光学仪器厂[3]、苏州砂轮厂被命名为学大庆先进企业；人民纺织厂细纱车间汪兰英小组、第一建筑工程公司第一工程队、航运公司铁姑娘船队、江苏省第四地质队四〇三机台被命名为学大庆先进集体。

为了解决工业生产中存在的领导多头、计划性差、盲目发展、管理落后、技术低下的局面，提升工业发展水平，市委和市革委会根据提高专业化协作水平的原则，制订苏州市工业发展规划，推动工业生产的恢复和整顿。其主要措施有：调整企业归属，把同类企业以及为其直接服务的小型企业组织起来，按行业、产品构成体系，建立生产公司和总厂，合理分工，提高生产专业化程度；打破所有制、行业、城乡和地区界限，统筹行业之间、城乡之间以及经济协作区 8 个县之间的生产协作；建立工艺协作中心，结合城市改造、建设规划和治理工业生产中出现的"三废"[4]污染，调整城乡工业布局。

通过恢复、整顿和重新规划，苏州各类工业部门都取得了一定的成绩，轻工产品的发展尤为突出。结合国内外市场的需求，轻工产业从"产品要新、价格要低、竞争力要强"的方面下功夫，促进产品升级换代，积极试制新产品，大力增产短线急缺产品，从而出现了产量节节上升、销路越来越广的局面。轻纺工业在生产效率得到提升的同时，产品质量也获得稳步提高，花样品种不断增多，24 种产品荣获国家、部或省优质产品称号，29 种新产品在全省轻纺展销会上得奖。丝绸产品畅销世界 90 多个国家和地区，1978 年丝织品产量达 5 278 万米，占全国

---

[1] 大庆式企业的 6 条标准具体包括：认真学习马列主义、毛泽东思想，坚持党的基本路线，坚持企业的社会主义方向；有一个坚决执行党的路线、方针和政策，密切联系群众，团结战斗，老、中、青三结合的党的领导核心；有一支能在三大革命运动中打硬仗、具有"三老四严"革命作风的职工队伍；坚持"两参一改三结合"的原则，有一套依靠群众、符合生产发展要求的科学的管理制度；在技术革新和技术革命方面不断有新的成果，全面完成国家计划，主要技术经济指标达到国内先进水平；坚持"五七"道路，工人以工为主，兼搞别样，在有条件的地方搞好农、林、牧、副、渔业生产，在搞好生产的同时，安排好职工生活。
[2] 红卫丝织厂即振亚丝织厂。
[3] 苏州光学仪器厂即国营二六七厂。
[4] "三废"指废水、废气和固体废弃物。

产量的10%,其中出口2 676万米,占全国丝织品出口总量的14.29%,赚取外汇4 496万元。1977年至1978年两年中,苏州电子工业产值以平均每年43.26%的速度递增。1978年年末,苏州电子工业企业有职工约1.1万人(其中科技人员近600人),总产值达到4.02亿元,形成了广播电视、通信设备、计算机、电子元件、电子器件、仪器仪表、微特电机、净化设备8个大类产品的格局。苏州孔雀电视机厂生产的孔雀牌12英寸黑白电视机的质量达到全国先进水平。许多传统产品诸如紫铜暖锅、张小泉剪刀、王大房菜刀等精巧别致的小五金都得到恢复和发展,而且,由于普遍采用了新工艺,质量有了显著的提高。工艺美术产业发展初具规模,至1978年,生产单位增到35家,职工9 000余人,年产值3 500余万元,自有流动资金2 700余万元,产值和利润分别比1966年增长了1.54倍和2.2倍,出口品种发展到40多种,苏绣、玉雕、檀香扇、缂丝等传统工艺品为出口创汇提供了有力的保证。[1]

二、农业生产稳步前进

中央在部署揭批江青反革命集团罪行、稳定全国局势的同时,着手整顿和恢复工农业生产,发出为建设社会主义现代化强国而奋斗的号召。为尽快恢复国民经济、加快国民经济的发展步伐,地委、市委和市革委会特别重视农业的发展,继续将农业作为苏州国民经济发展的基础,进一步提升农业生产和农田水利基本建设水平。

1976年11月11日,地委召开县委书记会议,这是"文化大革命"结束后地委召开的第一次农业会议。会议研究部署地区农业发展规划,要求各县加快普及大寨县的步伐,原定粮食亩产三年超"双纲"[2]的任务在两年内完成,加快了农村经济的发展。

在全国第二次农业学大寨会议上,苏州地区的吴县、无锡、江阴、沙洲4县被评为大寨县。1977年2月24日,地委召开农业学大寨会议,传达贯彻全国会议精神,制定了3年高标准建成大寨县的奋斗目标,即"三年建成大寨县,五年基本实现机械化,三年亩产超'双纲',五年亩产一吨粮,农工副业齐大上",吴县龙桥大队等8个单位在会上介绍了先进经验。此后,县与县、社与社、队与队之间广泛开展生产竞赛,高标准、高质量地建设大寨县。

---

[1] 此处数值统计区域为现苏州市域范围。
[2] 即粮食年亩产超过1 600斤。

为加快农业发展速度,实现稻麦亩产超"双纲",地委和地区革委会充分调动广大干部群众的生产积极性,发动群众广泛开展讨论,交流生产经验,在全区范围内大力开展农田水利基本建设、大积大造自然肥料、努力提高耕作水平、发展多种形式经营。各级党委进一步加强对农业工作的领导,按照建设大寨县的标准,严格要求,逐项落实标准。各行各业自觉把工作转移到以农业为基础的轨道上来,保证农业生产第一线有足够的劳动力,最大限度地将财力、物力投入农业生产中,为加快农业发展提供必要的条件。农业机械化发展也方兴未艾,手扶拖拉机等农业机械的数量和使用率不断增加,有效地缓解了大面积种植双季稻和采用三熟制带来的劳动力紧张的情况。在多方共同努力下,尽管1977年地区遭受了严重自然灾害,农业生产仍保持稻麦亩产1 000斤的水平,如数完成了粮食征购任务。

1978年,地区农业学大寨运动进一步掀起高潮。全区普遍开展多种形式的劳动竞赛,主要包括:常年固定的对口竞赛,其特点是从实际出发,以社队发展水平为依据,竞赛双方条件相似、基础相当,以利于更好发挥竞赛的推动和促进作用;地域与地域、单位与单位之间的流动红旗竞赛,其特点是紧密结合阶段性的生产任务,分时段地进行竞赛评比,以便于推动各个阶段任务的高效完成;以某个项目为竞赛内容,如水利、积肥、育秧、田间管理、养猪、养蚕等,举行单项竞赛,其特点是可以及时有效地促进单项任务的顺利完成。随着社会主义劳动竞赛的开展,涌现出了很多先进单位和个人,地委和地区革委会因势利导,及时总结评比,树典型、立标兵,形成"比、学、赶、帮、超"的气氛,有力地推动了农业学大寨、普及大寨县运动的深入开展。

7月3日,中共中央政治局委员、国务院副总理纪登奎和陈永贵带领参加全国农田基本建设会议的南方13个省、市(区)代表420人参观吴县、昆山、太仓等县的先进社队。次日,地委在东方红剧院召开欢迎大会,地委书记刘锡庚代表地委向与会人员介绍了全区建设吨粮田的经验和围绕农业办工业、办好工业促农业、走农副工综合发展道路的情况。其间,《人民日报》和中央人民广播电台发表长篇通讯,报道了苏州地区农业发展取得的成绩;《人民日报》还发表了《从苏州看南方》的社论,介绍苏州促进农业发展的先进经验。8月,农林部在吴县召开商品鱼基地建设会议,确定苏州地区为全国第一批商品鱼基地建设单位之一,从而有力推动了苏州地区渔业生产的发展。

与此同时,市郊各级党组织认真贯彻落实中央关于农业问题的重要文件精神和党在农村的各项经济政策,按照市郊为城市服务的方针,调整郊区农业产业结构,扩建蔬菜基地,恢复名特品种的培育和生产,发展渔业、奶牛养殖业及各种家庭副业,加快农业生产机械化步伐,农业结构向城郊型农业转变,开始呈现农、林、牧、副、渔全面发展的态势。

这一时期,通过揭批江青反革命集团和拨乱反正,广大农村干部和群众冲破思想束缚,努力发展农业生产,林、牧、副、渔等各业兴旺,粮食、油料作物和棉花的产量都有了较大提高。1978年,苏州粮食总产量58.85亿斤,油料作物总产量1.83亿斤,为1949年以来的最高水平,棉花总产量达到3.63万吨。[1]

三、社队企业加快发展

粉碎"四人帮"后,一度被颠倒的历史重新被颠倒过来,发展社队工业不再害怕被当作"复辟资本主义"而受到批判,这从当时社队工业发展比较典型的江苏省有关领导人的讲话中可以明显地反映出来。1977年江苏省先后召开了全省"工业学大庆"和地委、市委工业书记会议。当时的中共江苏省委主要负责人在讲话中明确提出要把发展农村地区的社队工业作为改变全省工业布局的重点工作,并指出"社队工业遍地开花,为加快农业机械化的步伐,壮大集体经济的力量,进而实现公社工业化,找到了路子"。省委要求到1980年,公社、大队两级工业经济纯收入占农村三级纯收入的30%,人均收入达到100元;到1985年分别增加到60%以上和150元。[2]江苏省委于是年4月正式批转了由省计委和工办、农办、财办起草的一个发展社队工业的文件,即《关于积极发展社队企业的意见》,这是江苏省乃至全国范围内第一个较为系统阐述社队企业的意义和政策的重要文件。经过修改、补充,1978年2月印发了《关于进一步发展社队工业几个问题的决定》,主要内容包括:对新办社队工业实行3年免税;省里拨款5 000万元建立社队工业发展基金;地方财政和农业贷款也适当安排一定数量的资金支持创办社队工业;在物资和生产任务上对社队工业进行统一规划与协作;把一部分增产的农副产品留在农村加工,以发展社队工业;推广无锡县的做法,处理好务工与务农的关系;等等。这从政策上支持了社队企业的发展,为苏州社队工业更快更好地发展创造了有利条件。

到1978年年底,江苏省的社队工业总产值已达63.4亿元,占整个农村经济的31%;从业人员249万多人,企业数达55万多个。就全国来说,社队工业的产

---

[1] 此处数值统计区域为现苏州市域范围。
[2] 转引自莫远人:《江苏乡镇工业发展史》,南京工学院出版社1987年,第148—149页。

值已占工业总产值的9%。苏州地区社队工业总产值达19亿元,比1977年增长20%;上交国家税收13 467万元,比1977年增长34%;无锡县社队工业总产值突破了4亿元,全区超过1 000万元的公社从1977年的35个增加到70个,超过100万元的大队达42个;全区社队工业利润达3亿多元,亦工亦农转队工资21.4亿元,平均每个农业人口34元。[1]

---

[1] 中共苏州市委农村工作部:《社会主义时期苏州党史资料·苏州农业学大寨大事记(1964—1979)》,第16页,中共苏州市委党史工作办公室藏。

第五章 社会变迁

1949—1978 年,虽不到 30 年的时间,但苏州地区和全国一样,在社会结构、社会保障、宗教信仰和民众日常生活等领域几乎都发生了翻天覆地的变化。时过境迁之后,人们特别是上了年纪的人在慨叹当年物质生活匮乏的同时,又常常留恋那个时代风清气正的社会环境、蓬勃向上的精神文化气息、较为安宁的生活环境。物质生活的相对富裕并不必然带来心理的满足,有效率的制度设置常常又会激起人们对社会公平的诉求。

第一节　宗教信仰的变化

一、宗教民主改革与宗教活动的变化

(一) 宗教民主改革

苏州是天主教、基督教传入较早、影响较大的地区。1949 年,天主教苏州教区下辖苏州杨家桥、常熟、太仓沙溪 3 个总铎区,共有教堂 74 座,教徒 2.7 万人。基督教有 8 个派别,均属差会[1]管辖,其中较大的有监理会、长老会、圣公会,共有教堂 86 座,教徒 1.76 万人。在长期传教过程中,为传播西方宗教、宣扬西方文化、增加教会信徒,西方教会往往创办学校、医院及慈善救济机构,作为传教的手段和媒介。如东吴大学即是由美国基督教监理会创办的教会大学。1949 年全区教会学校学生达 5 016 人,占学生总数的 26%。这些社会事业客观上传播了现代科学技术知识,改变了一些陈规陋习,对当时尚处于贫穷、落后与封闭状态的中国起到一定的积极作用。但是,这些教堂和教会所属的各种社会事业均

---

[1] 差会,是指西方各国基督教(新教)派遣传教士进行传教活动的组织。差会产生于 17 世纪中叶,初期多由殖民主义国家政府直接主持。19 世纪后,形式上由教会办理,但仍受垄断资本集团的支持与资助。

受制于帝国主义势力,日常运转需靠外国差会提供的津贴,外国传教士把持教会财务、人事、传教等各项大权。新中国成立后,在外国差会的操纵和控制下,有些教会组织以传教为掩护,进行反动宣传、搜集情报等破坏活动,煽动教徒、信徒对共产党、人民政府的不满情绪。朝鲜战争爆发后,全国各地兴起轰轰烈烈的抗美援朝、保家卫国运动。但天主教、基督教内部帝国主义势力假借宗教名义,剥夺教徒、信徒的爱国权利,千方百计阻挠教徒、信徒参加抗美援朝、保家卫国运动。如梵蒂冈教廷禁止天主教徒参加中国共产党领导的任何组织,煽动教徒同党和政府对立,并对不愿服从的爱国神职人员和教徒施以停顿圣事、开除教籍的威胁,引起广大爱国教徒的强烈不满。

1950年7月,中国40名基督教界知名领袖联名发出《中国基督教在新中国建设中努力的途径》(简称《三自宣言》或《三自革新宣言》),号召基督教界发起"自治、自养、自传"的"三自"革新运动。9月23日,《人民日报》刊载《三自宣言》和第一批签名者名单,同时配发社论,对开展"基督教徒对美帝国主义控诉运动"给予热情赞扬和有力支持。基督教"三自"革新的反帝爱国运动从此拉开序幕。苏州基督教各派爱国人士组织教徒深入学习《三自宣言》和《人民日报》相关社论,揭发控诉帝国主义势力利用教会进行侵略活动的本质。通过学习讨论和控诉活动,广大教徒普遍提高了思想觉悟,认识到爱国与爱教不可分割,只有驱逐教会中的帝国主义势力,才能真正实现信仰自由。许多基督教徒上街游行支持"三自"革新和抗美援朝、保家卫国运动,成立苏州基督教抗美援朝支会,订立爱国公约,捐献飞机大炮。苏州市基督教徒捐献"革新号"飞机,超额完成任务;97名基督教青年参加军事干部学校;1 200多名基督教徒参加和平宣言签名运动。1951年8月6日,苏州基督教18个教会召开会议,签名拥护政务院提出的"对于接受美国津贴的基督教团体处理办法",保证停止接受美国津贴,与帝国主义各差会断绝经济联系。"三反"[1]运动发动后,各地教会组织从反贪污入手,开展"三自"革新,推动教会的民主改革。1952年年底,全区数千名教徒在"三自"宣言上签名以示拥护,其中苏州市有1 174名基督教徒参加签名。

苏州天主教也开展了反帝爱国、独立自主、自办教会的运动。苏州天主教反帝爱国力量在政府的支持下,反复做神职人员、教友工作,逐步培养反帝爱国的宗教骨干队伍;加强太仓县张泾约瑟堂、昆山县小横塘天主堂等天主教堂的工作,争取教徒支持;配合政府取缔"圣母军"等地下组织。在教会知名人士的宣

---

[1] "三反"即反贪污、反浪费、反官僚主义。

传带动下,广大教徒逐渐意识到国内天主教受到帝国主义势力的控制与操纵,要实现信仰自由,必须从组织上、经济上、政治上、思想上彻底割断与帝国主义的联系。1951年9月,苏州市有1 000多名天主教徒参加驱逐黎培里爱国签名运动;1953年,在南京召开的省教友代表会议上,苏州教区神父签名拥护政府驱逐干涉中国内政、敌视中国政府和人民的外国神父。

为贯彻"自治、自养、自传"自办教会的方针,1950年12月29日,政务院做出《关于处理接受美国津贴的文化教育救济机关及宗教团体的方针的决定》,要求各地教会从经济上割断同帝国主义的联系。根据中央精神,1951年1月28日,苏南外资津贴及外资经营的文化、教育、救济机构和宗教团体登记处苏州专区分处成立,开展登记工作,至3月15日基本完成。专区接受外国津贴及外资经营的文教卫生救济机关共58个,其中苏州市有48个。在专署和各县(市)政府的安排下,从1951年起,苏州各教会事业陆续改为国人自办,教会和教堂等各项事务全部由中国教牧人员负责管理,断绝了与外国差会的一切联系。之后,党和政府针对苏州教区断绝经济关系后发生困难的情况,对所有爱国的宗教神职人员给予生活补助。从此,苏州天主教、基督教彻底摆脱了外国势力控制,走上了自主办教之路。

(二) 宗教活动的变化

1949—1978年间的宗教活动表现出了大起大落的鲜明特点。总的趋势是宗教活动空间不断受到挤压,大量宗教人员纷纷放弃宗教信仰、停止宗教活动,宗教从业者改从其他职业,僧尼被迫还俗。"文革"中,全市有12名宗教从业者被迫害致病而死,91名宗教从业者被扣发生活费达118 387元。[1]

首先来看佛教的活动情况。1951年,全区(缺吴县、常熟县)有寺庙959座,和尚1 359人,尼姑441人,居士1 551人。其中市区(含市郊)共有寺院、庙宇218所,和尚220人,尼姑276人。[2]土地改革后,寺庵有的因年久失修而废圮,有的被改建为学校、粮仓等,僧尼大多被迫蓄发还俗,寺庵基本上停止佛事活动。1953年农历二月,时年113岁的中国佛教协会名誉会长虚云到苏主持"祝愿世

---

[1] 中共苏州市委统战部:《统战工作情况和今后工作意见》,1982年4月。另见《苏州市宗教工作的情况》(原件无成文者),1982年4月25日,苏州市档案馆藏,档号A5-1-1982-64。
[2] 《苏州市佛教、道教情况》,1952年6月。另据1982年4月统计,新政权建立之初,市区有庙宇331所、僧尼569人,到"文革"前为13所、268人。见《苏州市宗教工作的情况》(原件无成文者),1982年4月23日,苏州市档案馆藏,档号A5-1-1982-64。

界和平讲经会",10天中瞻仰者近10万人,其中皈依3 000多人。1953年,常熟、苏州市成立佛教协会。据不完全统计,1956年全区(常熟市及9县)有寺庙1 454座、和尚1 159人,尼庵166座、尼姑702人,莲社18个、居士743人。其中苏州市及吴县、常熟县、震泽县及江阴县4县有著名寺庵21座、和尚285人、尼姑8人,12个莲社合并为苏州居士林。具体见下表:

表5-1 苏州地区部分著名寺庙

地区	寺庙名称	建筑朝代	负责人	僧尼人数
苏州市	报恩寺	三国东吴	永观和尚	1
	西园戒幢律寺	元	明开和尚	32
	寒山寺	梁	果峰和尚	3
	虎丘山寺	晋	楚光和尚	5
	药草庵	近代	雪相和尚	3
	华严寺	三国	沁干和尚	—
	文山寺	南宋	文觉	48
吴县	灵岩寺	晋	妙真和尚	157
	司徒庙(光福)	东汉	融宗和尚	2
	寂鉴寺(天池山)	晋	教扬和尚	1
	楞伽寺(上方山)	南梁	宏顺和尚	4
	穹窿寺	明末	张宗因	8
	文昌阁	晚清(太平天国时期)	沈宗培	1
	圣恩寺(玄墓山)	梁	郁华	3
常熟县	兴福寺	南齐	浩然和尚	6
	三峰寺	—	远成和尚	—
震泽县	紫金庵	唐	—	—
	雨花台寺	—	—	—
	司徒庙	—	—	—
江阴县	十方庵	明	雪禅和尚	18
	太清寺	明		1
合计	21	—	17	293

1958年9月,强迫僧尼献庙献堂,转业生产,全区保留寺庵11座,有和尚149人、尼姑43人。"文化大革命"中,寺庵遭红卫兵查封,大量佛像、经书、法器被毁。僧尼"斗批改"后全部被驱赶回乡或转业劳动,寺庵或被占用(寒山寺、西园戒幢律寺等一度成为造反派关押另一派群众的场所),或被园林部门接管。1970年,全区有僧、尼、道131人,主要分布为:吴县108人、常熟县8人、无锡县15人。

其次是道教的活动情况。苏州道教原分正一、全真两大派系。新中国建立之初,苏州市有道观75所、道士271人。[1]胥门纯阳宫(苏州唯一全真龙门派道观)住持范永权因组织"忠义靖难救国军",于1950年12月被人民政府镇压。苏州遂无全真龙门派道观。1951年,全区(缺吴县、常熟县)有道观86座,道士1 103人。其中,市区(含市郊)有道观57所、道士240人。随着土地改革的进行,各县、市道教会解体,改组为抗美援朝道教界分会,成立苏州市道教学习委员会、县道教学习小组;而道观作为地方公产,有的被拆废,有的改建为学校、机关、住宅,年轻和有技能的道士转业,道教活动基本停止。全区仅剩玄妙观(属正一派)一座道观。1956年,全区有道士87人,农村尚有非职业道士单个活动,为死者送葬、为超度亡魂做功德道场。经专署和苏州市人委拨款,玄妙观于1956年、1964年得到修整,道教音乐得到整理。"文化大革命"中,玄妙观遭到破坏,吴县穹窿山上真观、西山灵佑观、东山轩辕宫、湘城灵应观、太仓延真道院等遭到毁灭或改作他用,道士全部转业。

再次,基督教的活动情况。1949年,全区基督教有11个教派,其中最大的教派是长老会、卫理公会、中华圣公会,其教徒占教徒总数的73.2%;共有教堂86座,教牧人员141人,教徒17 610人。在经济上,除使徒信心会、灵粮堂、"小群"外,其他8个宗派都需要美国差会资助。市区(含市郊)有9个教派、14个教堂、1个分堂、4个布道所、8个家庭布道所,有传教人员70人,其中中国籍教牧人员38人,有3 237名教徒。经过历次政治运动的冲击,到"文革"前夕,只剩下2个教堂和传布所,教牧人员减到8人。[2]

---

[1] 到"文革"前,全市有道观1所、道士40人。见《苏州市宗教工作的情况》(原件无成文者),1982年4月25日,苏州市档案馆藏,档号A5-1-1982-64。
[2] 苏州市人委民族宗教事务处:《苏州市天主教、基督教工作意见的汇报》,1965年10月13日。但据20世纪50—60年代初的多数材料称,苏州市区(含郊区)共有8个教派,即卫理公会、长老会、浸礼会、圣公会、灵粮堂、徒会处、安息日会、信心会。另据1982年4月统计,新中国建立之初,市区有教堂29所、教牧人员29人,到"文革"前有教堂3所,教牧人员13人。见《苏州市宗教工作的情况》,1982年4月25日,苏州市档案馆藏,档号A5-1-1982-64。

表 5-2　苏州基督教组织表

教派名称	上级名称	苏州区会及负责人	下辖教堂及负责人	社会公益事业
中华基督教会（长老会）（理事长邹秉彝、总干事崔宪祥）	江南大会	苏州区会（会长包少芳、姚天惠）	苏州救恩堂（金月峰）	萃英中学及附小（葛鸿钧）
			苏州思杜堂（陈新华）	思杜小学
			苏州崇道堂（姚天惠）	崇道女子中学附小
			常州从谦堂（包少芳）	
			吴江四维堂（费因笃）	
			平望步云堂（金月峰）黎里分堂（江惠芬）	
			虞东耶稣堂（陈新华）附属梅李区塘坊桥王市分堂、周行桥讲堂	
			邓尉堂会（韩芝卿）	
			木渎堂会（黄纯圣）	
			横泾堂会（管忠道）	
			西山堂会（陈光道）	
				苏州普益社及普益小学（张贤福）
				苏州益民社及益民小学（姚天惠）
				苏州妇益托儿站（张贤福）
		江阴区会（会长余永得）	镇后堂会（余永得）	
			杨舍堂会（沈越儒）	
			常阴沙堂会（陈灵声）	
中华浸信联会（会长樊正康）	江苏浸信联会（会长章长群）	苏州区联会（会长徐尔言）	苏州新民堂（徐尔言）	新民小学
			苏州苹花桥浸会堂（管钧华）	苹花桥义务小学
			苏州嘉音堂（金炎清）	晏成中学及附小（陈子初）慧灵女子中学及附小（王媚娥）
			苏州庄前浸会堂（李永广）	
			吴江盛泽浸会堂（顾迪人）	
				苏州卜熊医院
				苏州浸会孤儿院（盛秀瑾）

(续表)

教派名称	上级名称	苏州区会及负责人	下辖教堂及负责人	社会公益事业
中华浸信联会（会长樊正康）	江苏浸信联会（会长章长群）	昆山区联会（会长柳青华）	昆山浸信会（柳青华）	浸会医院（张炳奎）
			陆家浜浸会分堂（吴雅谷）	浸会幼稚院（周福音）
			吴县陈墓分堂昆山甪直分堂（顾然明、李报音夫妇）	浸会爱儿院（柳青华、徐彼德、杨阳林）
				浸会公墓（昆山2处）
			常熟东塘市浸会（林祥卿）	
			吴县阳城区庄前村浸会堂（胡选民）	
			太仓璜泾尊一堂（陈寄凡）	
		上海安息浸礼会惠中堂	太仓浏河镇浸礼会福音堂（胡宏静）	浏河镇惠中医院
中华圣公会（代主席陈见真）	江苏教区（主教毛克忠）	苏锡虞区（过良先）	苏州天恩堂（范友博）	桃坞中学及附小（钱慕云）
			江阴顾山圣保罗堂（殷志敏）	
			常熟福山圣雅各堂（殷士俊）	
			常熟东徐市圣安德烈堂（华健庵）	
			常熟西塘桥复活堂（沈锦文）	
			常熟练塘区白头窑三德堂（朱云昌）	
			常熟七弦河圣巴多罗买堂（朱元桢）附市南街基督堂布道所（朱元桢）	粹英小学（钱惠君）、白仓前福民小学、县东街福仁诊所（朱元桢）
		松青昆太区（石晋原）	昆山亭林路基督堂（范学熙）	
			陆家浜泗桥信义堂（张锦寿）	
			太仓圣马太堂（张振吾）	

(续表)

教派名称	上级名称	苏州区会及负责人	下辖教堂及负责人	社会公益事业
中华卫理公会（会督江长川）		苏州教区（杨镜秋）	苏东牧区圣约翰堂（杨镜秋）	东吴大学（杨永清）
				东吴大学附中（孙蔼璞）
				博习医院（陈王善继）
				博习护校（潘瑾）
				景海女子师范学校及附小
				乐群社（张士佳）
				乐群中学及附小（金惠仁）
				尚德小学（龚志行）
				敬善中学（毛吟槎）
			苏西牧区救世堂（程保罗）	振声中学及附小（万嵩元）
				英华女中及附小（李明珠）
			太仓牧区基督堂（成宝山）	
			璜沙牧区沙溪民恩堂（吕赓复）	
			常熟牧区景道堂（朱微雨）	明慧小学（葛香英）
			盛泽牧区景横堂（杨明远）	
		上海教区（项烈）	浏河牧区尊经堂（陈杏舫）	
		湖州教区（章炳春）	吴江震泽牧区耶稣堂（詹简平）	
			吴江乌镇牧区日晖坝堂（负责人不明）	
中华基督教上海灵工团使徒信心会（边仲生）		苏州大团支团（阮杨翠英）	苏州民治路使徒信心会堂（阮杨翠英）	
			吴江使徒信心会堂（潘从道）	

(续表)

教派名称	上级名称	苏州区会及负责人	下辖教堂及负责人	社会公益事业
基督徒聚会处（俗称"小群"）		上海哈同路基督徒聚会处（唐守临）	苏州护龙街基督徒聚会处（俞崇恩、余鸿九、苏衍荪）	酱园弄希伯伦教养院
			盛泽聚会处（何顺初、杨景贤）	
			铜罗聚会处（徐文荣、朱晋夫）	
			天亮乡聚会处（沈九如）	
			芦墟聚会处（朱荣道）	
灵粮世界布道会		上海灵粮堂	苏州东白塔子巷灵粮堂（包谷平）	苏州安老院
复临安息日中华总会	华东联合会	江浙区会（徐华）	苏州装驾桥巷福音堂（鲍生良）	
中华基督教青年会				苏州北局青年会（陈佩德、杨履翔）
江浙基督教乡村服务联合会（施中一）				1950年迁杭州
中国基督教自立会			太仓岳王自立会（杨桐华）	

1950年10月25日，上海龙襄文（女）在苏州乐群社教堂主领培灵会时，公开攻击抗美援朝，反对青年参军参干，受到苏州基督教徒批判。苏州市教会组织全市基督教徒开展学习，提高思想认识。事后，几千名教徒在《三自革新宣言》上签名拥护并上街游行，支持教会的"三自"革新和抗美援朝，并成立苏州基督教抗美援朝支会，捐献飞机大炮。在抗美援朝运动中，苏州基督教断绝与外国差会的一切联系，成立苏州基督教三自爱国运动委员会，走上"三自"革新之路，并开展对"小群"派的政治斗争。1956年，全区有教牧人员45人，教徒10 308人。1957年反右扩大化，错划教牧人员13人为右派分子。1958年献堂，全区基督教11个宗派实行联合，不再单独活动。全区有教堂7座，牧师5人、专职传道9人；每周参加教堂礼拜的只有三五十人。保留的教堂是：宫巷耶稣堂、养育巷使徒堂、江阴澄东耶稣堂、常熟虞山镇景道堂、太仓东门基督教堂、昆山前浜浸会堂、盛泽耶稣堂；有教牧人员11人。"文化大革命"中，教堂改作他用，教牧人员被迫

转业或被遣送回原籍劳动。

第四，天主教的活动情况。1949年，吴县、常熟、太仓、昆山、吴江从上海教区划出，另建苏州教区，罗马教廷委任上海教区主教龚天爵(龚品梅)兼主教；苏州教区下辖苏州杨家桥、常熟、太仓沙溪3个总铎区，共有教堂74座，神父12人、修女6人，有教徒26 981人(其中渔民占63%)。市区(含市郊)有4个天主教教堂、1个总铎区、10名神职人员，约2 000名教徒。到"文革"前夕，仅剩1个教堂，神职人员减少到7人。[1]

表5-3 苏州天主教组织表

教区	总铎区	下辖本堂及负责人	所辖冯堂	社会公益事业
苏州教区（龚天爵兼）	苏州大新巷若瑟堂主教府（刘崇铎）			有原中学（男女2部）（马俊忠） 增德小学
	苏州杨家桥总铎区（刘达义）	杨家桥圣母七苦堂（刘达义）	吴县枫桥区网船公所 洞庭东山天主堂	杨家桥初级小学
		陆家浜耶稣圣心堂（朱似兰）	岸上教友会（薛慕法） 陆家浜雅各伯分会（头会）（许国璋） (陆家浜头会〈潘晋康〉) (茜泾头会〈王俊生〉) (茜泾镇头会〈许安东〉) 陆家浜安德勋会 (二会)（戴礼甫） (陆家浜镇二会〈陆引林〉) (三江口箭上二会〈唐银芳〉) (黄渡乡间二会〈项福兴〉) 陆家浜多默会(三会)（戴凤章） (甪直三会〈程甫春〉) 陆家浜佰多禄会(四会)（潘见山） (石牌四会〈范玉山〉) 蓬阆西谷若瑟堂（甘阿俊） 公桥乡芦浦圣母领报堂（曹凤岐） 嘉定钱门塘护守天门堂（徐阿二） 太仓南码头圣母堂 嘉定安亭圣母圣导堂（张××）	鸿钧中学（朱慕忠） 达义小学（朱慕忠）

---

[1] 苏州市人委民族宗教事务处：《苏州市天主教、基督教工作意见的汇报》，1965年10月13日。另据1982年4月统计，新政权建立之初，市区有教堂2所、神职人员10人，到"文革"前为2所、4人。见《苏州市宗教工作的情况》，1982年4月25日，苏州市档案馆藏，档号A5-1-1982-64。

（续表）

教区	总铎区	下辖本堂及负责人	所辖冯堂	社会公益事业
苏州教区（龚天爵兼）	苏州杨家桥总铎区（刘达义）	小横塘天主堂（王友兰）	昆山小横塘圣义圣心堂（王友兰） 岸上教友会（唐三宝） 渔民教友会分二会、三会（赵寒梅等） 昆山城内柴王弄天主堂 周墅区金鸡乡清水港天主堂（顾君亚） 太仓车浜圣母堂（黄鹤鸣） 太仓湖川桥天主堂（杜净章） 太仓白荡天主堂（徐观仁）	
		黎里大圣若瑟堂（钱润身）	同里耶稣圣心堂 盛泽方济部堂 芦墟圣母会天主之母堂 戴家港若瑟总主保堂 平望护守天神堂 震泽圣母无罪胎堂 周庄天主堂	
		木渎天主堂（赵安德）	虎丘天主堂 上塘天主堂 香山天主堂	
	太仓沙溪总堂（蔡洗耳）	张泾约瑟堂（蔡洗耳）	璜泾天主堂 直塘天主堂 昆山石牌天主堂	类思小学
		沙溪天主堂（徐鸿坤）	吴安桥天主堂 南塘桥天主堂 岳王天主堂	
	常熟总铎区（张寿祺）	古里村天主堂（季盈声）	添智塘天主堂 徐湾天主堂 陆市天主堂 马楼天主堂 南新闸天主堂 珍门天主堂 瓦屑坝天主堂 费家堂天主堂	
		塘角天主堂（赵石泾）	吴县甸全乡湖底天主堂（朱爱堂） 吴县巷塘港天主堂 消泾乡卫塘里天主堂（唐仁祥） 吴塔天主堂（顾志英） 治安乡杨树园天主堂（韦金明） 颜花乡十里亭天主堂（杨海男） 花园乡栅里天主堂（古芝芳）	养正小学

(续表)

教区	总铎区	下辖本堂及负责人	所辖冯堂	社会公益事业
苏州教区（龚天爵兼）	常熟总铎区（张寿祺）	鹿苑天主堂（赵福声）	南兴镇天主堂（沈巧修） 三家村天主堂（季国平） 老沙天主堂（耿云涛） 东兴沙天主堂（周国华） 十二圩天主堂（钱庄始） 乘航天主堂（沈元生） 塘桥山栅圣心堂（诸定保） 庞家塘天主堂（庞家德）	鹿苑小学（赵福声）
		大义桥天主堂（沈初鸣）	肖家桥圣德财撒堂（陈永芬） 妙桥七善堂（明保元） 寺基若瑟堂（潘连保） 大河领撒堂（倪俊生） 大河始胎堂（张和生） 大河圣母堂（张善山）	有原小学（沈初鸣）
		冶塘天主堂（张寿祺）	颜巷天主堂 湖甸天主堂	
南京教区（李维光）	无锡总铎区（康思成）	后塍始胎堂（徐旦生）	杨舍天主堂 庄家巷天主堂 邬家巷德勒撒堂 周庄天主堂 蓬菱天主堂 南新街天主堂	后塍敦博医院（李敦博） 崇真小学
		蠡园显灵堂（陆增祉）	常熟周通桥天主堂	

说明：教徒分布多为：绅商为圣母堂；手工业者为若瑟堂；渔船民称网船教友，为伯多禄会。头会、二会、三会延至20世纪50年代初自行停止活动。

1950年7月，罗马教廷发出训令，禁止天主教徒参加中共领导的各种组织。境内天主教中一些教士敌视新中国，煽动教友同人民政府对立，并以停顿圣事、开除教籍相威胁。1950年，国际性天主教"圣母军"组织在昆山西谷泾成立；真耶稣会在常熟农村扩展迅速。下半年，设苏州教区总本堂于颜港天主堂，在天主教内开展反帝爱国、独立、自主、自办教会运动，在常熟市、常熟县大义、鹿苑、太仓沙溪、昆山陆家浜、苏州杨家桥、吴江黎里取得成效，形成了反帝爱国的宗教骨干队伍；同时，组织一定力量，加强太仓张泾、昆山小横塘、常熟塘角等"死角"地区的工作，逐步争取教友，取缔"圣母军"等组织，控制朝圣活动的规模和时间，打开了工作局面。1953年在南京召开的省教友代表会议上，苏州教区神父沈初鸣、季盈声、赵福声签名拥护政府驱逐干涉中国内政、敌视中国政府和人民的外国神父,批判上海龚品梅反革命集团。1955年9月8日,上海市公安局逮捕龚品梅,苏州专区公安处也相继逮捕了苏州教区内的张寿祺、钱守璞、钱润身、赵石泾、王若松5名神父,并拘留神父1人。1956年1月,地委和专署针对苏州教区在经济上完全与上海教区断绝关系并发生困难的情况,决定对包括天主教在内的所有爱国爱教的宗教从业人员进行生活补助,对苏州教区进行调整和具体安排:

苏州总铎区——苏州市刘宗铎任总负责人,沈初鸣任总司铎,杨家桥赵福声任本堂司铎,钱俊元任副司铎。吴江黎里本堂改为分堂,由苏州市管。

常熟总铎区——常熟市张四维任总司铎,钱翼霄任副司铎,塘角刘达义任司铎,鹿苑赵安德任司铎。大义本堂改为分堂由塘角管,古里本堂改为分堂由塘角管。

太仓总铎区——张泾徐鸿绅任总司铎,马龙麟任本堂司铎,沙溪徐鸿缙任本堂司铎。车浜本堂改为分堂,由张泾管。

昆山总铎区——小横塘季盈声任总司铎兼本堂司铎,李福祥任副司铎。陆家浜张振华任本堂司铎。

1956年,苏州教区自选沈初鸣为主教;5月,苏州天主教三自爱国会成立。据9月统计,苏州教区的4个总铎区共有神父14人、修女24人、其他神职人员45人,教堂65座(其中本堂10座),教徒42 865人。1957年反右扩大化,神职人员中9人被错划为右派分子。1958年献堂,废除教会戒条,强迫神职人员转业。1959年,境内只保留9座教堂(苏州大新巷若瑟堂、江阴南门若瑟堂、青阳露德圣母堂、后塍无染原罪始胎圣母堂、杨舍若瑟堂、常熟颜港玫瑰堂、太仓张泾约瑟堂、昆山陆家浜耶稣圣心堂、吴江黎里大圣若瑟堂)和3个活动点(苏州杨家桥圣母七苦堂、鹿苑天主堂、太仓车浜圣母无玷始胎堂),共有神父11人、修女12人。自1958年献堂后,教徒进堂人数逐年减少。1962年,有教徒51 042人(含苏州市),但教徒进堂仅有3 190人。以县来说,1965年教徒进堂人数比1964年减少1/3的有沙洲、无锡2县;减少1/2的有江阴、常熟、吴江3县;减少2/3的有吴县;太仓、昆山2县基本上没有教徒。在1964年社会主义教育运动中,对天主教徒进行"加工教育"。"文化大革命"中,仅有的几座教堂和活动点被封闭、破坏,神职人员遭批斗、下放劳动,教友被批判。1970年,全区有天主教神职人员22人。

第五,伊斯兰教的活动情况。1949年,全区(含苏州市)共有清真寺5座,阿訇7人,穆斯林1 435人。其中,市区有教堂7所、阿訇3人,到"文革"前有教堂2所、阿訇3人。[1]

表5-4 苏州清真寺表

清真寺	阿 訇	社会公益事业
(苏州市)天库前清真寺		回民女子小学、惠民小学
太平坊清真寺	马遵洪 马明德	义务小学
大铁局弄清真寺	马宏仁 王子敦	穆光小学
齐门外清真寺	刘汝林 张复杰	
(太仓)武陵桥西铁锚弄清真寺	穆静斋	

人民政府陆续拨款修缮天库前、太平坊清真寺,救济生活困难的穆斯林。1956年,全区有穆斯林158人。1957年反右扩大化,阿訇1人被划为右派分子。1958年献寺后,废除教坊制,成立清真寺民主管理委员会;停办为婴儿取经名及阿訇主持结婚等宗教仪式,境内仅保留天库前清真寺,只在开斋节时举行宗教活动。"文化大革命"中,阿訇被下放劳动,经典被焚烧,清真寺被封闭。

二、岁时节令与民间信仰的流变

新中国成立以后,新政权对于传统的岁时节令在总体上着重于移风易俗,倡导新的生活风尚。同时,对一些传统节令进行改革,赋予新的内涵,如在清明节时,通常由党政机关、学校和企事业单位组织干部、民众和学生到烈士陵园或墓地举行祭扫活动。其他几乎所有的民间习俗,如重阳登高、轧神仙、迎神赛会等,均在逐渐取缔之列。

人民政府在取缔反动会道门的同时,还广泛开展破除封建迷信的宣传教育,提高群众的思想觉悟,境内的巫婆、神汉、算命、风水阴阳等职业迷信一时销声匿迹。1952年5月,全区小麦普遍发生"赤霉病",农民思想混乱,常熟、太仓、昆山、吴县、太湖、吴江等县均有"仙水""神方"活动。其中,吴县望亭镇望西乡"仙水"事件规模最大、持续时间最长(20多天),波及全县9区和上海、常州、苏州、无锡4市,每日取"仙水"少则数十人、多则近千人。一时,望亭镇出现不少"仙水向导"和为取"仙水"人设的素菜馆,造成生产停顿、防疫工作无法开展。所谓

---

[1]《苏州市宗教工作的情况》(原件无成文者),1982年4月25日,苏州市档案馆藏,档号A5-1-1982-64。

"仙水",即是太湖边上的一个蓄水塘里的水。迷信很深的群众连塘岸上的树皮、泥土也带回去泡水医病。陈家村巫婆张周氏邪言此塘水是"仙水","既可治病,也能治麦",用仙丹、仙水、打阴针、寄名、许愿、敬神、求签等名目骗取钱财近2 000元。严重的是,因饮用此"仙水"而贻误治病、病情转重致死者有十多人。为此,地委、专署抽调公安、卫生防疫领导20人,组织了由职工、妇女、教师、学生等112人参加的5个工作队,采用漫画、标语、歌剧、快板、腰鼓、放幻灯片等多种形式进行宣传,同时责令张周氏现身说法,让受害者家属进行控诉。据望西等3乡统计,受教育的群众有1.8万人。至6月底事件平息。但在20世纪60年代初,各县职业迷信活动又有抬头。如沙洲县南丰公社算命盲人孙明高纠集盲人14人,成立"算命会",选举书记、委员、队长,有组织地散布封建迷信思想,骗取群众钱财;三兴公社巫婆杜石妹假借"王医生"附身,装神弄鬼,每天求医治病者少则几人,多则百余人,并制造哄闹,殴打前去阻止的社队干部。全区开展狠煞封建迷信活动,1963年沙洲、吴江两县就取缔巫婆257人、神汉120人、算命盲人113人、阴阳风水139人,并责令其交出迷信工具、大会坦白、具结悔改、现身说法,教育广大群众。

到20世纪60年代中期,为响应移风易俗号召,苏州市提出要对迷信用品的生产和销售进行大量压缩和逐步淘汰。据1964年年初的统计,全市生产锡箔、蜡烛、钱粮、神香、纸元宝和纸扎品等商品的集体所有制性质的工厂作坊等只有23户,另有个体48户,分属手工(59户)、商业(2户)、供销(2户)、民政(8户)系统,从业人数736人。商业方面共有94户、405人,分属公私合营商店(7户、49人)、合作商店(87户、356人)。另有黑户22户。

为控制和压缩上述产品的生产和销售空间,苏州市提出,要加强管理,从严控制:今后国营工商企业,一律不准再从事生产和经营迷信品业务;公私合营企业,全市只保留一家;合作商店和工场,不得擅自增加业务范围;无证商贩应加以制止,农村副业生产,劝令不再经营;对从事长途贩运和地下黑户加工生产的投机倒把分子,应坚决打击、取缔,情节严重、一贯屡犯、危害较大的,则要给予法律制裁。而且,对迷信产品,只能市产市销,不得向外联购和销售,也不得增加品种。锡箔产量要压缩三分之二,月产不超过160—200块;神香、蜡烛、钱粮均压缩二分之一,月产分别不超过3万古、4 000—4 500斤、4 000元。[1]

---

[1] 苏州市计划经济委员会:《关于迷信焚化品产销情况及处理意见的报告》,1964年1月29日,苏州市档案馆藏,档号A1-3-1964-654。

1965年年初,国务院批转了国家工商总局、文化部等9部门联合发布的《关于严格管理神香、锡箔等迷信焚化品的指示》,苏州市据此开始严厉打击锡箔等迷信用品的投机贩卖行为。以金阊区为例,在4—12月间,就查获锡箔案件24起,涉案人员29人,收缴锡箔15 625大张(内有假锡箔1925大张)、锡46斤、锡页29斤半、干纸1 302大张、纸花18 400大张,制作工具41件,涉案范围包括上海、无锡、常州、南通、杭州、绍兴、萧山等地区。

苏州市在没收查获的迷信用品、销毁制作工具、取缔制作窝点、采取拘留等手段对从事制造和贩卖迷信用品等相关人员进行严厉打击和惩处的同时,提出要在工矿企业、机关团体和学校等进行形势教育,使广大干部和群众认清阶级斗争的严重性,积极检举和揭发私造迷信用品和投机贩卖活动,工商和政法部门密切配合,"抓大案、打尖子、挖窝子、拔钉子、除根子",对屡教不改的惯犯,特别是首要分子和敌对阶级分子,要"打狠""打准"。[1]

第二节　肃清不良风气和户籍管理制度的确立

一、禁娼、肃毒、禁赌

解放初期,苏州娼妓问题仍十分严重。据不完全统计,苏州市区有妓女1 000余人,主要集中在观前北局及阊门一带。一方面,娼妓问题严重扰乱和败坏社会风气,一些妓院甚至成为散兵游勇、土匪敌特活动的藏身之处;另一方面,被迫沦落娼门的妓女从肉体到精神都饱受摧残。

苏州市采取渐进方式逐步解决娼妓问题,做到既全面禁娼又妥善安排妓女,禁娼工作分为三个阶段。第一阶段,采取各种措施限制娼妓业发展。苏州市将娼妓业列为特种行业严加管理,禁止其发展。对妓院和妓女进行登记,数量上只准减少,不准增加;宣布老鸨和妓女间的一切契约为非法,鼓励妓女跳出火坑,另谋正当职业。至1949年11月,苏州市妓女数量降至703人,比刚解放时减少了30%。第二阶段,全面取缔娼妓业。两年缓冲期后,苏州市全面取缔娼妓业的条件已经成熟。1951年6月,经苏南行署批准,苏州市全面禁娼。市公安局、市卫生局、市妇联等6部门统一采取行动,查封全市所有的妓院,收缴卖身契约和妓院财产,逮捕了一批罪行严重的老鸨,收容妓女百余人。第三阶段,教育、改造妓

---

[1] 苏州市工商行政管理局:《关于严厉打击和取缔迷信品贩卖活动的报告》,1966年2月7日,苏州市档案馆藏,档号C1-3-1966-448。

女。苏州市成立妇女生产教养院,采取政治学习、组织生产劳动和治疗疾病三结合的方法,对收容的妓女进行教育改造。组织学员[1]开展政治学习,召开诉苦大会,提高阶级觉悟。妇女生产教养院根据学员的健康状况、劳动能力、年龄大小,相应安排适当的劳动,如洗衣、做鞋等。通过各种劳动实践,学员逐步改掉好逸恶劳的习气,掌握了基本的劳动技能。另外,还组织学员开展体育活动、参加文化学习,满足学员的精神文化需求。不少学员被查出患有性病,在经济困难、药品紧张的情况下,党和政府仍拨出专款购买大批盘尼西林,为学员治疗性病。3个多月后,大多数患者治愈了性病。经过半年时间的教育改造,学员的思想觉悟普遍提高,身体日渐康复,并掌握了一定的劳动生产技能,已可以自食其力。妇女生产教养院根据各人的具体情况和意愿进行安置,学员都得到了妥善安排。

专区各县(市)也相继开展查封妓院工作,对娼妓进行登记、治疗性病和劳动培训等工作。至此,苏州彻底根除了旧社会遗留的娼妓盛行、性病蔓延的现象。

在禁娼的同时,苏州也开展了禁毒运动。中华人民共和国前,苏州曾是苏南地区毒品流转的重要基地之一,毒犯帮派林立。毒品泛滥给苏州人民带来巨大危害,许多人因吸毒成瘾而耗尽家财、家破人亡。解放伊始,专署发出训令,严禁贩毒吸毒。至1949年年底,市公安部门破获毒品案521件,涉案人员744人。漏网的毒犯慑于严厉打击之威暂时转入地下。1952年4月,中共中央发出《关于肃清毒品流行的指示》,要求在全国范围内开展肃毒运动。6月,根据华东局和苏南区党委的指示,苏州掀起了群众性的禁毒运动。

为加强对运动的领导,市委成立由公安局、民政局、总工会等部门主要负责人组成的市禁毒工作委员会,统一领导全市禁毒工作,同时,成立市禁毒指挥部。8月13日,按照华东局规定的时间,全市统一开展扫毒行动,破获毒品专案23起,逮捕毒犯398人,缴获一大批毒品毒具。其后,对已落网的毒犯进行集训,采用上大课、开小组会、个别谈话相结合的方法,阐明党和政府的禁毒决心和政策,号召毒犯坦白交代、检举赎罪。在对毒犯侦查逮捕、强制集训后,禁毒运动重点转向吸毒人员。市里组织力量,发动群众,对吸毒人员进行教育劝导,鼓励他们改掉恶习。全市共召开吸毒人员教育会19次,受到教育的吸毒人员达1 888人。通过教育,吸毒人员不但积极戒毒,还揭发检举毒犯,主动协助政府禁毒。为把禁毒运动引向深入,进一步扩大战果,苏州市召开了各种坦白检举和处理大会。9月,市里连续召开了3次公审大会,在公开揭发贩毒罪行的基础上,对各类毒

---

[1] 学员指被收容进妇女生产教养院的妓女。

贩进行了严正的判决处理。

全面开展禁毒宣传。苏州市成立市、区两级宣传队,采取从内到外、从骨干到一般群众,层层扩大、步步深入的办法,对群众进行宣传教育。群众也自发组织各类宣传队上街宣传,表演街头活报剧等文艺节目。全市受教育群众达30万人,约占全市人口的60%。通过宣传教育,广大群众加深了对毒品危害的认识,纷纷揭发检举毒犯。至1952年10月,苏州市禁毒运动基本结束,逮捕各类毒犯600余人,收缴了大批毒品毒具毒资,同时挽救、改造了一批吸毒者。

专区各县(市)也发布禁止烟毒、娼妓、赌博的训令,开展宣传教育活动,实行检举奖励办法,县、区成立禁政委员会,乡、村成立禁政小组,农会指定专人负责禁政。在禁毒方面,主要措施有:鸦片烟民登记、限期戒毒;不登记者予以逮捕并强制戒毒、处以罚金或司法处理。在重点地区设立戒烟所,强制戒毒,如吴县阳澄区;在重要交通路口设立检查站,查禁毒品贩运。在禁娼方面,采取查封妓院、娼妓登记、集中学习治病、劳动培训,使娼妓重获新生。到1952年年底,苏州地区基本禁绝了在旧社会肆虐的贩卖、吸食毒品现象。

在禁赌方面,主要措施有:张贴布告、查禁聚赌、销毁赌具,视赌徒情节轻重分别处以教育、罚款、罚劳役及拘留等处分,赌风一度有所收敛。此后,随着工农业生产的迅速恢复和发展,加上管理上的滞后,从1957年春天开始,赌风又有所抬头,不仅影响了工农业生产和家庭生活的正常运行,而且影响了社会稳定。为此,苏州市再次大规模地开展禁赌活动,利用公判会、读报组、黑板报、宣传窗以及赌博人员的现身说法等多种形式开展宣传教育活动。到当年末,共查处赌博集团4个,拘留和逮捕了一批赌博犯罪人员,罚款1 600余元,数百人表示要悔过自新。1958年春节前后,又公开处理了2名赌头,全市上千名赌博人员坦白交代,交出赌具6 899副(件),赌风呈明显下降趋势。1961年10月,全市查获赌博活动68起,其中市内50起。[1]此后直到20世纪70年代末,由于民众日常生活中的自由活动空间日益紧缩,赌博活动已较少发生。

二、户籍管理的加强与城乡二元社会结构的形成

新中国成立初期,城乡之间的人员流动一般是不受限制的,农民享有迁入城市的权利。然而,大批农民不受限制地迁入城市,尽管满足了大规模城市经济建设对劳动力的需求,却也使城市在就业、住房、食品供给等方面越来越不堪重负。

---

[1] 苏州市地方志编纂委员会:《苏州市志》第三册,江苏人民出版社1995年,第183页。

与此同时,大量劳动力脱离农业生产第一线,削弱了农业生产力量,在农业生产力原本就不高的情况下,势必影响了剩余农产品对城市生产和生活需求的满足。针对这种情况,政务院于1952年发出了《关于劝止农民盲目流入城市的指示》;1957年,中共中央、国务院又颁布了《关于制止农村人口盲目外流的指示》,并采取了诸如严格禁止企业单位从农村招工,在城市建立收容站,把进城农民遣送原籍等强有力的措施。1953年10月,政府还出台了对主要农产品实行统购统销的政策,旨在控制城市居民对农产品的不断增长的过度需求,同时限制了农村居民向城市的盲目流动。不过这些措施在执行初期,效果并不十分理想。

1958年1月,全国人大常委会第91次会议通过《中华人民共和国户口登记条例》,将城镇人口和农村人口明确区别开来,规定了城乡居民的居住地和就业范围,农村人口不经有关部门许可、没有正当理由不得变更自己的户籍,与之配套的则是全国普遍实行的生活资源按户籍定量、凭票证供应的制度,这就将所有社会成员都置于强有力的行政控制之下,通过控制生活资源实现控制经济资源和人员在城乡间流动的目的。上述条例规定:"农业、渔业、盐业、林业、牧畜业、手工业等生产合作社的户口,由合作社指定专人,协助户口登记机关办理户口登记。合作社以外的户口,由户口登记机关直接办理户口登记","农村以合作社为单位发给户口簿;合作社以外的户口不发给户口簿","公民由农村迁往城市,必须持有城市劳动部门的录用证明,学校的录取证明,或者城市户口登记机关的准予迁入的证明,向常住地户口登记机关申请办理迁出手续"。国家颁布这一条例的目的是"维持社会秩序,保护公民的权利和利益,服务于社会主义建设"[1]。其实更多的是限制了公民自由选择居住地的权利。1964年5月,江苏省人民委员会发出《关于正确处理户口迁移问题的通知》,提出:(1)从城市、集镇迁往农村的,从城市迁往集镇的,从大城市迁往小城市的,同等城市、集镇、农村之间的相互迁移,只要理由正当,一律不要限制。(2)除按国家规定进行调动、招收和分配的职工、学生及被批准随迁的家属,退职、退休、退学、休学和被清洗、开除、劳改释放后必须回家的,无劳动能力、在农村无依无靠、不能单独生活而必须回到城市、集镇投靠直系亲属的以外,对从农村迁往城市、集镇的,从集镇迁往城市的,要严加限制;从小城市迁往大城市的,要适当限制。(3)对倒流回城市的下放人员,应继续动员他们下乡。(4)除世居城镇、家庭有实际困难者外,农村

---

[1] 中共中央文献研究室·《建国以来重要文献选编》第十一册,中央文献出版社1995年,第16—18页。

妇女与城镇男子结婚的,不要迁入城镇;农民与渔民结婚、女方已到男方家生活的,应准予迁移户口。(5)女方在农村的夫妻所生子女的户口,按1963年7月省人委转发省公安厅《关于新生婴儿申报户口问题的报告》的规定,在农村落户,除女方患有严重疾病或有其他特殊困难,新生儿童须由男方抚养,可在男方常住户口所在地落户;女方在城市的夫妻所生子女的户口,在男方户口所在地落户。[1]

城乡隔离的户籍管理制度一经确立,就成了我国户籍管理的一大特点和主要内容,限制了人口在城乡之间特别是从乡村向城市的自由流动,城市与乡村之间的经济、社会二元结构非常明显。

在城乡之间的人口自由流动基本停止的同时,城乡之间的人口逆流动却一直延续到"文革"结束后。

除"大跃进"运动之初有部分农民迁入城市外,如苏州市为迎接"大跃进"高潮到来而在1957年迁入城市的人口即达13 754人,其中由农村迁入的为12 472人,占90.6%[2],更多的是从城镇前往乡村或边疆地区。从1961年起,在贯彻调整方针时,决定大规模精减职工,减少城镇人口,规定"大跃进"运动以来来自农村的职工,凡是能够回乡的,就动员回乡。

苏州地区的精减人口工作就是在这一背景下展开的。根据中共江苏省委的规定,1962年至1963年苏州全区需精减职工38 878人,职工总数控制为100 800人。到1962年6月底,全区已精简全民所有制职工27 332人(不包括苏州市和无锡县),超过原定任务的3.1%;减少城镇人口32 187人,占任务的86.4%;减少定量人口49 155人,占任务的72.2%;减少吃自筹粮的人口11 148人,占总数的39.5%。[3]当年,苏州全区全民所有制职工毛减43 175人,净减28 145人[4],节省工资支出779万元,尚有115 861人未能精减;商品粮人口毛减85 948人,净减60 172人,压缩粮食销量4 291万斤;城镇人口毛减58 351人,净减39 068人。具体见下表。

---

[1] 江苏省人民委员会:《关于正确处理户口迁移问题的通知》,1964年5月22日,苏州市档案馆藏,档号C1-2-1964-255。
[2] 苏州市地方志编纂委员会编:《苏州市志》第一册,江苏人民出版社1995年,第296页。
[3] 中共苏州地方委员会:《关于华东局扩大会议贯彻执行情况的报告》,1962年7月20日,苏州市档案馆藏,档号H1-1-1962-39。
[4] 据另一份文件统计为23 817人。见中共苏州地方委员会:《关于今后继续精简职工、减少城镇人口初步计划的报告》,1963年,苏州市档案馆藏,档号H1-2-1963-306。

表 5-5 苏州地区精减任务分配表　　　　　　　　　　　单位：人

地区	城镇人口			商品粮人口			全民所有制职工				
	两年任务	1962年已减数	1963年再减数	两年任务	1962年已减数	1963年再减数	1962年末人数	1962年已减数	1963年再减数	1963年末控制数	
										小计	其中临时工、季节工
总计	65 000	39 068	25 932	76 194	60 172	16 022	113 399	28 145	17 050	99 500	3 500
江阴	11 437	6 563	4874	14 136	8 749	5 387	15 846	4 574	1 383	14 463	510
无锡	3 106	2 256	850	3 760	3 110	650	14 266	1 564	1 228	13 038	460
沙洲	1 992	1 136	856	3 019	2 510	509	14 774	+415	6 611	8 163	320
常熟	5 198	10 746	4 452	21 012	18 212	2 800	19 283	5 751	2 900	16 383	620
太仓	8 009	3 309	4 700	6 099	4 898	1 201	7 718	2 528	421	7 297	250
昆山	9 127	4 927	4 200	7 679	6 445	1 234	10 919	3 384	1 407	9 512	350
吴县	10 149	6 149	4 000	13 298	10 815	2 483	16 892	8 118	1 570	15 322	550
吴江	5 982	3 982	2 000	7 191	5 433	1 758	13 701	2 641	1 530	12 171	440
1963年计划需增										3151	

资料来源：中共苏州地委精简小组：《关于召开各县精简工作会议的情况报告》，1963年3月10日，苏州市档案馆藏，档号 H1-1-1963-46。

其中，工业部门 1962 年精减 17 655 人，基建部门 1 169 人，农林水利系统 246 人，交通邮电系统 963 人，商贸系统 2 061 人，公用事业部门 494 人，文教卫生系统 2 759 人，金融系统 36 人，机关工作人员 2 655 人。1963 年，上述各系统需继续精减 17 050 人，具体分布为：工业部门 3 799 人，基建部门 125 人，农林水利系统 8 967 人，交通邮电系统 57 人，商贸系统 2 615 人，公用事业部门 321 人，文教卫生系统 1 166 人。此外，还要关停 36 家企业，改制 9 家企业；撤销停办 14 所学校，把 7 所公办学校转为民办。[1]

1963 年需再减职工 15 061 人，据各县及专区各系统初步排队，1963 年可继续精减 11 950 人，其中工业系统 3 124 人，撤并 24 个单位；农林水系统 5 000 人，主要是场带大队退出；商业系统 2701 人，文教系统 800 人，其他基建、公用事业方面 325 人。这一计划实现后，各方面保留数除农林水比 1957 年增加外，商业、文教大体上保持了 1957 年水平，而工业则低于 1952 年的 34 184 人（1963 年控制数为 30 407 人）。全区还要减少吃商品粮人口 21 735 人，据各县初步排队，可

---

[1] 中共苏州地委精简小组：《关于召开各县精简工作会议的情况报告》，1963年3月10日，苏州市档案馆藏，档号 H1-1-1963-46。

减定量人口14 531人,主要是1958年后来自农村的新职工2 500人,1953年至1957年参加工作的职工中的部分粗壮工及失去劳动力的老弱残人员1 000人,来自农村的工干家属2 000人,城镇人口下乡插队落户5 000人,季节工口粮再改2 000人为自带、国家按工种补助办法,其他如农村学生口粮改为自带、清理油粮户口等2 031人。此外,吃商品粮的菜农除常熟、江阴县城保留适当数量外,其余逐步改为口粮自给,1963年先减3 500人;吃商品粮的农村社队办企事业人员,通过整顿再压缩5 000人,三项合计共减23 031人。城镇人口再减25 932人,据各县初步排队,可减28 857人,主要是动员家住农村的各类人员回乡6 531人,动员城镇人口下乡插队落户5 000人;按照国务院关于划分城镇的规定,通过精简,将无锡县梅村、利农和吴县金山浜3个镇改为农村户口,可减城镇人口5 500人;按照中央县城以下不划郊区的规定,调整县城建制,将原是农业人口、1958年后划入城镇的11 826个菜农户口,划回农村,不列为城镇户口。[1]

除此以外,从1959年起,苏州地区还通过移民支边的办法,进一步减轻人口压力,缓解人地矛盾。按照省里的统一部署,苏州全区5年内支边任务为75 000人,1959年已动员了7 000人,1960年的任务是再动员13 500人,具体分配如下表。

表5-6 苏州地区支边计划　　　　　　　　　　单位:人

县别	五年支边总数	占总人口数的%	1959年已进疆数	1960年任务数	备注
江阴	20 000	2	2 040	4 050	1960年已进疆38人
常熟	22 000	2	2 040	4 050	1960年已进疆24人
太仓	5 600	2	600	900	
吴县	14 000	2	1 640	2 650	
昆山	4 000	1		800	
吴江	9 000	2	600	1 000	
苏州	400	1	80	50	已进疆
总计	75 000	2	7 000	13 500	

资料来源:中共苏州地委办公室:《关于完成1960年支边任务几个问题的指示》,1960年3月11日,苏州市档案馆藏,档号H1-2-1960-210。

---

[1] 中共苏州地方委员会:《关于今后继续精简职工、减少城镇人口初步计划的报告》,1963年,苏州市档案馆藏,档号H1-1-1962-39。

这一工作后来因难度太大,加上农村形势的逐渐好转而没有进一步开展下去。

苏州市1962年净减城镇人口29 911人,完成省下达的两年任务的75%;净减粮食定量供应人口30 068人,完成两年任务的64%;净减全民所有制职工28 745人,完成两年任务的86%。1962年的粮食定量比1961年减少1 116万斤,全民所有制单位工资总额比1961年减少993.5万元。1963年需继续精简:(1)城镇人口10 100人,而实际能够精简的只有5 600—6 200人。其中,可继续动员回乡的来自农村的人员1 880人,分别为职工837人(新中国成立后来自农村、1958年后参加工作的3 734人,其中1953—1957年来自农村的老工人为2 085人,1958年后来自农村的新职工960人。这些人中可以动员返乡的分别为291人、148人),军、工、干属929人(1962年已动员6 887人返乡,尚有4 982人),无固定职业者119人(总数501人);组织动员城市人口下乡1 200—1 700人,其中历届休学学生约4 000人,可动员去国营农场的1 000—1 500人,除去1962年已有700人去苏北东辛、洪泽湖国营农场外,还可再组织300—800人,另可下放到农村的干部209人;调整区域可减少城镇人口1 600人;可压缩外省、市、县驻苏单位人员(其中吴县驻苏单位39个、4 042人,外省驻苏单位25个、325人)1 000人。(2)商品粮人口17 000人,除上述精简人口后可减少吃商品粮人口外,郊区可减少定量供应人口800—1 000人,两项共计4 800—5 400人;减少蔬菜种植面积,可在1962年9月底商品粮人数上再减少10 000人;新划入郊区的渔民512户、2 123人中,可减少一部分定量供应人口。(3)全民所有制职工4 700人,其中动员返回农村的350人、老年职工退休(含提前2年退休在内)和符合退休(或请长假)的资本家2 800人、通过退职和处理老弱残人员(含子女顶替)及在妥善安置条件下精简1958年从城市招收的新职工1 800人、集体所有制单位下放630人、调往外省和自然减员及其他550人,上列几项在扣除新增的子女顶替,外地调入,统配学生,转、复员军人和侨生后,可净减少职工3 660人。全市年末全民所有制职工将控制在93 618人(包括临时工2 000人、属于集体所有制性质的供销社1 600多人在内)。[1]

经过艰苦努力,全市1—2月间净减少全民所有制职工1 255人、城镇人口235人、粮食定量供应人口183人。同时,安置了待业人员1 000多人,连同1962

---

[1] 中共苏州市委员会:《关于继续精简职工、减少城镇人口的初步计划》,1963年1月16日,苏州市档案馆藏,档号A1-3-1963-584。

年共安置了18 446名待业人员，占总数21 677人的85%。或许是因为困难形势有所缓和的缘故，省最终下达的1963年全市精简数为：全民所有制职工5 200人、城镇人口6 100人、商品粮人口15 500人。[1]到4月9日，全市已毛减职工4 449人（毛减总数为8 000人左右），1—3月净减城镇人口437人、定量人口283人，其中涉及1 800多名老弱残职工，工作难度很大。[2]

从城市向乡村人口流动的另一种形式是城镇知识青年上山下乡运动。早在1957年放暑假后苏州市区就有未能升学的258名（男163名、女95名）初、高中毕业生分两批下放到金山、姑苏、藏书、胥口、津桥、娄葑6个乡安家落户。[3]但大规模的上山下乡则是从20世纪60年代初的调整时期，特别是"文化大革命"全面爆发后为缓解城市就业压力和稳定社会秩序而开始的。1962年，苏州市有120名高中毕业生到设在连云港市的省东辛农场插场劳动。[4]随后知识青年上山下乡一发而不可收。仅吴县浒墅关镇在1963—1976年间，就有3 019名知识青年上山下乡，占全县11 305人的26.7%。具体见下表。

表5-7 1963—1976年浒墅关知识青年上山下乡情况统计表

年份	上山下乡			安置形式						
	合计	其中		分散插队	农林场圃	回乡转迁	上山下乡	知青点	苏北生产建设兵团	苏北落户
		外地	吴县 浒关							
1963.7—1963.11	65	39	26	65						
1965	138	72	66	138						
1966	94		94				94			
1968—1969.7.31	607	403	204	607						
1968—1969	602	401	201	602						

---

[1] 中共苏州市委员会：《关于继续精简职工、减少城镇人口的报告》，1963年3月13日，苏州市档案馆藏，档号A1-3-1963-584。
[2] 中共苏州市委办公室：《苏州市精兵简政工作情况——关于城市老弱残职工的处理情况》，1963年4月11日，见中共苏州市委办公室：《苏州市工作情况简报》1963年第7号。
[3] 《高、初中毕业生下农村参加劳动与落户后情况》（原件无成文者），1957年10月28日，苏州市档案馆藏，档号A33-3-1957-34。
[4] 中共苏州市委办公室：《苏州市精兵简政工作情况》，1963年3月27日，见中共苏州市委办公室：《苏州市工作情况简报》1963年第4号。

（续表）

年份	上山下乡 合计	其中 外地	其中 吴县	其中 浒关	分散插队	农林场圃	回乡转迁	上山下乡	知青点	苏北生产建设兵团	苏北落户
1968.8.1—1969.11	788	312	422	54	422		54			8	304
1971.4	154	154								154	
1974	71		51	20	71						
1975	231		87	144	87				144		
1976	269		231	38	23	123			123		
小计	3 019	466	1 800	753	1 944	194	54	94	267	162	304

资料来源：苏州高新区浒墅关镇人民政府，江苏省苏州浒墅关经济开发区管理委员会：《浒墅关志》，上海社会科学出版社2005年，第523页。

1962—1966年间，苏州市5届部分中学毕业生和社会青年中有14 670人去山东邻县农村、新疆、苏北等地插队、插场。除前已述及的"老三届"初、高中毕业生的上山下乡运动外，1969年至1970年间，全市有41 173名知识青年下乡插队、插场；10 408户、37 434名干部、职工、城市居民下放苏北农村；586名医务人员下放附近各县；737人返回原籍。1972、1973届共有2 528名毕业生下乡（1970、1971届毕业生全部留城工作），1974届有3 124名毕业生下乡，1976、1977届共有13 226名毕业生下乡（1975年无毕业生，从1978届毕业生开始停止下乡）。[1]这些下放知青中的绝大多数在1979年后又陆续返回了城市。

此外，从1960年下半年起，为尽快扭转因"大跃进"失误而导致的困难局面，加强对城市社会治安的管理，不少（约占30%）被认为有问题或有危险的社会成员如地主、富农、反革命、坏分子、右派等"五类分子"中家在农村擅自进入城市、家在城市但无固定职业、在各类政治运动中被遣送到农村劳动改造又返回城市的，被强制清理到农村去接受监督改造。[2]"文革"中特别是在1969年下半年到1970年上半年，又有不少"五类分子"被迫举家下放苏北或原籍农村务农，这些人中的大多数在"文革"结束前后也相继返回苏州市。

---

[1] 苏州市地方志编纂委员会：《苏州市志》第一册，江苏人民出版社1995年，第296页；第三册，第366、510页。

[2] 中共江苏省公安厅党组.《关于清理城市五类分子安置农村监督改造的意见的报告》，1960年11月17日，苏州市档案馆藏，档号H1-2-1960-198。

严格的户籍管理制度,限制了城乡之间的人口自由流动;产业布局上固化了农村农业、城市工商业的既有格局,从而形成了城乡之间鲜明的二元经济社会结构。不仅如此,严格限制城乡间人口流动的户籍制度,加上计划经济的日益强化,辅之以频繁的政治运动和思想教育,国家对社会的控制日益严密,民众的个人和公共空间日趋逼仄,全社会的所有成年人都成了"单位人"。

第三节　社会救助事业的发展

一、建国初期的社会救助

解放初期,苏州百废待兴,经济一度非常困难,失业问题严重。1950年3—5月,苏州市工厂关闭134家,商店歇业536户,失业工人2.5万人。这些失业人员失去收入来源后,生活状况不断恶化。

为全面了解失业工人情况,有针对性地制订出台各项救济政策,苏州市着手开展了对失业工人的登记工作。在各级工会组织的配合下,大力开展宣传教育,打破失业人员对登记的各种顾虑。市失业工人救济委员会于1950年6月成立后,7月13日开始办理失业登记工作,至7月底共登记失业工人6 038人。因救济失业人员需要大量资金,在全市财政可支配资金十分有限的条件下,为尽快筹集救济资金,根据政务院《关于救济失业工人的指示》和《救济失业工人暂行办法》,决定向全市企业劳资双方征收救济金。7月,市失业工人救济委员会召集部分工厂、企业、商店等职工代表举行座谈会,阐明征收救济金的重要意义和具体征收办法,动员大家积极主动缴纳救济金。7月起,苏州市国营和私营工厂、作坊、商店均按月缴纳职工工资总额1%,在职员工按月缴纳工资1%作为失业工人救济金。至7月底,全市缴纳救济金6 000余元。市失业工人救济委员会向失业工人发放救济粮、救济金。1951年,共救济3 339名失业工人。

除发放救济金外,苏州还开展以工代赈和生产自救来解决失业问题。组织失业人员参加诸如修建厂房、疏浚河道、整修道路之类的市政建设工程,其中较大的有胥门外马路翻修工程、环城河道疏浚工程等。动员失业人员参与农副业生产,如市搬运工会组织搬运工近300人进行垦荒,在城墙附近清理出80多亩荒地种植蔬菜。市失业工人救济委员会与土产公司协调,安排六七十名失业女工代织花边,并动员失业工人有组织地开展运销柴草、捕鱼、采石等生产活动。

新中国成立初期,苏州地区的社会救助工作同其他地方一样,以"救急不救贫"为基本原则,在实施主体上可以分为政府机构以及工会、妇联等群众性组织;在救助对象上,有无业失业者、患病无助者、收入低下者以及生计无靠者等多种困难群体;在救助种类上,分为常年定期救助和临时性救助;在地区上,覆盖全区农村和城市;在救助形式上,有介绍就业、发动民众生产救助、开展以工代赈和纯粹施予性救助等。仅苏州市东区在1952年就救助了551户困难家庭、1 234人。具体见下表:

表5-8 1952年度苏州市东区社会救助情况

救助对象		失工	失业知识分子	烈军属	鳏寡孤独	三教九流	一般贫民	旧军政警宪
总户口	户数	551	30	41	260	14	316	16
	人数	1 234	102	150	313	53	1 043	32
最困难户	户数	199	20	19	199	8	109	8
	人数	648	86	49	207	20	382	21
核定救济户数	户数	551	30	41	266	14	313	12
	人数	1 520	82	123	319	33	759	13
较困难户	户数	354	10	24	87	3	204	4
	人数	1 286	33	101	165	28	649	13
救济金额		37 655 000	2 065 000	2 815 000	13 280 000	970 000	19 620 000	645 000

资料来源:《东区人民政府民政股救济福利工作总结》,1953年1月5日(原件无成文者),苏州市档案馆藏,档号E2-3-1953-5。

社会救助工作的开展,促进了建国初期苏州地区各项工作的顺利开展,保持了苏州地区的社会稳定,至1952年年底,长期困扰苏州地区困难群众的生计和生存问题得到明显缓解。

二、计划经济体制下的社会救助

经过社会主义改造和国民经济第一个五年计划的建设,计划体制得到全面确立。计划体制下的社会救助主要通过城乡基本经济社会制度来实现。

以农村人民公社制度为例,除了中央政府到基层社队每年都要划拨一定数量的钱物用于对农村特困户、五保户、因灾损失的农户进行救济外,公社实行大体平均的分配方式。

公社化之初,实行的分配原则是各尽所能、按劳分配的原则,但在具体操作中一般是采取工资制与供给制相结合的分配制度,当时认为供给制带有按需分配原则的幼芽。起初,人民公社按人口平均分配的比例占其年终总收入的60%—70%,后来虽有变化,但大体维持在50%。[1]比如在人民公社化之初,昆山县和平人民公社(后改为锦溪镇)在分配中供给制占60%左右,按劳分配占40%左右。[2]大市公社在分配中,供给制则要占60%以上。[3]

对于这种分配方式,其消极弊端学界已多有论及,但也要看到其另一面:由于分配上的大体平均,确保了每一个公社成员的基本生活需求,同时也满足了传统小农"不患寡而患不均"的习惯心理需求,避免了农村新的两极分化并由此而导致的社会动荡。从这一角度来说,这种分配制度的社会保障功能是不言而喻的。从20世纪60年代初开始,随着农村人民公社经济政策的调整,作为公社基础的生产小队开始强调"按劳分配"为主,对留在生产队里的"五保户"提供粮油、柴草等必需的生活消费品;对生活困难户等,一般由民政部门实施临时救济和年度一次性救济,或由生产队以预支的方式提供粮油等生活必需品;对少量丧失劳动能力、生活无依靠的孤老,则集中到公社设立的"敬老院",实行供给制。

1958年12月,中共中央《关于人民公社若干问题的决议》明确提出"要办好敬老院,为那些无子女依靠的老年人(五保户)提供一个较好的生活场所"。1960年,全国人民代表大会通过的《1956年到1967年全国农业发展纲要》中第30条也明确规定:"农业合作社对于社内缺乏劳动力、生活没有依靠的鳏寡孤独社员,应当统一筹划,指定生产队或生产小队在生活上给以适当照顾,做到保吃、保穿、保烧(燃料)、保教(儿童和少年)、保葬,使他们生养死葬都有指靠。"如果说这里的社会保障还有特定对象的话,那么,1962年9月中共中央关于《农村人民公社工作条例修正草案》第四章第36条所做的"生产队可以从分配的总收入中,扣留一定数量的公益金,作为社会保险和集体福利事业的费用"以及"生产队对于生活没有依靠的老、弱、孤、寡、残疾的社员,遭到不幸事故,生活发生困难的社员,经过社员大会讨论和同意,实行供给或者给予补助"等规定,则明确地规定了公社制度的社会保障功能。但是,过重的保障负担往往挫伤农民的生产积极性。因此,1959年5月26日中共中央发出了《关于人民公社夏收分配的指示》,指出:"工资部分和供给部分所占的比例,要适当调整,必须力求做到工资

---

[1] 1959年夏季分配时,中共中央曾指示各地供给部分应限制在30%左右,最多不超过40%,工资部分应当占70%左右,最少不少于60%。
[2] 锦溪镇志编纂委员会:《锦溪镇志》,中国大百科全书出版社上海分社1993年,第45页。
[3] 张浦镇人民政府:《张浦镇志(大市卷)》,西安地图出版社2003年,第79页。

部分占 60~70%，供给部分占 30~40%"[1]。但这一规定在实际工作中并未得到执行，相反，供给部分始终占到了 60%~70%。这种近乎绝对平均主义的分配方式虽然不符合"按劳分配"的社会主义分配原则，从长远看也不利于激发多数农民的生产积极性，但对于刚解放不久、对过去岁月中常年忍饥挨饿的痛苦经历仍记忆犹新的绝大多数农民来说，除了能加强他们对新政权的向心力以外，由于政治宣传的累积效应，或多或少地也会唤起他们对未来美好社会的向往，相信眼前的不足是暂时的，他们的奉献是值得的，这在一定时期和一定程度上能够很好地执行上级规定的生产计划并完成指定的生产任务。毕竟，在基本生活得到保障或虽得不到保障，但只要在分配上大体是平均的，有盐同咸，无盐同淡，尤其是领导人带头不搞特殊的情况下，农民还是能认可这一制度的。当年，党的领导人也是以这样的认识来看待这一分配制度的。刘少奇就指出：人民公社供给制和工资制相结合的制度，"在目前的主要作用，是保证丧失劳动力的人和儿童的生活。这是在我国农村实行社会保险，帮助多子女家庭以及其他负担较多的家庭的一种很好的办法，是适合于农民群众现在实际生活的需要的"[2]。中共八届六中全会的决议也说：实行工资制与供给制相结合的分配制度，使"过去经常愁吃愁喝、愁柴米油盐酱醋茶的家庭，从此可以'吃饭不要钱'，也就是说，得到了最重要和最可靠的社会保险"[3]。

对于那些一时想不通的农民，说服工作是简单的，道理也是朴素的：现在你家劳动力多，完全实行工资制的话，可以获得较多的收入，但人终有老的一天，收入自然会逐渐减少；现在那些劳动力不多，家庭负担重的人，终有一天会有较多的劳动力，到那时收入也会提高。与其始终保持过高的收入差距，不如实行部分供给制，彼此照顾，共同过上好日子。[4]

农村人民公社所实行的大体平均的分配方式，虽然不利于农民生产积极性的提高，并因此成为最终导致公社走向解体的重要因素，但却能在物质产品尚不丰富的情况下，通过分配政策的导向使广大农民获得最基本的生存条件。

城市困难群众的社会救助和职工群众的劳保福利金则由民政部门、工会、居民所在街道以及职工所在单位等多方协同负责，其中工会系统常年实施困难救

---

[1] 中华人民共和国国家农业委员会办公厅：《农业集体化重要文件汇编》下，中共中央党校出版社 1981 年，第 221 页。

[2] 刘少奇：《马克思列宁主义在中国的胜利》，见《红旗》1959 年第 19 期。

[3] 中华人民共和国国家农业委员会办公厅：《农业集体化重要文件汇编》下，中共中央党校出版社 1981 年，第 111 页。

[4] 沈中堂：《关于"物质利益"与按劳分配问题》，见《群众》1958 年第 7 期。

助和发放劳保福利金。仅1956年1月到1957年12月,由工会系统发放给搬运工人的劳保福利金就达17 123 993元。具体见下表。

表5-9 搬运工人劳保福利金(1956.1.1—1957.12.31) 单位:分

项目		1956年度	1957年度(1-8)	1957年度(9-12)	合计
			航运工会	市政工会	搬运基联	
收入	劳保福利金收入	5 420 640	2 122 069	905 341	1 859 814	10 307 864
	上年结余	16 057 674				16 057 674
	其他收入	3 497			7 590	11 087
	合计	21 481 811	2 122 069	905 341	1 867 404	26 376 625
支出	劳保福利费支出	8 257 153	2 872 036	942 696	2 656 984	14 728 869
	因工伤亡补助费	503 976	305 915	163 549	237 865	1 211 305
	因工负伤医药补助费	49 544	5 363		11 291	66 198
	因工负伤期间工资补助费	449 123	244 426	163 549	224 292	1 081 390
	因工就医路费补助费	5 309	6 126		2 282	13 717
	因工负伤死亡丧葬补助费		10 000			10 000
	因工负伤死亡供养直系亲属救济费		40 000			40 000
	非因工伤亡补助费	6 612 400	2 503 722	779 147	2 321 936	12 217 205
	因工疾病或非因工负伤医药补助费	4 123 095	1 640 118	590 497	1 820 047	8 173 757
	因工疾病或非因工死亡丧葬补助费	472 241	62 474	16 000	24 000	574 715
	因工疾病或非因工死亡供养直系亲属救济费	150 000	8 620	50 000	50 000	258 620
	因工疾病或非因工负伤期间工资补助费	1 486 385	755 510	102 650	400 889	2 745 434
	因工疾病或非因工供养直系亲戚死亡丧葬补助费	114 000	37 000	20 000	27 000	198 000

（续表）

	项目	1956年度	1957年度（1-8）		1957年度（9-12）	合计
			航运工会	市政工会	搬运基联	
收入	因工疾病或非因工贵重药品补助费	266 679				266 679
	退职养老补助费	930 000			40 500	970 500
	生育补助费	210 777	62 399		56 683	329 859
支出	集体福利事业费支出	667 760	388 051	194 632	706 500	1 956 943
	工人水灶支出	368 946	149 251	123 196	241 177	882 570
	保健箱药品购置费	298 814	238 800	71 436	465 323	1 074 373
	其他支出	51 409	30 336	90 207	100 147	272 099
	上解全委劳保金	166 082				166 082
	合计	9 142 404	3 290 423	1 227 535	3 463 631	17 123 993
	结余	12 339 407	1 168 354	322 194	1 596 227	9 252 632

说明：① 1956年度的上年结余包括省工会1955年下拨结余款在内计150 700元。② 1957年底结存92 526.32元，分别保存在商业工会（9 424.8元）、粮食工会（6 750元）、市工会财务部（57 820.1元）、搬运公司（18 531.42元）等单位。

资料来源：《搬运工人劳保福利金(1956.1.1—1957.12.31)》（原件无成文者），苏州市档案馆藏，档号A32-4-1952-22。

除了这种每年由民政、工会（包括所在单位的工会组织）等系统发放的困难补助、劳保福利外，对一些特殊社会群体，则给予临时救助。据1956年5月的调查，苏州地区的老知识分子中，有不少出现生活困难的。在政协文艺分会的116名学员中，20人有生活困难。其余96人中，依靠子女生活的有28人，依靠房租或积蓄生活的14人，因是省文史馆员、市文管委员、市政协委员而享受生活补助的22人，靠劳动生活的17人，靠退休金生活的15人。可见，生活来源不稳定的占比不低。[1]对这些生活困难的特殊群体，政协组织会不定期地提供一些生活补助。

对鳏寡孤独、丧失劳动能力的老年人，则由敬老院和救济院收养。到20世

---

[1] 中国人民政治协商会议江苏省苏州市委员会秘书处：《民主人士生活情况调查》，1956年5月30日，苏州市档案馆藏，档号B2-3-1956-26。

纪70年代末,社会救济院还接收企事业单位无依无靠的退休工人,以使其能够安度晚年。[1]城镇职工死亡后,要按内务部1955年3月《关于几项优抚标准的通知》和5月的《补充说明》,以及江苏省人委《关于工作人员亡故殓埋费的规定》等给配偶和未成年子女发放一定数额的丧葬费、抚恤金和遗属生活补助费。

第四节 民众生活的变化

一、《婚姻法》的宣传与贯彻

解放初期,旧社会遗留的包办强迫婚姻、男尊女卑、漠视子女利益的封建主义婚姻制度仍广泛存在。这种婚姻制度以封建社会"夫权""族权"为核心,束缚、摧残人性,妇女受害尤深。为了废除这一封建、落后的婚姻制度,1950年5月1日,中央人民政府颁布了《中华人民共和国婚姻法》(简称《婚姻法》),明确宣布废除封建主义婚姻制度,实行男女婚姻自由、一夫一妻、男女权利平等、保护妇女和子女合法权益的新民主主义婚姻制度。

1951年10月,市四届一次各界代表会议开展了关于贯彻《婚姻法》的专题讨论,并做出贯彻落实《婚姻法》的决议。11月,市法院、市妇联、市民政局等多个单位联合组成调查团,开展社会各阶层婚姻状况调查。调查显示,全市婚姻制度仍以"父母之命、媒妁之言"的包办婚姻制度为主,包办强迫、早婚童媳、重婚纳妾等现象比较严重。据苏纶纱厂调查显示,包办婚姻的人数是自由婚姻人数的1.67倍,未婚的也大多已由父母包办订婚。普通群众对《婚姻法》内容基本一无所知,不少机关党员干部也不甚了解,有的甚至带头违反《婚姻法》。针对这些情况,市委要求掀起学习与宣传贯彻《婚姻法》的热潮。市妇联牵头,发动组织全市妇女干部三四百人开展《婚姻法》知识的学习教育。从1951年8月开始,市妇联、市法院、市民政局等单位抽调干部组成《婚姻法》宣传检查组,分赴工厂、里弄、学校、乡村,宣传《婚姻法》并检查贯彻落实情况。除一般的口头与文字宣传外,还采用墙报、电影、评弹、锡剧等广大群众喜闻乐见的形式进行宣传教育。举办婚姻宣传展览会,参观群众达12余万人次。在市郊,宣传检查组召开村民、团员会议,上门访问重点户,用真人真事来启发、教育群众,收到良好的效果。通过大力宣传新民主主义婚姻制度的优越性,批判封建婚姻制度的腐朽

---

[1] 苏州市革命委员会民政局、苏州市总工会、苏州市革命委员会卫生局:《关于社会救济院接收企事业单位无依无靠退休工人的通知》,1978年4月3日,苏州市档案馆藏,档号C15-3-1978-173。

性,提高了广大群众对《婚姻法》的认识与支持度。

随着《婚姻法》的逐步贯彻落实,妇女不满封建包办婚姻,为争取男女平等、婚姻自由而要求离婚的也显著增多,如1952年1月至9月间,出于女方反抗封建婚姻关系而申诉离婚的占全市离婚案件的80%以上。加强了婚姻登记管理,1952年11月,苏州市分设市、区和区属乡(镇)三级婚姻登记机关,对婚姻登记实行分类管理。

但是,延续几千年的封建婚姻观念在短期内难以根除。特别是农村地区,《婚姻法》贯彻得还不够彻底,买卖婚姻虽基本消除,包办婚姻却仍占多数。青年男女争取婚姻自由的觉悟虽然提高了,但还是不得不承受种种陋习的限制和落后舆论的压力。针对这些情况,中共中央于1952年11月发出指示,要求开展贯彻《婚姻法》的运动。苏州此次《婚姻法》宣传贯彻的重点放在了农村。1953年2月,专区各县(市)均成立贯彻《婚姻法》运动委员会及其办公室,具体负责指导《婚姻法》的宣传与贯彻。根据中央要求,苏州各地把3月作为宣传贯彻《婚姻法》运动月,讲解《婚姻法》,宣传新的婚姻制度和新的家庭关系。同时,开展试点工作。中共苏州地委抽调有关部门的干部90余人成立了试点工作组。各县(市)也积极培训宣传《婚姻法》的骨干人员,组建试点工作组,分别选取1个区进行试点。试点工作注重把贯彻《婚姻法》与春耕生产紧密结合起来,如把贯彻《婚姻法》纳入爱国公约,解决妇女参加生产中的同工同酬、家务拖累和妇幼保健问题。在试点取得经验的基础上,专区全面推开贯彻《婚姻法》运动。各县(市)派出大批干部到广大乡村,采用报告会、群众大会等形式,集中宣传《婚姻法》的意义;组织开展以民主和睦、团结生产、思想进步为标准的评比活动;表扬模范家庭、模范夫妻;订立家庭民主、团结生产公约。集中宣传后,各县(市)对贯彻执行情况进行检查,督促落实。5月,苏州宣传贯彻《婚姻法》运动基本结束,各地对《婚姻法》的宣传贯彻转入经常性工作。

在城市,按照中共中央关于宣传婚姻法的补充指示,苏州市政府于1953年3月选派30多名机关干部于1月中旬到苏州纱厂、中区小公园派出所以及郊区娄东乡进行了宣传试点。3月初,抽调8 000多名机关干部进行了为时一周的《婚姻法》学习,其中400多人按照中央指示精神进行了检查,接着进行了14 000多名基层骨干的培训,其后又在居民和分散行业中分三批培训了3万多名骨干,郊区有200多名乡村干部分两次进行了学习。工厂中国营工厂和大厂以厂为单位培训骨干,百人以上的私营工厂分5处、784人参加了培训。在此基础上,宣传运动于4月初普遍推开,采取了召开报告会、图片展览、放幻灯片、举办文娱晚会、召开群众座谈会等具体形式,共计举办了300多次报告会,有10多万人受到了教育,受到其他形式宣传教育的有145 000多人次;召开各类座谈会390多次,参加者达13 000多人,另有5万多人次接受了电影、戏剧等的教育。3、4月间,还接待和调解婚姻案件587件。城区居民和分散行业的每个居委会都召开了报告会,绝大部分地区60%以上的居民受到了教育,好的达到90%以上。郊区农村以行政村为单位普遍召开了报告会。在工厂方面,只有4个百人以上以及少数私营工厂因季节性生产等原因没有普遍宣传,其他工厂都召开了报告会。[1]

《婚姻法》的宣传、贯彻,摧毁了苏州的封建主义婚姻制度,逐步建立起了新民主主义婚姻制度。婚姻自由、男女平等的新观念逐步树立,民主和睦的新家庭大量涌现,开始形成新的社会风气。妇女地位明显提高,积极参加各种生产和社会活动。

当然,由于沿袭两千多年的封建婚姻习俗对整个社会影响根深蒂固,特别是农村地区,许多封建观念和不良习俗一时还难以彻底改变。由此,苏州《婚姻法》的宣传、贯彻转入经常性、持久性工作,通过日常的宣传工作,不断消除旧婚姻制度残留的封建思想影响。在现实生活中,对旧婚姻形态的改革却是逐步、平稳地进行的,只要当事人不提出异议,政府部门的基本态度是默许旧式婚姻形态的存在,因此旧社会延续下来的一夫多妻等某些特殊婚姻形态虽不受法律承认和保护,却几乎一直存续到当事方自然生命的结束为止。

到20世纪50年代中后期,随着一系列政治运动和思想教育活动的开展,新的生活观念逐步确立,私人生活空间被大大挤压。在婚姻生活方面,婚前与婚外性行为受到广泛抵制,普通群众的离婚行为不为社会习俗所提倡和接受,但相比较而言新中国成立初期来自根据地或老解放区干部的离婚率较高,家庭出身不好特别是地、富、反、坏、右等所谓"黑五类"分子本人及其子女无法享有与其他社会成员平等的婚姻机会,在公安、机要等特殊部门就业的人员的婚姻自主权受到一定限制。破坏军婚者则要受到较为严厉的处罚,情节严重的要被判处徒刑。

二、民众日常生活的变化

1949年中华人民共和国成立后,特别是从1953年起相继对农副产品实行统购统销后,普通民众的日常生活方式受到很大影响,日常生活必需品都要按人凭

---

[1] 苏州市人民政府:《苏州市贯彻婚姻法运动总结》,1953年6月19日,苏州市档案馆藏,档号C1-1-1953/1954-28。

票定量供应,品种、数量和质量基本相同。受勤俭建国方针的影响,人们以朴素为美。

日常出行方式以步行、乘公交车或骑自行车为主,过去有钱人家出行时常坐的人力车等逐步被压缩、淘汰,休闲活动以逛公园、游园林、读书、看报、看电影、听广播等为主。受工农业生产方式逐步集体化、演艺人员逐步走上合作化道路以及演出内容日益政治化等的影响,原本为人们所喜闻乐见的评弹等极富地域特点的传统艺术形式的受众越来越少。在公开场合,即便是情侣之间也不能有亲昵举动,行走时要保持一段距离。

从20世纪50年代初起,在整治街道环境和拓宽道路时,尤其是在"大跃进"大炼钢铁期间,一批古城墙被拆除,全市从50年代初的10个城门骤减为3个[1];一些河道被填没,原先十分发达、畅通的水上交通网络受到明显影响。"文革"中,对旧有文化遗迹,则统以"破四旧"名义进行大肆破坏,一大批古玩字画、珍贵典籍、园林建筑、手工艺品遭到严重损毁和破坏。苏州作为传统的文化名城和园林城市被破坏的程度特别严重。

1949年至1978年间,日常生活中的泛政治化现象日益明显,家庭成员之间在各种政治运动中相互启发、帮助、教育乃至揭发、批判等是常有的事情。如在20世纪50年代末、60年代初对地、富、反、坏、右等所谓"五类分子"的评议和审查中,妻子揭发丈夫、子女批判父母的事情经常发生。如三元坊地区一位女儿在评审其地主出身的母亲的会议上说:"我和你从家庭来讲,是母女关系;从政治上讲,是敌我关系,你是地主,我是工人。"她并揭发其母亲曾与一贯道徒进行联系的事实。[2]每逢政治性色彩很浓的节日,如"五一"劳动节、"十一"国庆节等或重大事件发生,普通民众都要参加单位和社区组织的政治学习或游行活动,并作表态性发言。而在清明、端午、中秋、春节等传统节日到来时,有时不仅不放假,还会故意安排集体活动或加班生产,以示与传统决裂,显示新社会的新气象。

到了"文化大革命"中,对毛泽东的个人崇拜更是愈演愈烈,体现在日常生活中则是,原先供奉祖先、神仙等的灶台上、神龛旁,代之以各种样式的毛泽东头像,胸前则佩戴毛泽东像章。早请示、晚汇报,唱语录歌、跳忠字舞,是民众日常生活的一部分,连民政部门颁发的结婚证书上,也要印上一两句毛泽东语录。

商店里不再出售口红、香水、耳环、高跟鞋、修正液等被认为属性、名称和商

---

[1] 吴恩培:《苏州城墙》,古吴轩出版社2012年,第482页。
[2] 苏州市公安局:《关于5月份工作情况和6月份工作意见的报告》,1959年6月6日,苏州市档案馆藏,档号A1-3-1959-307。

标等有"问题"的商品,[1]除20世纪60年代初为回笼货币而短暂开设过高价馆子、卖过高价糖果和烟酒外,高级饭馆一律改营普通饭菜,禁售各种高档酒、菜,取消雅座,顾客一律自找座位,自取饭菜,传统美食的传承空间日趋逼仄、特色不再。理发店取消吹风、烫发,浴池不提供擦背、搓澡、修脚等服务,照相馆不提供拍摄全家福等照相服务,也不允许拍摄过程中出现男女靠近、身体倾斜、歪头等动作,旅店取消单间,且不提供打扫房间、厕所和打开水等服务。

"文革"期间,区、街道、路、巷名以及厂矿企业和商店名称纷纷改成"文革"或革命色彩的名称,如将沧浪区改成红旗区、平江区改成延安区、金阊区改成东风区,将白塔东路、白塔西路、古市巷改成井冈山东路,将东中市路、西中市路改成井冈山西路,将严衙前、十梓街等改成红旗东路,将卫前街、府前街、道前街改成红旗西路,将养育巷、清嘉坊、中街路改成遵义路等,将肖王弄改为民主弄、范庄前改为工农巷、七姬庙弄改为战斗里、葛百户巷改为敢闯巷、状元弄改为群众弄、松筠里改为拥军里、牛衙弄改为东升弄、孔付司巷改为前进巷、朱进士巷改为团结巷、富郎中巷改为跃进巷、三茅观巷改为燎原巷、韩衙庄改为光芒巷、赛儿巷改为兴无巷、文衙弄改为灭资弄等,太子码头改为工农码头,等等。一些老字号门店也纷纷改名,如将采芝斋糖果店改为红旗糖果商店、稻香村茶食糖果商店改为红太阳茶食糖果商店、大陆百货商店改为东方红百货商店、陆益元堂文化用品商店改为文革文教用品商店、马天一鞋帽商店改为工农兵鞋帽商店、协记绸布商店改为工农兵绸布商店、凤凰绸布商店改为红卫绸布商店、沐泰山国药商店改为大庆国药商店、王鸿翥国药商店改为人民国药商店、苏城饭店改为人民旅馆、新苏旅馆改为解放旅馆、义昌福菜馆改为工农兵饭店、光明照相馆改为红孩子照相馆,等等。不少城市社区和农村人民公社下属的大队都取(改)名红旗、幸福、东风等。

人名多取建国、卫国、向东、建华、国庆、红兵等,政治色彩很浓。

随着计划经济体制的确立且日益强化,自由职业者的生存空间十分有限,几乎所有的成年人都成了单位人,有了很难变换的户籍身份。职工退休后,由亲属或子女顶替,在很长一段时间内成为国营和集体企事业单位的一种重要的用工方式。不仅如此,几乎所有规模较大的企事业单位都自成一个相对独立的小社会,除了工作场所外,还设有职工子弟学校、职工医院、职工食堂以及娱乐场所、

---

[1] 据《当代中国商业》(中国社会科学出版社1987年)统计,北京市百货大楼在1966年8月停售有问题的商品多达6 800多种,占原经营品种的22%。苏州地方的情况与此极为相似。

疗养所等机构。有的单位还自行解决职工的住宅问题。农村人民公社也曾一度办起公共食堂,实行生活集体化。

在房屋居住上,苏州市按照国家的统一要求,从1956年上半年起开始对私有出租房屋进行社会主义改造,到"文革"爆发前的1966年3月,全市共改造私房6 893户、约300万平方米。[1]"文化大革命"期间,市区被冲占、没收的6 802户私房,共有37 199间、749 888平方米,约占全市私房总数的1/3以上。[2]另对666户私房进行了改造,对240户、面积33 000平方米进行了"二次补改"[3],收购下放户私房1 390户、51 996.974平方米[4]。另外,还没收了630户、32 136平方米,代管126户、62 881平方米的住房。[5]农村集镇的私有出租房屋也被改造,共接收175个集镇、1.5万户、12.83万间、262万平方米私房。[6]住房自由买卖被严厉禁止,商品房市场不复存在。对私有出租房屋进行社会主义改造以及由国家统一分配居民用房,能在一定程度上起到缓解住房紧张、克服住

---

[1]《私房改造情况表》(成文者和时间均不详),苏州市档案馆藏,档号C23-1-1983-124。另见苏州市人民政府落实私房政策办公室:《关于落实城区私有出租房屋社会主义改造遗留问题(给市人民政府请示)的处理意见》,1995年11月6日,苏州市档案馆藏,档号C1-30-1995-682。在实际改造中,随着"左"倾思想的发展,剥削阶级或剥削阶级出身多余的非出租房屋也多被纳入改造范围。

[2] 苏州市人民政府:《关于进一步落实私房政策的通知》,1981年3月28日,苏州市档案馆藏,档号C1-1-1981-133。据1984年7月统计,在749 888平方米中,被挤占面积为278 423平方米,占37.12%。见苏州市计划委员会:《关于落实私房政策建房计划及执行情况(给市人民政府)的汇报》,1984年7月10日,苏州市档案馆藏,档号C6-1-1984-162。但据苏州市委1986年2月统计,仅市区就有近75万平方米、占私房总数1/3的私房被挤占。也就是说,所谓被冲击的私房都是被挤占的。见中共苏州市委员会:《切实加强领导,采取有力措施,认真落实"文革"中挤占的私房政策(送审稿)》,1986年2月1日,苏州市档案馆藏,档号A1-6-1986-234。

[3] 苏州市人民政府落实政策办公室:《关于落实私房政策和清退"文革"中查抄财物工作的情况汇报提纲》,1985年1月18日,苏州市档案馆藏,档号A5-1-1985-135;苏州市人民政府落实政策办公室:《(关于落实私房政策)向全国政协落实政策调查组江苏组汇报材料》,1986年5月23日,苏州市档案馆藏,档号C1-31-1986-70。但另一份材料称,仅据对210户"二次房改"面积的统计,就达42 664平方米。见中共苏州市委战部:《关于我市落实"文革"中被查抄财物和私房政策情况》,1985年6月4日,苏州市档案馆藏,档号A5-2-1985-402;苏州市房地产管理局:《关于"文革"期间拆除私房和拆除下放户私房所需经费情况的汇报》,1987年2月25日,苏州市档案馆藏,档号C1-31-1987-86;苏州市房地产管理局:《情况汇报参考·关于落实私房政策的情况汇报》,1985年4月3日,苏州市档案馆藏,档号C23-1-1985-200。

[4] 苏州市房地产管理局、苏州市落实政策办公室:《关于"文革"期间收购下放户私房所需经费问题的请示》,1987年11月5日,苏州市档案馆藏,档号C1-31-1987-85;《切实加强领导,加速落实私房政策——冯大江同志在市落实政策工作会议上的讲话》,1988年6月24日,苏州市档案馆藏,档号C1-31-1988-95。

[5] 中共苏州市委统战部:《关于我市落实"文革"中被查抄财物和私房政策情况》,1985年6月4日,苏州市档案馆藏,档号A5-2-1985-402。

[6] 江苏省苏州地区行政公署财政局:《关于进一步落实私有出租房屋社会主义改造政策问题的报告》,1981年11月12日,苏州市档案馆藏,档号H57-2-1981-132。

房面积悬殊的作用,但因长期执行重积累、轻消费的民生政策,住宅建设投资额占基建投资总额的比重除1952年、1953年以外,在1978年以前一直低于10%。[1]城市居民的居住空间十分狭窄,有些家庭直到20世纪80年代中期,人均居住尚不足2平方米。住房质量较差,多为砖木结构平房,抵御台风、暴雨、地震等自然灾害的能力极为有限,且采光、通风条件较差。

到20世纪60年代中期,国家开始提倡计划生育,人们的生育行为也逐步实现计划化,数代同堂的多子女大家庭逐渐向核心和主干家庭转变。传统家庭的教育和保障功能发生很大变化,逐渐转向社会,家庭成了维系亲情和提供情感慰藉的场所。受交往范围的扩大、工作方式的变化以及文化程度的提高等因素的影响,青年男女的婚育观念和择偶方式也产生了很大变化,父母之命和媒妁之言受到很大冲击。

在物质生活普遍匮乏的情况下,由于党和政府对社会的控制力度空前加强,频繁发动各种政治运动,不断在全社会宣扬雷锋和焦裕禄等英雄人物的先进事迹,民众政治学习经常化和制度化,除"文革"爆发之初全社会的极端混乱和失序外,普通百姓的日常生活较为稳定,社会治安状况让人满意,官员的腐败和特殊化现象较少发生,干群关系较为和谐。

---

[1] 苏州市档案局:《苏州年鉴(1983)》(内部资料),第638—639页。

第六章 文教、卫生事业的曲折发展

1949—1978 年期间,苏州地区的文教、卫生事业也和其他领域一样,经历了曲折发展的岁月。但从总体上看,发展和进步仍占据主导地位,尤其是在儿童入学率的提升、文化宣传工作的普及、血吸虫等地方疾病的防治和城乡基层医疗卫生网络的建设等方面,取得了明显成效。

第一节　文教事业的改造和发展

一、文教事业的改造与初步发展

(一) 文艺工作指导思想的转变

新中国成立后,苏州的文化艺术事业在"为人民大众服务""为工农兵服务"中获得了更广阔的发展空间,新民主主义文化蓬勃发展。1949 年 12 月,市委宣传部召开全市文艺界代表会议,会上批评文艺工作存在的脱离政治、单纯娱乐等问题,明确了文艺工作要为人民大众服务、为工农兵服务的方针。为贯彻这一方针,苏州采取各种措施丰富工农群众文化生活。市委选择国营中蚕丝厂和私营苏纶纱厂进行企业文艺工作试点。试点单位配合市委各项中心工作开展丰富多彩的文艺活动,使企业工人在潜移默化中接受教育,积极投身于爱国增产竞赛、工矿企业民主改革等工作中。在试点工作的有效带动下,许多工厂企业成立工人俱乐部和京剧、话剧、歌咏、舞蹈等文艺团队,极大丰富了工人的业余生活,使工人以更饱满的热情投入各项工作中。各地相继建立文化馆、文化站、俱乐部等一大批文化设施。群众自发组织了读报组、工人文娱小组等文艺团队,在丰富人民群众的精神文化生活的同时,也广泛宣传了党的各项政策。广大文艺工作者深入工厂、农村,为人民群众演革命戏剧,唱革命歌曲,配合中心工作展开宣传教育。例如,评弹界组成新书下乡实验演出小组,演出 190 多场,观众达 2 万余人次。

1949年12月2日,全国文学艺术工作者联合会苏州分会筹备委员会成立。苏州市美术家协会、文学工作者协会、戏剧工作者协会和音乐工作者协会等专业文艺协会相继成立。1951年8月,苏州市第一届文学艺术工作者代表大会召开,会上成立了苏州市文学艺术工作者联合会(简称市文联)。这些文艺团体成立后广泛团结文艺工作者,促进成员之间的交流,引导成员进行文艺创作。在新民主主义文化方针的指导下,文艺工作者创作出一批反映群众生活和苏州风土人情的作品。《新苏州报》副刊《百花园》《小沧浪》刊载配合中心任务与反映工农兵生活的散文、小说,尤其注重发表工人撰写的稿件,成为培养工农作家的重要阵地。

(二) 文艺创作和群众文化活动的开展

20世纪50年代前中期,苏州地区的小说、散文、童话及民间文学等领域,既有老作家歌颂社会主义的新作问世,又出现了陆文夫等一批新作家。著名作家周瘦鹃陆续发表了大量富有苏州乡土气息、有关园林花草的散文小品,在国内外获得了较好的反响。程小青所写的《大树村血案》《她为什么被杀》等反特小说,深受读者的喜爱。文学新秀陆文夫的处女作《荣誉》发表后,获得广泛好评,于1957年获得首届江苏省文学奖;同时获得该奖的还有滕凤章的短篇小说《两个加油工》及陆咸的杂文《革命世故》。肖建亨的电影文学剧本《气泡的故事》于1956年获全国科普电影文学剧本征文二等奖。

苏州人民有线广播电台及专区各县(市)的有线广播站相继成立。有线广播事业的起步,在配合中心工作、为工农业生产服务、宣传国内外形势、丰富人们文化生活等方面发挥了积极作用。

为杜绝不良书籍侵蚀毒害年轻一代,培养青年社会主义道德思想,1955年11月,市委和市人委开展取缔荒诞淫秽书籍的工作,对旧书摊和连环画摊贩进行整顿,禁止出售黄色书刊和神怪武侠封建迷信书籍。专区文化建设方面,1956年3月举办了农村青年业余文艺选拔演出大会,有乡、区、县选拔的代表465人演出了83个节目,发掘出了一批优秀的民间音乐、舞蹈及特技业余演员,为开展群众性文艺活动奠定了基础。至1956年,全区建成文化馆9个、电影放映队36个、农村俱乐部7 000多个,丰富了广大人民群众的文化生活。到1957年,市区电影观众达到366万人次,比1952年增加了54.27%;书场听众达到114万人次,比1952年增加了32.82%;市工人文化宫等一批文化设施顺利竣工。

"大跃进"运动中,群众性的文艺创作活动急剧发展,人民群众掀起了一个"人人学文化,个个搞创造,墙墙写诗画,处处皆歌舞"的文化运动。1958年第二季度,市文化局、团市委和市总工会联合开展群众文化活动六大运动(创作、歌咏、读书、说唱、戏剧、舞蹈),重点开展百万篇创作、20万人歌唱(歌咏和说唱)、5万人读书运动。到年底,群众创作了100万篇作品,其中工人创作超过20万篇(包括墙头诗、豪语壮言、民歌民谣)。歌唱运动也达到了高潮,全市男女老少歌唱红歌人员达到27万,并创作了《小高炉顶呱呱》等歌曲200余首。文艺刊物的种类也在"跃进",除市文化局、市文联等单位联合出版的文艺刊物《苏风》《苏州歌声》外,全市厂报有100余种,各区文化馆都有小型文艺刊物,并有不少基层单位创办了文艺专刊,如《新苏文艺》《工人文艺》《苏纶文艺》《电工之花》《建筑之花》等。在群众文艺创作运动蓬勃发展的同时,专业文艺工作者也投身到火热的生产中深入生活,积极开展创作活动,共创作大型剧目362个、国画900余幅,其中流行的剧目有《人在福中不知福》《满意不满意》《朱素珍》《朱阿福》等。陆文夫的《葛师傅》发表后,被著名文学家茅盾评价为"在短篇小说中此为难得的精品"[1]。

1962年4月,中共中央批转文化部中共党组和全国文联中共党组《关于当前文学艺术工作若干问题的意见(草案)》(简称"文艺八条")。"文艺八条"的内容包括:贯彻执行"百花齐放、百家争鸣"的方针,正确地开展文艺批评,批判地继承民族遗产和吸收外国文化,加强文艺界的团结等。"文艺八条"下发后,苏州文化艺术单位认真贯彻落实,文化艺术工作出现了新的面貌。肖建亨的科幻小说《布克的奇遇》发表后,深受青少年读者的欢迎,并被国外翻译出版。范烟桥、周瘦鹃、程小青、陆文夫、仲国鳌等人因各自的文学成就于20世纪60年代初加入中国作家协会江苏省分会。但随后不久,受毛泽东对文艺工作的严厉批评的影响,[2]包括苏州在内的全国各地的文艺创作很快陷入了噤若寒蝉的境地。

---

[1] 苏州市地方志编纂委员会:《苏州市志》第三册,江苏人民出版社1995年,第701页。
[2] 1963年9月、11月,毛泽东连续两次对文艺工作提出严厉批评,说:戏剧要推陈出新,不要光唱帝王将相、才子佳人或他们的丫头、保镖之类。又说,文化方面特别是戏剧,大量的是封建落后的东西,社会主义的东西很少,在舞台上无非是帝王将相。文化部是管文化的,应当注意这方面的问题,为之检查,认真改正。如果不改变,就改名为帝王将相、才子佳人部,或外国死人部。见戴知贤:《山雨欲来风满楼——60年代前期的"大批判"》,河南人民出版社1990年,第63页。

(三)体育事业的发展

苏州的群众体育基础较好,民间自发组织的传统体育活动丰富多彩,如武术、舞狮、赛龙舟等,但篮球、足球、田径等现代体育运动普及度并不高。新中国成立后,在党和人民政府的重视和关心下,体育成为一项全民事业。市体育筹备委员会成立后,响应中央"发展体育运动,增强人民体质"的号召,有组织有计划地大规模开展人民体育事业,普及体育运动,增强人民体质。在工矿企业、机关团体和大中小学校积极推广广播操、工间操,引导各行各业开展体育活动、体育比赛,举办各类运动会和体育竞赛。至1952年年底,苏州市共举行4次全市体育大会,推动了体育的普及与发展。专区各县(市)也都成立了体育筹备委员会,通过宣传动员、举办体育大会,大力发展群众体育,增强人民体质。

为增强人民体质,苏州体协加强体育事业建设,普及体育运动。广大学生、工人普遍开展广播操和以"劳卫制"[1]为中心的体育活动,举办各种体育比赛,掀起了群众性体育运动的高潮。1953年元旦举行了苏州市长跑赛,1954年10月、12月分别举行了首届机关运动会和首届工人体育大会,1955年又举行了市首届纺织工人运动会、店员运动会。1956年5月,市国防体育协会成立,开展射击、航空模型、摩托等国防体育活动。工矿企业坚持体育为生产服务,要求每一个工人锻炼成精力充沛、体质强健的社会主义劳动者和保卫者。随着竞赛的增多、运动条件的改善,体育运动成绩逐步提高。1955年,运动项目破市纪录25项,破省纪录2项。1956年,运动项目破市纪录57项,破省纪录11项。

(四)教育事业的改革和发展

苏州人文传统深厚,文化教育事业比较发达,但现代教育受众面仍比较窄,学校大都集中在城市,广大普通群众,尤其是农民很少能够入校学习。新中国成立后,党和政府立即接管各类教育机构,着手教育事业的改造工作。从1949年5月初到7月中旬,市军管会、专署、市政府采取"先城市后农村,先中学后小学,先公立后私立"的方式对各地学校进行接收。市军管会文教部负责对市区公立、私立中等以上学校进行接收与管理。各县(市)的学校和市区的小学则分别由各县(市)、区政府接收。以对私立东吴大学的接管为例,解放军进城之初,采取了

---

[1] 1954年5月4日,中央人民政府体育运动委员会公布"准备劳动与卫国"体育制度(简称"劳卫制")的暂行条例和项目标准。

"积极维持、逐步改造、重点帮助"的方针,并决定成立校务委员会作为"最高行政决策机构"。从1950年春季学期开始,学校开设了"社会发展史""政治经济学""中国革命问题"等政治理论课。因朝鲜战争的爆发,东吴大学从1951年春季学期起,不再接受美国教会津贴。

到1950年年初,全区共有公立小学1 243所、学生124 472人,私立小学208所、学生27 837人,私立大学1所、专科学校1所、师范学校2所、中学57所、公立专科学校1所、师范学校5所、中学17所,共计教职员1 719人(中等学校以上)、学生17 947人。详见下表:

表6-1 全区公立、私立小学详细情况

地区			苏州市	吴县	常熟	昆山	太仓	吴江	太湖	合计	备注
学校数		公立	62	285	321	120	147	235	73	1 243	公、私立学校吴县所缺各项数字均未统计在总数内。
		私立	90	11	53	33	11	3	7	208	
教职员数	男	公立	299	492	690	226	282	404	163	2 556	
		私立	312		122	35	21	17	21	528	
	女	公立	372	224	423	155	192	289	53	1 708	
		私立	416		69	11	15	14	13	538	
	合计	公立	671	716	1 113	381	474	693	216	4 214	
		私立	728	26	191	46	36	31	34	1 092	
工友数	男	公立	92		87	29	32	46	13	299	
		私立	81	1	17	1	2	3	3	108	
	女	公立	21		16	8	9	2	2	58	
		私立	20		3		1			24	
	合计	公立	113	63	103	37	41	48	15	420	
		私立	101	1	20	1	3	3	3	132	
学生数	男	公立	11 155		27 864	7 640	11 059	13 376	4 711	91 748	
		私立	12 129		3 982	750	804	382	574	18 621	
	女	公立	6 776		8 104	3 228	3 599	4 866	1 106	82 724	
		私立	7 426		902	202	204	220	262	1 216	
	合计	公立	13 931		35 968	10 868	14 658	18 242	5 817	124 472	
		私立	19 555		4 884	952	1 008	602	836	27 837	

资料来源:专署文教科:《苏州地委政研室一般情况·苏州分区公、私立小学概况统计表》,1950年6月8日,苏州市档案馆藏,档号H1-2-1950-7。

在接收各类学校的同时,市军管会宣布废止反动的训导制,取消公民、国民党党义、童子军训等课程。全区一方面维持学校正常运行,一方面正确掌握政策,坚持新民主主义的教育文化方针,肃清过去反动统治下的残余影响,逐步进行改造,使所有学校都团结到建设新中国的总目标下,为培养有觉悟、有文化的生产建设者服务。教育部门对各个学校的部门设置和人事安排进行合理必要的裁并与调整。调整后,学校初步建立起学校民主领导机构,如校务委员会和生活辅导委员会等;学生中普遍建立学生会。对于在广大农村占重要地位的私塾,暂时不加取缔,但对其进行限制,塾师必须到各地中心学校参加各种培训学习,不得再教授那些腐朽落后的思想文化。

在接管、改造旧学校的同时,为扩大教育面,满足人民群众提高自身文化水平的需求,苏州积极发展学校教育。至1952年7月,苏州市有中等学校43所(含9所夜中)、学生1.36万人、教职员886人,分别比1949年增长16.2%、40%、8.8%;小学184所、学生4.88万人、教职员1 538人,分别比1949年增长17.2%、36.7%、8.8%。除了普通学校教育外,苏州市还大力发展针对工农群众的文化教育,推行在职教育。建立机关业余文化补习学校,提高机关工作人员的政治素质和工作能力;成立工农干部文化补习学校,对工农干部长期进行文化知识教育;设立职工业余学校,提高职工政治觉悟和文化水平;在农村开办冬学、民校和俱乐部,普遍开展扫盲教育。专区各县(市)教育工作成绩同样显著。至1951年年底,全区有中学45所,小学1 787所,职工业余学校85所,民校1 885所。其间,全区大力推广祁建华"速成识字法"[1],在试点成功的基础上展开大规模的扫盲运动,仅1952年,全区就扫除文盲8 666人。

"一五"期间,苏州地区的教育事业得到进一步发展,初步建立了从幼儿园到高等教育的国民教育体系,详见下表。

---

[1] 西南军区文化教员祁建华发明的"速成识字法",是一种借助注音字母的辅助作用,利用汉字字形、字义、字音相同与相异的不同特点来提高识字速度的方法。该识字法对当时扫除文盲起到很大作用。

表 6-2 苏州专区文教概况

县别		合计	常熟市	常熟县	无锡县	江阴县	宜兴县	吴县	吴江县	昆山县	太仓县	震泽县	备注
冬学（1954年）	班（组）数	7 884	40	1 529	1 321	703	1 558	1 015	427	246	700	245	（1）全专区中等学校（包括完全中学、初级中学、师范学校）共计95所，学生共计51 836人，其中男生37 575人，女生14 261人，教职员工共2 765人。（2）教职员工系指教员、职员、工勤人员等。
	学员数	253 973	1 366	51 640	47 162	25 132	45 971	29 134	11 082	9 090	23 623	9 773	
幼儿园	幼儿园	4						3		1			
	小学附设幼儿班	198	18	30	9	14	2	20	25	23	31	26	
	幼儿数	12 077	1 448	1 722	453	737	121	1 588	1 475	1 635	1 977	921	
小学	初小 校数	3 654	22	406	409	606	478	436	577	400	246	74	
	学生数	194 329	1 720	29 273	24 526	38 933	27 647	18 215	19 551	16 599	13 849	4 016	
	完小 校数	1 213	19	157	315	247	176	55	88	44	52	60	
	学生数	308 031	6 701	50 234	79 118	66 031	45 203	14 221	12 742	13 003	14 836	5 942	
	合计 校数	4 867	41	563	724	853	654	491	665	444	298	134	
	学生数	502 360	8 421	79 507	103 644	104 964	72 850	32 436	32 293	29 602	28 685	9 958	
完全中学	校数	12	1	2	1	2	3		1	1	1	1	
	学生数	13 094	1 564	2 494	1 042	2 053	3 363		732	1 154	692		
	教职员工数	929	103	186	67	156	213		51	95	58		
初级中学	公立 校数	14		1	1	3		2	1	2	3		
	学生数	8 370		689	475	2 053		1 047	603	1 253	1 527	723	
	教职员工数	168		40	29	145		75	39	81	109	50	

(续表)

县别			合计	常熟市	常熟县	无锡县	江阴县	宜兴县	吴县	吴江县	昆山县	太仓县	震泽县	备注
初级中学	私立	校数	64	2	7	19	17	9	1	4	3	2		
		学生数	27 896	1 765	2 397	8 982	7 808	3 639	441	1 452	810	602		
		教职员工数	1 410	113	145	373	382	198	28	81	54	36		
	合计	校数	78	2	8	20	20	9	3	5	5	5	1	
		学生数	36 266	1 766	3 086	9 457	9 861	3 639	1 488	2 055	2 063	2 129	723	
		教职员工数	1 578	113	185	402	527	198	103	120	135	145	50	
师范学校	初师	校数	3		1	1				1				
		学生数	1 552		508	567				477				
		教职员工数	146		48	46				52				
	高师	校数	2			1						1		
		学生数	924			341						583		
		教职员工数	112			51						61		
	合计	校数	5		1	2				1		1	1	
		学生数	2 476		508	908				477		583	583	
		教职员工数	258		48	97				52		61	61	

资料来源：《苏州专区各项基本数字统计·苏州专区文化教育概况统计表》,1955年5月25日,苏州市档案馆藏,档号H1-1-1955-19。

在 1952 年高等院校的院系调整中,东吴大学(中国语文、物理、化学、生物 4 个系)、江南大学(数理系)及苏南文化教育学院合并,在东吴大学原址成立苏南师范学院,12 月改为江苏师范学院。[1] 1953 年开始进行教育改革,有步骤地改革旧的教育制度、教学内容和方法,工农子女纷纷入学,城乡扫除文盲和工农业余教育也广泛展开。1955 年 9 月,苏州医学院开始创办,成为苏州继江苏师范学院之后的第二所本科院校。1957 年,全市普通中学在校学生达到 55 497 人,比 1952 年增长 63.09%;市区各级各类学生总数达 116 732 人,比 1952 年增长 42.71%,完成了"一五"计划的 119.8%;市区儿童入学率达到 91.68%;小学生达 69 959 人,比 1952 年增长 38.92%,完成了"一五"计划的 105.87%。5 年间市区累计毕业学生 66 176 人。[2]

"大跃进"运动中,教育领域贯彻为政治服务、与生产劳动相结合的方针,出现了教育工作空前"跃进"的局面。1958 年全区各地举办各种业余政治、文化、技术学校 6 876 所,其中苏州市 203 所;新办中等专业学校 53 所;新办大专学校 26 所,其中苏州市增加了 11 所[3];另外半工半读学校、业余大学和红专学校,也雨后春笋般出现在苏州各地。苏州市有 9 万多工人、农民在各种学校学习,这个数目占全市成人总数的 1/3 以上;全年扫除文盲 43 000 多人,相当于新中国成立后到 1957 年扫盲人数的 1.44 倍;普及了小学和初级中学教育。由于贯彻党的教育同生产劳动相结合的方针,全区各类学校共办各种工厂 3 095 个,同时部分工厂也开始办学校。[4] 昆山县仅在 1958 年 4 月,就建成中、小学和幼儿园 736 所,创办红专大学 109 所、稻麦万斤大学 193 所、文化技术学校 511 所。[5] 太仓县到 1958 年 8 月,新办 6 所初级中学和 2 所民办初中。到 9 月,全县民办小学增至 62 所,入学儿童达 37 947 人,入学率达到 94.97%。幼儿园增至 244 所、

---

[1] 东吴大学的院系调整从 1951 年 9 月就开始了。按华东教育部调整高校科系的基本精神,东吴大学社会系并入当时的国立复旦大学,医预组并入当时的国立上海医学院。在 1952 年 9 月的院系调整中,东吴大学法学院大部并入华东政法学院(其中会计系并入上海财经学院),化工系调往华东化工学院(上海),经济系调往上海财经学院,药学专修科调往华东药学院(南京)。参见王国平:《博习天赐庄——东吴大学》,河北教育出版社 2003 年,第 144 页。
[2] 苏州市发展和改革委员会、中共苏州市委党史工作办公室:《社会主义建设时期苏州经济工作(1953—1966)》,中共党史出版社 2008 年,第 7—9 页。
[3] 苏州市在"大跃进"前仅有江苏师范学院、苏州医学院两所普通高等院校。至此,苏州市共有普通高等院校 13 所。
[4] 中共苏州市委党史工作办公室:《中国共产党苏州历史》第二卷(1949—1978),中共党史出版社 2014 年,第 236 页。
[5] 中共昆山市委党史研究室:《中共昆山地方史》第二卷(1949—1978),中共党史出版社 2011 年,第 143 页。

519个班,入园幼儿15 136人。1958年3月,还用8天时间办起了78所农业中学、82个班级,有3 588名学生入学就读。此外,还办了红专学校244个班、文化技术学校1 883个班。[1]

"大跃进"运动中的教育事业尽管带有那个年代所特有的鲜明特点,多数是不成功的,但也确实培养了一些人才。以1958年工艺美校招收的45名学生为例,他们日后大多成了市美术界、国画院和工艺美术系统设计队伍的主要骨干力量,其中有画师4人,讲师2人,工艺师、副工艺师、助理工艺师17人,中国美术家协会会员5人、江苏分会会员8人,中国版画家协会会员3人,市美协副主席1人、理事5人、会员20人,中国广告协会理事1人,江苏版画家协会副会长1人,有的还担任了企业单位的经理、研究所领导等职务。许多人的作品参加过英国、意大利、加拿大、印度、日本、法国、美国、澳大利亚等国家的画展,有的作品还被大英博物馆收藏,有的人还被列入《中国美术家人名大辞典》。[2]

在1962年教育系统调整过程中,贯彻小学继续普及、初中维持原有水平、高中适当压缩、大专与中专重点压缩的原则,按照先中专、后大专,先来自农村的学生、后来自城市的学生,先市属学校、后省部属学校,先学生、后教职员,先非毕业生、后毕业生的步骤分批进行。

苏州普通高等院校共计11所[3],保留江苏师范学院、苏州医学院、苏州蚕桑专科学校3所,将"大跃进"期间办的苏州丝绸工学院、苏州师范专科学校、苏州农业专科学校、苏州医学专科学校、苏州中医专科学校、苏州工业专科学校、苏州工艺美术专科学校、苏州铁路师范专科学校8所学校撤销;全市中等专业学校共计14所,停办10所。16所停办学校的学生共4 320名,有2 336名需动员回乡、1 421名外地学生需动员回原籍、1 184名则由苏州市负责安排。[4]对全日制中小学的调整,贯彻国家办学和人民办学两条腿走路的方针,中小学公办为主,民办为辅;既缩小规模,提高质量,又注意调整布局,便于学生就近入学。为突破苏联教育经验的局限性,苏州市还办了一批半工(农)半读职业学校、农业中学、

---

[1] 太仓市史志办公室:《中共太仓地方史》第二卷(1949—1978),中共党史出版社2012年,第168、169页。
[2] 中共苏州市委宣传部:《关于对1962年停办苏州工艺美术专科学校学生学历问题处理意见的报告》,1983年5月3日,苏州市档案馆藏,档号A3-2-1966-212。
[3] 1958年"大跃进"期间,苏州普通高等院校达到13所,其中苏州体育专科学校在1959年改为苏州市体育学校(中专);苏州水利专科学校1959年并入苏州农业专科学校。
[4] 苏州市发展和改革委员会、中共苏州市委党史工作办公室:《社会主义建设时期苏州经济工作(1953—1966)》,中共党史出版社2008年,第412页。

半工半读小学和耕读小学。至"文化大革命"前夕,1966年全市高等学校和中等学校各4所,[1]普通中学和农业中学分别有38所和10所,教师进修学校和聋哑学校各1所,另有中等半工(农)半读学校23所。

在学校布局调整之后,全日制学校开始建立健全学校制度,以教学为中心,让学生明确学习目的,养成"认真读书、热爱劳动,尊敬师长、团结友爱,遵守纪律、活泼思想,锻炼身体、讲究卫生"的风气,加强基础知识教学和基本技能的训练,以提高教育质量,并要求教师加强政治与业务的进修学习,以提高师资质量,教育战线出现了较好的局面。

二、"文化大革命"期间的文教事业

"文革"发动初期,教育领域普遍开展了"教育革命"。这是"斗、批、改"运动的一项重要内容。早在1966年"五一六通知"中就提出进行"教育革命"。《中国共产党中央委员会关于无产阶级文化大革命的决定》中也提出:"改革旧的教育制度,改革旧的教学方针和方法,是无产阶级文化大革命的一个极其重要的任务。"1968年8月,中共中央、国务院、中央军委、中央文革小组发出《关于派工人宣传队进驻学校的通知》,要求"以优秀的产业工人为主体,配合人民解放军战士,组成毛泽东思想宣传队,分期分批,进入各学校","帮助、促进那里还没有实现革命大联合的两派革命群众组织,实现革命大联合"。"工人宣传队要在学校中长期留下去,参加学校全部斗、批、改任务。农村则由工人阶级的最可靠的同盟者——贫下中农管理学校"。

专区、市革委会按照中央派工人宣传队进驻学校的通知精神,分别组织"工人毛泽东思想宣传队"相继进驻苏州各高等院校及中小学校,担负起学校的"斗、批、改"任务。各校所派遣的宣传队人数一般视学校规模而定:大专院校50至80人、中学20至30人、小学3至5人不等。除了学校,宣传队还进驻文艺、广播、新闻、出版、医院等单位;工人数量不足的农村,这一角色则由"农民毛泽东思想宣传队"充任。

这些宣传队进驻学校后,除通过举办"毛泽东思想学习班",帮助对立的两派群众组织实现大联合,领导开展"革命大批判",帮助清理阶级队伍,建立、调整革委会等工作外,还对学校原有的学制、教学内容、教学方法、招生制度等进行"改革",实行"政治挂帅",强调教育为无产阶级政治服务,强调工农兵实践经验

---

[1] 1965年苏州丝绸工学院复校并更名为苏州纺织工学院。

在大中学校教学中的作用,把理论与实践相结合简单化,严重违背教育规律,给苏州的教育事业造成严重灾难。

教学活动遭到破坏。一部分学校教师被视为"修正主义教育路线的执行者"而被停止工作,有的还被下放到苏北农村劳动,教师队伍处于严重的混乱状态。教师职称评定制度、学籍管理制度、考试制度以及《学生守则》等皆被废除,学校管理陷于混乱。

学制缩短,课程简单化。1970年高等学校开始招收工农兵学员后,本科由4年制改为3年制;中等专业学校由3年制改为2年制;1971年春,实行初中2年、高中2年的二二分段制;小学也增加了"红小兵活动""学工学农活动"等名目繁多的活动;"工农兵讲师"进校讲课,师生定期到工厂、农村接受工农"再教育",大大压缩了课堂教学时间,导致教学科目减少。如中学所设6门课分别为毛泽东思想教育课、语文课、数学课、工业基础知识课、农业基础知识课、军体及革命文艺课,外语、历史、地理等课程均没有设置。

招生制度的"改革"也对苏州的教育产生了消极影响。1966年,国家废除高等学校招生考试制度;1970年,高等学校开始实施新的招生办法:招生取消文化考试,按照自愿报名、群众推荐、领导批准的程序,从有2年以上实践经验的工农兵中招生。这种"改革"不仅在大学中,而且在中学中也造成教学秩序混乱,其后果是学生文化素质普遍下降,贻误了青少年的教育和成长。

在经历了"文革"初期的极端混乱后,随着中共各项政策的初步落实、经济领域的恢复整顿,文化、社会事业获得了一定的发展条件。

文化事业方面,在1972年江苏省举行的纪念毛泽东《在延安文艺座谈会上的讲话》发表30周年摄影艺术展览上,苏州市参展作品数量居全省之首,并在全省率先以彩色照片参展,引起全省各地关注。

在文物保护方面,1972年7月,市革委会发出《关于加强文物保护工作的通知》后,全市各地认真做好各级各类文物的保护工作,严格执行党和国家的文物政策、法令,划清"四旧"和历史文物的界限,对文物保护情况进行了一次全面检查。市博物馆、文物管理委员会积极做好历史文物与革命文物的征集、鉴定、保管、陈列宣传与科研工作;建立文物筛选制度,防止文物散失和遭到破坏,认真清理破"四旧"中的文物、古籍和文献等资料。

在体育事业方面,1972年3月,撤销对体委的军管,恢复体育系统的地方工作领导体制。体育训练和竞赛逐步恢复,群众性体育活动普遍开展。在毛泽东多次畅游长江精神的鼓舞下,苏州还掀起了万人学游泳的热潮,成为20世纪70

年代群众体育运动的一大特色。

在教育事业方面,为解决中小学师资严重不足的困难,地区革委会、市革委会决定原先下放的教师,凡不属敌我矛盾的,调回安排重新上岗;抽调一部分下放干部和高中、中专毕业生分配到学校工作。针对学生学习质量大幅度下降的趋势,重新制订教学计划,恢复集体备课,开展补课活动;建立评教评学制度,密切与家长配合,共同教育学生。经过这一系列举措的实施,教育质量逐步回升。

三、文教事业的拨乱反正

在"文化大革命"中,苏州的教育事业受到极其严重的破坏。由于高等学校一度取消了正常的考试招生制度,"读书无用论"甚嚣尘上。在1975年的短暂整顿期间,学校开始贯彻党的教育方针,促进学生德、智、体全面发展,为"四个现代化"建设培养合格人才。教育系统认真贯彻教育部关于教育改革的指示,改革基础知识课程设置,重视文化知识教学,在市区小学三年级、各县有条件的地方小学四年级开设英语课。

粉碎江青反革命集团后,为恢复学校正常的教学秩序,教育系统首先推倒"两个估计"[1],解除广大教育工作者的精神枷锁,澄清是非,推动干部政策和知识分子政策的落实,恢复中断多年的教师职称评定,教师地位得到提升,从而调动了广大教职员工的工作积极性。1977年11月28日,根据中央指示精神,"工人毛泽东思想宣传队"全部撤出学校及相关单位。[2]随即,苏州的贫下中农管理学校专职人员陆续返回原单位,教学工作逐步走上正轨。各级教育部门认真贯彻全国和全省教育工作会议精神,整顿教学秩序,试行中小学工作条例,加大对教育事业的领导和投入。

1977年冬,根据全国高等学校招生工作会议决定,高校招生改变"文化大革命"期间采取的只推荐、不考试的方式,重新恢复在高中毕业生中采取自愿报名、统一考试、择优录取的办法,受到社会各界的广泛支持和热烈欢迎。苏州很多学校采取多种措施,帮助考生备战高考:根据因材施教原则,实施分班教学;调整

---

[1] 所谓"两个估计",是"文化大革命"中江青反革命集团在《全国教育工作会议纪要》中抛出的,即"文化大革命"前十七年,教育战线是资产阶级专了无产阶级的政,是"黑线专政";知识分子的大多数世界观基本上是资产阶级的,是资产阶级知识分子。1977年8月8日,邓小平在科学和教育工作座谈会上发表重要讲话,否定"两个估计";11月18日,《人民日报》发表《教育战线的一场大论战——批判"四人帮"炮制的"两个估计"》。

[2] 1977年11月6日,中共中央转发教育部党组《关于工宣队问题的请示报告》,决定从大、中、小学校撤出工宣队,恢复学校正常的教学秩序。

部分教材,使教学符合学生文化程度;恢复教学实验,扩充教学设备;开展各学科竞赛活动,培养学生学习兴趣,提高学习积极性;在完成教学计划的同时,组织师资力量,利用课余时间进行补课。在年末举行的全国高校和中等专业学校统一招生考试中,全市有2 000多名应届和往届毕业生报名参加考试。那些被剥夺了升学权利、已经上山下乡或回乡的知识青年、回城待业或已经就业的历届中学毕业生和1977年毕业的应届高中生,满怀激情与希望,从工厂、农村、学校、机关、矿山等各行各业走进考场。这次高考全市录取新生460名,全区录取高校和中专生共2 600余名。1978年,苏州医学院、苏州丝绸工学院以及江苏师范学院共录取本科生666人、专科生870人,并开始招收78级研究生,这也是"文化大革命"后高等院校招收的首届研究生。恢复高考顺应了社会公众对高等教育的期待和对人才观念的认同,迎来了通过公平竞争改变个人命运的时代,推动了以"尊重知识,尊重人才"作为社会主流价值观的确立,为社会主义现代化建设事业培养了大批人才。

1978年3月25日,苏州市第九中学[1]、苏州市实验小学被江苏省革委会确定为省重点中、小学。9月,中、小学恢复少先队、学生会等组织,苏州各级教育部门积极进行教育体制改革,以办好重点学校,争取早出人才、快出人才的方式来带动苏州整体教育质量的提高。苏州调整中、小学学制,市区普及十年制教育,郊区在普及七年制教育的基础上,努力创造条件普及九年制教育,逐步向全国统一的学制过渡。小学提前到6周岁半入学,学龄儿童入学率达99%。中学实行初中3年、高中2年学制,初、高中新生入学时参加全市统一考试,通过择优录取的方式进入重点中学学习。小学和初中一年级,以及其他年级的重点班级,严格执行教育部颁发的教学计划试行草案和各科教学大纲;除初中一年级以外的普通班级,根据实际情况力求贯彻执行教育部颁发的教学计划试行草案和各科教学大纲;基础班,则从学生的学习情况出发,由学校自行拟定教学计划。公办小学附设幼儿园(班)大部分得到恢复,同时,集体和其他部门办的幼儿园(班)也得到发展。

积极发展广播、电视大学类教育以及函授、业余教育,逐步调整各类学校结构。恢复和兴办各类中等专业学校、技工学校和工农职业中学,建立健全工农教育体系,为农业、植保、纺织、丝绸、工艺、旅游等劳动密集型单位,培养相当于高中文化水平、有一定专业知识和生产技能的后备人才。9月,苏州技工学校恢复

---

[1] 苏州市第九中学于1978年5月25日改名为江苏省苏州中学。

办学;12月,兴办苏州工艺美术技工学校、苏州商业技工学校、苏州城建技工学校,恢复苏州工艺美术学校。通过整顿"七二一"工人业余大学,加强职工教育和培训工作。

与此同时,各种文化团体开始恢复和重建。1977年8月,恢复苏州市国画馆,健全市文物管理委员会;11月,重建江苏省昆剧院;1978年,恢复苏州市滑稽剧团[1],重建被迫停办的沪剧团。地区的文艺团体也相继恢复和重建,公社和集镇的茶馆、书场纷纷开业。[2]1月,"工人毛泽东思想宣传队"全部撤出各文艺团体,解除了文艺工作者在创作和演出中的"枷锁";12月起,被下放到苏北或者调离剧团的干部、文艺工作者开始陆续回到原单位,重新从事文艺工作,提高了文艺单位的管理、创作和演出水平。各文艺团体以现代戏为主要演出剧目,一批被林彪、江青两个反革命集团打成"毒草"的文艺作品,如滑稽戏《满意不满意》、沪剧《特派员》、评弹《江南红》等得到平反,重新公演;同时,改编、整理、移植了一些好的新编历史剧(书),丰富了舞台艺术。各剧团在1978年共演出戏剧、曲艺、歌舞3 000余场。

新华书店、图书馆扩大了图书发行量和图书出借量,文化馆、博物馆增加了展览。1978年,新华书店发行各种书籍562万册,销售总额166万元,比1977年增加了31%,其中科技类图书增长幅度较大。图书馆除增加新书外,还开放了一批被江青反革命集团长期禁锢的书刊。市文化馆、博物馆共举办各种展览、陈列16个,观众达30余万人次,其中苏州博物馆为配合党的中心任务,举办了宣传"四个现代化"和揭批江青反革命集团的展览会。群众文化活动丰富多彩,全年共举办舞蹈、戏剧、国画、版画等业余文艺骨干和群众文艺创作学习班6期,组织了有地方特色的民乐、评弹活动小组,专业文化团体开展了对基层厂矿企业业余文艺活动的辅导。

文学艺术创作活跃,不仅体现在数量上的增加,更体现在质量上的提高。漫画作品《画皮》入选全国美术展,讽刺喜剧《鸭蛋》、大合唱《十月金风到太湖》、舞蹈《缂丝深情寄》等作品在1977年12月的全省群众文艺会演中获奖,共有850多篇诗歌、小说、散文等文学作品被各种刊物采用。其中,陆文夫1978年春创作发表的短篇小说《献身》获得年度全国优秀短篇小说奖。

刺绣作为苏州传统民间工艺,也得到了发展,并为毛主席纪念堂的建设做出

---

[1] 开始称苏州方言剧团,1979年4月恢复原名苏州市滑稽剧团。
[2] 茶馆是苏州评弹的重要演出场所。

了贡献。1977年7月1日,苏州刺绣研究所职工经过3个月的努力,完成了为毛主席纪念堂织造的大型金底缂丝作品——毛泽东诗词手迹《西江月·井冈山》和周恩来总理绣像,并送往北京。常熟县的刺绣工作者也为毛主席纪念堂绣制了总面积达900平方米的39幅花边窗帘。

广播电视事业也有了相应的发展。电台、电视台把宣传党的政策,宣传马列主义、毛泽东思想、社会主义和共产主义,动员人民群众建设社会主义作为主要任务,在发展过程中注意依靠群众、倾听群众的意见和建议,努力为丰富人民群众的精神和生活服务。1978年上半年起,电视台开始试办计划生育、政治经济学、中学数学基础、马克思主义哲学和党的建设理论等讲座,受到群众的欢迎。

第二节 传统文化与园林的保护和开放

一、传统艺术形式的整理和改造

苏州传统戏曲传承悠久,种类众多,为广大群众所喜闻乐见。但解放初期,由于种种原因,这些传统戏曲处于式微困窘状态,大部分艺人社会地位低下、生活困苦,传统戏曲在其发展演变过程中也被打上了封建社会的深刻烙印,精华与糟粕并存,包含不少宣扬封建礼教和迷信的成分。为使戏曲发展适应新社会、新时代的需要,根据中央《关于戏曲改革工作的指示》精神,1950年年初,苏州市开始对旧戏曲进行改革,1月,戏曲改进委员会成立,着手开展具体改革工作。戏曲改革的重点是"改人、改制和改戏"[1]。"改人"方面,召开艺人座谈会、讲习会、时政班等,加强政治理论和形势教育。通过宣传教育,广大艺人认识到艺术创作离不开生活,作品生命力最深厚的源泉在人民群众之中。"改制"方面,在剧团内部逐步推行导演制,废除了带有封建性质的班主制、师徒制等;改变了旧戏班后台供神、打骂学徒等一些陈规陋习;建立了民主管理制度,有的剧团民主选举出团委会,加强剧团集体领导。"改戏"方面,戏曲界着手进行改革传统剧目,编演反映新时代人民群众工作、生活的新作品。10月中旬,开明大戏院演出新式京剧《九件衣》,前后连演48场,观众达七八万人次,引起很大反响,上海、无锡、常州等地的剧团纷纷派人前来观摩。在新式京剧的影响和带动下,其他地

---

[1] "改人"指改造戏曲艺人的世界观,引导艺人提高政治觉悟和增强为人民群众服务的意识;"改制"指改革戏曲剧团的管理体制,废除旧剧团内部封建管理制度,建立新的民主管理制度;"改戏"指改革戏曲艺术的内容和形式,清除戏曲剧本和戏曲舞台上旧的落后因素。

方戏团也纷纷改编上演了《九件衣》《白毛女》等新剧。

评弹和昆曲是苏州戏曲改革的重点。市文联多次举办评弹艺人讲习班,通过集中学习中国革命发展史和有关戏曲改革的文件精神,了解党和政府的中心工作和政治任务,提高了评弹艺人的政治觉悟,也为他们提供了创作素材。评弹界也主动适应形势的变化,不仅主动学习时事政治和中国共产党的文艺理论,弃说旧书(当时称"斩尾巴"),积极改编传统书回(改编后的作品称为"二类书"),还尝试组织起来,于1951年11月成立了苏州市新评弹实验工作团。此外,评弹协会还组织艺人自发编写历史题材新书,改编现代长篇小说,如《新儿女英雄传》《平原烈火》《刘巧团圆》《白毛女》等现代书。对于苏州艺术瑰宝昆曲,贯彻"百花齐放,推陈出新"的方针,采取各种措施,努力使式微的昆曲重获生机。1951年4月17日,市文联邀请苏沪著名昆曲艺人在开明大戏院举行观摩演出。1952年,苏州昆剧研究会成立,对抢救昆曲艺术,扩大昆曲社会影响起到积极作用。

1953年始,苏州文艺战线坚持"为工农兵服务、为人民服务、为社会主义服务"的方针,先后成立苏州开明京剧团、苏州评弹团、江苏省苏昆剧团等文艺团体,创作了许多人民群众喜闻乐见的文艺作品,使传统文化艺术得到蓬勃发展。昆曲方面,由昆曲老艺人传艺,培养出一批"继"字辈青年演员。苏剧在音乐配器、服装、化妆等方面进行大胆革新和尝试,形成了朴实细腻、清丽明快的表演风格。京剧方面,建立开明京剧团,该团改编整理的《秦香莲》尤受各地观众喜爱。评弹方面,在继承和发扬长篇评话和弹词艺术精华的同时,根据新时代的特点开拓短篇、中篇等形式。滑稽戏形成规范的、具有地方特色的新型戏种。

在20世纪60年代的调整时期,评弹、昆曲等戏曲艺术及国画方面,原有的专业队伍经精简整顿后整体水平得到提升,新生力量迅速成长,许多传统的艺术得到继承与发扬,新的创作不断涌现。1961年7月18日陈云在苏州调研,就传统评弹《珍珠塔》发表意见时指出:"现在大家对《珍珠塔》改得都很认真,这个精神是好的。现在不要忙作结论,也不要公开批评,让大家鼓足勇气改,多种方法试验,时间长一些,经过比较,可以知道改的程度,是大改还是小改。评弹应该经常到北方去演出,一方面扩大影响,同时也是提高艺人文化水平的一种方法。让他们看看故宫、长城,游山玩水,开阔眼界,还要让他们多读些小说,多看些书画。希望苏州和上海合作培养出更多更好的演员。"[1]这次谈话后,经江苏省委

---

[1] 本刊编辑部:《陈云与评弹界交往纪事》(上),《党的文献》2012年第4期。

和苏州市委同意,苏州评弹学校开始筹建。次年 12 月 27 日,陈云在苏州休养,就传统评弹《孟丽君》的改编发表意见时指出:"《孟丽君》的改编很成功,集中了二类书的优点,可算是这类书的代表作。""这部书在说理方面是成功的。""唱词也安排得比较集中,用了很多典故,用得很好。这对提高听众的文化水平有好处。"这部书的不足之处在于有些地方"道理讲得不够……使人听了不能完全信服。还有些常识性的问题,说得不正确。书中有一些地方,古代人说现代人的话,是不合适的,孔夫子不能穿列宁装"。[1] 1963 年 1 月 31 日,周恩来到苏州看望陈云以及作家、盆景艺术家周瘦鹃。周恩来在观赏了周瘦鹃陈列在爱莲堂前的盆景后说:"周瘦老,你的园艺技巧全国闻名,要好好管理,精益求精,为广大群众服务,为国际友人服务,为社会主义服务!""你的散文也是百花园里的一朵花。"[2] 10 月 21 日,苏州评弹团进京演出受到周恩来接见。同年,苏州市滑稽剧团创作演出的《满意不满意》被拍摄成电影搬上银幕。

"九一三"事件后,根据地委、市委要求,宣传、文教战线干部职工认真学习理论,用社会主义文化占领思想阵地,努力抓好基层群众文化建设。苏州各电影院、电影放映队连续放映《海霞》《创业》等影片,结束了苏州近十年来银幕上只放映革命样板戏和舞台只上演革命样板戏的历史。1975 年 10 月,苏州电视台正式转播中央电视台节目。

"文化大革命"结束后,随着思想的逐步解放和社会生活的不断改善,文化艺术事业也日趋繁荣。文艺工作者认真贯彻"百花齐放、百家争鸣"的方针,解放思想,深入生活,大胆创新。苏州专业艺术团体的恢复和重建,使文艺活动呈现出多姿多彩的繁荣景象,涌现出一批较好的作品和剧目。苏州各地普遍建立乡镇文化中心、工矿企业职工俱乐部和居民委员会文化室,基层群众文化活动丰富多彩,极大地活跃了苏州城乡文艺舞台,受到广大人民群众的欢迎和喜爱。文艺园地"百花齐放"的繁荣局面逐步形成。

1977 年 5 月 16 日,全国人大常委会副委员长陈云在杭州同苏州市评弹团演员谈话,了解评弹团的人员、书目、演出、经济等各方面的情况,特别问到一些知名评弹演员的近况,并提出想请苏州评弹团演出。6 月,经陈云提议、文化部同意,在杭州举行了评弹座谈会。陈云对"文化大革命"时期所谓的评弹"大改革"持否定意见,在座谈会上,他写了《对当前评弹工作的几点意见》,认为:"评弹应

---

[1]《陈云同志关于评弹的谈话和通信》编辑小组:《陈云同志关于评弹的谈话和通信》(增订本),中央文献出版社 1997 年,第 72、73 页。

[2] 中共中央文献研究室:《周恩来年谱(1949—1976)》中卷,中央文献出版社 1997 年,第 529 页。

该不断改革、发展,但评弹仍然应该是评弹。评弹艺术的特点不能丢掉。"他还提出,评弹要"面向农村,到农村说书"。[1]陈云为苏州评弹"拨乱反正",使苏州评弹重获新生,开始新一轮的进步和发展,在曲调、书目上都有较快的恢复。1978年,苏州举行全省评弹会演,评弹演员和艺术家们进行了艺术交流。当年,苏州市创作、改编、整理了中长篇弹词、评话《白衣血冤》《野火春风斗古城》《太湖游击队》《三国》等近30部作品。其中,控诉"文化大革命"的书目《于无声处》连演2个月,场场爆满;《白衣血冤》演出200多场,听众达20万人次。

二、园林的保护和开放

苏州是一个名胜古迹和园林众多的古老城市,但近代以来,由于历经战争的破坏和反动政府的腐朽统治,不少园林都遭到不同程度的损毁。针对这种情况,苏州市的第一个五年计划中,就提出要对名胜古迹和园林进行适当的整修和维护。1953年6月,苏州市成立了园林修整委员会,到1957年先后组织修整了狮子林、沧浪亭、环秀山庄、留园、怡园、天平山、寒山寺、玄妙观三清殿、双塔和虎丘塔等名胜古迹。1956—1957年,先后将48处文物古迹列为江苏省第一、第二批文物保护单位,为保护和修复园林古迹和古城风貌打下了基础。[2]

在十年建设时期,苏州市的文物古迹、园林名胜保护工作得到切实加强。市人委批转市建设局《关于制止和妥善处理私挖城墙砖石的报告》和市文物保管委员会《挖掘城基、破坏古墓葬的情况》后,有关公社、街道办事处和公安派出所加强了对群众爱护文物的教育,发现盗挖、损坏文物的行为及时予以制止,对情节严重的,交由政法机关依法处理。太平天国忠王府、拙政园、留园、文庙宋代石刻、云岩寺(虎丘)塔、甪直保圣寺宋塑罗汉像等,1961年3月由国务院公布列为第一批全国重点文物保护单位;寒山寺、沧浪亭等48处文物,1963年3月由苏州市人民委员会列为苏州市第一批文物保护单位。沧浪亭还收到1964年1月10日中共中央副主席、全国人大常委会委员长朱德到苏州视察时赠送的10盆川兰及一部《兰花谱》。至1965年,苏州共修复并开放园林12处、名胜古迹8处。

在"文革"初期的"破四旧"中,苏州的文物、古迹、寺庙、古典园林在劫难逃:

---

[1]《陈云同志关于评弹的谈话和通信》编辑小组:《陈云同志关于评弹的谈话和通信》(增订本),中央文献出版社1997年,第76、77页。

[2] 苏州市发展和改革委员会、中共苏州市委党史工作办公室:《社会主义建设时期苏州经济工作(1953—1966)》,中共党史出版社2008年,第9—10页。

虎丘千手观音等佛像、玄妙观铁鼎等宝鼎、纪念范仲淹的"先忧后乐坊"、唐寅墓的牌坊、寒山寺、上方山楞伽寺等先后被毁坏。为保护珍贵的文化遗产，苏州许多有识之士冒着风险，采取多种抢救措施。如市园林工作者根据周恩来"苏州要保护"的指示，连续工作一周，将各园林的"书条石"等文物用各种办法保护起来；当来自天津市的红卫兵欲把沧浪亭五百名贤祠看作"破四旧"的对象时，园林工作者将石雕全部涂抹后再刷上一层石灰水，又写上"革命"语录，这样才把五百名贤祠保存下来；红卫兵打算凿掉虎丘山剑池旁的摩崖石刻"风壑云泉"，园林工作者用"为人民服务"五个大字覆盖其上，才保住了这一珍贵的古书法石刻。

市园林管理处还克服困难，在对园林进行保护和修缮的同时，尽可能地对外开放。1972 年，西园寺和寒山寺经修缮后开放；1973 年，怡园经修缮后开放。苏州园林的修缮与开放，丰富了人民群众的文化生活。

1978 年，为了挖掘园林文化，发展旅游业，苏州将发扬园林艺术与促进旅游开发相结合，对园林古迹采取一系列保护和管理措施，进行修缮、维护，并向公众开放。5 月 1 日，千年古寺寒山寺经过整修后，重新对游客开放。此外，还进一步开发开放了一批旅游场所，规范和提升旅游工艺品、纪念品的生产，以优雅整洁的环境为游客服务。苏州各大园林全年共售出国内游客门票 748.3 万张，接待国际游客 2.77 万人次，创汇 30 万元。旅游业的发展带来的资金和市场，推动了园林风景点、线的建设和城市基础设施的改善，促进了商业、饮食、交通等行业的发展，特别是苏州传统工艺品，如刺绣、丝绸、缂丝、玉雕、木雕、苏扇、书画、湖笔等，深受中外游客的青睐。这种将园林文化、民间传统工艺品同旅游相结合的发展模式，既彰显出苏州独特的文化特色，又带来经济效益，实现了文化事业与经济发展的双赢。

第三节　科学技术的发展

新中国成立后，苏州地区的科学技术尽管受到诸如反右派斗争扩大化和"文化大革命"的严重冲击，但在总体上仍呈现出不断发展的趋势，并且在不同的历史时期均取得过一些在国内甚至国际上领先的科技成果。在农业工具革新和工业新技术的推广和运用上也做了不少工作，并取得了明显的成效。

一、农业工具革新和机械化

生产工具的技术革新涉及工农业生产的所有领域和全部过程。因谷物中常有石子、小稻、灰砂、稗子等杂质,苏州慎丰米厂劳动模范张仲庆在生产实践中不断总结经验,于1954年先后发明了半自动筛和自动除杂风车,能有效地将石子等杂质从成品中排除掉。[1]从1953年第四季度起,中华布厂技工将万宝龙头进行了改装,提高了布匹的质量;自立绸厂技工改装了翻丝车架,一年可节约3 000万元;立丰布厂技工改装了盘头更换装置,既节省了工人的体力,又节约了一半时间;美纶织带厂发明了自动牵纱车,每年可节省495万元;该厂技工将从机器上漏下来的下脚油提炼成纯净油,全年可节约26.862万元;赵义昌铁工厂技工将车床上的外圆形走刀改进为圆弯型,并实现了自动化生产,产量提高了一倍,质量提高了100%。[2]

"大跃进"运动时期,苏州地区农业生产工具的改革和创新层出不穷。

(一) 农具改革与农业机械化

农村社会主义改造完成以后,中央对农业现代化问题日益重视,提出了实现农业机械化的要求。1958年3月,毛泽东在成都会议上指出,"改革农具的群众运动应该推广到一切地方去,它的意义很大,是技术革命的萌芽,这是个伟大的革命运动。因为几亿农民在动手动脚,否定肩挑的反面,一搞就节省劳力几倍,以车子化代替肩挑,就会大大提高劳动效率,由此而进一步机械化"。[3]会议通过了《中共中央关于农业机械化问题的意见》,要求全国各地普遍积极推广农具改革运动。之后,农具改革运动在全国普遍展开。为了推动农具改革运动的发展,农业部于1958年4月成立了农具改革办公室,此后省、地、县各级政府按要求相继设立了农具改革办公室,专门负责组织和管理农具改革运动。

1958年5月6日,《人民日报》发表《进一步开展农具改革运动》的文章,指出:"我国目前的改良农具、半机械化、机械化同时并存的局面,当前应当以改良

---

[1](苏州)市工会西区办事处:《技术革新简报》,1954年7月24日,苏州市档案馆藏,档号A32-6-1954-54。
[2](苏州)市工会联合会北区办事处:《有关总结第四季度以来技术革新先进事例汇报》,1954年5月26日,苏州市档案馆藏,档号A32-6-1954-69。
[3] 农牧渔业部农业机械化管理局等:《中国农业机械化重要文献资料汇编》,北京农业大学出版社1988年,第1368页。

农具为主,同时尽快地逐步实现半机械化和机械化。"[1] 7月26日,《人民日报》发表社论,强调:"我国农业生产力发展的道路,是通过群众性的农具改革运动,使我国落后的农业技术,经过改良农具、半机械化、机械化到现代化。"[2] 按照这个要求,在中共八大二次会议后,农业战线上的技术革命运动发展到以实现滚珠轴承化——半机械化为中心的新阶段。经过大张旗鼓的群众运动,到8月中下旬,一些地方纷纷宣告基本实现了滚珠轴承化。进入秋季后,又有更多的省份和城市宣布基本实现了滚珠轴承化。1959年4月,毛泽东提出了"农业的根本出路在于机械化"的论断,并对我国农业机械化的进程也提出了具体要求:我国农业机械化要有十年时间,四年以内小解决,七年以内中解决,十年以内大解决。[3]

苏州专区的农具改革从水利工具的改良开始,先后创造、改良了不少农具,为革新农业技术、提高功效、解决劳力紧张、减轻劳动强度开辟了道路。1958年3月中旬,进一步部署了农具改革运动,并根据各个时期的需要,改装耕犁和排灌机械、改良小农具,大量制造推广捻泥机、手推车,以适应深耕、水利排灌、积肥、泥肥运输的需要。4月,各地出现了以耕犁改良为中心的第一个农具改革高潮,在这个高潮里,全区共生产小拖拉机28台,改制推广各式改良农具247件,基本上完成了改犁任务。[4] 工具改革的中心转向戽水工具和各种运输工具,如江阴县石庄公社刚开工时有70%用人肩挑,后改成四轮平车,大大提高了工作效率。

为了加强对农具改革运动的具体领导,7月地委成立了农具改革办公室,各县农具改革办公室也迅速成立起来。截至1958年年底,全区共推广新农具和改良农具500多万件,基本上达到了把旧式农具改良一遍的目的。群众性的农具改革运动,为提前实现农业机械化、电气化开辟了道路。这其中,比较成功而又受群众欢迎的工具,有机电动力绳索牵引机,各种人力畜力绞关,滑轮式深耕犁,改制的双轮双铧犁,轻便四轮平车,履带式绞关运土器,木制运土火车头,蟹螯型收割器,三麦播种机,连坐耙,罱泥机,自动定向风车,牛车改制的风车,风力磨面机,畜、风力脱粒机,木制水力戽水机,插秧机等30余种。同时,通过对田间动力

---

[1]《进一步开展农具改革运动》,《人民日报》1958年5月6日社论。
[2]《农具革命中的一件大事》,《人民日报》1958年7月26日社论。
[3] 中共中央文献研究室:《建国以来毛泽东文稿》第8册,中央文献出版社1993年,第23页。
[4] 中共苏州地委:《关于农具改革运动情况报告》,1958年5月6日,苏州市档案馆藏,档号H87-1-1958-126。

站的研究,创造了自动移行器和双向犁。这些先进工具的生产,不仅对当时农具改革运动有着极其重要的现实意义,而且为尽快实现农业机械化、电气化开辟了道路。

1959年,苏州地区制订了全区农业机械化、电气化的具体规划,本着多、快、好、省的精神,贯彻小土群的方法,由低到高、由土到洋,建立农业田间动力电站和发展农村小型发电站,使农业生产园艺化、农田管理工厂化、田间主要劳动操作自动化、农副产品加工机电化、邮电交通蛛网化、生活照明电气化、煮饭沼气化,以逐步实现"种田不下地,劳动按电钮,点灯不用油,烧饭不用草"的美好理想。规划指出,实现农业机械化、电气化,还面临解决动力能源的问题。据初步计算,按照上述办法,每一个6 450户、26 000人口、36 000亩耕地面积的人民公社,约需1万千瓦。全专区(162个公社,420万人,580万亩田)共需162万千瓦。解决的办法是以内燃机为主,同时大搞水、风、沼气发电。如,时属苏州专区的奉贤县利用沼气直接开动内燃机试验成功,"可以不用一滴汽油来启动内燃机了"[1]。1959年年底,全区有拖拉机34个混合台,10 448匹马力,机耕面积占总面积的0.38%;排灌机械2 628台,57 331匹马力,机电排灌面积占总面积的63.18%;自动脱谷机207台,380匹马力;载重汽车18辆,1 417匹马力;机动船4条,170匹马力。总计60 400匹马力,平均每109亩耕地有一马力的机械动力。中央的要求是每一千亩地有一台拖拉机,每四千亩地有一辆载重车辆,每15亩地有一马力的机械动力,衡量起来,还有较大差距。[2]

为了弥补差距并根据中央"四年小解决,七年中解决,十年大解决"的指示精神,1960年专区制定了新的目标,总起来说是"四全两满足一小一基本",即排灌、农副产品加工、饲料加工和脱粒全面机械化,农药、化肥两满足,耕作小解决,运输基本机械化。完成上述规划的同时,还需积极试验播种、收割、中耕、治虫等方面的配套机具。为保证规划的完成,一方面坚持党的领导,各级党委必须有一书记挂帅,公社分工一个书记专管;另一方面加强机具的实验研究和鉴定工作。除专区、县建立与健全农业机械研究所外,公社、大队必须建立试验研究小组和鉴定小组,及时发现培养先进工具的萌芽。对先进工具必须做到成功一件,鉴定一件,定型一件,推广一件。

---

[1]《中共苏州地委批转奉贤县委关于利用风力、沼气的情况》,1958年6月21日,苏州市档案馆藏,档号H87-1-1958-126。说明:当时奉贤县隶属苏州专区。
[2] 参见马海涛:《"大跃进"时期苏州地区"技术革命"研究》,苏州大学中国近现代史专业硕士学位论文,2010年5月。

(二) 农具革新和推广运用

首先是推广使用插秧机、收割器。我国农民千百年来都是采取弯腰曲背的方式栽插水稻,1956年初步创制成功插秧机,经过1959年的大面积生产试验,至1960年已发展到大规模推广使用的阶段,这是我国农业迈向机械化的重要一步。

苏州地区主要推广的是湖南醴陵二号甲型插秧机。这种插秧机功效一般比手插提高2至5倍,一般秧苗合格率85%左右,钩秧、伤秧、漏秧一般占株数的5%到10%左右。这种插秧机还能按密植规格灵活调整,秧夹基本和秧箱分离,漏秧时可马上进行补插。机身全部竹木结构,制造容易,成本低,山区、平原、丘陵、沙土均可使用。全区推广48 400多部插秧机,其中80%以上都是这种机型。双季稻和早中稻栽插期间,共培训了37 700多名操作手;使用了16 800多辆机子,占34%;插了31 400多亩秧,占已经栽插早中稻面积的2.35%;功效一般比手插提高1至2倍,质量很好,有一些乍看起来虽然不及手插的整齐美观,返青比手插慢1到2天,但返青后的长势一般都比手插的旺盛。这是因为机插的深浅一致,秧棵散开,没有包心秧,易收露水,有利生长发棵。正如许多老农讲的:"相貌难看实际好。"但在推广过程中,广大群众开始都不相信,反映说:"自古插秧靠双手,从未见过用机器。"少数人甚至抵触反对说:"插秧如能用机器,脚背上也能唱戏。"[1]针对这种情况,中共张浦镇党委确定书记挂帅,乡长具体负责,采取"不信就看,不服就比,不会就学,学会就干"的办法,广泛组织现场表演,进行机插、手插比武。实际上,由于水稻栽培过程复杂,比如每兜苗数多少,兜与兜之间的距离等,都是机器所不能很好解决的问题,所以水稻插秧机在实际推广过程中的效果并不理想。

收割器主要是推广湖南鸡笼割禾器。这种收割器割得快,工效高;每天按劳动10小时计算,一般一人一天能割禾3亩以上,比旧式刀割禾要提高工效2—3倍。而且,这种收割器使用起来既轻便、省力,又安全,适用范围广:无论水田、旱田、倒伏禾都可以使用,也能割麦子;割禾整齐干净,由于它有一个较高的装禾架,禾能自然地进入刀片里面,割断之后,又能装在装禾架的正中,所以禾把割得整齐,不致掉稻子和撒掉谷粒;结构简单,成本低,取材容易,制造一部割禾器,

---

[1] 昆山县委农改办公室:《昆山县张浦公社大面积使用插秧机的情况》,1960年6月10日,苏州市档案馆藏,档号H87-3-1960-30。

只需要少量的铁、木、竹材料,造价只4元左右,铁木工都可制造,一人一天可制一部。[1]但是,使用简单机械收割水稻也存在较多制约因素,最主要的是水稻成熟后容易倒伏,使用机器得不偿失,同时还存在损失较多的问题。因此,水稻收割器成为"群众意见最多,使用最少的一项新工具"[2]。

其次是推广使用绳索牵引机。绳索牵引机是伴随着深翻土地运动而出现的,在深翻土地时,比原来用人工或畜力翻土的效能至少提高了5倍,机力和电力的效能高达几十倍、上百倍。根据动力来源不同,绳索牵引机可分为人力、畜力、风力、水力、机力和电力6种。从实际推广应用的情况看,以人力绳索牵引机为主。一台绳索牵引机通常需要6至8人操作。一人扶犁,其余人员推动绞盘上的木杠,从而推动绞盘转动,绞盘卷起钢丝绳,拉动深耕犁前进,翻开土壤(见下图)。

图6-1 绳索牵引机(资料来源:《新苏州报》,1960年2月16日)

绳索牵引机自出现以来,在苏州地区已经有两年的历史,反复试验达数百次之多,在全国第三次绳索牵引机现场会议上被列为可以推广的8种型号之一。苏州主要推广的是以电力为主的牵引机,因此也被称为电犁(见下图)。

---

[1] 中共苏州地委农具改革办公室:《湖南鸡笼快速割禾器的制造和使用介绍》,1959年2月21日,苏州市档案馆藏,档号H87-2-1960-3。
[2] 中共苏州地委农具改革办公室:《关于水稻快速收割器实验、使用的经验和推广意见》,1959年12月4日,苏州市档案馆藏,档号H87-2-1960-3。

图 6-2　电犁(资料来源:《新苏州报》1958 年 8 月 24 日)

工作时,操犁人坐在冬能防风御雪、夏能免烈日暴晒的工作亭里,一按电钮,电动机便通过钢丝绳把犁牵引过来。根据普遍设点、集中试用的原则,首先选择交通便利、有电源、田多劳少、商品率高、公社积累较多的地区重点推广。计划全区覆盖 16 个公社,约 40 万亩,约占总耕地面积的 6%,其中大解决 10 个公社(每社 200 台,解决 3 万—4 万亩),中解决 4 个公社(每社 100 台,解决 1.5 万—2 万亩),小解决 2 个公社(每社 50 台,解决 0.75 万—1 万亩)。在作业上,要求凡是推广绳索牵引机的地方,都能做到深耕机电化,同时还应积极开展多项作业的试验,即进一步使用它来除草、播种、栽秧等,"树立工农业生产全面跃进的红旗和机电化的标兵"[1]。

"大跃进"运动时期的农具改良和革新运动,虽带有那个年代所特有的印迹,在总体上是一种不成功的探索,但重视农具改良和革新,对于提高农业生产效率、减轻农民的劳动强度等还是有积极作用的。

随着国家工业化进程的加快和农村集体经济力量的壮大,到 20 世纪 70 年代中后期,苏州地区的农业生产已基本实现机械化,其中尤以推广使用常州拖拉机厂生产的中型、手扶两类拖拉机及以其为机身配套的旋耕机、农用水泵(包括大队电灌站的大马力抽水机和生产队使用的小型水泵)、电动脱粒机等最为有效。

---

[1] 中共苏州地委农具改革办公室:《苏州地区关于绳索牵引机推广使用的初步规划》,1959 年 12 月 9 日,苏州市档案馆藏,档号 H87-3-1959-2。

这一时期,除了在农业工具的技术革新和农业机械化方面做了大量工作外,在农作物的良种培育、农业生产技术的推广等方面也做了不少工作,成效较显著的有20世纪50—70年代在金鸡湖等水面施行的"老口当家、仔老混养"养鱼技术,从1971年开始的对大白菜、番茄、甘蓝、黄瓜等四大蔬菜品种的杂优技术试验和推广,20世纪70年代中期推行的猪、鸡、鸭、鱼综合经营生态循环技术等。

二、工业科技成果的推广与运用

新中国成立后,随着社会主义改造的顺利开展,尤其是1956年1月中央召开知识分子会议,提出15年内在主要科学部门赶上世界先进水平的号召后,苏州开始出现向科学文化进军的群众性高潮,向历史上遗留下来的愚昧、无知与落后展开斗争。广大知识分子积极响应使我国科学文化事业迎头赶上世界先进水平的号召,很多工程技术人员、教师、医生按照向科学进军的个人计划,进行业余学习和科学研究。华盛造纸厂工程师利用"破籽花"(次棉花)制造纸浆成功,缓解了造纸原料紧缺的矛盾。市重工业局和农业机械厂建成一座8立方米炼铁小高炉,为以后建立苏州钢铁厂奠定了一定的技术基础。苏州铁工厂成功试制自动化大型阀门,口径达1 000毫米,高3.5米,重5吨,为国内首创。

在1956年社会主义改造的高潮中,各工矿企业开展订立师徒合同、姐妹合同等活动,使徒工的技术水平得到提高。如苏州铁工厂1956年进厂学徒有60%以上订立师徒合同,一般学习2至3个月以后,都能独立操作。纱厂、丝厂等轻纺行业工人通过订立姐妹合同,互相学习、互相帮助,技术水平明显提高。广大工人积极学习科学文化,有些搬运工人把课本放在衣袋中,一有空闲就抓紧看书,停车场没有课桌,他们就坐在地上,把凳子当作桌子练习写字。学习和掌握新技术成为广大工农劳动群众的自觉行动,振亚丝织厂在1956年第一季度举办3期先进生产者学校,学员人数逐渐增多。第1期只有8个学员,第2期增加到18人,第3期吸收了108人。

"大跃进"运动中,工业科技领域也出现了跃进形势,主要表现为将过去只是科研人员搞科研的局面转变为轰轰烈烈的群众运动,群众性的科研活动广泛开展,发明创造不断涌现,全区新产品、新技术较之往年成倍增长,多项产品达到或超过国际水平。新苏丝织厂制造出全国第一台自制全铁自动织绸机;光华水泥厂白水泥的质量跃居世界第一;光明丝织厂创造了一名职工操控8台美丽绸机并使产量增加2倍的奇迹;苏纶纺织染厂的筒摇车速从600转提高到1 200转,自动布机运转速度从190转提高到400转,断头率稳定在350个的全国新纪录。7月24日到8月14日,苏州市召开技术革新交流大会。在持续召开的21天内,全市职工共提出建议117万条,实现革新项目近万个,其中重大革新有286项,有些还夺得了全省、全国乃至世界技术革命的冠军。[1]革新内容,包括发明创造、手工操作改为机械化、改进工具设备、利用代用品、综合利用废料、改进操作工艺规程等。革新的主体非常广泛,工人、技术员、教师、店员、普通居民都积极参加,但以工人的发明创造、革新最多。在大会期间公布的1 000多个项目中,工人革新的占87.89%,技术人员革新的占7.72%,其他占4.39%。

1960年1月4日—10日召开了全区科学技术会议。会上许多代表总结出了大搞科学技术的"十变十好":变手工为机械,提高工效好;变笨重为轻巧,减轻劳力好;变低产为高产,生产跃进好;变次品为优级,提高质量好;变浪费为节约,降低成本好;变无用为有用,废物利用好;变危险为安全,劳动保护好;变疾病为健康,延年益寿好;变贫穷为富裕,改善生活好;变"凡人"为"仙人"(指卫星上天、预测天气变化等),增长才智好。重工、化工两个研究所1959年试制成功电火花制模机等8项新产品,投入生产后,1960年即可为全市增加工业产值3 500万元。吴江盛泽公社竹业生产合作社发明了劈篾器,提高工效100倍。专署粮食局总结推广无器材仓库,为国家节约资金29万元。在科技创新和技术进步中,广大群众发挥了重要作用。如太仓县利泰纱厂设备陈旧,细纱机车速只有180—200转,仅能纺14支纱,技术难关长期得不到解决,经在全厂发动群众,实行领导、工人、技术人员三结合,大搞技术革新,车速迅速提高到350转,能纺21支纱,工效提高近一倍,棉纱质量全部达到上等一级品。又如苏州玻璃厂试制玻璃丝,按照外国资料要用白金坩埚60只,按现有条件根本无法解决,后来土法上马用白泥坩埚,并改进了原料配方,很快获得成功。[2]

"二五"期间(1958—1965),全市共安排科技项目1 183项,完成778项;推广80项工业技术,其中在重工、轻工、化工、纺织、邮电、建筑、粮食、工艺、计量等系统推广58项,主要有电火花制模机、超声波制孔机、用苯二甲酸酐生产糖精工艺路线、麦草制新闻纸、猪皮静电织绒、普通布机改自动布机、公用电话自动计

---

[1] 据《苏州科学工作情况和今后意见的报告》(1958年8月20日,苏州市档案馆藏,档号C40-1-1958-1)记载,此阶段所谓产品或技术达到或超过全省、全国乃至国际水平,均未经相关鉴定。
[2] 中共苏州地方委员会:《关于召开科学技术工作会议的情况报告》,1960年2月1日,苏州市档案馆藏,档号H1-1-1960-33。

次、檀香扇生产机械化等。1966年推广的有：稀土元素应用、粉末冶金技术、超声波加工、电子束加工、受激光加工、超声波焊接、扩散黏结、爆炸成形、辐射聚合10项新技术。

经历了"文革"初期的急剧动荡后，科技事业逐步得到恢复。1972年6月，市委提出"把苏州建设成为以轻工产品为重点的，轻重工业协调发展的新型工业城市"后，各级党组织认真落实党的政策，调动干部、技术人员和工人的积极性，充分发挥"三结合"科技队伍的作用，把群众性的科学实验活动开展起来。苏州市先后恢复、新建机械研究所、化工中心试验室、轻工产品设计研究所、刺绣研究所等科研机构，地区农科所也得以恢复。苏州市还成立金属切削、电加工、无氰电镀等新技术推广交流队，组织技术会诊，攻克技术难关。在科技干部、群众的努力下，苏州涌现出一批新技术、新工艺、新产品成果。如苏州市水产养殖场成功开展珠蚌的人工繁殖，无线电厂研制出运算速度每秒1万次数字控制电子计算机，苏州晶体元件厂与苏州钟表元件厂联合试制成功激光打孔机，苏州八一电子仪器厂、电讯仪器厂分别试制成功大屏幕投影电视机、中文快速译码机。"四五"期间，组织金属切削、优选法、可控硅、电加工、无氰电镀等新技术推广交流队，优选法推广应用取得40余项重大成果；金属切削交流队推广63项技术。1974年重点推广降低高炉焦比技术、小合成氨厂技术改造、劣质煤沸腾燃烧锅炉、不重磨机械夹固式硬质合金刀具、新型墙体材料、电动络纱插管联合机、自动缫丝机7项新技术。

在1975年整顿期间，科技战线提出贯彻"鞍钢宪法"〔1〕，改革规章制度，干部参加劳动，工人参加管理，工人群众、领导干部和技术员"三结合"，充分发挥技术人员的作用，掀起"革新、改造、挖潜"的热潮，进行技术革新和技术改造，改善生产条件，提高生产水平，改变生产技术面貌。

"文革"结束后，工业生产上开发利用现有自然资源和能源，发展基础原材料工业；发展电子工业和轻工新技术，研制新型仪器仪表和精密机械设备；积极研究推广"四新"〔2〕，改进生产方式和工艺水平，提高劳动生产率。

1978年在工业生产上推广了远红外干燥技术、改炉节焦、改造冲天炉、锅炉水处理、金属和非金属防腐蚀材料及黏结、汽车优化器优选节油、热处理新技术

---

〔1〕"鞍钢宪法"是1960年毛泽东在中共中央批转中共鞍山市委《鞍山市委关于工业战线上的技术革新和技术革命运动开展情况的报告》的批示中提出的，其主要内容是"两参一改三结合"制度，具体指干部参加劳动，工人参加管理，改革不合理的规章制度，工人群众、领导干部和技术员"三结合"的制度。

〔2〕"四新"指新产品、新工艺、新材料、新技术。

（有离子氮化、气体软氮化、气体炭氮共渗、水溶性淬火介质、流动粒子炉等）、冲床光电自动控制安全装置、简易程控和电子数控技术、无氰电镀新工艺、焊接新技术等13项新技术。

三、科技普及和研究工作

新中国成立后，苏州地区的科技普及工作是在1956年7月市科学技术普及协会成立后全面展开的。市科普协会经常深入郊区农村和城市居民区举办科普讲座与展览、发放科普资料，向广大农民和工人普及科技知识。市科普协会还经常邀请本地或外地的知名科学家举办科普讲座或做科普报告，每年听众近万人次。1966年"文革"爆发后中止。1978年科普讲座恢复，向机关干部、企业领导人、科技人员和青少年重点讲授能源、电子计算机、遗传工程、激光和红外线科技知识。

科普协会还通过办展览、放电影和编印、发放科普资料等方式进行宣传。1956年，市科普协会先后举办过破除迷信、人造卫星、电学等展览会，宣传科学知识。1960—1964年间，举办过先进金属切削刀具、计划生育等展览。1956年，市科普协会向郊区农村发放科普资料，举办农业科技函授学校，还送科普箱下乡。1958年，市科普协会将群众性技术革新中的600多项突出成果加以整理，组织交流，事后编印《苏州市工业、基建、交电、财贸技术革新、技术革命资料汇编》，分发到各单位。1960—1964年间，在《苏州工农报》上组编《学科学》副刊，先后发表科普文章500多篇。"文革"中停止后，于1978年恢复编发科普资料工作。

从事科学研究，离不开对科研人员的培养。新中国成立时，苏州共有自然科学技术人员1 247人（含中医，不含教学人员）。此后，随着大中专毕业生数量的逐年增加，苏州地区的科研力量逐步增强。据1956年统计，全区共有知识分子9.97万人，其中工程师8人，农技人员332人。到1964年全市有工程师、助理工程师113人。[1]

"文化大革命"结束后，党和国家高度重视科学技术的进步和发展，科技从业人员的社会地位得到提高，他们从事科学技术研究的积极性高涨，科学技术的发展进入提速阶段。1977年12月24日，苏州市召开科学技术大会。会议提出全

---

[1] 苏州市地方志编纂委员会：《苏州市志》第三册，江苏人民出版社1995年，第665、666页；中共苏州市委党史工作办公室：《中国共产党苏州历史》第二卷（1949—1978），中共党史出版社2014年，第175页。

市科学技术发展规划"两步走"纲要[1],表彰了在科学技术工作中全市涌现出的55个先进单位、先进集体和178名先进科技工作者,对他们在生产实践和理论研究中有贡献的300项重大科技成果给予表扬、奖励。会议选出由102名委员组成的市科协第五届委员会,宣布授予26名技术人员相应的副总工程师、工程师等技术职称的决定。根据大会的不完全统计,全市共有科技人员5 794人,其中工程师66人,技术员4 321人,助教以上教职人员626人,主治医生以上医务人员160人,普通中学及国家机关中大专院校理工科毕业的教职员和工作人员621人。科技大会后,苏州加大对科技事业的投入,培养科技工作者,建立新的科研单位,加强科技产品的研制和生产,为农业和工业的发展提供动力。到1978年6月,全市已有自然科学技术人员9 651人。[2]

为了加强科研创新能力,苏州恢复和组建了市科技协会和16个专门学会、19个独立研究所,着重加强对科技干部的培养工作,除恢复原有技术人员的职称外[3],又晋升了710名助理工程师、讲师、主治医师以上科技工作者的职称。各级党委积极落实知识分子政策,为科技工作者平反冤假错案。为了使科技工作者能够人尽其才,相关部门调整科技工作者的岗位,帮助400多名用非所学的科技工作者回到合适的工作岗位,一批优秀的知识分子走上各级领导岗位,大大提升了科技工作者的地位和作用,激发了这些科技工作者的创造性和积极性,促进了苏州科技事业的加速发展。

地区各县提高了对科学技术发展的重视程度和投入力度。沙洲县委于1977年6月27日召开万人大会,传达中央关于科学研究工作的指示;1978年8月14日,县委、县革委会召开科技大会,讨论通过了《1978—1985年沙洲县科学技术发展规划》,表彰了先进集体和科技工作者。1977年和1978年两年间,沙洲县共设立省、地区科研项目16个,县科研项目92个,投资14.39万元,完成了其中的99个项目。太仓县委加快落实知识分子政策,表彰先进科技工作者,整顿和健全科研机构。1978年,太仓县共完成省、地区批准下达的科技项目34个,上报科技成果20项。吴江、昆山、常熟等县也通过表彰先进科研单位和科技工作者、加大科技领域的投入、开展科技培训等方式,促进科学技术发展水平的提高。

---

[1] 根据"两步走"纲要,苏州市计划分别用3年和5年的时间,培养一定数量的科技工作者,建立新的科研机构,研制和生产新的科技产品,逐步提高工业生产的自动化水平,提升整体的科技发展水平。

[2] 苏州市地方志编纂委员会:《苏州市志》第三册,江苏人民出版社1995年,第666页。

[3] 据统计,从1977年至1979年,苏州市共有2 793名专业技术干部的技术职称得以恢复,其中工程师158名,技术员和助理技术员2 653名。见苏州市地方志编纂委员会:《苏州市志》第三册,江苏人民出版社1995年,第520页。

从苏州解放到1978年年底以前,苏州在科学技术研究方面所取得的成果除了在工农业生产和医疗上的应用和推广外,还有以下一些代表性的成就:"大跃进"期间,公私合营苏州眼镜厂试制成功中国第一架台式万能投影仪,苏州医学院和光学仪器眼镜生产合作社试制成功当时中国最高水平的1500倍斜视显微镜,人造宝石厂试制成功国内第一批工业用人造宝石。1962—1963年间,水泥制品厂研制成功国内首创的钢丝网水泥农船。1964—1965年间,全市共安排科技项目247项,完成168项,代表性的有高强度悬式绝缘子、D7540电解刀磨床、B50机械式振动台等。1966年上半年完成了当年安排的125项科技项目中的82项,试制成功的投影仪、单色仪、干涉仪、振动试验台等处于国内领先水平;金刚石砂轮、烧结刚玉砂轮、陶瓷铬刚玉砂轮和金刚石笔,达到同期联邦德国和苏联的先进水平。1970年科技机构恢复工作后,又先后取得了激光经纬仪和陀螺经纬仪、硅低频低噪声晶体管、微泡法印制拷贝胶片等数百项新成果。

新中国成立以来苏州市所取得的一大批科技成果中,有的填补了国内空白,有的达到了当时国内乃至国际的先进水平,产生了广泛的社会影响。1958—1966年间,苏州向国家科委登记的科技成果有195项,其中工业56项、农业2项、医疗卫生128项、其他9项;有7项获国家奖励,其中获二等奖的有101-A型眼科手术刀包、烧结刚玉磨具和碳硅硼磨料、钢丝网水泥农船,获三等奖的有2S-600电磁振动台、石膏矾土膨胀水泥和低钙铝酸盐水泥。在1978年3月召开的全国科学大会上,苏州市有69项科技成果获奖,其中工业62项。在5月召开的省科学大会上,苏州市有81项科技成果获奖,其中工业72项。[1]

在社会科学研究方面,同样取得了不俗的成就,但绝大多数真正有学术水平的研究成果均发表(出版)于20世纪50年代和60年代前期。在文学评论方面,代表性的研究成果有:范烟桥的《民国旧派小说史略》、杨柳的《水浒人物论》和《聊斋志异研究》、刘开荣的《唐代小说研究》、范伯群和他人合作的《郁达夫论》《冰心评传》等。在外地的俞平伯等则是闻名海内外的泰斗级的文学研究专家。

在史学研究成果方面,著名史学家、江苏师范学院历史系教授柴德赓等也发表了一些有影响力的研究成果。柴德赓在史学研究和教学工作中,特别重视对史料的挖掘和考证,他于1955年12月在玄妙观机房殿(俗称祖师殿)南墙下发现的"永禁机匠叫歇碑"实物,为研究18世纪中国纺织业中的资本主义萌芽问题,提供了极为重要的资料,曾引起史学界的轰动。他主持编辑的《中国近代史

---

〔1〕 苏州市地方志编纂委员会:《苏州市志》第三册,江苏人民出版社1995年,第671页。

资料丛刊·辛亥革命》为研究辛亥革命史提供了必备的基础史料。他发表的《从白居易诗文中论证唐代苏州的繁荣》等学术论文为推动苏州地方历史的研究起到了重要作用。在外地的苏州籍学者顾颉刚更是享誉海内外的史学大师。

此外,蒋吟秋对图书馆学的研究、纪庸对金石学的研究等也都产生了较大的学术影响。草鞋山遗址等的发掘则为研究苏州地区的史前文明提供了重要依据。

第四节　卫生事业的发展

一、地方流行性疾病的防治

苏州地区是血吸虫病流行的严重灾区。区内血吸虫病流行最严重的是昆山县的部分乡村。血吸虫病影响人民"五生"(生长、生产、生活、生育和生命),造成户绝村灭。昆山县茜墩乡金星村百家荡的土马泾、竹丝浜2个自然村,1939年有20户人家、96人,10年内病死76人,8户人家灭门,土马泾变成枯木泾,竹丝浜成了螺丝浜,民谚说:"百家荡,害人荡,荒草滩,钉螺场,一进百家荡,就把命来丧。"苏州市虎丘汤梗村原是一个地多人多的村,由于血吸虫病的危害,到1949年解放时全村仅剩1人。还有许多村变成"不闻人声只见坟,田地荒芜无人耕"的"无人村"。

1949年前,苏州地区除沙洲县外,累计钉螺面积4.47亿平方米,血吸虫病人117万人,占全国血吸虫病人总数的10%。在20世纪60年代,全国确认的10个重点流行县中,江苏省有3个,即苏州地区的昆山、常熟、吴县。这说明,血吸虫病在苏州地区的流行情况是很严重的,详见下表。

表6-3　1954年前血吸虫病流行情况

县别	全县乡数	调查乡数	化验人数	阳性数	%	10%以下	10%~20%	20%~40%	40%~60%	60%以上	未发乡数
昆山	111	39	22 959	11 291	49.17		1	7	17	14	
太仓	108	18	9 914	3 555	35.86	6	1	3	7	1	
常熟	215	21	9 929	4 733	47.1		1	3	14	3	
吴江	115	26	61 118	11 436	18.5	6	9	10	1		
吴县	110	22	11 575	3 664	31.4	4	4	7	5	2	
震泽	47	1	423	89	21			1			
苏州市	47	9	7 970	1 947	24.2		3	5	1		

(续表)

县别	全县乡数	调查乡数	化验人数	阳性数	%	10%以下		10%~20%		20%~40%		40%~60%		60%以上		未发乡数	
						乡数	%	乡数	%	乡数	%	乡数	%	乡数	%	乡数	%
合计	1 222	193	168 586	45 044	26.8	36	18	31	16	53	27.5	49	25	20	10.3	3	1.5
说明	调查乡数最多者每乡化验3 000~5 000人,如吴江震南乡黎里镇,最少者不少于50人,一般化验300~500人;化验人数和乡数不包括1955年1~9月的数字;合计乡数中包括苏州市及县区直属镇和无锡、江阴、宜兴3县在内。																

资料来源:《1954年以前血吸虫病流行情况调查统计表》(原件无成文者和成文时间),苏州市档案馆藏,档号H1-1-1955-18。

其中不同地区和职业群体的感染情况有明显差别,详见下面两表。

表6-4 不同地区血吸虫病感染率

类别	地区	总人数	检验数	阳性数	%
市镇	吴江县八坼镇	3 162	2 235	228	10.3
	苏州市木渎镇	8 066	5 310	591	11.12
太湖沿岸	吴江太庙区庙港乡	4 154	2 419	195	8.06
	吴江太庙区庙盛港乡	5 482	2 482	604	24.3
阳澄湖滨	吴县阳城区城阳乡	2 604	811	143	17.37
	吴县阳城区太平乡	4 058	506	90	17.79
高山区	无锡梅村区梅村乡	4 429	2 214	395	18
	无锡梅村区香平乡	6 806	1 926	308	16
山区	宜兴浜湖区湖汶镇	6 802	1 189	264	22
	宜兴浜湖区川埠乡	4 616	1 714	340	47.6
低地区	昆山巴城镇	3 482	554	223	42.2
	昆山澱东区广泽乡	2 822	856	547	63.9
长江沿岸	江阴夏港草贤乡	5 008	2 240	705	31.47

表6-5 不同职业感染情况

职业分类	化验人数	阳性数	%	调查地区	备注
工人	4 874	349	71.5①	常熟、吴县等	
农民	3 589	1 164	32.4	常熟、宜兴	系参加互助合作农民
部队	859	21	2.5	江阴、宜兴、吴江	
干部	2 210	190	8.6	太仓、宜兴、吴江	

(续表)

职业分类	化验人数	阳性数	%	调查地区	备注
中学生	35 802	3 200	8.93②	无锡、宜兴、江阴等	
小学生	20 212	2 771	13.71		
渔民	901	298	33	常熟、吴江、宜兴等	
居民	30 287	2 931	9.6③	宜兴、常熟、太仓等	

资料来源:《苏州专区不同职业血吸虫病感染率》,1954年,苏州市档案馆藏,档号H1-1-1955-18。

说明:① 原文如此,应为7.16。② 原文如此,应约为8.94。③ 原文如此,应约为9.68。

1950年,全区开始血吸虫病防治的调查试点工作。到1978年年底,全区基本消灭血吸虫病。这一时期,苏州地区的血吸虫病防治工作经历了4个阶段。

第一阶段(1950—1955年),血防工作起步阶段。1950年7月,苏南行政公署在吴县木渎镇建立苏南木渎血吸虫病防治站(1952年10月改称苏州血吸虫病防治所),培训血防人员,宣传血防知识,初步摸清血吸虫病流行情况。1951年春,在征兵体格检查中,发现苏州青壮年农民感染血吸虫病的情况极其严重,粪检阳性率:吴县34.10%,昆山县71%,太仓县双凤区74%。从1952年起,苏州专区在16个乡进行血防试点,苏州血防所在吴县陆墓区徐庄乡和昆山县茜墩区西宿乡试点。但是,由于指导思想不够明确,血防部门孤军作战及受治疗水平的制约,全区血防工作进展缓慢,效果也不理想。1955年,苏州专区有90个区镇和799个乡流行血吸虫病,分别占区镇、乡总数的79.65%和71.66%;共粪检45.3万人,查出病人11.7万人,感染率约25.83%。按此推算,全区有血吸虫病患者80多万人,其中昆山县最严重,感染率达49%以上,耕牛感染率约为7.08%。

第二阶段(1956—1963年),大规模开展血防工作阶段。1955年12月,根据中共中央主席毛泽东"一定要消灭血吸虫病"的号召和第一次全国防治血吸虫病会议精神,地委决定,将过去血防部门孤军作战转变为全党动员、全民动手、大规模开展血防工作的群众运动,建立地委防治血吸虫病七人小组及其办公室。1956年2月,地委发出《苏州地委消灭血吸虫病规划》,指出:"推算全区血吸虫病患者有103万人左右(包括15万复发和新感染的估计数字在内)","各县的流行情况:昆山县和常熟、太仓(3个区)最严重,感染率达40%~50%;吴县、吴江、震泽、苏州市郊等地感染率达20%左右;江阴、无锡、武进、常熟市等地感染率达10%~15%。另外,全区钩虫病感染率约5%~28%;丝虫病在部分地区流行,感染率约5%~23%;疟疾则普遍流行"。为此提出:"在四年内,基本消灭血吸虫病及钩虫、丝虫、疟疾等主要地方病。"

专区按照中央提出的"全面规划,加强领导,依靠互助合作,组织中西医力量,积极防治,逐步消灭"的防治方针,于1956年2月1日—6日召开了消灭血吸虫病中西医代表会议,4月13日—16日,又召开血吸虫病防治工作会议。从1月到4月上旬,已在8 862条河沟中土埋钉螺208万平方米,捕捉9 600多斤,迁移粪缸42万余只,搭棚17万余只,加盖3万余只,设立医疗点119个,共治疗病人7 324人,正在接受治疗的病人5 643人,检验39万人,培养保健员16 504人。[1]

1956年,上海、南京、常州、无锡等城市和部队医院组织上千人的医疗队到苏州举办短训班,开展查病和治疗工作。全专区办起数百个化验组和治疗组,粪检58万人,查出病人8.6万人,治疗4.2万人,超过前6年治疗总数的30%;同时,出动55.6万个劳力,全面查螺,共查出有螺面积2 787万平方米,捉到活螺1 577公斤。在兴修水利中,采取开新河填旧河、移位压螺等灭螺措施,灭螺面积370万平方米;迁移河边粪缸68万只,搭棚加盖47万只。1957年,组织医生1 600多人分赴农业社,开展驻社查病、治病,改变过去单纯集中在集镇上治疗的做法;共粪检57.6万人,查出病人12万人,治疗3.5万人;同时,结合兴修水利进行灭螺,共灭螺1 113万平方米,捉到钉螺400公斤,使钉螺密度下降80%;还有38个乡镇搞好了粪便管理。在1958年"大跃进"中,地委连续几次修改规划,将四年消灭改为两年消灭,最后改为一年消灭,提出:"苦战几个月,基本消灭血吸虫病,向国庆献礼。"全专区大搞摆擂台、夺红旗、争速度、放卫星等评比竞赛活动,出动200万劳力,结合兴修水利进行土埋灭螺,共灭螺3 870万平方米,占当时有螺总面积的98.22%,使钉螺密度下降到0.05只/平方市尺以内;共粪检155万人,查出病人32.8万人,治疗28.9万人,加上原来收治的病人,全专区已有90%以上的病人得到治疗;推广酒石酸锑钾静脉注射三日疗法以及中草药治疗中晚期病人,加快了治疗速度;还对3 000头病牛进行治疗。在1958年国庆前夕,震泽县、昆山县、常熟县、太仓县和苏州市向中共中央、省委、地委报告实现了基本消灭血吸虫病的目标。

---

[1] 中共苏州地方委员会:《关于展开全区血吸虫病防治工作会议的情况报告》,1956年4月23日,苏州市档案馆藏,档号H1-1-1956-20。

1959年下半年起,国民经济发生严重困难,苏州农村出现大量"新四病"(消瘦病、青紫病、浮肿病和妇女子宫脱垂病),血防部门集中力量查治"新四病"。地委决定,撤销专区、县和苏州市的血防所(站)及其地方病专科医院,54%的血防专业人员精简。由于几年血防工作不扎实,不少地方螺情迅速回升。如常熟县1960年查出有螺面积460.8万平方米,1963年增加到582.2万平方米,上升26.34%;昆山县茜墩公社跃进大队1962年有螺面积比1960年增加1.4倍;淀西公社庄巷大队1963年有螺面积达37 228平方米,比1960年增加了10倍多。1960—1963年的4年中,全专区急感5 407例。1960年1月25日,地委在《批转江阴县青旸公社关于结合副业生产大搞芦滩灭螺工作的情况报告》中要求:"根据江阴县青旸公社的经验,地委要求凡是有芦滩灭螺任务的地区,都应效仿青旸公社的办法,做出彻底消灭钉螺的计划,抓住有利时机,结合生产,迅速投入行动。"4月上旬,常熟县动员师生1 395人及干部、职工、社员1 661人到练塘进行草滩灭螺,致使血吸虫急性感染331人,其中有师生205人,死亡学生1人。1963年8月下旬,太仓县组织4个公社4 933人到昆山阳澄湖、常熟唐市捞水草积肥,结果发生急感960人,发病率19.46%。1962年下放在横塘公社新郭大队十一生产队的苏州市针织内衣厂22名工人在劳动中有18人受到感染,感染率高达81.82%。吴县唯亭公社有3个生产队,病人和钉螺比1957年增加2—6倍,3年内有20人死于血吸虫病。

这阶段受"大跃进"影响明显,血防工作指标过高,要求过急,工作不够扎实,导致后来工作反复;在治疗方法上盲目推行一些尚未成熟的技术措施,造成了锑剂中毒的死亡事故。

第三阶段(1964—1969年),重新抓起血防阶段。1964年1月,地委和专署在昆山县召开专区血防工作会议,传达第九次全国防治血吸虫病会议精神,要求扭转"领导干部不关心,血防干部不安心,消灭血吸虫病没信心"的思想状况,重新建立机构,重新进行试点,制订10年分期分批消灭血吸虫病规划。全专区学习武进县小河公社血防经验,共建立以消灭钉螺为重点的10个试点公社[1]和一批试点大队,集中血防专业人员166人(占血防专业人员总数的52%)和医生、生产队保健员2 750人开展试点工作。太仓、昆山、常熟结合开展农村社会主义教育运动,推动血防工作。这三县共灭螺25 145万平方米,治疗病人8.1万

---

〔1〕 专区以昆山县茜墩公社为试点,各县的试点是:昆山县花桥公社和玉山镇,常熟县横泾公社,吴江县湖滨公社,吴县浦庄公社、陆墓公社,太仓县双凤公社,无锡县梅村公社,江阴县文林公社。

人,均超过近 3 年的防治速度。

1965 年 8 月 5 日,地委书记储江在地委第二次思想工作会议上提出:"全区现有血吸虫病流行社镇 173 个,病人 70 万,五年内要求灭螺 2 亿平方米,年均 4 000 万平方米,治疗病人 33 万人。"1966 年 5 月,"文化大革命"开始,血防部门负责人和血防专业人员受到冲击、批判,90% 以上的血防人员遭到下放。全区血防工作陷于停顿,致使疫情又大幅回升。1969 年查出有螺面积 5 065.9 万平方米,比 1967 年上升 72.75%;急感 637 人,比 1967 年增加 10 倍。

第四阶段(1970—1978 年),基本消灭血吸虫病阶段。1969 年 12 月,专区革委会召开血防工作会议,提出"全党动员,全民动手,奋战五年,送走瘟神"的工作目标。根据 1970 年南方十三省、市、区血防工作会议精神,5 月成立苏州地区革委会血防领导小组及其办公室(1973 年 12 月改称地委血防领导小组及其办公室),昆山、太仓、吴江参加沪苏五县血防协作区;层层制订 1970—1975 年实现基本消灭血吸虫病规划[1];组织血防医疗队到各重点流行公社开展培训、查灭螺和查治病工作;普遍应用口服锑-273 肠溶片治疗手段,使治疗工作有了重大突破;结合农田基本建设,进行大规模河道灭螺工作;推广常熟县"孙浜式"、无锡县"堰桥式"和吴江县震泽公社结合办沼气搞好粪管的经验;开展耕牛的防治,做到人、畜同治。至 1974 年,全区血防工作获得可喜成果,扭转了长期以来疫情起伏不定的局面:1970 年无锡县实现基本消灭血吸虫病;全区急感仅 2 例;全区消灭 2.8 亿平方米的稻田钉螺,使有螺面积下降 90% 左右;开展 7 次普治,治疗 147 万病人,使病人数下降 88.4%;查出 4.3 万头病牛,对其及时治疗或做其他处理。

1975 年 12 月,地委发出《关于抓好冬季血防大决战,确保全区基本"送瘟神"的意见》,要求从地委到各县委均成立决战指挥部,共同投入血防大决战。据统计,1975—1977 年的 3 年中,在过去没有发现过钉螺的地方查出有螺面积 144.9 万平方米。地委和专署总结推广常熟县自 1971 年开展消灭"三石五荒"(石驳岸、石桥墩、石码头、荒坟、荒滩、荒沟、荒竹园、荒宅基)钉螺的经验,全区出动 200 万人次,结合农田基本建设,实行田、水、林、路、渠、螺综合治理,彻底消灭复杂环境中的钉螺,还千方百计提高查病质量,从原来的"五粪五检"增加到"七粪七检",从单一的粪检发展到体检、血清检查等多种方法的综合查病,查出过去查漏的病人 3.8 万人。经过几年血防大决战,1976 年昆山、太仓、常熟、吴江、无锡、江阴实现基本消灭血吸虫病,1978 年吴县实现基本消灭血吸虫病。

---

[1] 1973 年 12 月,地委在血防工作会议上提出,苏州地区要在一年内实现基本消灭血吸虫病。

这阶段也发生了一些失误。1970年,在吴县的血防医疗队获得外地用枫杨叶汤治疗血吸虫病的消息后,未经科学论证,就在当地推广。这个情况很快被汇报到南京军区、省革命委员会主要领导人那里。同年8月,南京军区和省革命委员会发动南京的军民师生10万多人突击采摘枫杨树叶,动用104辆军用卡车运送枫杨树叶到苏州。苏州地区也发动干部、群众突击采摘枫杨树叶,还派人到外省采购。吴县用枫杨树叶汤治疗血吸虫病人6万多人。后经省血防研究所试验检测,否定了枫杨树叶汤的杀虫效果,才停止使用枫杨树叶,但已造成了人力、财力、物力上的浪费,也贻误了病人的治疗时间。

二、卫生医疗体系的建立

新中国建立后,苏州市相继建立了市妇幼保健院、妇幼保健站,推广新法接生,培训妇幼卫生人员,开展妇女病查治和妇女劳动保护工作。同时,建立了市第二工人医院、市人民医院、市第一工人医院,增设城东、城西卫生事务所,建立泰让桥联合诊所。至1952年年底,苏州市共有公私立卫生机构60家(其中医院6家),比1949年增加了5.45倍;卫生技术人员1 394人,比1949年增加了26%。这一时期,专区各县(市)均成立妇幼保健院(所),培训接生人员,推广新法接生;增设区卫生所,组织个体医生建立联合诊所。至1952年年底,专区有公立卫生机构59家(其中医院15家),联合诊所345家,私人诊所2 712家。

"一五"时期,苏州地区的医疗卫生事业得到较快发展,具体见下表。

表6-6　医疗机构情况

县别	医院(卫生院)				防治站		保健所			联合诊所			卫生协会会员
	院数	医务技术人员	行政人员	病床	个数	医工人数	个数	医工人数	病床	个数	中医参加人员数	西医参加人员数	
合计	14	567	265	829	9	393	10	167	65	354	1 406	383	6 424
常熟市	1	48	27	100		21	1	15	10	9	35	22	421
常熟县	1	54	34	121	1	51	1	17	16	75	338	63	645
无锡县	1	47	21	93	1	40	1	20	20	71	187	100	847
江阴县	4	149	55	143	1	45	1	29		63	244	55	1 632
宜兴县	1	37	24	57	1	40	1	19		42	106	27	909
吴县	1	30	14	40	1	57	1	13		24	79	38	351
吴江县	1	59	22	100	1	51	1	20	7	13	127	23	584

(续表)

县别	医院（卫生院）				防治站		保健所			联合诊所			卫生协会会员
	院数	医务技术人员	行政人员	病床	个数	医工人数	个数	医工人数	病床	个数	中医参加人员数	西医参加人员数	
昆山县	1	71	37	70	1	47	1	17	12	20	99	30	277
太仓县	2	64	23	85	1	41	1	12		34	181	21	702
震泽县	1	8	8	20	1		1	5		3	16	4	56
备注	（1）防治站除每县一个外，另有专区防治站一个，共60张病床。 （2）卫生协会会员数中包括社会医生。												

资料来源：《苏州专区各项基本数字统计·苏州专区卫生工作概括统计表》，1955年5月25日，苏州市档案馆藏，档号 H1-1-1955-19。

在苏州市区，到1957年年底全市公立卫生机构达到19个，床位955张，比1952年增加了78.17%；联合卫生事业机构35个，卫生技术人员329人，比1952年增加了287%。

十年建设时期，卫生系统在"预防为主"方针的指导下，以除害灭病为中心的群众性爱国卫生运动有了很大发展，城乡环境卫生得到逐步改善，其中尤以"大跃进"运动前后的"除四害"["四害"是指苍蝇、蚊子、老鼠、麻雀（后改为臭虫）]的群众运动最具代表性。[1]尽管"大跃进"时期的群众性卫生运动带有那个时代特有的浮夸、形式主义等特征，甚至有不够科学的地方，但20世纪五六十年代苏州城区的蚊蝇密度明显减少，环境卫生有很大改善。此外，苏州人民在同各种疾病的斗争中，也取得了较大成绩，天花、霍乱等流行性疾病得到控制。

"文化大革命"期间，遵照毛泽东关于"把医疗卫生工作的重点放到农村去"[2]的指示，农村医疗卫生工作的主要措施是健全完善县及县以下医疗单位，组织城市医务人员到农村去。到1972年，地区初步形成了以县医院为辅、公社卫生院为中心、大队合作医疗为基础的三级医疗网络。[3]全区集体医院病床从1 000多张发展到6 000多张，公社医院能进行手术的有203个单位，在4 359

---

[1] 1956年2月2日至3月5日，苏州发起"除四害"突击月活动。1958年开展以"除七害"（蚊、蝇、鼠、雀、蟑螂、钉螺、臭虫）、"灭五病"（疟疾、血吸虫病、蛔虫病、钩虫病、丝虫病）为中心的群众运动，要求实现"六无"（无蛆、蛹、蝇、灰、臭、垃圾）、"六光"（四面光、内光、外光）。
[2] 中共中央文献研究室：《建国以来毛泽东文稿》第8册，中央文献出版社1993年，第387页。
[3] 常熟县东张公社在1968年将原来的农村统筹医疗改为农村合作医疗，并很快在苏南地区普遍推广，行政村覆盖面达到100%。见王荣等：《苏州农村改革30年》，上海远东出版社2007年，第408页。

个大队中,有4 225个大队办起了合作医疗。地区、市级医院下放医务人员562人,县级医院下放864人,为广大农村解决缺医少药的问题发挥了积极作用。城区一度被改为综合性医院的苏州市中医医院也于1973年恢复。

"文革"结束后,市区建立起比较完善的中、西医配套的医疗卫生体系,既有综合医院,又有预防保健医院,并着力完善医疗福利保障机制,保证人民群众充分享受医疗福利待遇,机关和事业单位推行职工公费医疗、子女统筹医疗,企业推行劳保医疗,郊区农村推行合作医疗,基本达到中等城市应具有的医疗福利水平。医院进行综合改革,陆续增设了一批新专科、新项目,发展家庭病床,重视妇幼卫生保健工作,医疗质量有了普遍提高。晋升一批医务人员的职务,推行以岗位为中心的规章制度建设。

在医学教育方面,1977年,苏州市卫生学校开办中医医士班、中医专科班;1978年,市第一人民医院放射科、脑外科开始承担硕士研究生临床教学任务。

医学理论研究方面,苏州中医院组织专业骨干,编写、出版了4部吴门中医的医学著作。治疗制品的研究方面,继"丙球""白蛋白"试制成功后,又制成"转移因子"等新的血液制品。

在1978年3月召开的全国科学大会上,苏州有69项科技成果获奖,其中工业62项,医疗卫生及其他7项。在5月召开的省科学大会上,苏州有81项科技成果获奖,其中工业72项,医疗卫生及其他9项。

生活水平的提高、卫生环境的改善、血吸虫等地方性疾病的有效防治、医疗技术的提升以及城乡医疗保障体系的逐步建立并不断完善等,极大地提高了人民群众的健康水平和生活质量,人均寿命快速增加。1978年,苏州市区人口平均期望寿命达到71.2岁。

结　语

从 1949 年 4 月苏州解放到 1978 年 12 月中共十一届三中全会召开,苏州的历史是苏州各级党组织全面贯彻中国共产党的路线、方针和政策,结合苏州实际,团结和领导苏州人民,进行社会主义革命和社会主义建设的波澜壮阔的历史。

苏州解放后,苏州各级党组织、政府在上级党组织和政府的领导下,建立并巩固了人民政权,平稳有序地完成了对国民党政权机构的接管和改造,重点开展了平抑物价、镇压反革命、支援抗美援朝、发动土地改革、开展"三反""五反"等一系列工作,有步骤、有计划地实现了政治秩序的重建、社会秩序的稳定以及国民经济的恢复。自 1953 年起,根据过渡时期总路线的要求,苏州进入社会主义改造和有计划地大规模经济建设时期,到 1956 年年底,较为顺利地完成了对农业、手工业和资本主义工商业的社会主义改造。三大改造的完成,标志着社会主义基本制度在苏州确立,苏州进入了社会主义初级阶段。在广大干部、群众的共同努力下,通过全面的经济建设,苏州提前完成了国民经济第一个五年计划的主要指标,经济和社会事业取得了空前的发展。

从 1956 年中共第八次全国代表大会召开到 1966 年"文化大革命"爆发前的 10 年间,苏州各级党组织、政府积极贯彻中共中央的路线、方针和政策,带领苏州人民,努力探索符合苏州实际的社会主义建设道路。在探索的过程中,由于缺乏经验、急于求成,也出现了一系列的严重失误和挫折:1957 年的反右派斗争扩大化,导致大批知识分子、工商界和民主人士以及中共党员、干部被错误地划为右派,使他们蒙受不白之冤,严重背离了社会的公平正义,也大大削弱了社会主义建设的力量,产生了极其消极的影响;"大跃进"和人民公社化运动使苏州的经济建设受到巨大挫折,人民生活水平急剧下降。尽管如此,苏州在"大跃进"时期开办、后在调整中保留下来的机械、冶金、无线电、化工等行业的一些工厂和一批社队工业,为苏州工业开辟新的生产门类和进一步系统地发展打下了基础。面对困难,苏州各级党委遵照中央的指示,对苏州的国民经济进行全面的调整,使苏州经济不仅得到恢复,而且还有新的发展,初步奠定了苏州工业经济体系的

结　语

基础。

1966年5月,苏州贯彻中共中央"五一六通知",全面开展"文化大革命"。在"文化大革命"的动乱时期,苏州陆续发生"夺权""武斗""破四旧""抄家""清理阶级队伍"等混乱,引发了一系列的矛盾和冲突,政治和社会秩序遭到严重破坏,国民经济的发展遭到严重阻碍。在极端困难的条件下,广大干部和群众运用多种方式抵制林彪、江青两个反革命集团的错误路线与主张,涌现出了以陆兰秀为代表的一批优秀儿女。同时,苏州仍不忘经济的建设和发展,党的各级组织以"抓革命"的名义来促进生产的发展,在10年的时间里,苏州国内生产总值增长133.21%,农业总产值增长18.68%,工业总产值增长182.29%。

1976年10月,中共中央采取果断措施,粉碎江青反革命集团,"文化大革命"结束,苏州随即开始了初步拨乱反正工作。地委和专署、市委和市政府领导深入揭批、清查江青反革命集团及其在苏州的帮派体系,稳定政治秩序,平反冤假错案,落实各项政策,通过开展真理标准问题的讨论,拉开了思想解放的帷幕。苏州人民抛开思想包袱,以极大的生产积极性投身到社会主义建设中,工农业生产得到了迅速恢复和发展。社队工业进入新一轮的高速发展期,为日后苏州经济的腾飞奠定了坚实的基础。

29年间,苏州人民以极大的热情投身于社会主义革命和建设中,虽然前进的道路是曲折的,前进的途中出现了极大的困难,也走了不少弯路,但取得的成就却是有目共睹的。政治上,苏州各级党委和人民政权得到不断的建设和发展,党的领导坚强有力,干部和群众紧密团结、上下一心,即使遇到某些阻碍和破坏,也经受住了考验。经济上,苏州顺利完成了社会主义三大改造,建立起实行生产资料公有制的社会主义国民经济体系,促进农业生产,建设和完善工业体系,发展了具有苏州地方特色的社队工业,虽然在急功近利的心态下出现了"大跃进"等错误,但通过对国民经济适时、适当的调整,及时纠正了错误,闯过了难关,推动苏州的经济建设进程不断向前发展。文化艺术上,苏州园林经过细致整修,恢复了往日的风采,迎接海内外的游客;评弹、昆曲等苏州地方曲艺,在曲目数量和艺术水平两方面都更上一个台阶;苏绣、丝绸等民间工艺在社会主义工业体系下蓬勃发展,产品远销海外;文学、书法、绘画等多种艺术形式,也在原来的基础上得到进一步的发展。社会生活和教育、卫生事业方面,苏州开展禁娼肃毒运动,推行《婚姻法》,清新了社会风气,保护了妇女权益;努力发展教育事业,普及义务教育,扫除文盲,提高了全民文化素质;建立城乡医疗卫生体系,有效地预防和控制并逐步消灭了血吸虫病。此外,苏州的城市建设也得到了不断的发展。

苏州是一座拥有2 500多年历史的城市，也是吴文化的重要发祥地。苏州人的性格柔韧而坚强：柔韧，表现在对他人、对自然的谦逊之上，故而能更好地尊重他人、尊重自然，促成人与人之间、人与自然之间的和谐；作为一种性格，柔韧造就了苏州人民百折不挠的精神。坚强，表现在对自己的自律和要求上，故而能勇于面对挑战、勇于应对困难，促成自身的不断奋进和提升；作为一种性格，坚强造就了苏州人民愈挫愈勇的品质。苏州人的观念守成而开放：守成，是因为要尊重历史、尊重自己的渊源，留住自己的特色和韵味，坚守自己的信仰和文化，将前人留下的优秀遗产传递给后人。开放，是因为要得到发展、取得进步，要在发扬光大自己的文化和特质的同时，兼收并蓄，开拓创新，让自己变得更加开阔、丰富和繁荣。苏州人性格的柔韧与坚强，苏州人观念的守成与开放，这些构成了苏州文化的一个侧面。从1949年到1978年的29年里，苏州建设和发展过程中克服的困难和取得的成绩，离不开党的领导，同样离不开苏州文化的特质，正因为如此，苏州的社会主义建设才体现出浓郁的苏州特色。

29年里，苏州各级党组织和政府团结、领导苏州人民创造性地开展政治、经济、文化、社会事业建设，在社会主义革命和建设中取得了巨大的成就，积累了丰富的成功经验，同时也在工作中出现过令人痛心的失误，有过沉痛的教训。回顾历史，我们更深切地感受到，建设中国特色社会主义的伟大事业正是在前人艰苦创业、不懈奋斗而奠定的坚实基础之上继续进行的。苏州今天的繁荣和业绩，是建立在改革开放前29年取得的巨大成就之上的，更是建立在前29年积累的经验和教训之上的。没有改革开放前29年艰苦不懈的社会主义实践探索，就没有苏州今天和未来的繁荣。

附　录

一、苏州历史大事年表（1949—1978）

1949 年

4月27日　中国人民解放军29军先后从平门、娄门、金门、阊门入城,苏州古城解放。同日,吴县、常熟县解放。

4月27日　划吴县城区为苏州市,苏州市、吴县分治;苏州市及吴县、常熟、昆山、吴江、太仓5县组成苏州行政区。

4月29日　吴江县解放。

4月30日　市军事管制委员会成立,韦国清任主任。

4月30日　中国共产党苏州地方委员会成立,宫维桢任书记。苏州行政区专员公署成立,李干成任专员。

4月30日　中国共产党苏州市委员会成立,惠浴宇任书记。苏州市人民政府成立,惠浴宇兼任市长。

5月1日　市军管会宣布人民币为统一流通的合法货币。

5月2日　苏州军分区成立。

5月3日　划常熟县城区为常熟市,常熟县、市分治。

5月4日　市军管会开始接管国民党政权机构。

5月4日　苏州市国营建中贸易公司成立,这是苏州市第一个社会主义性质的国营经济组织。

5月12日　太仓县解放。

5月13日　昆山县解放。至此,苏州全境解放。

5月15日　苏州市警备司令部成立。

6月　苏州市划归苏南区直接领导。

7月1日　市委机关报《新苏州报》创刊。

7月10日　太湖剿匪指挥部成立。

7月24日　台风暴雨袭击苏州,苏州各级党委、政府投入到抢险救灾中去。

8月　专署发出训令,严禁贩毒吸毒。

9月17日　苏州市划归苏州行政区领导,周一峰任市委书记。

9月17日　惠浴宇任市军管会主任。

9月27日—10月8日　苏州市第一届各界人民代表会议第一次会议召开。

10月7日　专署发出训令,严禁进行淫靡、赌博、贩毒、吸毒等危害社会、腐蚀人心、有碍风化的非法活动。

10月28日　中国新民主主义青年团苏州地方工作委员会成立。

11月22日　苏州市第一所工人学校——工人干部学校举行开学典礼。

12月上旬　地委开始进行党支部公开工作。

12月20日　地委和专署提出全面废除保甲制度,建立民主政权。

1950年

1月15日—22日　中学、小学建立第一批中国少年儿童队。

1月　全区调整农村区、乡组织。

4月14日　太湖区行政办事处成立。

4月16日　苏南军区明确苏州军分区辖区为吴县、吴江、常熟、昆山、太仓、嘉定6县。

5月3日—8日　市第二届各界人民代表会议第一次会议召开。

6月16日　周一峰任地委书记,李凌任市委书记。

6月30日　地委颁发《苏州行政区土地改革的计划与部署(草案)》。

7月10日　市委发出"关于和平签名运动"的通知。

8月11日　市委部署开展在职干部整风运动。

8月15日　地委部署开展各县县直机关在职干部整风运动。

10月9日—14日　市第三届各界人民代表会议第一次会议召开。

10月14日　苏南苏州行政区专员公署改称苏南人民行政公署苏州区专员公署。

12月10日—17日　苏州市第一届工人代表大会召开。

12月23日　苏州市各界抗美援朝、保家卫国代表会议召开。

1951年

2月4日　中央人民政府政务院副总理黄炎培在苏州视察。

2月15日　原属吴县的部分地区划入苏州市,并正式成立城东区和城西区。

2月25日—3月1日　中共苏州市第一次代表会议召开。

3月10日　专署要求各级政府对归国华侨进行妥善安排。

4月2日　市委部署建立党的宣传网。

4月10日　地委部署建立党的宣传网。

6月5日　市委制定《清理反革命分子财产工作计划》。

8月3日—6日　苏州市第一次妇女代表大会召开,市民主妇女联合会成立。

8月25日　地委决定在全区进行整党建党工作。

9月20日　常熟市划为苏州专区直辖市。

10月6日—11日　市第四届各界人民代表会议第一次会议召开。

11月6日　市区建立区一级人民政权,设立东、西、南、北、中5个区。

11月7日—11日　中国新民主主义青年团苏州市第一次代表大会召开,选举产生青年团苏州市委员会。

12月15日　地委决定开展工矿企业民主改革。

12月17日　地委、市委联合召开党员干部大会,传达贯彻中共中央《关于实行精兵简政、增产节约、反对贪污、反对浪费和反对官僚主义的决定》精神。

12月　孙加诺任地委代理书记。

1952年

1月7日　市抗美援朝分会召开会议,公布各界人民捐款总数达269.3万元,折合战斗机18架。

1月20日　中共苏州市第二次代表会议召开。

3月　专区开展反对行贿、反对偷税漏税、反对盗骗国家财产、反对偷工减料和反对盗窃经济情报的"五反"运动。

4月6日　苏州市全面开展"五反"运动。

5月　市郊王根兴农业生产合作社成立。这是全区建立最早的农业生产合作社。

6月16日　市委决定开展禁毒运动。

6月21日　市委发出《关于一九五二年全年及第一期建党计划》。

6月　刘中任市委书记。

7月20日　地委召开会议研究镇压反革命工作。

7月31日　地委、专署从一级机构变为苏南区党委和苏南行署的派出机构。

7月　中共太湖工作委员会、太湖办事处恢复。

9月14日—17日　市第四届各界人民代表会议第二次会议召开。

10月22日　苏南师范学院在前东吴大学原址成立。

10月23日　无锡、宜兴、江阴3县划入苏州专区。

10月　苏州市城东、城西两区合并为苏州市郊。

12月　苏南师范学院改称江苏师范学院。

1953年

1月16日　苏州市从苏州专区划出，成为省辖市。

1月28日　专区公安部门宣布取缔"一贯道"等7种较大的反动会道门组织。

1月28日　地委成立贯彻《婚姻法》运动委员会。

1月　苏州市制定《贯彻婚姻法择点实验计划草案》。

1月　苏南人民行政公署苏州区专员公署改称江苏省苏州专员公署。

2月24日　毛泽东在南京赴徐州的列车上接见苏州市委书记刘中和市长李芸华，对苏州市根据城市特点搞好建设做出重要指示。

2月26日　孙加诺任地委书记。

2月下旬—8月　全市开展民船民主改革工作。

3月27日　专区进行农业生产合作社典型试验，各县分别办一个典型合作社。

3月31日　专区开展反对官僚主义、反对命令主义、反对违法乱纪的"新三反"斗争。

春　中央政治局委员、中央人民政府政务院副总理董必武视察吴县。

4月7日　地委组织部通知各县组织部，在300人以上私营工矿中配备专职党务干部。

5月28日　鲁琦任市委书记。

5月　太湖办事处改为震泽县。

6月12日　市政府决定有重点地修整一批名胜古迹。

11月17日　地委要求地专机关干部学习党在过渡时期总路线。

12月7日　全市开展粮食统购宣传活动，设立粮食供应点。

12月12日　地委要求各地加强对粮食统购统销的宣传。

1954 年

1月20日　市委制定《对资本主义工商业改造的方案》和《关于对私营交通运输业实行社会主义改造的初步打算》。

1月20日　地委发出《必须采取有效措施,坚决反对强迫命令的工作作风》。

1月25日　城区各选区基层选举工作结束。

3月16日　公债推销工作开始。

3月20日　专区所属9县1市基层选举工作基本结束。

4月3日　地委召开县委书记会议,学习中共中央《关于增强党的团结的决议》。

4月8日　地委召开统战工作会议,研究落实民主人士在政府成员中的安排问题。

5月5日　地委制定《关于1954年举办党校的计划》。

6月1日　苏州市各界人士举行会议,研究讨论《宪法(草案)》。

6月3日　地委发出指示,要求各地组织各界人士对《宪法(草案)》进行讨论。

6月7日—18日　苏州市工商业联合会成立。

6月20日　中国民主同盟苏州市分部召开第一次盟员大会,选举产生中国民主同盟苏州市分部第一届委员会。

6月20日　中国农工民主党苏州市工作委员会成立。

6月29日　中国民主建国会苏州市第一次会员大会召开,选举产生中国民主建国会苏州分会第一届委员会。

7月1日—7日　苏州市第一届人民代表大会第一次会议召开。

8月21日—9月11日　市委召开地方工业会议,贯彻省委地方工业会议和国营厂矿工作会议精神。

8月24日　地委制定《关于1955年对10人以上资本主义工业进行社会主义改造的计划》。

9月7日　市政府批准苏纶纺织厂、苏州纱厂公私合营,定名为"公私合营苏纶纺织染厂"。

9月中旬　地委将高岗、饶漱石阴谋分裂党、篡夺党和国家最高权力的情况,逐级向全体党员、团员传达。

11月22日　常熟市改为省辖市,接受专署督导。

12月9日—14日　市政府召开手工业劳动者代表会议,讨论手工业社会主义改造的方针、政策、原则、办法。

1955年

2月12日—24日　中共苏州市第三次代表会议召开。

2月　硕放机场在无锡县开始建造。

3月1日　中国人民银行开始发行新人民币,苏州设立的兑换点开始收兑旧币。

3月27日　农工党苏州市第一次党员大会召开,选举产生农工党苏州市第一届委员会。

5月9日　地委要求各县(市)对审干工作进行一次认真的检查。

5月10日　吴仲邨任市委书记。

5月27日　中央政治局委员、中央书记处书记、国务院副总理陈云在苏州调查研究,对粮食问题做重要指示。

6月8日—12日　全国人大常委会副委员长黄炎培在苏州视察工矿、农村等基层单位。

6月9日　苏州专区和苏州市联合举行声讨"胡风反革命集团"大会。

6月10日　《人民日报》公布的"胡风反革命集团"第三批材料中提到"苏州一同志"。

7月21日　市委制定《关于全市机关、工厂、企业干部开展全面节约运动的学习计划》。

8月18日　地委发出《关于执行〈江苏省1955年下半年逮捕反革命分子和各种犯罪分子的行动计划〉的计划》。

9月1日　苏州城镇开始实行粮食定量供应。

9月14日　市人委第八次扩大会议通过《关于坚决、彻底、干净、全部地肃清一切反革命分子的决议》。

10月　地委书记孙加诺在党的七届六中全会(扩大)上,做了《我们完全有可能把农业生产合作社办得更多更好》的发言。

11月4日　毛泽东乘专列去南方视察途中在苏州火车站停靠。地委书记孙加诺、副书记刘铁珊和市委书记吴仲邨、副市长惠廉等在火车上向毛泽东汇报苏州开展农业合作化和资本主义工商业社会主义改造方面的工作情况。

11月8日　市委制定《苏州市一九五六年、一九五七年两年对资本主义工业(十人以上)社会主义改造的初步规划(草案)》《苏州市一九五六年、一九五七年两年对私营商业改造的初步规划》《苏州市一九五六年、一九五七年两年对手工业社会主义改造的初步规划》。

11月11日—14日　中国人民政治协商会议苏州市第一届委员会第一次会议召开。

11月中旬　专区全面开展农业合作社整顿工作。

12月12日　市委制定《关于开展对资本主义工商业社会主义改造的宣传计划》。

12月　毛泽东在《中国农村的社会主义高潮》一书《这个乡两年就合作化了》一文按语中,对昆山县西宿乡两年就实现农业生产合作化的事情作了肯定和赞扬。

1956 年

1月4日　市人委批准64家丝织厂、28家棉布店、人民商场内38家私营商店实行全行业、全商场公私合营。

1月5日　地委决定在昆山县西宿乡、江阴县马镇乡、吴江县庞山乡试办高级农业合作社。

1月6日—10日　中共苏州市第四次代表会议召开。

1月13日　地委部署学习宣传中共中央《1956年到1967年全国农业发展纲要(草案)》。

2月17日　原属镇江专区的武进县划入苏州专区,原属苏州专区的宜兴县划入镇江专区。

3月7日　市委批转市防治血吸虫病领导小组关于《苏州市1956年度防治血吸虫病规划》,要求各级党组织把消灭血吸虫病当作一项政治任务。

3月28日　省委批转地委对资改造领导小组办公室《关于组织农村集镇商贩送货下乡的报告》,要求全省各地仿照苏州专区的做法,搞好农村供应工作。

4月5日　苏州烈士墓移建横山工作全部完成。

4月6日　韩培信任地委书记。

4月6日　地委向各县(市)委发出《1956年农业生产计划几个问题的通知》。

4月13日　地委召开防治血吸虫病会议,要求充分发动群众,摸清螺情、病情。

4月16日　地委召开各县(市)工业部长会议,要求各地加强对地方工业的领导。

4月27日　地委决定把双季稻种植面积由58万亩压缩到40万亩以下。

5月14日　专署提出粮食、油料统购意见,要求统购工作必须有利于农业生产。

5月28日—6月4日　中共苏州市第一届代表大会第一次会议召开。随后举行的市委全委会选举吴仲邨为第一书记。

5月30日　专署税务局提出《关于改进农村税收工作的初步意见》。

6月1日　地委对全区私营抽水机的改造提出意见。

6月11日　地委工业部召开各县(市)工业部长会议,要求进一步加强对工业生产的领导。

7月10日　地委组织部召开审干会议。

7月　市委制定《关于1956年—1957年知识分子工作纲要(草案)》。

9月15日　苏州中共党员代表韩培信、瞿锦明、吴仲邨参加在北京召开的中国共产党第八次全国代表大会。

9月22日　地委制定《关于城镇情况和加强城镇工作领导的意见》。

9月25日　第一个五年计划全国重点工程——望亭发电厂动工兴建。

10月9日　地委召开全区职工生活福利会议。

11月13日　市委发出《关于向广大群众进行目前国际形势宣传的通知》。

11月20日　市人委任命浦亮元等4名党外人士担任处级领导职务。

11月22日　拓浚七浦塘工程开工。

11月　中共中央副主席、中华人民共和国副主席朱德视察吴县。

12月7日　毛泽东在同民建和工商联负责人的谈话中谈到苏州市对资改造情况时说:"苏州的一位女副市长,她先讲工商界有四条优点,再说缺点,先鼓励后批评,又鼓励又批评,很好。"

1957年

1月10日—15日　市二届人大一次会议召开。

2月13日　市委动员全市人民深入开展增产节约运动。

2月26日　专署提出《关于进一步贯彻地方工业为农村经济服务方针的意见》。

2月28日　市委发出《关于在公私合营企业干部、职工中进行赎买政策宣传教育的计划》。

3月1日　地委做出《关于坚持以生产合作为中心进一步健全集体领导制的决定(草案)》。

3月7日　地委发出《关于检查整顿粮食购销工作的指示》,要求各县(市)对粮食购销工作进行一次整顿。

3月12日　市委召开全委会议,学习和讨论毛泽东《关于正确处理人民内部矛盾的问题》的重要讲话。

3月20日　地委召开县(市)委书记会议,学习《关于正确处理人民内部矛盾的问题》。

3月28日　地委召开全委会议,决定太仓县继续进行整编和撤区并乡的试点工作;确定昆山县进行党政群机关精简整编的试点工作。

3月31日　地委要求各地在处理临时工问题上,分别不同情况,妥善处理。

4月2日　地委转发地委生产互助合作部《关于昆山县红星二社解决干部补贴问题的办法和经验的报告》。

4月21日　苏州钢铁厂在市郊浒墅关兴建。

5月7日　地委批转专区妇联《关于农业社托儿组织情况的调查报告》。

5月15日　苏州农业机械厂一座8立方米小高炉炼出苏州市历史上第一炉铁水。

5月16日　地委召开全委扩大会议,传达贯彻中共中央《关于整风运动的指示》和省委相关指示精神。此后,整风运动逐步展开。

5月17日　市委成立整风领导小组,确定全市整风运动分三批进行。

5月30日　根据省委关于地委、县委的整风可以安排到秋收前后,以及农村党委整风与工作两不误的指示,地委重新修改地专机关的整风部署。

6月10日　地委转发武进县委《关于处理西夏乡社员闹退社问题的情况报告》。

6月11日　全市4700名生产活动分子举行誓师大会。大会号召一手贯彻增产节约运动,一手开展反右派斗争。

6月10日—20日　市委召开全委会议,传达中共中央《关于整风问题的指示》。

6月　在中共中央发出《关于组织力量准备反击右派分子进攻的指示》和《人民日报》发表《这是为什么?》的社论后,全区开始进行反击右派分子的斗争。

7月7日　地委发出《关于加强防汛排涝工作的紧急通知》。

8月下旬　全区农村开展以粮食问题为中心的社会主义教育运动。

9月2日—6日　市委召开一届二次会议,讨论市委《认清形势,总结经验,把整风和反右斗争进行到底》和《总结经验,继续前进,把增产节约运动深入持久地开展下去》的报告。

9月19日　省委批转太仓县委《关于太丰六社第九队开展粮食问题大辩论的情况报告》,指出:"太仓县太丰六社第九队的辩论开展得比较好,可供各地参考。"

10月15日　市委做出《关于划定右派分子的批准权限的规定》。

10月23日　地委就划分右派分子的工作做出具体规定。

11月30日　市委制定《下放干部整编工作计划》。

12月3日　苏州市举行下乡上山、支援农村建设动员大会。

1958年

1月21日　地委召开县(市)委书记和地专机关部委办局领导干部会议,讨论贯彻《全国农业发展纲要(草案)》的措施。

1月27日—2月26日　市委召开全委(扩大)会议,讨论《苏州市关于城市工作贯彻实现全国农业发展纲要(草案)的措施》。

1月28日　苏州、松江两专区合并,专署设在苏州,称苏州专区。苏州、松江两地委合并称苏州地委。

2月24日　市委召开全委(扩大)会议,通过《关于第二个五年计划期间苏州市地方工业发展纲要(草案)》。

3月19日　《人民日报》发表《向常熟人民致敬》的长篇通讯,介绍常熟县农业生产"大跃进"的情况。

3月24日　地委发出《关于公路航道绿化工作的指示》。

4月4日　市委召开全委扩大会议,要求坚持以整风为纲,"双反"搞深搞透。

4月4日　常熟市撤销。

4月5日　《人民日报》发表《十分指标,十二分措施,二十四分干劲》的社论。社论中说:这个口号是常熟县23个乡高额丰产竞赛倡议中提出来的。

4月13日　苏州试制成功我国第一架放大能力达5000倍的投影显微镜。

4月17日　中共中央副主席、中华人民共和国副主席朱德在苏州视察。

4月28日　市委举行全委会议,学习和讨论党的社会主义建设总路线。

4月30日　民革苏州市第一届党员大会召开,选举产生民革一届市委。

5月4日　民进苏州市第一次会员大会召开,选举产生民进一届市委。

5月5日—7日　中央建筑工程部首席顾问萨里舍夫、什基别尔曼、库维尔金3名苏联专家在苏州帮助制订城市规划。

5月23日　苏州市和苏州专区10个县代表举行协作会议,研究解决城乡相互支援发展工农业生产问题,并建立协作机构及联系制度。

5月26日—31日　市三届人大一次会议召开。

5月　九三学社苏州分社第一次全体社员大会召开,选举产生九三一届市委。

5月　地委第二书记李楚在党的八大二次会议上做题为《破除迷信,奋勇前进》的书面发言。

6月1日　市委做出《关于学习和宣传社会主义建设总路线的决定》。

6月3日　专署将省人委分配专区1958年兴建12座小型炼钢高炉的任务分解到各县。

6月19日　地委批转地委工业部《关于松江县金星农业社办厂情况的报告》。

6月27日—7月3日　全国血吸虫病治疗工作会议在苏州举行。

6月28日　专署制定《1958至1962年农业生产规划(草案)》。

7月5日　苏州市划归苏州专署督导,无锡县划入无锡市,武进县划入镇江专区。

7月6日　地委召开工业会议,研究工业发展的"二五"规划。

8月12日　专署决定创办苏州工业专科学校、苏州丝绸工业专科学校等10所高等学校。

8月19日　地委召开县(市)委第一书记会议,讨论建立人民公社的问题。

8月19日　地委召开县(市)第一书记电话会议和工业书记会议,发动全民大炼钢铁。

8月26日　市委号召立即掀起"全民大炼钢铁运动"。

8月29日—30日　苏州民丰苏锅农具制造厂工人土法炼铁试验田连放三颗"卫星":白煤炼铁利用系数全国第一,烟煤炼铁和冷风炼铁获得成功。

9月6日　地委召开钢铁会议,决定提前1个月完成1958年10万吨钢铁任务。

9月12日　地委召开乡党委书记会议,要求全区306个乡、5 745个社并成275个人民公社。

9月24日　中共中央副主席、全国人大常委会委员长刘少奇视察常熟县大义公社、和平公社和苏州东吴丝织厂。

9月24日　全省高炉高产竞赛大会在苏州市召开。

9月25日　全区农村实现人民公社化,共建人民公社285个。

10月5日　地委批转地委农工部《关于江阴县马镇人民公社实行粮食供给制的报告》。

10月　上旬全区贯彻中共中央《关于民兵问题的决定》,掀起"全民皆兵,大办民兵师"的群众运动。

11月5日—18日　全国水稻丰产科学技术交流会在苏州召开。

11月13日　地委发出《关于加强领导,抓紧时机,大搞机床生产突击运动》。

11月24日　市委发出《关于贯彻执行省委保证工人农民吃好、睡好、休息好的决定》。

11月27日—30日　市政协二届一次会议召开。

12月3日　地委农工部提出《整顿农村人民公社的意见》。

12月12日　地委批转地委宣传部《关于广泛发动群众创作,放出文艺卫星,迎接国庆十周年的意见》。

12月中旬　地委选择17个不同类型的公社进行整社试点。

12月26日　地委财贸部发出《关于人民公社铺张浪费情况的通报》。

1959年

1月13日　地委下发通知,要求各地立即制止农村人民公社擅自动用国家储备粮食,对已动用的要限期归退。

1月26日—30日　地委工业部召开化工专业会议,决定全区掀起突击生产农药、化肥运动。

2月24日—26日　中共苏州市第二届代表大会第一次会议召开。随后举行的市委全委会选举焦康寿为第一书记。

3月3日　地委发出通知,要求各地组织动员青壮年前往新疆参加社会主义建设。

3月9日　地委召开农业工作会议,统一全区干部对种植双季稻的认识。

3月11日　地委发出《关于整理和调配下放干部的指示》。

3月28日　地委批转常熟县委《关于"算账派"问题的报告》。

春　中共中央副主席、国务院副总理陈云,中央政治局委员、国务院副总理李先念,中央政治局委员、中共上海局第一书记柯庆施到苏州视察。

5月17日　地委部署增产节约运动,要求以技术革命为中心,以提高劳动生产率为目标,把增产与节约统一起来。

4月10日　震泽县撤销。

6月9日　《人民日报》发表社论《从苏州看日用品的增产》。

6月18日　地委成立书记处,储江任地委书记处第一书记。

6月23日—7月1日　中共中央副主席、国务院副总理陈云在苏州休养。其间,陈云赴胥江钢铁厂调查研究,参观苏州刺绣研究所,并为发展苏绣题词。

7月22日　地委提出发展副业生产的若干具体政策,规定社员可以养母猪、可以经营家庭手工业。

7月下旬　专区对农村公共食堂进行整顿。

8月1日　地委对大队、生产队干部待遇问题提出具体意见。

9月10日　地委召开全委扩大会议,传达党的八届八中全会《为保卫党的总路线、反对右倾机会主义而斗争》的决议和《关于以彭德怀同志为首的反党集团的错误的决议》。

9月19日　地委批转苏州市计委《关于千方百计开源节流,解决原材料困难的意见》。

9月26日　市委、市人委发出《关于有效控制基层单位人员增加,制止盲目招收人员的指示》。

10月12日—28日　市委召开干部会议,贯彻学习中共八届八中全会决议精神,部署开展"反右倾"的斗争。

11月26日　地委发出《关于整风运动中几个问题的通知》。

12月3日　地委决定在全区范围内建立工厂与公社挂钩的制度,以加强工农联盟、密切城乡关系。

12月31日　市委召开二届九次全委(扩大)会议,通过《关于工业支援农业,城市支援农村的决议草案》《关于加强党的领导,加强组织建设的意见》。

1960年

2月19日　地委召开春耕生产四级干部动员大会,号召"高速发展,为夺取全国农业生产冠军而奋斗"。这标志着经济建设中有所收敛的高指标、瞎指挥、浮夸风又泛滥起来。

3月11日　地委发出《关于完成1960年支边任务几个问题的指示》。

4月24日　地委发出《关于成立城市人民公社领导小组的通知》,决定在全区成立11个城市人民公社。

4月　地委决定在全区推广太仓县浮桥公社、吴县陆墓公社、车坊公社大办社队企业的经验。

6月20日　地委提出《关于昆山县"巴城事件"的调查报告》,指出昆山县巴城公社因断粮造成人员死亡的情况严重。

7月9日　地委发出《关于进一步开展以血防为重点的除害灭病工作的指示》。

8月26日　市委发出《关于全党动手,全民动员,节约粮食,计划用粮的指示》。

9月16日　市委发出《关于保证粮钢增产,整顿城市人口和劳动力的初步方案》。

10月　市场上副食品、日用品、工业品等均凭票定量供应。

1961年

1月21日　地委成立算账兑现领导小组,加强对整风整社中算账兑现工作的领导。

1月23日　王人三任市委第一书记。

2月2日　地委就全面开展整风整社做出部署。

3月4日　苏州市的太平天国忠王府、拙政园、留园、文庙宋代石刻、云岩寺(虎丘)塔、吴县甪直保圣寺宋塑罗汉像,被列为第一批全国重点文物保护单位。

5月15日—23日　市委召开市郊四级干部会议,要求全体干部和社员进一步学习和贯彻"农业六十条"。

6月22日—27日　市政协三届一次会议召开。

6月23日—27日　市四届人大一次会议召开。

7月15日—18日　中共中央副主席、国务院副总理陈云在苏州地区进行调查研究。

9月9日　地委发出《关于进一步检查和安排好社员生活的指示》。

11月18日　地委发出《关于增设沙洲县的筹备工作的通知》。

11月　全区农村公共食堂基本解散。

12月7日—13日　中共苏州市第三届代表大会第一次会议召开。随后举行的市委全委会选举王人三为第一书记。

1962年

1月1日　沙洲县正式成立。

1月上旬　地委在全区开展社会主义宣传教育活动。

5月16日　市委决定对业务性质相近或工作量过少的部门进行调整、合并或撤销。

6月1日　专署要求全区分期分批进行建立农村信用合作社的试点。

6月2日　苏州市改为省辖市。

6月　市委相继召开科技工作、文艺工作等会议，调整党和知识分子的关系。

7月10日　市委对"反右倾"中受重点批判和处分的生产队副队长以上干部、党员进行甄别。

7月23日　地委统战部召开统战工作会议，对做好党外人士的甄别平反等工作做出部署。

9月3日　王人三任市委书记。

10月　储江任苏州地委书记。

12月23日—28日　苏州市五届人大一次会议召开。

1963年

1月8日　市委召开机关干部到农村动员大会。

1月9日　苏州市试验仪器厂试制成功中国第一台电磁振动试验台。

1月31日　地委提出《关于社会主义教育和整社工作的意见》，要求在全区范围内开展社会主义教育运动。

2月28日　市委批转团市委党组《关于在全市青少年中开展学习雷锋同志模范事迹活动的报告》。

3月25日　根据省委部署，全区开展增产节约和反对贪污盗窃、反对投机倒把、反对铺张浪费、反对分散主义、反对官僚主义运动。

4月16日　市委召开市级机关党员干部大会，动员开展增产节约和"五反"运动。

4月20日　地委发出《关于善始善终搞好社会主义教育和整社运动的

指示》。

5月14日　地委批转地委统战部《关于在政府机关中担任实职的民主人士负责人参加"五反"运动的意见》。

5月17日　地委提出《关于加强下放干部管理的意见》。

7月1日　省、专区、县社会主义教育运动试点工作在吴县唯亭公社展开。

7月24日　地委、专署批转专署工业交通处《关于进一步整顿社办工业的意见》。

8月26日　江苏省太湖地区高产样板会议在苏州召开。

10月16日　专署批准专署商业局、财政局《关于严格管理集贸市场和坚决打击投机倒把的报告》。

10月21日　国务院总理周恩来、全国人大常委会副委员长郭沫若在人民大会堂接见进京演出的苏州人民评弹团全体演员。

11月7日　地委发出《关于迅速制止大吃大喝、铺张浪费现象的通报》。

11月19日　地委对农村社会主义教育运动做出部署,要求全区除8个试点以外,其余206个公社、22个县属镇分批开展。

11月27日　地委批转军分区党委《关于在社会主义教育运动中加强民兵建设的意见》。

11月　全国第一家碳铵流程氮肥厂在昆山县青阳港筹建。

12月4日　地委要求充分发动群众,贯彻民主分配,做好清账目、清仓库、清财物、清工分工作。

12月23日—28日　市五届人大一次会议召开。

12月　苏州市干部群众掀起学习贯彻"前十条""后十条"高潮。

1964年

1月13日—19日　市政协四届一次会议召开。

1月22日　地委批转专署公安处《关于在社会主义教育运动中对敌斗争方面必须进一步明确的几点意见》。

2月29日　市委发出《关于认真学习毛泽东思想的通知》。

3月5日　地委发出《关于加强社会主义教育工作队建设的通知》。

3月17日　地委发出《关于加强精简安置工作领导的通知》。

9月11日　专署同意专署商业局《关于我区外贸收购计划执行情况和今后工作意见的报告》,要求各地采取措施,落实外贸产品的生产、收购任务。

10月8日　地委发出《关于在丰收形势下加强思想政治工作的紧急指示》。

11月10日　苏州林业机械厂制造成功我国第一批架空索道。

1965年

1月25日　市委召开工作会议,传达学习"二十三条"。

1月　柳林任市委书记。

2月5日—10日　专区各地普遍召开四级干部会议,学习"二十三条",号召干部自觉"洗手洗澡"。

2月16日　地委批转地委血防领导小组《关于1965年防治血吸虫病工作意见的报告》。

2月25日　专署发出《关于加强农村多种经营工作领导的通知》。

4月10日　地委、专署批转专署卫生处《关于组织县以上医院医务人员轮流下乡巡回医疗工作意见的报告》。

5月8日　地委召开农村工作会议,传达学习中共中央关于加强备战工作的指示。

7月3日　地委批转地委统战部《关于进一步加强宗教工作几点意见的报告》,提出正确执行党的宗教政策,建立宗教机构。

8月14日　市委批转市委宣传部《关于领导干部学习毛主席四篇哲学著作的意见》。

11月19日　地委提出《关于开展学习王杰同志活动的意见》。

12月7日　地委、专署联合发出《坚持不懈地抓好改造低产田工作的通知》。

12月20日　市委批转市委计划生育领导小组《关于进一步开展计划生育工作的意见》。

12月22日—29日　市政协五届一次会议召开。

12月23日—29日　市人大六届一次会议召开。

1966年

1月21日　江青从上海到苏州,与在苏州休养的林彪谋划,要打倒所谓"文艺黑线"。

2月3日—12日　市委召开三届二十次全委扩大会议,学习焦裕禄模范事迹。

2月22日　市委发出《关于对〈海瑞罢官〉和〈谢瑶环〉等批判讨论的意见》。

2月25日　地委针对全区人口增长过快问题,通知各县把人口工作列入重要议事日程。

5月17日　地委"文化革命"领导小组成立。

5月25日　地委、市委传达学习"五一六通知"。

6月2日　江苏师范学院部分师生贴出苏州第一张揭发"走资本主义道路当权派"的大字报。

6月5日　苏州长风机械总厂极少数人贴出大字报,攻击市委有关"文化大革命"运动的指示是"反毛泽东思想的毒草"。

6月18日　市委成立"文化革命"领导小组。

6月　苏州砂轮厂制造出达到国际水平的高精尖人造金刚石。

8月中旬　苏州市园林干部职工昼夜突击,将"书条石"等文物保护起来。

8月23日　红卫兵开始涌向社会,向"资产阶级和一切剥削阶级的旧思想、旧文化、旧风俗、旧习惯"宣战。

8月26日　华林森带领35名工人到市委"请愿"。

10月29日　市委发出《关于我市中小学开展无产阶级文化大革命的部署问题的通知》。

10月31日　省委在太仓县洪泾大队召开学习毛主席著作经验交流会。

12月26日　地委发出通知,要求各地对前一段"文化大革命"运动中发生群众斗群众的问题进行一次全面的检查。

1967年

1月6日　苏州工农报社"革命造反派"宣称接管《苏州工农报》。

1月26日　华林森等人以"苏州市革命造反派联合总指挥部"名义夺取市委、市人委的领导权。

1月27日　地专机关"造反派"以"苏州地专机关夺权委员会"名义夺取地委、专署的领导权。

1月28日　苏州军分区介入地方"文化大革命",进驻地专机关"支左"。

2月18日　"造反派"组织举行苏州市"革命造反派"大联合夺权誓师大会,宣布"苏革会"成立。

3月5日　苏州军分区成立生产办公室,临时行使原地委、专署部分职权。

3月20日　省军管会批复：对常熟县、吴江县、江阴县实施军事管制。

7月24日　"支派""踢派"发生武斗，揭开苏州武斗序幕。

11月　驻军部队参加地专机关"支左"，与苏州军分区联合成立中国人民解放军苏州专区三支领导小组生产委员会，替代原军分区生产办公室。

1968年

1月21日　苏州市公检法由驻苏部队和市人武部实行军管。

1月23日　专区"三支"领导小组生产委员会召开农村抓革命、促生产工作会议。

1月25日　苏州第一光学仪器厂试制成功中国第一台精密测绘仪器——JGJ2经纬仪。

2月6日　驻军部队和市人武部宣布对报社、电台、邮电局、长途汽车公司、航运公司实行军管。

2月8日　沙洲县长江南岸巫山港与十字港之间开始筹建战备港口——张家港港。

3月12日　专区"三支"领导小组生产委员会发出《关于迅速组织卫生工作队下农村的通知》。

3月13日　"支派""踢派"联合发出《关于立即上缴枪支、弹药及一切武斗凶器和解散一切武斗组织的紧急通知》，确定3月15日零时生效。

3月25日　"毛泽东思想苏州市革命委员会"更名为"江苏省苏州市革命委员会"，向孝书为主任委员。

3月26日　苏州专区革命委员会成立，刘金山为主任委员。

4月1日　专区革委会生产指挥组召开全区"渔改"工作座谈会。

4月12日　市革委会举行第一次全体委员扩大会议，讨论通过《无产阶级革命派联合起来，全面落实毛主席最新指示》。

5月19日　专区革委会召开第一次会议，通过《关于加强专区革命委员会思想革命化的暂行规定》和《向阶级敌人发起猛烈的进攻、再进攻，为夺取无产阶级"文化大革命"的全面胜利而奋斗》。

6月27日　"工农兵毛泽东思想宣传队"进驻学校。

6月29日　专区开展"清理阶级队伍"运动。

7月9日　专区革委会发出《关于处理查抄财物中几个问题的意见》。

7月　苏州开展整党建党试点工作。

8月13日　苏州晶体管厂、苏州金属轧制厂试制成功中国第一台简易氢气发生设备。

8月26日　专区革委会在太仓县洪泾大队召开深入开展"三忠于"活动现场会议。

10月9日　专区革委会决定建立专区五七干校。

10月10日—17日　市贫下中农代表大会召开。

10月23日　专区革委会发出通知,要求各地大力发展畜牧业。

10月下旬　专区第一批66、67、68三届初高中毕业生下乡插队。

11月31日　《人民日报》发表通讯《苏州东方红丝织厂充分发挥工人阶级在斗批改中的领导作用》。

12月17日　专区革委会党的核心小组成立,刘金山任组长。

12月21日　苏州市20万人举行集会,掀起知识青年上山下乡高潮。

12月28日至1969年1月6日　专区革委会主任刘金山等带领501人到大寨大队参观学习。

1969年

1月10日　市革委会决定派出"中国人民解放军毛泽东思想宣传队"进驻市郊,开展农村"斗、批、改"运动。

2月25日　专区革委会召开抓革命、促生产会议,强调"把抓革命、促生产提高到'备战、备荒、为人民'的战略高度来认识"。

4月3日　专区革委会发出学习、宣传中共九大精神的通知,要求各级革委会掀起活学活用毛泽东思想的新高潮。

5月8日　专区革委会、苏州军分区联合发出通知,对专区体育系统实行军事接管。

5月17日　专区革委会做出《关于把市、县医务卫生人员下放到农村的意见》。

6月18日—25日　苏州市首届活学活用毛泽东思想积极分子代表大会召开。

7月13日　市革委会发出《深入持久地开展革命大批判的通知》。

7月　市革委会党的核心小组成立,向孝书、崔忠吉为召集人。

8月22日　专区革委会决定对专区直属企事业单位进行精简。

10月10日　专区机关第一批103人恢复党的组织生活。

10月30日—11月4日 市革委会召开战备防空会议。

10月31日 《人民日报》发表通讯《水乡学大寨的一面红旗》,介绍吴县长桥公社龙桥大队艰苦奋斗连续丰收夺高产的先进事迹。

1970年

1月22日 专区革委会发出通知,要求对"文化大革命"以来的非法印刷品进行彻底清查。

2月 专区和苏州市开展"一打三反"运动。

2月 苏州仪表元件厂试制成功ZF-69型自流放大器,填补中国仪表工业的空白。

3月中旬 专区革委会召开农业生产会议,总结推广吴县长桥公社龙桥大队高产经验,决定全区农业全面推广"双三制"。

3月 苏州镜片厂试制成功20倍擒纵结构投影仪,填补了中国手表业光学检测的空白。

4月23日 专区革委会召开计划会议,制定《苏州专区1970年和第四个国民经济五年计划纲要(讨论稿)》。

4月30日 专区、市联合举行庆祝大会,热烈庆祝我国第一颗人造地球卫星发射成功。

5月16日 市革委会发出《关于进一步做好文化大革命中抢、占、借用国家财物和查抄财物的清理工作的通知》。

6月1日 农林部向全国转发调查报告《五七指示放光芒,渔业大队卖余粮》,介绍吴县横泾公社新联大队以渔为主、亦渔亦农、夺取鱼粮双丰收的经验。

6月17日 专区革委会党的核心小组做出《进一步加强党的建设,促进领导班子思想革命化的决定》。

7月2日 《人民日报》发表通讯《毛主席的好党员——沈玉英》。沈玉英为太仓县沙溪公社洪泾大队残疾民办教师。

7月4日 苏州图书馆副馆长、共产党员陆兰秀殉难。

9月14日 专区革委会发出《关于动员1970届初高中毕业生上山下乡的通知》。

9月17日 吴县召开第四次党代表大会。吴县是全区"文化大革命"停止党组织活动以来,第一个恢复建立县委的县。

10月1日 《红旗》杂志刊登《掌握水上航运主动权》,介绍常熟县轮船营业处四三七拖轮小组生产情况。

11月16日　《新华日报》报道,吴县建成全省第一个石灰氮厂,生产既是高效农药又是灭螺农药的石灰氮。

11月22日　专区革委会党的核心小组、苏州军分区党委在规定的范围传达中共中央《关于传达陈伯达反党问题的指示》。

11月24日　《人民日报》发表《江苏省的吴江、昆山、太仓和上海市的青浦、嘉定五个县联合防治血吸虫病取得较大成绩》的报道。

11月24日—12月1日　中共苏州市第四次代表大会召开。随后举行的市委全委会选举曲言斌为书记。

12月31日　《人民日报》发表《江南高产地区学大寨的一个榜样》的调查报告,介绍吴县长桥公社龙桥大队粮食夺取高产的事迹。

1971年

1月12日　专区革委会召开四级干部会议,提出树立"水稻高产学龙桥、三麦高产学塘桥、全面发展学华西"3个先进典型。

2月上旬　专区革委会召开农村副业生产会议,要求各地大力发展集体养殖、种植、编织、加工、修理五项副业生产,组织社员积极发展家庭副业。

2月16日　专区革委会召开专区机关干部大会,部署深挖"五一六"反革命阴谋集团的斗争。

2月25日　柬埔寨国家元首诺罗敦·西哈努克亲王和夫人,由中央政治局委员、中共中央军委副主席叶剑英陪同,到苏州参观访问。

3月31日—4月3日　中共苏州地区第一次代表大会召开。随后举行的地委全委会选举刘金山为书记。

4月3日　市委部署开展"批陈整风"运动。

4月7日　地委部署开展"批陈整风"运动。

4月8日　省委批示,自中共苏州地区第一次代表大会结束起,"苏州专区革命委员会"改称为"苏州地区革命委员会"。

5月30日　地区革委会发出《关于下达苏州地区1971年国民经济计划的通知》。

5月　中共中央政治局委员、省革委会主任、南京军区司令员许世友在吴县长桥公社龙桥大队调查研究。

8月6日　市革委会发出《关于处理查抄物资的通知》。

8月28日　地委发出《关于搞好粮油"三定"的通知》。

9月　苏州八一电子仪器厂制成中国第一台黑白投影电视机。

10月11日　地委、市委分别向党员干部传达中共中央关于林彪反党集团的有关文件,揭发和批判林彪一伙在苏州犯下的罪行。

1972年

2月1日　《红旗》杂志刊登《勤俭办社绘新图》,介绍常熟县何市公社人民大队勤俭办社的经验。

2月20日　地委做出《关于贯彻落实〈中共中央关于农村人民公社分配问题的指示〉的决定》,要求各级党组织和革委会切实解决好农村人民公社的分配问题。

4月27日　地区革委会发出《下达苏州地区1972年国民经济计划(修正草案)的通知》。

4月　根据国务院做出的临时工可以转为固定工的规定,全区共有临时工31.6万人转为固定工。

4月　中共中央政治局委员、省委第一书记、省革委会主任许世友在吴县铜矿调研。

6月16日　市委召开科学技术工作会议,提出把苏州建设成为以轻工产品为重点的、轻重工业协调发展的新型工业城市。

7月13日　市革委会发出《关于加强文物保护工作的通知》。

8月11日　地委召开县委书记会议,学习中共中央关于开展"批林整风"的文件,研究贯彻执行意见。

8月12日　中共中央政治局委员、省委第一书记、省革委会主任许世友在苏州调研时鼓励发展养鸡事业。

11月30日　市革委会发出《关于进一步加强市场管理,打击投机倒把的通告》。

1973年

4月1日—27日　为查清林彪反党集团在太仓县沙溪公社洪泾大队活动的情况,地委派人到太仓县进行调查。

5月4日　地委发出《关于地区机关各组局实行联系点的通知》。

5月4日　地委发出《关于整顿和发展社队企业的意见》,对全区社队企业进行整顿和登记发证工作。

5月5日—7日　市委召开四届七次全委扩大会议,讨论1973年度国民经济计划。

5月23日　地区革委会提出《关于加强对文物、图书的保护和管理工作的几点意见》。

6月12日　地委向省委呈报《关于清查林彪死党叶群在洪泾活动情况的报告》。

6月21日　地委发出《关于学习华西大队党支部加强党的思想建设的经验和吴仁宝同志先进事迹的通知》。

7月7日　地区革委会决定在昆山设立聋哑学校,定名为"苏州地区昆山聋哑学校"。

8月24日　苏州的中共党员代表华林森、沈根男、李安玉、顾文霞出席在北京召开的中共第十次全国代表大会。

9月16日　市委、地委分别召开全委扩大会议,传达学习党的十大精神。

10月5日　市革委会发出《关于对资本家高薪职员、工程技术人员在文化大革命中被扣发工资处理的补充意见》。

10月中旬　地区革委会工业局"三废"普查小组在昆山调查污染情况,得出"昆山,尤其玉山地区污染严重"的结论。

10月29日　地区革委会向华东电业管理局提出《关于望亭发电厂煤炭影响农作物补偿问题的报告》。

11月26日—30日　地委在江阴县华西大队召开苏州地区学华西现场会议,要求全区以华西大队为榜样,加快农业学大寨的步伐。

12月11日—12日　尼泊尔国王比兰德拉和王后由全国人大常委会副委员长徐向前陪同,在苏州游览。

12月25日—29日　地委在无锡县缫丝厂召开苏州地区工业现场会议,讨论1974年全区"工业学大庆"的具体规划。

1974年

1月10日　全区基层党支部开展"批林批孔"运动。

2月6日　刘锡庚任地委书记。

2月21日　市委决定,凡涉及内部情况的大字报、大标语不得在公共场所张贴;凡给市委的大字报,贴到市人民体育场内。

4月15日　地区革委会做出《关于连家渔船社会主义改造和定居任务安排的报告》。

6月29日　地区革委会批转地区财政局《关于昆山县违反财政纪律请客招待、铺张浪费的调查报告》。

8月19日—21日　受台风影响,长江水位超过历史最高纪录,严重威胁沿江4县。地委组织干部群众深入灾区抢险救灾。

10月4日　地区革委会发出《关于清退被占(借)用学校校舍和医院房屋的通知》。

10月20日　部分军代表以"中国人民解放军在苏州市三支两军人员"的名义在街上张贴《苏州市的清查工作没有结束——华林森同林彪反党集团阴谋活动有关的问题必须彻底查清》等大字报。

12月23日　地区、市"三支两军"人员返回部队工作,不再担任地方职务。

12月28日　地区革委会办事组发出《关于协助调查日本军国主义侵华罪行的通知》。

1975年

3月13日　地委召开县委书记会议,学习中共中央《关于加强铁路工作的决定》,开展以批判派性为主要内容的整顿工作。

3月18日—25日　苏州地区初步形成以公社卫生院为中心的三级医疗网。

3月　《红旗》杂志刊登《大有希望的新生事物——江苏省无锡县发展社队工业的调整报告》。

4月5日　突尼斯共和国总理赫迪·努伊拉和夫人一行,在全国人大常委会副委员长李井泉陪同下,参观无锡县梅村公社。

4月25日　地委批转地区公安局《关于重申对敌斗争政策上几项具体规定的请示报告》。

5月19日　市委召开基层党员干部大会,动员各级党组织深入贯彻中共中央《关于加强铁路工作的决定》,进一步在全市范围内开展"一学、三批、五大讲、一消除"的群众自我教育运动。

7月3日　地区革委会召开会议,研究太湖清障和泄洪蓄水问题。

7月10日　地区革委会批转地区卫生局《关于部分集体所有制医工被降低工资问题处理意见的请求报告》。

8月中旬　省委五人调查组在苏州调查后,认为苏州市有不安定因素存在。

9月4日　地区机关开展揭批资产阶级派性的群众运动。

9月4日　地委提出《做好1975年知识青年上山下乡动员安置工作的意见》。

9月5日　地委召开地区机关负责人会议,研究部署深入开展地区机关的"一学三批五大讲"的群众自我教育运动。

9月15日　在北京召开的全国第一次农业学大寨会议上,地委汇报苏州地区农业学大寨的情况和经验。吴县被授予"全国农业学大寨先进县"称号。

10月17日　地区革委会发出通知,要求各县在农村重点推广沼气。

10月20日　地委发出《关于进一步做好知识青年上山下乡工作的通知》。

10月23日—28日　地委办公室统战组组织各县工商界、文教界、医务界中爱国人士代表25人进行参观学习活动。

10月　苏州地区与苏州市调查协作组对阳澄湖和运河水质进行调查,调查结果显示:阳澄湖主要受苏州市东升化工厂污染,运河成了苏州市部分工厂废水的排放通道。

11月5日　刘伯英任市委书记。

12月26日　地委召开县委书记会议,传达中共中央经毛泽东审阅批准的《打招呼的讲话要点》,地区"批邓、反击右倾翻案风"开始。

1976年

1月8日　苏州人民沉痛哀悼周恩来逝世。

3月22日　地委部署开展"批邓、反击右倾翻案风"运动。

6月26日—7月5日　农林部在苏州地区召开南方13省水稻现场会议,交流"农业学大寨"的经验。

7月6日　苏州人民沉痛哀悼朱德逝世。

7月下旬　河北唐山、丰南发生强烈地震后,苏州市派出160多人的医疗队奔赴唐山抗震救灾。

7月26日—8月4日　农林部在吴县召开全国连家渔船社会主义改造现场会议。

9月9日　苏州人民沉痛悼念毛泽东逝世。

10月18日　地委部署揭批"四人帮"运动。

12月中旬　地委、市委分别召开干部大会,传达中共中央批转的《王洪文、张春桥、江青、姚文元反党集团的罪证》(材料之一)。

1977 年

1月6日　中央同意对华林森实行隔离审查。

1月31日　地委召开工业学大庆会议。

2月18日　地委部署开展"三大讲"活动。

2月24日　地委召开农业学大寨会议。

3月4日—25日　市委召开区、局领导干部会议,揭发批判"四人帮"和华林森的罪行。会议宣布贾世珍任市委书记。

7月12日—14日　省委确定苏州市为全面开展整党整风试点单位。

8月2日　地区革委会提出《关于把农村手工业企业划归人民公社领导和管理的意见》。

8月17日　地委发出《关于认真做好1977年城镇中学毕业生上山下乡动员安置工作的通知》。

8月　农林部在吴县召开商品鱼基地建设会议。会议确定苏州地区为全国第一批商品鱼基地建设试点单位之一。

9月1日　地委、市委分别成立落实政策领导小组。

11月7日　地区革委会、市革委会分别召开动员大会,部署高校招生工作。

11月28日　苏州市"工人毛泽东思想宣传队"撤出学校及有关单位。

12月24日—27日　市科学技术协会第五次会员代表大会召开。

1978 年

1月21日　地区侨务工作会议召开,部署落实侨务政策。

3月9日　市委成立审干办公室。

4月23日　地委转发省委《关于贯彻中央通知精神,全部摘掉右派分子帽子的通知》。

5月　根据中央有关精神,市委对苏州市右派分子全部摘帽。

7月15日—23日　市委召开区、局领导干部会议,讨论工业发展规划。

7月24日　市委书记贾世珍兼任地委第一书记。

7月31日　地区革委会召开全委会议,宣布地区革委会撤销,建立地区行政公署。

8月31日　中共中央副主席、全国人大常委会委员长叶剑英向周瘦鹃追悼大会发来专电,吊唁在"文化大革命"中被迫害至死的周瘦鹃。

9月　地委、市委分别组织各级党员干部进行"实践是检验真理的唯一标准"的学习讨论活动。

11月15日　市委发出通知,对"陈杨反革命集团"假案彻底平反。

11月17日　地委发出通知,对在悼念周恩来、反对"四人帮"等事件中受到迫害者,一律予以平反。

11月17日　市委发出通知,对"反革命抽血集团"假案彻底平反。

11月17日　中国人民政治协商会议江苏省苏州市委员会恢复设立,各民主党派恢复活动。

12月6日　地委批转地委组织部《关于善始善终搞好审干复查工作的意见》。

12月下旬　中共十一届三中全会公报发表后,地委、市委组织干部群众学习全会公报,掀起学习和宣传全会精神的热潮。

二、苏州行政区划沿革(1949—1978)

1949年4月　划吴县城区为苏州市。苏州专区设立,辖苏州市、吴县、常熟、昆山、吴江、太仓6县(市)。

1949年5月　划常熟县城区为常熟市。苏州专区辖苏州市、常熟市、吴县、常熟、昆山、吴江、太仓7县(市)。

1949年6月　苏州市改为苏南行政区直辖。苏州专区辖常熟市、吴县、常熟、昆山、吴江、太仓6县(市)。

1949年9月　苏州市划入苏州专区。苏州专区辖苏州市、常熟市、吴县、常熟、昆山、吴江、太仓7县(市)。

1950年4月　太湖区行政办事处设立。苏州专区辖苏州市、常熟市、吴县、常熟、昆山、吴江、太仓、太湖区行政办事处8县(市、办事处)。

1951年6月　太湖区行政办事处撤销。苏州专区辖苏州市、常熟市、吴县、常熟、昆山、吴江、太仓7县(市)。

1952年7月　太湖办事处设立。苏州专区辖苏州市、常熟市、吴县、常熟、昆山、吴江、太仓、太湖办事处8县(市、办事处)。

1952年10月　江阴县、无锡县、宜兴县划入苏州专区。苏州专区辖苏州市、常熟市、吴县、常熟、昆山、吴江、太仓、江阴、无锡、宜兴、太湖办事处11县(市、办事处)。

1953年1月　苏州市改为省辖市。苏州专区辖常熟市、吴县、常熟、昆山、吴江、太仓、江阴、无锡、宜兴、太湖办事处10县(市、办事处)。

1954年11月 常熟市改为省辖市,由苏州专区代管。苏州专区辖常熟市、吴县、常熟、昆山、吴江、太仓、江阴、无锡、宜兴、震泽[1]10县(市)。

1956年2月 宜兴县划入镇江专区,武进县划入苏州专区。苏州专区辖常熟市、吴县、常熟、昆山、吴江、太仓、江阴、无锡、武进、震泽10县(市)。

1958年2月 苏州、松江两专区合并为苏州专区。苏州专区辖常熟市、吴县、常熟、昆山、吴江、太仓、江阴、无锡、武进、震泽、川沙县、青浦、南汇、松江、奉贤、金山16县(市)。

1958年4月 常熟市撤销。苏州专区辖吴县、常熟、昆山、吴江、太仓、江阴、无锡、武进、震泽、川沙县、青浦、南汇、松江、奉贤、金山15县。

1958年7月 苏州市划入苏州专区;无锡县划入无锡市,武进县划入镇江专区。苏州专区辖苏州市、吴县、常熟、昆山、吴江、太仓、江阴、震泽、川沙县、青浦、南汇、松江、奉贤、金山14县(市)。

1958年11月 川沙、青浦、南汇、松江、奉贤、金山6县划入上海市。苏州专区辖苏州市、吴县、常熟、昆山、吴江、太仓、江阴、震泽8县(市)。

1959年4月 震泽县撤销。苏州专区辖苏州市、吴县、常熟、昆山、吴江、太仓、江阴7县(市)。

1962年1月 沙洲县设立。苏州专区辖苏州市、吴县、常熟、昆山、吴江、太仓、江阴、沙洲8县(市)。

1962年5月 无锡县划入苏州专区。苏州专区辖苏州市、吴县、常熟、昆山、吴江、太仓、江阴、沙洲、无锡9县(市)。

1962年6月 苏州市改为省辖市。苏州专区辖吴县、常熟、昆山、吴江、太仓、江阴、沙洲、无锡8县。

1971年3月 苏州专区改称苏州地区[2],辖吴县、常熟、昆山、吴江、太仓、江阴、沙洲、无锡8县。

---

[1] 太湖办事处1953年5月改为震泽县。
[2] 1971年3月31日至4月3日,中共苏州地区第一次代表大会召开,苏州专区革命委员会改称苏州地区革命委员会,此后苏州专区改称苏州地区。

参考文献

贝政新、顾建平：《江苏乡镇企业集团化研究》，人民出版社 2001 年版。

苏州市政协文史工委、苏州市文学艺术界联合会：《费新我百年诞辰纪念文集》，古吴轩出版社 2003 年版。

蔡利民：《苏州民俗》，苏州大学出版社 2000 年版。

中共苏州市委党史工作办公室：《中国共产党苏州党史大事记（1949—1999）》，中国文史出版社 2000 年版。

昆山市张浦镇志编纂委员会：《张浦镇志》，上海三联书店 1992 年版。

昆山市千灯镇镇志编纂办公室：《千灯镇志》，上海人民出版社 1991 年版。

陈东健等：《三制配套：承包制的完善和发展——兼论苏南乡村企业体制改革的目标模式》，《江海学刊》1988 年第 5 期。

苏州市地方志编纂委员会：《苏州市志》一、二、三册，江苏人民出版社 1995 年版。

陈惠康：《江南农村的一场变革》，苏州大学出版社 1998 年版。

陈剑波：《乡镇企业的产权结构及其对资源配置效率的影响》，《经济研究》1995 年第 9 期。

陈进章：《塘市镇志》，方志出版社 2001 年版。

《沧浪区志》编纂委员会：《沧浪区志》上、下册，上海社会科学院出版社 2006 年版。

锦溪镇志编纂委员会：《锦溪镇志》，中国大百科全书出版社上海分社 1993 年版。

陈志中：《苏州乡镇工业在新形势下的新对策》，《苏州大学学报（哲学社会科学版）》1985 年第 2 期。

陈周骅：《苏锡常地区乡镇工业能源问题及其对策探讨》，《经济地理》1993 年第 1 期。

储东涛、须俭：《"苏南模式"的新走向——苏南乡镇企业改制的调查》，《安徽决策咨询》2001 年第 6 期。

崔广怀：《论苏锡常地区发展创汇农业的制约因素及对策》，《江海学刊》1988年第3期。

戴明忠等：《苏南城市化进程中的生态环境响应及其调控对策》，《环境导报》2003年第24期。

中共苏州市委员会：《今日苏州农村经济》，江苏人民出版社1985年版。

丁启清：《军管时期苏州地区的经济恢复与社会改造(1949—1952)》，苏州大学中国近现代史专业硕士学位论文，2012年。

吴江七都镇地方志编纂委员会：《七都镇志》，江苏古籍出版社2001年版。

丁永仁、万解秋：《90年代乡镇企业发展透视：机遇·挑战·战略》，同济大学出版社1993年版。

董婧：《苏州地区"四清"运动研究》，苏州大学中国近现代史专业硕士学位论文，2016年。

梅李镇人民政府：《梅李镇志》，古吴轩出版社1995年版。

董宙宙：《苏州历史、文化、经济》，上海人民出版社1990年版。

段本洛、单强：《近代江南农村》，江苏人民出版社1994年版。

段本洛、张圻福：《苏州手工业史》，江苏古籍出版社1986年版。

段本洛：《历史上苏南多层次的工业结构》，《历史研究》1988年第5期。

范培松、金学智：《苏州文学通史》第四册，江苏教育出版社2004年版。

吴江市北厍镇地方志编纂委员会：《北厍镇志》，文汇出版社2003年版。

费孝通：《锦绣江南的现代化蓝图》，南京大学出版社1994年版。

费孝通：《吴江行》，《瞭望周刊》1991年第29—30期。

费孝通：《乡土中国》，生活·读书·新知三联书店1985年版。

冯东书：《苏南乡镇企业大发展给人们的启示：竞争，包括创业精神的较量》，《瞭望周刊》1987年第26期。

冯兴元：《"浙江模式"和"苏南模式"的本质及其演化展望》，《珠江经济》2004年第5期。

《练塘镇志》编纂委员会：《练塘镇志》，中共党史出版社2001年版。

高福民：《迈向新世纪的苏州文化》，苏州大学出版社1999年版。

高志罡、柳国崇：《群星璀璨——苏州院士风采录》，中国文联出版社2003年版。

顾介康：《苏锡常地区农村对城市的"包围"说明了什么？》，《群众》1993年第3期。

福山镇人民政府:《福山镇志》,东南大学出版社1992年版。

昆山市蓬朗镇志编纂委员会:《蓬朗镇志》,上海三联书店1992年版。

顾松年:《苏南模式研究》,南京出版社1990年版。

《芦墟镇志》编纂委员会:《芦墟镇志》,上海社会科学院出版社2004年版。

《淀山湖镇志》编纂委员会:《淀山湖镇志》,西安地图出版社2005年版。

郭晓鸣等:《"苏南模式"的再认识》,《经济体制改革》1987年第3期。

韩云:《苏南模式的变革与创新》,中国文史出版社2005年版。

岳王镇志编纂委员会:《岳王镇志》,上海交通大学出版社1996年版。

贺宛男:《苏南乡镇工业的第二次腾飞》,《人民日报》1986年8月21日。

洪松:《国民经济恢复时期苏州市劳资关系研究》,苏州大学中国近现代史专业硕士学位论文,2015年。

洪银兴、刘志彪等:《长江三角洲地区经济发展的模式和机制》,清华大学出版社2003年版。

洪银兴、陈宝敏:《苏南模式的新发展——兼与温州模式比较》,《改革》2001年第4期。

胡福明:《苏南乡村企业的崛起》,南京大学出版社1987年版。

胡福明等:《苏南现代化》,江苏人民出版社1996年版。

虎丘镇志编纂委员会:《虎丘镇志》,上海社会科学院出版社2003年版。

华东军政委员会土改委员会:《华东区土地改革成果统计》,1952年12月,苏州市档案馆藏。

华东军政委员会土改委员会第三次会议:《华东土地改革工作资料》,1952年,苏州市档案馆藏。

黄文虎等:《新苏南模式:科学发展观引领下的全面小康之路》,人民出版社2007年版。

黄宗智:《长江三角洲小农家庭与乡村发展》,中华书局2000年版。

江苏省委办公厅:《农村社会主义教育运动通讯》,1964年。

江苏省委办公厅:《农村社会主义教育运动学习文件》,1963年10月,苏州市档案馆藏。

江苏省委办公厅:《农村整风整社10个学习文件》,1960年11月。

江苏省委农村工作部:《农业生产大跃进的经验》,江苏人民出版社1958年版。

江苏省委宣传部:《社会主义思想教育参考资料》,人民出版社1957年版。

江祥根:《论苏南乡镇企业向外向型经济转移》,《中国农村经济》1988年第5期。

江浙沪评弹工作领导小组办公室:《陈云同志和评弹艺术》,江苏文艺出版社1994年版。

江祝霞:《"一五"时期企业职工社会保障事业研究——以苏州地区为考察对象》,苏州大学中国近现代史专业硕士学位论文,2008年。

吴县市土地志编撰委员会:《吴县市土地志》,上海社会科学院出版社1998年版。

渡村镇志编纂委员会:《渡村镇志》,古吴轩出版社2003年版。

"苏南模式和社会进步"课题组:《完善苏南模式、推进社会进步》,《江苏社会科学》1991年第3期。

江苏省昆山市巴城镇志编纂委员会:《巴城镇志》,上海人民出版社1991年版。

盛泽镇地方志办公室:《盛泽镇志》,江苏古籍出版社1991年版。

李婧:《苏纶纱厂的社会主义改造研究》,苏州大学中国近现代史专业硕士学位论文,2011年。

李君凯等:《乡镇工业蓬勃发展下的农业——苏南地区考察报告》,《农业技术经济》1985年第5期。

张家港市地方编纂委员会:《沙洲县志》,江苏人民出版社1992年版。

李雪根:《对"苏南模式"的再认识》,《江海学刊》1987年第2期。

李雪根:《两种发展模式的比较:苏州发展外向型经济的战略抉择》,《国际贸易问题》1991年第1期。

凌克强:《兵希镇志》,哈尔滨出版社2001年版。

郭巷镇志编委会:《郭巷镇志》,苏州大学出版社2005年版。

《越溪镇志》编员会:《越溪镇志》,苏州大学出版社2003年版。

《陆慕镇志》编纂委员会:《陆慕镇志》,苏州大学出版社2005年版。

陆学艺等:《苏南模式与太仓实践》,社会科学文献出版社2009年版。

陆允昌、高志斌:《苏州对外经济50年》,人民出版社2001年版。

马海涛:《"大跃进"时期苏州地区"技术革命"研究》,苏州大学中国近现代史专业硕士学位论文,2011年。

糜瑞泉:《陆杨镇志》,文心出版社2001年版。

明亮:《苏州科协50年(1959—2009)》,内部资料。

穆光宗：《现代人口转变的苏南模式》，《中国农村观察》1993年第2期。

《藕渠镇志》编委员会：《藕渠镇志》，上海科学技术文献出版社2000年版。

《木渎镇志》编纂委员会：《木渎镇志》，上海社会科学院出版社1999年版。

裴叔平等：《苏南工业化道路研究》，经济管理出版社1993年版。

《任阳镇志》编纂委员会：《任阳镇志》，中共党史出版社1996年版。

浦文昌：《对苏南模式的几点思考》，《江海学刊》1993年第1期。

钱振明：《苏南乡镇政权建设研究》，人民出版社1999年版。

江苏省常熟市地方志编纂委员会：《江苏省常熟市志》，上海人民出版社1990年版。

《上海经济区工业概貌》苏州市卷编辑委员会：《上海经济区工业概貌·苏州市卷》，学林出版社1985年版。

《社会主义教育课程的阅读文件汇编》，人民出版社1958年版。

《社教通讯》，1965年9月至1966年7月合订本，苏州市档案馆藏。

《东山镇志》编纂委员会：《东山镇志》，东南大学出版社2002年版。

唯亭镇志编纂委员会：《唯亭镇志》，方志出版社2001年版。

《古浦镇志》编纂委员会：《石浦镇志》，中国华侨出版社2003年版。

沈石声：《苏南模式在苏州的实践》，人民日报出版社2010年版。

吴江市梅堰镇地方志编纂委员会：《梅堰镇志》，江苏古籍出版社2002年版。

《横泾镇志》编纂委员会：《横泾镇志》，古吴轩出版社2007年版。

陆家镇志编纂委员会：《陆家镇志》，中国大百科全书出版社上海分社1992年版。

宋林飞：《"苏南模式"的重大理论与实践问题》，《江海学刊》2001年第3期。

宋学宝：《"苏南模式"和"温州模式"的比较研究》，《改革》2001年第3期。

宋言奇：《解读新苏南模式》，《小城镇建设》2005年第1期。

苏南区党委宗教工作委员会：《苏南宗教情况》，1951年6月，苏州市档案馆藏。

《苏南宗教情况：基督教资料汇编》，1951—1956年，苏州市档案馆藏。

苏州地区革委会生产指挥组：《农村人民公社经营管理参考资料》，1973年4、10月，苏州市档案馆藏。

苏州地委办公室：《苏州地区农村人民公社经营管理会议文件（大会交流材

料)》,1978年2月,苏州市档案馆藏。

苏州地委社教工作团办公室:《四清通讯》,1966年,苏州市档案馆藏。

苏州评弹研究会:《评弹艺术》(第1—43集),中国曲艺出版社、古吴轩出版社等。

苏州人民行政公署土地改革委员会:《土地改革后的苏南农村》,1951年9月,苏州市档案馆藏。

苏州人民行政公署土地改革委员会:《我所见到的苏南土地改革运动》,1951年9月,苏州市档案馆藏。

苏州市沧浪区编史修志领导小组:《苏州市沧浪区志·街巷桥梁卷(1911—1985)》,内部资料(1986年)。

苏州市档案馆:《郊区社教简报》,1965年,苏州市档案馆藏。

苏州市档案馆:《社教工作情况》,1965年,苏州市档案馆藏。

苏州市档案馆:《社教情况简报》,1965年,苏州市档案馆藏。

苏州市档案馆:《苏州市历次政治运动贯彻情况》,1958年,苏州市档案馆藏。

苏州市档案局:《苏州解放六十年》,苏州大学出版社2009年版。

苏州市地方志编纂委员会办公室、苏州市档案馆:《苏州市大事记(1949—1985)》,内部资料,苏州市档案馆藏。

苏州市地方志编纂委员会办公室等:《苏州史志资料选编》,苏州市档案馆藏。

苏州市发展和改革委员会等:《社会主义建设时期苏州经济工作(1953—1966)》,中共党史出版社2008年版。

苏州市教育局《苏州教育志》编撰组:《苏州教育志》,三联书店上海分店出版1991年版。

苏州市金融志编纂委员会:《苏州市金融志》,南京大学出版社1994年版。

苏州市经济贸易委员会等:《苏州乡镇工业》,中共党史出版社2008年版。

苏州市平江区地方志编纂委员会:《平江区志》上册、下册,上海社会科学院出版社2006年版。

苏州市平江区委会:《平江区农村社会主义教育运动通讯》,1967年第1—17期,苏州市档案馆藏。

苏州市平江区委会:《社教通讯情况简报》,1965年第1—14期,苏州市档案馆藏。

苏州市水利史志编纂委员会办公室:《当代苏州水利(送审稿)》上、下册,1990年9月,苏州市档案馆藏。

苏州市丝绸工业公司编志组:《苏州市丝绸工业志》第1—5册,内部资料,苏州市档案馆藏。

苏州市委办公室:《社会主义教育运动情况》,1964年,苏州市档案馆藏。

苏州市五人小组办公室:《全专区镇反情况》,1953年4月,苏州市档案馆藏。

苏州市五人小组办公室:《苏州专区反坏分子案例汇编》,1959年10月,苏州市档案馆藏。

苏州市五人小组办公室:《有关肃反攻策敌情知识的文件汇编》,1958年4月,苏州市档案馆藏。

苏州市五人小组办公室:《中共苏州地方委员会五人小组敌情历史参考资料》,苏州市档案馆藏。

孙国贵:《"苏南模式"的探讨》,《农业经济问题》1986年第9期。

孙柔刚:《厚德为民——高德正传略》,江苏人民出版社2008年版。

孙运渤:《当前乡镇企业发展面临的几个问题——苏南地区乡镇企业发展状况的调查》,《复旦学报(社会科学版)》1987年第6期。

太仓县县志编纂委员会:《太仓县志》,江苏人民出版社1991年版。

江苏省张家港市南丰镇志编纂委员会:《南丰镇志》,方志出版社2001年版。

汤大明、陈德明:《周新两镇合志》,广东人民出版社2002年版。

陶维娜:《苏州市工商界反右派斗争原因探析》,苏州大学中国近现代史专业硕士学位论文,2014年。

陶友之等:《苏南模式考察报告——发达地区社会主义农村经济发展途径的探索》,《上海经济研究》1986年第6期。

陶友之等:《苏南模式与温州模式的比较研究》,《上海社会科学院学术季刊》1987年第3期。

陶友之:《苏南模式与致富之道》,上海社会科学院出版社1988年版。

《淼泉镇志》编纂委员会:《淼泉镇志》,立信会计出版社2000年版。

万解秋:《"苏南模式"面临的挑战与选择》,《经济研究》1987年第4期。

万解秋:《政府推动与经济发展——苏南模式的理论思考》,复旦大学出版社1993年版。

汪长根等:《苏州文化与文化苏州》,古吴轩出版社2005年版。

江苏省昆山县县志编纂委员会:《昆山县志》,上海人民出版社1990年版。

《蠡口镇志》编纂委员会:《蠡口镇志》,苏州大学出版社2006年版。

王国平:《博习天赐庄·东吴大学》,河北教育出版社2003年版。

王国平等:《江苏经济发展与现代化进程研究》,苏州大学出版社2008年版。

王国平:《苏州史纲》,古吴轩出版社2009年版。

王国平:《现代化理论与苏南发展》,苏州大学出版社1999年版。

《城北镇志》编纂委员会:《昆山市城北镇志》,上海科学技术文献出版社1995年版。

王淮冰等:《试论苏南模式和农村进步》,《社会学研究》1987年第5期。

支塘镇志编纂委员会:《支塘镇志》,古吴轩出版社1994年版。

王家俊:《苏南模式的创新》,红旗出版社2002年版。

王荣等:《苏州农村改革30年》,上海远东出版社2007年版。

王荣:《苏州民营经济发展30年》,苏州大学出版社2009年版。

王卫平、王玉贵:《新中国成立前后苏州地区企业年奖制度的演变》,《中国社会科学》2015年第8期。

《常熟市工会志》编纂委员会:《常熟市工会志》,古吴轩出版社1994年版。

《常熟市土地管理志》编纂委员会:《常熟市土地管理志》,百家出版社1999年版。

王玉贵:《20世纪60年代初农村退赔研究——以苏州地区为个案的考察》,《当代中国史研究》2001年第1期。

王玉贵等:《当代中国农村社会经济变迁研究》,群言出版社2006年版。

王玉贵:《制度变革·社会变迁·制度绩效——以苏南农村人民公社为研究对象》,吉林人民出版社2009年版。

王玉贵等:《新中国成立以来苏南农民生活变迁研究》,载《研究与探索》,中共党史出版社2011年版。

王玉贵:《1953年江苏省苏州市人力车夫事件探析》,《当代中国史研究》2013年第1期。

王玉贵等:《制度变革与当代苏州社会经济变迁研究》,古吴轩出版社2014年版。

《长桥镇志》编纂委员会:《长桥镇志》,苏州大学出版社2003年版。

昆山市石牌镇志编纂委员会：《昆山市石牌镇志》，上海科学技术文献出版社 2005 年版。

跨塘镇志编纂委员会：《跨塘镇志》，方志出版社 2001 年版。

温铁军等：《解读苏南》，苏州大学出版社 2011 年版。

胜浦镇志编纂委员会：《胜浦镇志》，方志出版社 2001 年版。

中共苏州市委党史工作办公室：《苏州改革开放三十年大事记（1978—2008）》，中共党史出版社 2008 年版。

吴江县档案馆、吴江县地方志办公室：《吴江县大事记》，江苏科学技术出版社 1990 年版。

吴江市地方志编纂委员会：《吴江县志》，江苏科学技术出版社 1994 年版。

昆山市农业志编纂委员会：《昆山市农业志》，上海科学技术文献出版社 1994 年版。

《苏州郊区志》编纂委员会：《苏州郊区志》，上海社会科学院出版社 2003 年版。

昆山市血防志编纂委员会：《昆山市血防志》，上海科学技术文献出版社 1995 年版。

娄葑镇志编纂委员会：《娄葑镇志》，方志出版社 2001 年版。

吴祥均：《"苏南模式"的历史功绩及其终结》，《现代经济探讨》2001 年第 7 期。

昆山市工业志编纂委员会：《昆山工业志》，上海科学技术文献出版社 1996 年版。

夏丹：《苏南乡镇企业快速发展的八大要诀》，《企业活力》1993 年第 8 期。

虞山镇志编纂委员会：《虞山镇志》，中央文献出版社 2000 年版。

新华通讯社：《农村人民公社调查汇编》，1960 年 5 月，苏州市档案馆藏。

新望：《村庄发育、村庄工业的发生与发展》，生活·读书·新知·三联书店 2004 年版。

新望：《苏南模式的终结》，生活·读书·新知三联书店 2005 年版。

徐斌、汪国华：《从乡镇企业改制看"苏南模式"》，《学术论坛》2002 年第 2 期。

徐逢贤：《苏南模式的新发展》，《经济研究》1993 年第 2 期。

徐国保：《走向现代化的苏州》，苏州大学出版社 1995 年版。

徐锦康：《苏州市乡村企业联营情况调查》，《法学杂志》1987 年第 5 期。

江苏省兴隆镇志编纂委员会：《兴隆镇志》，方志出版社1999年版。

徐立青：《苏南乡镇企业发展道路研究》，齐鲁出版社2001年版。

江苏省张家港市《锦丰镇志》编纂委员会：《锦丰镇志》，方志出版社2001年版。

《横塘镇志》编纂委员会：《横塘镇志》，上海社会科学院出版社2004年版。

《枫桥镇志》编志领导小组：《枫桥镇志》，上海社会科学院出版社2005年版。

徐伟荣：《异军突起在苏南》，江苏人民出版社1996年版。

中共沙家浜镇委员会、沙家浜镇人民政府：《沙家浜镇志》，中共党史出版社1994年版。

洞庭东山志编纂委员会：《洞庭东山志》，上海人民出版社1991年版。

薛暮桥：《苏南考察杂记》，《经济日报》1985年9月7日。

杨建中：《当前农村乡镇企业资金问题分析——对苏州市郊娄葑乡镇企业的调查》，《复旦学报（社会科学版）》1990年第6期。

杨晓堂：《苏州基本现代化研究》，苏州大学出版社1996年版。

《杨园镇志》编纂委员会编：《杨园镇志》，上海社会科学院出版社2006年版。

杨颖奇：《江苏通史·中华人民共和国卷（1949—1978）》，凤凰出版社2011年版。

常熟市民政志编纂委员会：《常熟市民政志》，古吴轩出版社1994年版。

姚福年、曹炳栋：《苏州党史工作20年》（1981—2000），内部发行（2002年）。

苏州市政协文史委员会：《情系姑苏——费孝通百年诞辰纪念文集》，古吴轩出版社2010年版。

叶勤良：《制度变迁中的政府行为分析——以苏南模式为研究对象》，天津人民出版社2007年版。

苏州高新区浒墅关镇人民政府、江苏省苏州浒墅关经济技术开发区管理委员会：《浒墅关志》，上海社会科学院出版社2005年版。

玉山镇地方志编纂委员会：《昆山市玉山镇志》，上海科学技术文献出版社1996年版。

于毓蓝：《农村基层民主的文化分析：苏南模式》，社会科学文献出版社2009年版。

斜塘镇志编纂委员会：《斜塘镇志》，方志出版社2001年版。

郁谦：《苏南经济改革与发展》，中国国际广播出版社1992年版。

王庄镇志编纂委员会：《王庄镇志》，中共党史出版社2001年版。

渭塘镇志编纂委员会编：《渭塘镇志》，上海社会科学院出版社2006年版。

《陆墓镇志》编纂委员会：《陆墓镇志》，苏州大学出版社2005年版。

张桂龙等：《苏南模式的弊端及其出路》，《中国农村经济》1993年第5期。

张浦镇人民政府：《张浦镇志（大市卷）》，西安地图出版社2003年版。

张浦镇人民政府：《张浦镇志（南港卷）》，西安地图出版社2003年版。

张圻福：《苏州大学校史》，江苏人民出版社1992年版。

张文宝：《苏南乡镇企业面临的挑战与对策》，《农村经济问题》1987年第6期。

张晓山：《乡村集体企业转制十题》，《中国乡镇企业报》1999年12月21日。

赵俊生：《苏州基本现代化规划》，苏州大学出版社2005年版。

正仪镇志编纂委员会：《正仪镇志》，中国大百科全书出版社上海分社1992年版。

《震泽镇志》编纂委员会：《震泽镇志》，中国矿业大学出版社1999年版。

郑太白：《遍地英雄——苏州民营企业家委员风采录》，古吴轩出版社2007年版。

郑有贵：《苏南模式向现代企业制度转换》，《教学与研究》2002年第12期。

政协苏州市委员会文史资料研究委员会：《苏州文史资料》。

政协太仓委员会文史资料委员会：《太仓文史资料辑存》。

政协吴江委员会文史资料委员会：《吴江文史资料》。

政协吴县委员会文史资料委员会：《吴县文史资料》。

《中国戏曲志·江苏卷》编辑委员会：《中国戏曲志·江苏卷》，中国文艺出版社1992年版。

中共江苏省委党史工作办公室：《陈焕友话江苏》，中共党史出版社1998年版。

中共苏南区党委宣传部：《地主罪恶种种》，1950年9月，苏州市档案馆藏。

中共苏南区党委宣传部：《土改学习文件》，1950年8月，苏州市档案馆藏。

中共苏州地委办公室：《苏州专区敌情资料》，1958年12月，苏州市档案馆藏。

中共苏州市委党史办公室:《苏州城市接管与社会改造》,中共党史出版社 2009 年版。

中共苏州市委党史工作办公室、苏州市档案局(馆):《中国共产党苏州市历次代表大会(会议)文献汇编(1949—2001)》(内部资料),2001 年,苏州市档案馆藏。

中共苏州市委党史工作办公室、苏州市体制改革委员会:《姑苏春潮——苏州改革开放纪实》,上海大学出版社 1998 年版。

中共苏州市委党史工作办公室等:《研究与探索:苏州市纪念中国共产党创立 90 周年党史论文选》,中共党史出版社 2011 年版。

中共苏州市委党史工作办公室等:《研究与探索:苏州党史论文选》第 2 辑,2012 年 12 月。

中共苏州市委党史工作办公室等:《研究与探索:苏州党史论文选》第 3 辑,2013 年 12 月。

中共苏州市委党史工作办公室等:《研究与探索:苏州党史论文选》第 4 辑,2014 年 12 月。

中共苏州市委政法委员会:《苏州政法工作五十年》(1949.4~1999.12)。

中共苏州市委组织部等:《苏州市纪念中国共产党 90 周年理论研讨会论文汇编》,2011 年 6 月。

中共中央办公厅机要室:《农村整风整社文件汇编》,1960 年 11 月 11 日,苏州市档案馆藏。

中国共产党苏南区委员会农村工作委员会:《苏南土地改革文献》,1952 年 7 月,苏州市档案馆藏。

中国民主促进会苏州市委员会:《一个人与一座城市——谢孝思与苏州文化》,古吴轩出版社 2008 年版。

中国曲艺界"纪念陈云同志诞辰 100 周年"系列活动组织委员会:《出人、出书、走正路——陈云同志诞辰 100 周年纪念文集》,古吴轩出版社 2005 年版。

《张桥镇志》编纂委员会:《张桥镇志》,上海社会科学院出版社 2003 年版。

周传瑛口述,洛地整理:《昆剧生涯六十年》,上海文艺出版社 1988 年版。

周德华:《锦绣盛泽》,沈阳出版社 2001 年版。

周德华:《吴江丝绸志》,江苏古籍出版社 1992 年版。

周海乐等:《"苏南模式"的新发展:区域发展个案反馈的前沿信息》,人民出版社 2001 年版。

周建屏、王国平:《苏州大学校史研究文选》,苏州大学出版社 2008 年版。

周良:《陈云与苏州评弹界的交往》,中央文献出版社 2000 年版。

周晓寒:《"苏南模式"和"温州模式"的比较及中国农村发展道路的选择》,《浙江学刊》1987 年第 2 期。

周晓寒等:《"苏南模式"的再思考》,《理论月刊》1986 年第 12 期。

花桥镇地方志编纂委员会:《昆山市花桥镇志》,上海科学技术文献出版社 1997 年版。

周毅等:《信息化与苏南现代化》,苏州大学出版社 1998 年版。

周煜良:《大义镇志》,上海社会科学院出版社 2002 年版。

周原等:《乡镇企业发展后的苏南农业》,《瞭望》1985 年第 29 期。

周治华:《苏州的全国之最》,江苏科学技术出版社 1993 年版。

朱根宝、陆国均:《"苏南模式"在实践中发展》,《江南论坛》2003 年第 11 期。

朱通华:《论苏南模式》,江苏人民出版社 1987 年版。

朱通华等:《苏南模式发展研究》,南京大学出版社 1994 年版。

宗菊如、周解清:《中国太湖史》(上、下卷),中华书局 1999 年版。

宗菊如:《苏南农村改革的脚印》,中国卓越出版公司 1991 年版。

江苏省张家港市港区镇志编纂委员会:《港区镇志》,方志出版社 2001 年版。

邹汇风:《苏南地区家庭农场剖析》,《农业技术经济》1986 年第 6 期。

后 记

本书自 2010 年年底立项,至今已有 7 年多的时间了。

在这 7 年多的时间里,本书编写人员花了大量时间和精力泡在苏州市档案馆里查阅原始档案资料。这是由当代史研究的特点所决定的:一方面资料十分丰富,另一方面却又很缺乏。丰富自不待言,缺乏似也很好理解。因此,查阅原始档案资料就显得特别重要。完全可以这样说,在本书写作过程中所下的最大功夫和花得最多的时间就是进行资料查阅。尽管如此,由于档案资料十分宏富,已经查阅和利用的仍只占其中的一小部分,当然是比较重要的部分。

本书的编写遵循以下基本原则:以中国特色社会主义理论为指导,在重大历史问题的把握上,坚持以《关于建国以来党的若干历史问题的决议》为依据;坚持辩证唯物主义和历史唯物主义,全面记载苏州政治、经济、文化、社会以及执政党建设等领域的重大事件,充分反映苏州在新中国成立后到中共十一届三中全会前苏州人民进行社会主义革命与建设历程中取得的伟大成就及经验教训,以求达到"存史、资政、育人"之目的;按照历史发展脉络,客观记述苏州发展的历史进程。

为写作本书,我们有意识地安排苏州大学中国近现代史专业的部分硕士研究生先后选择苏州当代史作为硕士学位毕业论文的研究对象。其中有江祝霞的《"一五"时期企业职工社会保障事业研究——以苏州地区为考察对象》(2009 年)、马海涛的《"大跃进"时期苏州地区"技术革命"研究》(2010 年)、李婧的《苏纶纱厂的社会主义改造研究》(2010 年)、丁启清的《军管时期苏州地区的经济恢复接管与社会改造》(2010 年)[1]、陶维娜的《苏州市工商界反右派斗争原因探析》(2014 年)、洪松的《国民经济恢复时期苏州市劳资关系研究》(2015 年)、董婧的《苏州地区"四清"运动研究》(2016 年)、周峰的《苏州地区的城市"五反"运动——集中于 1963—1964 年的考察》(2017 年),毛铭的《苏州地区"五反"运动研究》正在有序进行中。通过这些论文的写作,不仅培养了一批苏

---

[1] 以上论文已收入王玉贵等:《制度变革与当代苏州社会经济变迁研究》,古吴轩出版社 2014 年。

州历史研究的年轻学者,而且为本书的撰写积累了重要的资料和经验。

在本书写作前后,适逢新一轮地方史志修撰工作启动。2011—2014 年间,先后出版了《中共太仓地方史》第 2 卷[1]、《中共昆山地方史》第 2 卷[2]、《中国共产党张家港(沙洲)历史》第 2 卷[3]、《中国共产党苏州历史》第 2 卷[4]、《中国共产党常熟历史》第 2 卷[5]。有关方面还整理出版了《中国共产党苏州党史大事记(1949—1999)》[6]《苏州城市接管与社会改造》[7]《社会主义建设时期苏州经济工作》[8]《苏州乡镇工业》[9]《异军突起——苏州乡镇企业史料》[10]等专题资料性著作。这为本书的写作提供了便利条件,尤其是由中共苏州市委党史工作办公室编著、本书课题组成员参加的《中国共产党苏州历史》第 2 卷的出版,对本书的写作帮助最大。在基本史实及其叙述上,本书和《中国共产党苏州历史》第 2 卷没有原则区别,只是在篇章结构、内容取舍和资料使用等方面,按照《苏州通史》的编撰体例和要求做了重大调整和必要补充。由于众所周知的原因,在本书的写作过程中,尽管我们已尽了相当大的努力,尽量写出当代苏州的地域和时代特色,但结果仍未能完全如愿,在某种程度上仍似一部中国通史(1949—1978 年)的苏州版。

在本书写作过程中,除了得到过中共苏州市委宣传部、市社科联多位领导同志以及《苏州通史》课题组成员的指导、帮助外,还得到苏州市档案馆、地方志办公室、苏州图书馆等单位在查阅档案和文献资料等方面的大力支持。尤其是苏州市档案馆,在我们到那里查阅资料的近 20 年时间内,无论其单位及部门的领导人换了多少任,但其为查档者提供服务的热情和质量始终没有下降,反而有所

---

[1] 太仓市史志办公室:《中共太仓地方史》第 2 卷(1949—1978),中共党史出版社 2012 年。
[2] 中共昆山市委党史研究室:《中共昆山地方史》第 2 卷(1949—1978),中共党史出版社 2011 年。
[3] 中共张家港市委党史地方志办公室:《中国共产党张家港(沙洲)历史》第 2 卷(1949—1978),中共党史出版社 2013 年。
[4] 中共苏州市委党史工作办公室:《中国共产党苏州历史》第 2 卷(1949—1978),中共党史出版社 2014 年。
[5] 中共常熟市委党史工作办公室:《中国共产党常熟历史》第 2 卷(1949—1978),中共党史出版社 2014 年。
[6] 中共苏州市委党史工作办公室:《中国共产党苏州党史大事记(1949—1999)》,中国文史出版社 2000 年。
[7] 中共苏州市委党史工作办公室编:《苏州城市接管与社会改造》,中共党史出版社 2009 年,第 102 页。
[8] 苏州市发展和改革委员会、中共苏州市委党史工作办公室编:《社会主义建设时期苏州经济工作》,中共党史出版社 2008 年。
[9] 苏州市经济贸易委员会等编:《苏州乡镇工业》,中共党史出版社 2008 年。
[10] 苏州市政协文史委员会编:《异军突起——苏州乡镇企业史料》,古吴轩出版社 2012 年。

提升。如果所有党政机关工作人员都能像苏州市档案馆的工作人员一样，时时处处设身处地都为查档者着想，用高质量的服务解决查档者的具体困难，当下社会中的党群、干群关系一定会融洽得多。在此对苏州市档案馆的所有工作人员表示衷心的感谢。

参加本书编写的有中共苏州市委党史工作办公室的全体工作人员，特别是吴晨潮主任和张秀芹处长做了大量的组织、协调工作，还有在苏州大学中国近现代史专业就读（过）的部分硕士研究生（除上列部分硕士论文作者外，朱云雷、徐虹霞、曾茗、王芳、张丽洁、王浩等也做了许多工作）。此外，南京大学历史学系博士生导师李良玉教授，江苏省社会科学院叶扬兵研究员，原苏州市人大常委会副主任孟焕民先生，原中共苏州市委党史工作办公室主任和政协市文史委主任姚福年先生，原中共苏州市委党史工作办公室刘振明处长，以及苏州大学社会学院院长、博士生导师王卫平教授，博士生导师池子华教授等，都为本书的写作和修改提供了重要帮助。特别是刘振明处长，不仅向我们提供了大量资料线索，还将耗费了他大量心血和数年时间写就的《苏州地区志》稿本，无私地全部提供我们参考、使用。在此，谨对所有给本书的写作提供过帮助的人特别是刘振明处长表示衷心感谢。

因编写者水平所限，书中难免存在一些不当和不周的地方。在此，我们恳请广大读者和同行专家提出批评意见，以便再版时做适当修订。

对于本书，我们没有过多的奢望，只是希望能给读者多提供些第一手资料。

王玉贵

2017年7月